PROFETAS
DE
ISRAEL

LOS PROFETAS DE ISRAEL

Un estudio de los profetas,
escritores o no, como personas

LEON J. WOOD

EDITORIAL PORTAVOZ

Título del original: *The Prophets of Israel,* de Leon J. Wood, © 1979 por Baker Book House, Grand Rapids, Michigan.

Edición en castellano: *Los profetas de Israel,* © 1983 por Outreach, Inc., Grand Rapids, Michigan y publicado con permiso por Editorial Portavoz, filial de Kregel Publications, Grand Rapids, Michigan 49501. Todos los derechos reservados.

Traducción: Francisco Lacueva
Fotografía de la portada: © Kregel, Inc., 1996

EDITORIAL PORTAVOZ
P.O. Box 2607
Grand Rapids, Michigan 49501 USA

Visítenos en: www.portavoz.com

ISBN 978-0-8254-1901-0

10 11 12 edición / año 12 11

Impreso en los Estados Unidos de América
Printed in the United States of America

Prólogo

Es para mí una gran satisfacción personal el que este libro del Dr. León J. Wood pueda ser publicado. Aunque el Dr. Wood pasó a la presencia del Señor hace casi dos años, su influencia y su enseñanza están todavía con nosotros a través de sus escritos.

Tanto en este país como en muchas otras partes del mundo, hay hombres que predican y enseñan la Palabra de Dios. Lo hacen con gran convicción y poder porque creen que la Biblia es la Palabra de Dios al mundo. La convicción y el aliento con que algunos de esos hombres ejercen su ministerio son debidos en gran parte a la influencia de León J. Wood.

Al estudiar el Antiguo Testamento, muchos han sido confrontados con preguntas e incertidumbres que, en último término, les han llevado a una mengua de su confianza en las Escrituras. Estoy seguro de que todos los alumnos del Dr. Wood estarán de acuerdo en que tales dudas nunca surgieron en sus mentes durante su ministerio docente. El Dr. Wood hizo surgir preguntas, pero también proporcionó respuestas que consolidaron la confianza en las Escrituras, capacitándonos para enfrentarnos a los críticos y no tambalearnos ante sus argumentos. En todo su ministerio, ni una sola vez sugirió, con sus aserciones o con sus preguntas, que la Biblia, incluyendo todo el Antiguo Testamento, fuese algo menos que la Palabra inspirada por Dios. Esta influencia sobre nosotros, sus alumnos, ha dejado su impronta en nuestras vidas, cualquiera que sea el área en que estamos sirviendo al Señor.

También nos enseñó, con su palabra y con su ejemplo, a estudiar con el fin de presentarnos a Dios aprobados, como obreros que no tienen de qué avergonzarse, que trazan rectamente la palabra de la Verdad. Quizás ninguno de nosotros alcanzará jamás el nivel de disciplina personal del que nos dio ejemplo nuestro maestro, pero todos cuantos estudiaron con el Dr. Wood pueden testificar que su vida ha tenido sobre nosotros un profundo efecto, motivándonos a poner nuestro mayor empeño en dedicar nuestras vidas al Señor.

El Señor, en el misterio de Su infinita sabiduría, nos ha quitado nuestro maestro, y ya no tenemos el gozo de estudiar con él. Sin embargo, mediante su obra escrita en los últimos años de su vida, continuará enseñándonos; y no sólo a nosotros, sino a las venideras generaciones de estudiantes del Antiguo Testamento. Como alumnos suyos, decimos que ha sido un privilegio haberle conocido, y un privilegio todavía mayor el haber estudiado con él.

León Rowland

Indice

7

Sección Tercera: Los Profetas Escritores

Diagrama Histórico III

Prefacio

Los profetas de Israel forman una clase aparte en el contexto histórico del antiguo Cercano Oriente. Ningún otro país ha contado con personas que puedan comparárseles. El papel relevante que los profetas de Israel desempeñaron respecto a la condición religiosa del pueblo nunca se enfatizará demasiado. Es cierto que, a pesar de su influencia, fue considerable el grado en que el pueblo se apartó de la Ley de Dios, pero sin ellos esta defección habría sido mucho más extensa.

De este ilustre grupo, los más conocidos fueron los profetas escritores, es decir, aquellos cuyos libros proféticos abarcan una parte importante del Antiguo Testamento. Es importante, sin embargo, percatarse de que ésos no fueron los únicos representantes del profetismo de Israel. Los primeros profetas que escribieron libros específicamente proféticos datan del siglo nono A. de C., pero mucho antes que ellos profetizaron Moisés, Samuel, Natán, Elías, Eliseo y muchos otros. Estos últimos quedan a veces casi olvidados a causa de la relevancia que se les otorga a los más tardíos, pero Dios, desde el mismo comienzo de la historia de Israel, llamó al ministerio profético a varios hombres, y los primeros representantes de la clase profética fueron, en sus respectivas circunstancias, tan importantes como lo fueron en las suyas los que escribieron libros proféticos. En las páginas que siguen, serán estudiados todos los profetas de Israel, tanto los más antiguos como los tardíos.

El libro se divide en dos partes. La primera trata temas comunes del movimiento profético en general. La segunda parte trate de los profetas mismos en forma personal. Dado que los profetas se dividen lógicamente en tres grupos, se les considera así en esa segunda parte. Forman el primer grupo los profetas del período anterior a la monarquía, cuando el interés se centraba en impedir que el pueblo se fuese en pos del culto idolátrico de los cananeos. El segundo grupo está formado por profetas del tiempo de la monarquía, que no escribieron y cuyo interés estaba centrado principalmente en establecer contacto con individuos. Y al tercer grupo pertenecen los profetas escritores, cuyo ministerio iba dirigido más bien a la nación misma y en contra de los pecados del pueblo en general.

En contraste con los muchos volúmenes escritos acerca de los profetas, el tema del presente libro se centra en los profetas mismos como personas, más bien que en los libros que escribieron. Esto es forzosamente cierto con relación a los primeros profetas, ya que no hay constancia de que escribiesen algún libro profético. Pero se muestra el mismo interés, en las páginas de este libro, con relación a los profetas que pusieron por escrito sus mensajes. Es también particularmente valioso el estudio de las personas mismas de los profetas, pues cuando uno los considera como personas, en el tiempo y en medio de las circunstancias en que vivieron, se lleva una clara ventaja para entender mejor lo que escribieron.

Ni que decir que, para un estudio de esta clase, es menester poseer cierto grado de conocimiento de los libros mismos, ya que, con frecuencia, la información acerca de los escritores se encuentra solamente en lo que ellos escribieron, pero existe una notable diferencia en la forma en que uno hace el estudio, lo que depende de si uno está interesado en los libros como tales o en descubrir qué clase de persona era el autor. Es preciso añadir que los libros en sí mismos caben de alguna manera dentro del foco de nuestra atención, en el sentido de que representan un laborioso esfuerzo en la vida de las personas que los escribieron.

Sólo me resta añadir un tributo de gratitud a mi esposa, Helen, y a mi hija, Carol, por la ayuda considerable que me han prestado para hacer posible la redacción de este libro.

La versión de la Biblia que hemos usado es la Reina-Valera de 1977 (nota del traductor).

Parte Primera

PROFETISMO

1
Identidad

Los profetas de Israel ocupan un lugar único en la historia de Israel. De hecho, ocupaban una posicion única dentro de todo el Medio Oriente de los tiempos del Antiguo Testamento y, mediante sus escritos, su influencia ha tenido una relevancia primordial en la historia del mundo. Eran hombres de especial grandeza, varones de coraje; guías señeros que marcaban la pauta de lo que debía ser una creencia ortodoxa y de una correcta conducta a un pueblo que continuamente se descarriaba de la Ley de su Dios. Israel Mattuck habla del "puesto preeminente que estos profetas ocuparon en la historia religiosa de los judíos",[1] y R.B.Y. Scott dice que "la profecía hebrea . . . permanece sin par en su calidad espiritual y en su permanente significado para la religión".[2]

A. LLAMAMIENTO ESPECIAL

Una razón que explica la grandeza de los profetas es que eran personas con un llamamiento especial. No entraron por herencia en este ministerio, no habían nacido dentro de una tribu o de una familia marcadas por el profetismo. El hecho de ser hijo de un profeta no garantizaba automáticamente a una persona el don de la profecía. Cada profeta era escogido personalmente por Dios y llamado por Dios a una obra que Dios mismo le iba a encomendar.

[1]Israel Mattuck, *The Thought of the Prophets*, p. 11.
[2]R. B. Y. Scott, *The Relevance of the Prophets*, p. 1.

13

En este aspecto, los profetas de Israel se diferenciaban notoria y radicalmente de los sacerdotes. El sacerdote recibía su oficio por herencia. Si una persona era descendiente de Leví el hijo de Jacob, era constituido automáticamente levita; y si, además de eso, era descendiente de Aarón, estaba destinado al sacerdocio. No tenía que escoger el oficio de levita o de sacerdote; no tenía que recibir un llamamiento personal para tales oficios; recibía uno de ellos, o ambos a la vez, por nacimiento. Por el contrario, los profetas eran hombres escogidos, seleccionados de entre los demás. Esto le otorgaba al profeta un honor distintivo. Uno debía ser objeto do un llamamiento especial por parte de Dios, y era el llamamiento lo que propiamente convertía a alguien en profeta ley confería la autoridad pertiente para tal oficio. Los falsos profetas eran falsos por el simple hecho de no haber sido llamados por Dios. Respecto a estos falsos profetas, dijo Dios a Jeremías: "Mentiras profetizan los profetas en mi nombre; no los envié ni les mandé" (Jer. 14:14). Y Jeremías declaró al falso profeta Hananías: "Jehová no te envió, y tú has hecho a este pueblo confiar en una mentira" (Jer. 28:15).

Con respecto al llamamiento del propio Jeremías, éste apela a lo que Dios mismo le había dicho: "Antes que te formase en el vientre te conocí, y antes que nacieses te santifiqué, te di por profeta a las naciones" (Jer. 1:5). El profeta Amós se refiere a su llamamiento con las siguientes palabras: "No soy profeta, ni soy hijo de profeta, sino que soy boyero, y cultivador de sicómoros. Y Jehová me tomó de detrás del ganado, y me dijo: Ve y profetiza a mi pueblo Israel" (Am. 7:14–15). El gran hombre que fue Moisés fue llamado mediante el milagroso incidente de la zarza ardiente (Ex. 3:4); Isaías fue llamado por medio de la visión en que contempló al Dios Todopoderoso en medio de Su gloria, sentado en el templo sobre un trono alto y sublime (Is. 6:1); Ezequiel recibió este llamamiento cuando se hallaba entre los deportados junto al río Quebar de Babilonia (Ez. 1:1; 2;2–3).

Es digno de notarse que el llamamiento profético fue conferido a menudo en conexión con una experiencia extraordinaria que ayudó al profeta a percatarse de la autenticidad de dicho llamamiento. Moisés fue llamado mientras contemplaba una zarza que ardía milagrosamente sin consumirse, una escena vívida y espectacular que habría de recordar por largo tiempo, corroborando día tras día la realidad de su llamamiento. Isaías tuvo una visión de Dios alto y sublime en Su templo cuando recibió su llamamiento; una y otra vez recordaría el dramatismo de la escena y le traería a la memoria el momento solemne en que fue llamado a profetizar. Cuando Ezequiel fue llamado al oficio profético, recibió la orden de comerse un rollo; se nos dice que lo comió y que fue en su boca "dulce como miel" (Ez. 3:3). Tales incidentes dieron cuerpo y sustancia a la realidad del llamamiento e incrementaron su efectividad como una base firme para la futura obra del profeta.

Con alguna frecuencia, el llamamiento profético comportó cierto grado de preparación para la obra en perspectiva. Moisés fue equipado con credenciales milagrosas (Ex. 4:1-9), y le fue asignado su hermano Aarón como vocero suyo. Los labios de Isaías fueron purificados con un carbón encendido, recién tomado del altar del templo; y Ezequiel, después de comerse el rollo, se sintió lleno simbólicamente de la palabra de Dios a fin de proclamarla con poder.

B. RECONOCIMIENTO (PERO NO PRECEPTO) DE PARTE DE LA LEY

Dios dio Su Ley a Israel en el Monte Sinaí. Esto constituyó el fundamento de todas las actividades religiosas y de todas las relaciones sociales del pueblo. De hecho, era una especie de "constitución" para la nación de Israel. Había en la Ley preceptos muy detallados con respecto a los sacerdotes de Israel. Se definía claramente su identidad, así como sus costumbres, sus deberes, sus vestiduras, y se proporcionaba una información considerable acerca de las ceremonias que habían de supervisar. Sin embargo, no sucedía lomismo en el caso de los profetas. La ley no describía su oficio ni sus deberes, ni siquiera su existencia era realmente establecida, aunque se la reconociese.

Este reconocimiento de los profetas se halla en Dt. 18:9-22, lo cual no debe pasar inadvertido. Los primeros ocho versículos de dicho capítulo dan una información complementaria sobre el oficio levítico, pero con el versículo 9 se introduce un cambio de tema para hablarnos del reconocimiento de los profetas. Moisés advierte al pueblo que habiendo entrado a Canaán no traten de comunicarse con Dios mediante ninguna forma de adivinación[3] a la usanza de otras naciones —por cuanto tal práctica era una abominación para Jehová— sino que Dios mismo se comunicaría con ellos mediante un profeta. El vocablo *profeta* se halla en singular y comporta una primera referencia a Cristo, pero es opinión común de los exegetas que dicho término se refiere secundariamente a los profetas en general. Así que, en esta porción, Dios le estaba diciendo a Su pueblo que acudiese a los profetas en busca de revelaciones divinas, y no a las formas de adivinación que estaban en uso entre las naciones circundantes. Esto otorgó un papel específico a los profetas, aun cuando el pasaje no menciona preceptos legales en cuanto a quiénes habían de ejercer tal oficio ni en cuanto a la naturaleza de sus funciones.[4]

---

[3]Se enemeran aquí diversas formas de adivinación; véase Edward J. Young, *My Servants the Prophets*, pp. 21-22, para una discusión de cada forma de adivinación, así como del pasaje entero.
[4]Véase Young, *My Servants the Prophets*, pp. 29-35; G. F. Oehler, *Theology of the Old Testament*, pp. 362-363.

C. PERSONAS DE GRAN CORAJE

Una razón de por qué la relación hereditaria no era conveniente para el oficio de profeta es que cada uno de ellos debía ser una clase de persona muy especial. No era un ministerio que cualquiera podía desempeñar. El oficio sacerdotal no requería tantas cualidades especiales. Un hijo de carácter débil podía todavía llevar adelante el oficio con holgada facilidad, pues se trataba de funciones enteramente rutinarias; así podía esperarse que algunos fuesen sacerdotes mediocres, que desempeñaban su oficio simplemente por el hecho de haber llegado al sacerdocio por la ley de la herencia. El profeta, en cambio, no actuaba por patrones establecidos. Muy a menudo, tenía que programar un nuevo curso de acción, quizás muy diferente de cualquier otro observado con anterioridad. Incluso después de haberle dado Dios instrucciones en cuanto a la obra que había de emprender y el rumbo que había de seguir, este rumbo comportaba a menudo un reto enorme. El mismo rey a quien el profeta había de ungir para tan alto cargo, podía ser después objeto de una severa reprimenda de parte del profeta. Unas veces, el profeta había de suministrar alegría; otras, motivos de pesadumbre. Su llamamiento podía conducir a graves peligros o a honores elevados. Debía estar preparado para el sufrimiento y la injusticia, lo mismo que para la comodidad y el aplauso. Tenía que ser individualista en su denuedo e inventiva; no había lugar para la mediocridad.[5]

El primer acto de Samuel, como recién llamado por Dios para el oficio profético, fue declarar, nada menos que al sumo sacerdote, Elí, que su casa había sido rechazada por Jehová (1 S. 3:4-18). Esta era una tarea realmente desafiante para Samuel, cuando es probable que no contase más de diez años de edad. Más tarde, Samuel hubo de ungir a Saúl como el primer rey de Israel (1 S. 9:15-21; 10:1-8), y, después de esto, hubo de informar a Saúl que también él había sido rechazado (1 S. 13:11-14). Todavía más adelante, hubo de ungir por segundo rey de Israel al gran David (1 S. 16:1-13). Natán recibió instrucciones, a su debido tiempo, para reprender a David por su pecado con Betsabé (2 S. 12:1-12). Era una prueba muy fuerte tener que dar esta clase de mensaje al rey más grande de su tiempo, pero Natán lo hizo. Años después, el profeta Gad fue enviado a David para darle a escoger entre tres castigos por su pecado al censar al pueblo (2 S. 24:10-17). El profeta Ahías tuvo primero que prometer a Jeroboam la nueva nación de Israel (1 R. 11:29-39), y después decirle que sería barrido con su descendencia (1 R. 14:6-16). "Un varón de Dios" fue enviado a reprender a Jeroboam por el falso altar que éste había erigido en Betel (1 R.

---

[5]Dice George Gray (*Sacrifice in the Old Testament*, p. 224): "Las grandes personalidades hay que buscarlas entre los profetas; el poder reavivador en tiempos de crisis les pertenece, pero el sostenimiento de una condición permanente, ética y religiosa . . . era la tarea del sacerdote".

13:1-10). Elías anunció un hambre terrible y llovó a cabo una prueba espectacular en el Monte Carmelo (1 R. 17:1; 18:25-38). Eliseo anunció a Hazael que sería rey de Siria; se lo dijo llorando por el mal que Hazael había de hacer a los hijos de Israel (2 R. 8:7-13). Jonás fue enviado a la extranjera y temible ciudad de Nínive para predicar arrepentimiento (Jon. 1:2; 3:1-2).

Todo esto quiere decir que, para estar capacitado debidamente para el oficio profético, un individuo necesitaba poseer una personalidad sobresaliente, sanamente independiente. Los profetas debían de ser personas de carácter descollante, de brillante inteligencia y ánimo corajudo. Debían de ser todo esto por naturaleza y luego, una vez dedicados al Señor, destacaban todavía más por las tareas que se les encomendaban y por el poder y los dones que Dios les otorgaba. Así llegaron a ser los gigantes espirituales de Israel, los formadores de la opinión pública, los líderes del pueblo a través de días de oscuridad, personas notoriamente distintas de todas las demás que vivían en su entorno, tanto en Israel como en las otras naciones de su tiempo.

D. TERMINOS DE DESIGNACION Y TAREA ENCOMENDADA

Hay tres términos hebreos que revisten especial importancia para designar a los profetas. El más importante es *nabhi'*, que se traduce de ordinario "profeta". Sólo en su forma sustantiva, se usa en el Antiguo Testamento cerca de 300 veces. Los otros dos ocurren con mucha menor frecuencia; ambos se traducen "vidente". El uno es *ro'eh*, participio del verbo *ra'ah* = ver; el otro es *hozeh*, de la raíz *hazah* = ver. El significado del término *nabhi'* será discutido más adelante. Su etimología y significado no son tan fáciles de descubrir como los de los otros dos términos. También es menester hacer mención de un cuarto término, aunque es el menos usado de todos. Se trata de la frase "varón de Dios" (*'ish elohim*). Su significado es obvio: se refiere simplemente al profeta como quien ha sido escogido y enviado por Dios.[6]

La tarea de las personas designadas con estos nombres se presenta en el Antiguo Testamento como consistiendo básicamente en una doble función: recibir de Dios el mensaje mediante revelación, y declarar al pueblo el mensaje de Dios. No todos los profetas son descritos desempeñando la primera función, pero a todos se les describe desempeñando la segunda. Es probable que algunos, si no muchos, de los profetas profiriesen un mensaje que habían aprendido de otros profetas o que ellos mismos hubiesen compuesto para atender a la necesidad del momento, según eran inspirados por Dios. Con todo, un gran número de profetas lo escucharon directamente de Dios mediante revelación sobrenatural.

---

[6]Para una discusión de todos estos términos, véase cap. 4, pp. 59-66.

Es interesante observar que también los sacerdotes tenían una doble tarea, aunque de naturaleza ligeramente diferente. Su primera responsabilidad era ofrecer sacrificios por el pueblo; la segunda, dar también mensajes de Dios al pueblo. Pero esta tarea de mensajeros de Dios difería notablemente de la de los profetas. Los sacerdotes enseñaban al pueblo, y el tema era la Ley que Dios había dado en el Monte Sinaí desempeñaban esta función usando el método de mandato sobre mandato, renglón tras renglón (Is. 28:13). Los profetas, por su parte, exhortaban al pueblo a obedecer la Ley de Dios. Los sacerdotes se dirigían básicamente a la mente de sus oyentes, dándoles información acerca de lo que debían conocer, mientras que los profetas se dirigían a las emociones y a la voluntad, urgiendo al pueblo a poner por obra lo que habían aprendido.[7]

Había también una diferencia paralela en cuanto a la revelación. Hemos hecho notar que la primera responsabilidad de los profetas era recibir un mensaje de parte de Dios. También los sacerdotes disponían de un medio para recibir información de parte de Dios. Este medio no estaba a disposición de todos los sacerdotes, sino sólo del sumo sacerdote. Se trata de los Urim y Tumim. Muy poco se conoce acerca del modo en que operaban los Urim y Tumim, pero estaba relacionado de alguna manera con el efod que el sumo sacerdote llevaba como parte de su vestimenta; por este medio, podía buscar y recibir de Dios una revelación. El profeta, por otro lado, no disponía de medios propios para obtener una revelación. Tenía que limitarse a esperar el momento en que Dios tuviese a bien informarle; pero cuando llegaba la información, ésta se efectuaba en forma proposicional y era más extensa que la que el sumo sacerdote recibía mediante los Urim y Tumim.

Es digno de notarse, además, el gran respeto que, desde los primeros tiempos, se tenía hacia los profetas. Un ejemplo evidente de esto lo tenemos, ya en el tiempo de Saúl cuando acababa éste di visitar a Samuel (1S. 9:1-10:16). Saúl y un criado suyo se habían ido a Samuel para preguntarle acerca de las asnas que se le habían perdido a su padre, Cis. Oyeron de Samuel, no sólo que las asnas habían sido halladas, sino, lo que era mucho más importante, que él, Saúl, iba a ser el primer rey de Israel. Cuando volvían a casa, Saúl habló a su tío, quien, al parecer, estaba esperándole. No le dijo nada sobre el anuncio de su reinado, pero le hizo saber que acababa de hablar con Samuel. Tan pronto como su tío supo esto, le urgió diciendo: "Yo te ruego me declares qué os dijo Samuel" (1 S. 10:15). Puesto que Samuel no había hecho ninguna referencia al anuncio de su reinado, el interés de su tío no pudo haber sido suscitado por este lado; su interés se debía únicamente al hecho de que Saúl acababa de estar con Samuel. La expresión usada por el tío mostraba también lo urgente de su demanda; usó la forma enfática del imperativo verbal, "Declárame", seguida de la partícula

---

[7]Para una explicación de estos conceptos, véase cap. 8, pp. 121-137.

enclítica, expresiva de urgencia, *na'* = te ruego. Si el tío de Saúl estaba tan interesado en lo que Samuel había dicho, es de presumir que otras personas lo estarían igualmente y, si Samuel tenía tanta importancia a los ojos del pueblo, es probable que otros profetas disfrutaran de un honor similar.

E. ¿ERAN LOS PROFETAS UNOS PROFESIONALES?

1. Dos aspectos en los que lo eran

El vocablo *profesional* necesita ser bien definido cuando se usa, ya que puede ser usado en varios sentidos. Por ejemplo, el pastor de una iglesia puede ser llamado profesional en el sentido de que el pastorado es su ocupación o profesión habitual. También puede usarse en el sentido de que una persona está perfectamente capacitada para el trabajo en que se ocupa; no es un "aficionado" en el modo de hacer las cosas, sino un profesional, por la forma apropiada y recomendable en que actúa. Ambos sentidos tienen una connotación buena. Pero también puede usarse en el sentido de que el pastor no está de veras interesado en su ministerio, sino que lo desempeña por pura rutina, sin poner en ello el corazón; es un mero profesional en su tarea, llevando a cabo las acciones para las que ha sido contratado. Cuando se usa en este sentido, el término no tiene una buena connotación.

La mayor parte de los profetas verdaderos eran profesionales en los dos primeros sentidos aludidos; es decir, eran profesionales en el sentido de su ocupación. Es cierto que algunos pocos no se dedicaban sólo a profetizar, sino que se ocupaban también en otras labores. Amós, por ejemplo, dice que era agricultor y boyero, y de este trabajo le sacó Dios, llamándole a ser profeta por algún tiempo. La mayor parte de los profetas eran también profesionales en el sentido de estar capacitados para el oficio. Ya hemos hecho notar que eran hombres de coraje, capaces, inteligentes; no eran simples aficionados en sus tareas, sino verdaderamente profesionales. Por otro lado, los verdaderos profetas no eran profesionales en el sentido de desempeñar rutinariamente su oficio como si fuesen meros funcionarios. Eran hombres llamados por Dios, a quienes Dios asignó importantes tareas, y ellos las llevaron a cabo poniendo en ellas todo su corazón y todo su interés; no se limitaron al papel de receptores pasivos de las mociones divinas.

2. Otro aspecto en el que no lo eran

Hay todavía otro sentido en el que los profetas no eran profesionales. Este sentido guarda relación con el que acabamos de mencionar, pero abarca factores de espectro más amplio y requieren ulterior elaboración.

Estos factores implican una visión errónea de los profetas más antiguos (desde Samuel hasta los profetas escritores), sostenida por algunos eruditos. Según ellos, los profetas primitivos vivían en bandas o gremios y se movían en grupos. Hacen notar que Samuel tenía tales grupos bajo su mando (1 S. 10:5,10) y que, más tarde, Elías y Eliseo estaban al frente de grupos similares (2 R. 2:3,5,7,15). Y de Acab se dice que disponía de cuatrocientos profetas a quienes podía acudir en demanda de un supuesto mensaje de parte de Jehová (1 R. 22:6). Debido a que Elías tenía vestido de pelo y ceñía sus lomos con un cinturón de cuero (2 R. 1:8), se ha sugerido que estas bandas de profetas se vestían con una especie de uniforme distintivo. Más aún, se ha llegado a creer que probablemente llevaban una marca de identificación en la frente. Una vez, un profeta se puso una venda en la frente para disfrazarse así ante el rey Acab, y se cree que fue así como cubrió esta marca de identificación (1 R. 20:35,38,41). Como una vez ciertos muchachos se mofaron de Eliseo, diciéndole: "¡Sube, calvo!; ¡sube, calvo!" (2 R. 2:23), se supone, además, que estos profetas, con toda probabilidad, se afeitaban la cabeza del todo o en parte. Se supone que las bandas de profetas habitaban en una residencia común, desde donde hacían viajes por el país, tocando instrumentos musicales y delirando en trance. En tales momentos, emitían sus oráculos en respuesta a las preguntas del pueblo.[8]

Se cree que estos grupos de profetas eran dinámicos en su actividad extática en los tiempos antiguos de la historia de Israel, pero perdieron después su original espontaneidad y adoptaron métodos sujetos a patrones reglamentados. Así es como cayeron en un profesionalismo rutinario. Con el tiempo, este profesionalismo vino a ser normal profetismo, conforme estos grupos de hombres llegaron a usar medios que ellos notaban que habían de agradar a la gente y especialmente al rey, en caso de que éste les consultase. Como dice T. J. Meek, "Así llegó la profecía a comercializarse y profesionalizarse. Se desvió por el camino del sacerdocio y, por esto, el de todas las demás instituciones. Perdió su carácter espontáneo e inspirado y llegó a ser tan profesional como el sacerdocio contra el que, en realidad, había surgido como protesta".[9]

Este punto de vista sostiene, pues, que de vez en cuando, surgía un profeta reaccionario para oponerse al grupo de los profesionales. Un pionero de esta reacción fue, según ellos, Miqueas, quien se opuso a los cuatrocientos profetas de Acab (1 R. 22:13-28).[10] Este tipo de persona fue considerada en su tiempo como un reaccionario contra el grupo normal de profetas

---

[8]Para una elaboración de estas ideas, véase J. Lindblom, *Prophecy in Ancient Israel*, pp. 65-70.
[9]*Hebrew Origins*, p. 174.
[10]Theodore H. Robinson (*Prophecy and the Prophets in Ancient Israel*, pp. 39-40) escribe: "La primera persona de cuya independencia tenemos noticia es Miqueas".

profesionales y, por tanto, como un intruso en el campo de la profecía, por no pertenecer al grupo principal.[11] Hay algo de verdad en este punto de vista, en el sentido de que hubo dos tipos de profetas en Israel y en Judá. Había el grupo de los que deseaban complacer al rey y, en este sentido, eran los profesionales. Había también otros como Miqueas. Sin embargo, el punto de vista aludido es erróneo al creer que los así llamados profetas profesionales representaban la figura del profeta histórico, tradicional. Un esmerado estudio de los pasajes del Antiguo Testamento nos muestra que, en realidad, el tipo de profeta caracterizado por Miqueas era el tradicional y que los intrusos en el campo de la profecía fueron precisamente los que, más tarde, procuraban, ante todo, complacer a los reyes. Antes de Miqueas, hubo hombres como Samuel, Natán, Gad, Jehú, Hananías, Semaías, Ahías, Elías y Eliseo. Estos no trataron de complacer a los reyes, ni fueron profesionales en el sentido descrito anteriormente. Eran varones sin miedo, dispuestos a tomar partido por la palabra que firmemente creían haber recibido de Dios; éstos eran los profetas tradicionales. No se les puede considerar en modo alguno como personas que habían perdido su interés en lo que ellos creían ser la pura verdad.

También se equivoca este punto de vista al pensar que los profetas primitivos eran grupos de personas presa de trances extáticos, que vivían vagando en bandas sin orden ni concierto. Hubo grupos de profetas en los días de Samuel y, más tarde, en tiempo de Elías y Eliseo, pero no eran gente indómita o salvaje.[12] Más bien eran, con toda probabilidad, grupos de entrenamiento, hombres que se preparaban para ser llamados al ministerio profético "a tiempo completo". Samuel en su tiempo, y Elías y Eliseo en el suyo, parecen haber sido maestros de tales grupos. Es probable que, cuando se acabasen sus años de preparación, los miembros de tales grupos llegasen a ser verdaderos profetas sin miedo, como lo eran sus maestros.

Es cierto que entre los profetas de su tiempo-pasasen o no por escueles de entrenamiento-había quienes, renunciando al compromiso básico que habían aceptado, se hicieron amigos complacientes de los reyes; es decir, se hicieron profesionales en sentido negativo. Es de notar, sin embargo, que el número de éstos era muy reducido en la primera época, haciéndose más numeroso a medida que pasaron los años. Estos son los falsos profetas de que hablaba Jeremías (23:9-40), y que en su tiempo habían llegado a ser mayoría. Pero no eran el grupo principal de profetas, sino desertores que

---

[11]Dentro de este punto de vista se halla a veces la idea de que fue de entre tales profetas reaccionarios de donde surgieron los posteriores profetas escritores, y que éstos llegaron a tener por "falsos" a los del antiguo tipo profesional; véase el cap. 7 para una discusión sobre esto.

[12]No hay en las Escrituras evidencia alguna a favor de la idea de que fuesen gente indómita, salvaje, habituada al "trance" extático. Véanse los caps. 2 y 3, donde se estudiarán los pasajes alegados a favor de tales evidencias.

habían flaqueado en el compromiso adquirido y en el deseo de agradar a Dios.

En suma, los verdaderos profetas no eran profesionales en el sentido de tomar por rutina una profesión con la que agradar a los reyes, sino que eran hombres comprometidos con Dios y dispuestos a llevar a cabo cuanto El les exigiese, no importándoles la magnitud de la tarea ni la gravedad del peligro. Solamente los desertores de este grupo llegaron a ser profesionales en el sentido de procurar agradar a los monarcas.

2

"Profetas"
Contemporáneos

Es menester percatarse de que Israel no era una isla en su tiempo, inmune totalmente de las influencias de su entorno. Los israelitas existían como un pueblo entre otros pueblos y experimentaban presiones de parte de sus vecinos para que siguieran prácticas que no estaban en conformidad con la Ley de Dios. No hay acuerdo entre los eruditos en cuanto al grado en que tales influencias se hicieron sentir en Israel. Hay quienes opinan que la influencia fue extensa, mientras que otros la consideran mínima. La Biblia misma indica que la hubo, al menos en cierto grado. Por ejemplo, se nos describe a muchos israelitas como yendo a dar culto a Baal, el dios de los cananeos (Jue. 2:13–14; 3:7–8; 6:25–30).

Comoquiera que el profetismo fue tan importante en Israel, y puesto que, en aquella época, existió fuera de Israel cierto tipo de profetas, es menester preguntarse si, en cuanto a la profecía, Israel tomó algo prestado de otros o no. Acerca de esto hay varios puntos de vista. Gustav Holscher, por ejemplo, cree que casi todos los aspectos de la profecía de Israel fueron tomados de Canaán.[1] Por su parte, J. Lindblom, no cree que Israel tomase prestados de Canaán estos aspectos, sino que, más bien, practicó el fenómeno profético por la sencilla razón de que todo el mundo lo hacía.[2] Los israelitas eran como los demás países y se comportaron en sus actividades religiosas de manera similar a la de otros pueblos. Pero Abraham Heschel,

---

[1]*Die Propheten*, pp. 140ss.
[2]*Prophecy in Ancient Israel*, pp. 98ss.

siguiendo más de cerca la presentación que la propia Escritura nos ofrece, sostiene que los profetas de Israel fueron algo único, y sus escritos forman por sí mismos una clase aparte.[3] Ya que los puntos de vista son diversos, y puesto que la Biblia misma da a entender que los israelitas fueron influidos religiosamente hasta cierto punto, es necesario investigar el tema y hacer las convenientes evaluaciones como un aspecto introductorio de nuestro estudio. Para ello, consideraremos las principales naciones con las que Israel estuvo en contacto.

A. UN EXAMEN DE LA "PROFECIA" DEL MEDIO ORIENTE

1. Mesopotamia

Es conveniente comenzar el escrutinio por la región de Mesopotamia, que ocupó un lugar relevante en el Medio Oriente durante la época del Antiguo Testamento. Aunque Israel estuvo en contacto directo con los habitantes de Canaán, más bien que con los de Mesopotamia, lo cierto es que los cananeos, a su vez, fueron influidos en grado considerable por los de la región mesopotámica. Esto se debió, en gran parte, a las dos migraciones más numerosas de Mesopotamia a Canaán en los primeros años del segundo milenio A. de C. La primera fue la de los amorreos; la segunda, poco después, la de los heveos. Ambos grupos ejercieron una influencia notable en la mentalidad cananea.[4]

Hablando primeramente en general, la religión era de primordial importancia para los habitantes de Mesopotamia. Pocas cosas se hacían y pocos asuntos se decidían en aquella tierra, en los que no interviniese el interés por la religión y la preocupación por la voluntad de los dioses. Por esta razón, tenían una numerosa clase sacerdotal al servicio de sus templos. De hecho, existían cuatro clases de sacerdotes; primera, la de los *Ashipu*, que eran exorcistas y de quienes se creía que tenían poder para arrojar demonios; segunda, la de los *Kallu*, responsables de la música del templo; tercera, la de las *Qadishtu*, secerdotisas cuya tarea principal parece haber sido la prostitución religiosa; y la cuarta la componía un grupo de cuatro sacerdotes, el *Baru*, el *Sha'ilu*, el *Shabru* y el *Mahhu*, quienes se ocupaban en común de la adivinación y venían a formar, en realidad, la clase más importante de todas. La gente venía a ellos con preguntas, y ellos respondían, tras el empleo de diversas técnicas, con oráculos supuestamente recibidos de los dioses. De los cuatro sacerdotes de esta clase, el *Baru* era considerado el más relevante.

Los medios empleados para la adivinación pueden dividirse en dos

[3]Abraham Heschel, *The Prophets*, pp. 472–473.
[4]Para una discusión sobre esto, véase S. H. Hooke, *Babylonian and Assyrian Religion*, p. vii.

clases: los improvisados sin previa preparación, y los concertados de antemano. En cuanto a los improvisados, tenían que ver con todo tipo de agüeros o presagios acerca de eventos que podían ocurrir en el decurso del día. Existía una larga lista de tales agüeros con sus significados correspondientes.[5] De ordinario, cuando algo ocurría a la derecha de una persona, era signo de buen agüero, y cuando ocurría a la izquierda, era de mal agüero. En este tipo de medios improvisados, se incluían agüeros deducidos de la naturaleza, de los astros, del vuelo de las aves, de sueños y de las condiciones atmosféricas.

Entre los medios preparados de antemano, los más importantes eran dos. El primero era la hidromancia, que consistía en verter aceite en agua o viceversa. Como el aceite y el agua no se mezclan, se observaba la mutua interacción de estos elementos cuando entraban en contacto, y lo que ocurría entonces era tenido por presagio de mucha importancia. El otro medio era la hepatoscopia y se le tenía como el más importante de los dos. Consistía en examinar detenidamente el hígado de una oveja, aunque a veces se examinaban los riñones de un animal. Al parecer, creían que tal órgano era la sede de la vida de dicho animal y, por tanto, muy apropiado para obtener revelaciones por medio de él.

El procedimiento para examinar el hígado era el siguiente: Se comenzaba por matar a la oveja, de ordinario con acompañamiento de cantos y música instrumental. A continuación, el sacerdote inspeccionaba los órganos y entrañas situados en el estómago abierto del animal. Después, conforme a las reglas establecidas, levantaba las entrañas del estómago para examinarlas más de cerca y luego las sacaba al exterior, para dejar totalmente al descubierto los órganos que se ocultaban detrás de ellas. Al llegar a este punto, ya podían distinguirse los aspectos favorables y desfavorables del hígado mismo. Dice S. H. Hooke[6] que, en conexión con las pequeñas concavidades del hígado, se suponía que podían leerse "no menos de 114 signos diferentes".[7]

La respuesta que podía hallarse a través de tales adivinaciones, se reducía a un "sí" o un "no". Con todo, podía adquirirse una considerable información haciendo un gran número de preguntas. Por ejemplo, Esarhadón, emperador de Asiria, deseaba saber si Bartatua, rey de los escitas y pretendiente a la mano de su hija, era digno de casarse con ella. Las preguntas de Esarhadón eran del tenor siguiente: "¿Es de fiar? ¿cumplirá sus

[5]A. Guillaume (*Prophecy and Divination Among the Hebrews and Other Semites*, pp. 35–37) dice que la adivinación "estaba sistematizada en grado meticuloso, desconocido en cualquier otra parte del mundo". En cuanto a la cantidad de literatura sobre este tema, dice Morris Jastrow (*The Religion of Babylonia and Assyria*, p. 355): "Una buena cuarta parte de lo que se ha descubierto de la biblioteca de Asurbanipal consiste en agüeros".

[6]*Babylonian and Assyrian Religion*, pp. 89–90.

[7]Para más detalles acerca de la hepatoscopia, véase H. Dillon, *Assyro-Babylonian Liver Divination*.

promesas? ¿observará los decretos de Esarhadón rey de Asiria? ¿los pondrá en ejecución de buena fe?". De modo similar, respecto a su proprio hijo, preguntó Esarhadón: "¿Está de acuerdo con el mandamiento de la gran divinidad el acceso al gobierno de Sinidinabal, el hijo de Esarhadón rey de Asiria, cuyo nombre está escrito en esta tablilla? ¿Llegará esto a cumplirse?".[8] La importancia de la adivinación en la vida del pueblo de Mesopotamia difícilmente podrá exagerarse. Los reyes, con todo su poder, raras veces llegaban a una decisión o se atrevían a actuar sin consultar a estos sacerdotes. Por ejemplo, en el libro de Daniel vemos a Nabucodonosor convocando a sus magos para que le interpreten sus sueños (Dan. caps. 2 y 4) y, más tarde, Belsasar hizo lo mismo para que leyesen e interpretasen la escritura que apareciera milagrosamente en el salón para banquetes del palacio real (Dan. 5). Los magos de que se nos habla en dichos pasajes eran simplemente estos tipos de sacerdotes a quienes se suponía expertos en el manejo de todas estas artes. Como la interpretación de sueños era una de sus especialidades, no era de extrañar que Nabucodonosor pidiese a estos sacerdotes que le interpretasen los sueños. Y aunque leer una escritura milagrosa caía fuera de sus poderes mágicos y era un caso único en sus experiencias, era lógico que Belsasar acudiese a ellos en la mencionada ocasión. Belsasar creía, sin duda, que si no podían leer ellos la escritura, nadie podría leerla.

Puesto que algunos eruditos creen que el personal religioso de Israel usaba formas similares de adivinación, ha sido conveniente tomar nota de las de Mesopotamia, pero un número mayor de eruditos hallan ciertos paralelos en lo que se llama textos de tipo profético de la región, y debemos prestarles alguna atención en este momento. Son textos que hablan de una manera parecida al modo en que escribieron los profetas de Israel. Entre estos textos se hallan los "Oráculos de Arbela", que datan del tiempo de Esarhadón. En estos oráculos, las sacerdotisas usan la primera persona al hablar en lugar de la diosa Istar. A veces, usan la expresión: "No temas", que también los profetas de Israel usaban, y prometen al rey ayuda de parte de la diosa. Guillaume presenta unas pocas líneas de uno de esos oráculos:

Oh, Esarhadón, rey de países, ¡no temas!
Tus enemigos huirán de delante de tus pies
Como sucios cerdos en el monte de Siwán.
Yo soy la gran Beltis.
Soy Istar de Arbela que destruye a tus enemigos delante de tus pies.
A tus enemigos, como Ukay, los entregaré en tus manos.
Yo soy Istar de Arbela.
Yo iré delante de ti y detrás de ti. No temas . . .[9]

[8]Jastrow, *Religion of Babylonia and Assyria*, p. 329.
[9]*Prophecy and Divination*, p. 43.

Otra ilustración de tipo profético es el "Mito de Irra". Aquí, Irra, el dios de las plagas, es descrito devastando el mundo en el furor de su ira. Hugo Gressman nos ofrece una porción de este texto:

> Entonces la gente de la costa matará sin piedad a la gente de la costa,
> Subartu matará a Subartu,
> El asirio-matará al asirio,
> El elamita matará al elamita,
> Los de Cas matarán a los de Cas . . .
> Entonces se levantará Acad y los derribará a todos ellos,
> Los demolerá a todos juntos.[10]

Un texto que, según algunos, comporta la similaridad más cercana a la profecía hebrea entre todos los textos mesopotámicos, procede del reino de Mari en el Eufrates Medio.[11] El texto fue escrito por una persona que tenía conocimiento de un oráculo pronunciado por un *apilum* (que significa "respondiente", término con que se designa al "profeta" en dicho texto), de parte del dios Hadad. Puesto que el oráculo estaba dirigido en realidad al rey (probablemente Zimrilim), el escritor se sintió obligado a enviárselo, aun cuando parece ser que el *apilum* mismo no tenía necesariamente la intención de que se le entregase de esta manera. El oráculo, según palabras textuales del dios, dice lo siguiente: Hay que recordarle al rey que ha sido criado en las rodillas de Hadad y ha sido colocado en el trono por Hadad. Debe también percatarse de que, así como Hadad le ha instalado en esa posición, también podría ahora el dios quitarle de las manos Alahtum (parece ser que se trata de un área situada en la región de Alepo), si el rey no trae animales para una libación. En verdad, Hadad le quitaría todo lo que le ha dado al rey –el trono, el territorio y la ciudad. Pero si, por el contrario, el rey satisficiera los deseos de Hadad, entonces le serían dados al rey "tronos sobre tronos, casas sobre casas, territorios sobre territorios, ciudades sobre ciudades y el país entero desde el oriente hasta el occidente".

Se pueden ver aquí tres aspectos semejantes a los de la profecía hebrea: primero, se usan las palabras mismas de la deidad; segundo, se le recuerda al rey su dependencia del dios; y tercero, hay promesas de bendición si lleva a cabo lo que el dios quiere, y advertencia de que tendrá problemas si no lo hace. Pero hay también notables diferencias: primera, el *apilum* no entrega el mensaje por sí mismo y, por tanto, no aparece como vocero del dios como lo era de Jehová el profeta hebreo; segunda, el dios Hadad es introducido meramente como el Señor de Kallasu, lo que significa que era considerado como localizado en un sitio particular, no como quien ejerce dominio sobre el mundo entero; y tercera, lo que se espera del rey para complacer

---

[10]*Altorientalische Texte und Bilder zum Alten Testament*, p. 228.
[11]A. Lods, "Une tablette inédite de Mari, intéressante pour l'histoire ancienne du prophetisme Sémitique", *Studies in Old Testament Prophecy*, ed. H. H. Rowley, pp. 103–110.

a Hadad es ofrecer una libación cultual, mientras que a los reyes de Israel se les ordenaba continuamente que obedeciesen a Dios en su vida moral. Cuando se considera detenidamente el texto, estas diferencias sobrepujan con mucho a las semejanzas.

2. Egipto

Otra área importante del mundo que ejerció una fuerte influencia en Canaán fue Egipto al sur. Igual que en Mesopotamia, la religión jugaba aquí un papel importante. No obstante, tenía su carácter distintivo, pues aunque algunos aspectos eran similares a los de Mesopotamia, muchos otros eran diferentes. Desde los primeros tiempos de la historia de Egipto, los sacerdotes gozaban de gran influencia en el país. En la época de la XVIII dinastía (del siglo XVI al XIV A. de C.), la clase sacerdotal se había hecho extremadamente opulenta, y en los días de Ramsés III (hacia el 1200 A. de C.), aproximadamente una décima parte del país era propiedad de los sacerdotes.

Se reconocían tres grados u órdenes de sacerdotes.[12] El *Uab* era el primero. A él le correspondía examinar los animales para el sacrificio y llevar a cabo tareas rutinarias en el templo. El *Kherheb* era el segundo. Este era un hombre docto que podía recitar toda la liturgia con el efecto apropiado y dirigir las actividades ceremoniales. A veces se le llama el "mago". El tercero era el *Hemu neter* y ocupaba el puesto más eminente, siendo casi un personaje equivalente al sacerdote *Baru* de Mesopotamia. Estaba encargado de recibir los oráculos.

En Egipto se usaban varias formas de adivinación. La primera, y quizá la más frecuente, era la interpretación de sueños. Parece ser que esta forma de adivinación tuvo en Egipto mayor relevancia que en Mesopotamia. Lo mismo que en Mesopotamia, se han hallado en Egipto largas listas que indicaban los distintos presagios que los sueños comportaban. John Wilson presenta algunas ilustraciones: Si un hombre se ve a sí mismo durante el sueño mirando a un gato enorme, es que va a recoger una cosecha abundante; si se ve a sí mismo sumergiéndose en un río, es que va a ser purificado de toda maldad; si, por contraste, ve a alguien que está cazando pájaros, es de mal agüero, pues indica que le van a quitar sus propiedades.[13]

Una segunda forma de adivinación era observar los fenómenos de la naturaleza y, especialmente, los astros. En esto, existían muchas semejanzas entre Egipto y Mesopotamia.

Una tercera forma tenía que ver con los movimientos de los animales sagrados. Por ejemplo, se observaba cuidadosamente al buey sagrado, Apis,

[12]Flinders Petrie, *Religious Life in Ancient Egypt*, p. 48.
[13]*Ancient Near Eastern Texts*, ed. James B. Pritchard, p. 495.

para ver en cuál de sus dos aposentos se metía. También se consideraban
a menudo como significativas las expresiones de los niños que se hallaban
cerca del buey, y lo mismo puede decirse de los sueños experimentados por
quienes tenían algo que ver con dicho animal. Los toros sagrados eran
tenidos en gran honor; y cuando uno de ellos se moría, había que escoger
otro para reemplazarle, conforme a normas específicamente prescritas.
Todavía existía un tercer tipo de adivinación mediante algunas partes
movibles de ciertas estatuas. En el Museo Oriental de la Universidad de
Chicago, puede verse una estatua del dios halcón, Horus, con dos orificios
que se extienden a lo largo de su interior, terminando respectivamente en
su cabeza y en su pico. Parece ser que un sacerdote se valía de dos cuerdas
para moverle la cabeza y el pico y hacer que el dios respondiera con gestos
a las preguntas que le hacían los consultantes.

Además, también de Egipto se han obtenido textos que, sometidos a
examen, ofrecen alguna similaridad con los escritos proféticos hebreos. Está
primero el "Drama de Memfis", que data del comienzo del período de las
dinastías, y contiene el escrito más antiguo que se conoce acerca del tema
de la aprobación o desaprobación de una conducta determinada.[14]

Luego vienen los textos de las famosas pirámides.[15] Estos consisten en
miles de líneas de escritura jeroglífica en las galerías y en los corredores de
las pirámides. Tenían como objetivo asegurar la eterna felicidad del rey. Se
dice que contienen las más antiguas reflexiones sobre el tema de la muerte.

De la quinta dinastía datan las máximas de Ptah-hotep, que formulan
los más antiguos principios de conducta, dentro de lo que hasta ahora ha
podido encontrarse. Se incluye allí, por ejemplo, la observación de que Ptah-
hotep había llegado a la edad de 110 años por "hacer lo recto" en favor del
rey "incluso hasta la tumba".[16]

Desde la llamada época feudal del 2000 A. de C., nos han llegado
algunas composiciones sobre la justicia social que, según dicen, hacen de
sus autores los primeros "profetas" sociales. Las que mejor se conocen
fueron escritas por Ipu-wer. Sus escritos han sido llamados los más parecidos, de los encontrados en Egipto, a los escritos proféticos de Israel. Ipu-
wer denuncia sin miedo al rey de su tiempo por el desorden social existente
a la sazón. Hace notar la diferencia entre el modo como el rey gobierna y
el modo como reinaría un rey ideal. Dice, por ejemplo: "Contigo está el regio
mando, el conocimiento y la rectitud", pero "es contienda lo que tú pones
en el país, junto con el ruido del tumulto". Más adelante, añade: "Las leyes
de la corte de justicia son desechadas, los hombres las pisotean en los
lugares públicos, los pobres las quebrantan sin rebozo en medio de la calle".

[14] J. H. Breasted, *The Dawn of Conscience*, p. 41.
[15] Véanse dos extractos en *Ancient Near Eastern Texts*, pp. 32-33.
[16] Ibid., p. 414.

Y de nuevo: "El hombre de virtud camina en actitud de duelo por lo que está pasando en el país".[17] El aspecto que comporta aquí un paralelo con la profecía hebrea es la actitud crítica que Ipu-wer adopta en relación con el rey y las condiciones sociales de su tiempo, hasta llegar a traer a la memoria del rey la responsabilidad que tiene de mejorarlas. Pero, frente a esta semejanza, hay ciertas diferencias dignas de notarse. La primera es que la preocupación de Ipu-wer está centrada en el caos y la confusión del país, más bien que en el colapso de los valores morales y espirituales del pueblo. En contraste con esto, los profetas hebreos están preocupados por el pueblo y la opresión que padece, no por las condiciones caóticas del país. En segundo lugar, Ipu-wer no echa la culpa por esta situación a ninguna deficiencia moral o espiritual del pueblo, sino que la halla en los dioses, especialmente en el dios Ra. Los profetas hebreos jamás censuran a Dios por cosa alguna; la culpa es siempre de los seres humanos. Finalmente, Ipu-wer no habla como dios ni como vocero de algún dios, sino por su propia cuenta como un crítico social de su tiempo, y también esto está muy lejos del modo de actuar de los profetas hebreos.

El mejor conocido de los "profetas" sociales es Nefer-rohu. Aunque el texto que a él se refiere fue escrito hacia la época del comienzo de la duodécima dinastía (2000 A. de C.), el relato tiene que ver con la época mucho más temprana de la cuarta dinastía en que gobernaba un hombre llamado Snefru. El documento presenta a este rey deseando divertirse una noche; así que llama a Nefer-rohu, un sacerdote de Bastet, para que le procure entretenimiento. Cuando llega Nefer-rohu, le dice el rey que desea conocer el futuro. Nefer-rohu guarda silencio por algún tiempo y luego comienza a hablar. Le dice, para emperzar, que el país se halla en una condición miserable y que nadie se preocupa de ello. A continuación pronuncia la inesperada afirmación: "Voy a hablar de lo que tengo delante de mi rostro; no puedo predecir lo que todavía no ha llegado".[18] No obstante, procede precisamente a predecir, y habla de un tiempo en que el hijo de una mujer nubiense, nacido en la parte septentrional de Egipto, vendrá al país y restaurará la justicia. El nombre atribuido en el texto a esta persona es Ameni, lo cual es una clara referencia al primer rey de la duodécima dinastía, Amen-em-hep. I. A continuación, pasa Nefer-rohu a mostrar algunas de las nobles y espléndidas acciones que este rey llevará a cabo.

El principal aspecto "profético" de este texto es su carácter mesiánico, por decirlo así. A saber, Nefer-rohu señala un rey venidero que será un salvador para la tierra de Egipto. Sin embargo, es preciso percatarse de que dicho texto fue, en realidad, escrito cuando este salvador, Amen-em-hep I,

---

[17]Breasted, *Dawn of Conscience*, p. 199.
[18]*Ancient Near Eastern Texts*, p. 445.

ya había comenzado a reinar. Por tanto, no hay ninguna profecía en dicho
texto. También es digno de notarse que todo el contexto del escrito demuestra un espíritu ligero y amigo de diversiones; lo único que el rey Snefru
desea es que alguien venga a decirle cosas acerca del porvenir. Por último,
el mismo Nefer-rohu no abriga pretensiones de profeta y llega a decir, incluso, que no puede predecir el futuro.

3. Canaán

Ni que decir que Canaán también debe ser tenido en consideración,
puesto que su cultura, prestada o autóctona, era la cultura que más directamente influyó sobre Israel. Casi no se conoce tanto de Canaán como lo
que se sabe respecto de Mesopotamia y Egipto, aunque los descubrimientos
de Ras Samra han aportado una ayuda importante. Templos cananeos de
la época han sido hallados en diversos lugares, incluyendo Betsán, Meguido,
Laquís, Siquem y Hazor en Palestina. En estos templos eran sacrificados
animales, y también servían "santas" mujeres como prostitutas sagradas.
El dios supremo era El, pero el que era considerado por la gente como el
más importante era Baal. Este último podía ser considerado en singular
como el dios de todo el país, o en plural como manifestaciones localizadas
de la deidad nacional. Esta es la razón por la que hallamos nombres tales
como Baal-peor (Nm. 25:3), Baal-meón (Nm. 32:38) y Baal-hermón (Jue.
3:3).

La evidencia de adivinación en Canaán es comparativamente débil, pero
pueden citarse unos pocos textos que, al menos, muestran su existencia.
Hay primero una indicación de observación de las aves; dice así un texto
de Ugarit:

Aguilas revolotean sobre la casa de su padre,
Una bandada de buitres se remonta.
Pgt llora en su corazón,
Derrama lágrimas en su hígado.[19]

Y un texto de El Amarna dice así: "Envíame un inquiridor (sa'ili) de
águilas". Un bien conocido texto acerca de Idrimi, un joven gobernante
exiliado de Alalak, dice así:

Y habité en medio de la *gente de 'Apiru* durante siete años. Interpreté
(el vuelo de las) aves, inspeccioné (los intestinos de los) corderos, mientras
que siete años de [?], el dios de las tormentas giraron sobre [?] mi cabeza.[20]

[19]Alfred Haldar, *Associations of Cult Prophets Among the Ancient Semites*, p. 80.
[20]William F. Albright, "Some Important Recent Discoveries: Alphabetic Origins and
the Idrimi Statue", *Bulletin of the American Schools of Oriental Research*, 118 (1950):
11-20.

Hay también indicios de que estaba en boga la interpretación de sueños. En otro texto de Ras Samra encontramos lo siguiente:

> Y cuando se duerme tras tanto llorar,
> el zumbido mismo del sueño le fatiga,
> y yace allí entre gemidos y
> (derramando abundantes lágrimas -o algo así)
> (luego) en sueños 'll desciende,
> En su visión, el padre del hombre.[21]

También existen unos pocos textos de tipo más "profético". En uno de ellos, el rey de Hamat, Zaquir, cuando estaba siendo atacado por Ben-hadad de Siria, dice que el dios, Ba'alsemin, le habló mediante "videntes" y "profetas" del modo siguiente: "No temas, porque yo te he hecho (rey) y yo estaré a tu lado y te salvaré de todos esos (reyes) . . ."[22]

La bien conocida historia de Wenamón contiene otro relato al que se atribuye carácter profético. Wenamón era un oficial egipcio del siglo XI A. de C., que fue enviado desde Egipto a Biblos en la costa fenicia para conseguir madera. Su situación se tornó desesperada al enredarse en una discusión monetaria con los oficiales de Biblos. Se le conminó, por espacio de un mes, a que se marchase del puerto sin su cargamento de madera, pero, al fin, un joven de Biblos, que se hallaba, al parecer, en un estado de arrebato extático, le dio un oráculo. Esto fue tomado como una indicación de parte de los dioses, de que Wenamón sería ahora tratado con toda amabilidad, y así fue.[23]

B. EVALUACION

Teniendo a la vista estas ilustraciones de la "profecía" del Medio Oriente, es el punto de hacer una valoración del grado en que Israel pudo recibir alguna influencia de ella. Hay eruditos que piensan que tal influencia fue amplia. A favor de esto, se propone un argumento basado en la suposición de que, puesto que Israel era una entre las naciones de su tiempo, es lógico que sus gentes siguiesen la pauta de los países circunvecinos. Este tipo de argumentación de "religiones comparadas" será examinado en varios lugares de una próxima discusión, pero es conveniente hacer ya una observación de pasada, advirtiendo que tal suposición no es válida. El Antiguo Testamento presenta continuamente a Israel como pueblo único en el mundo, diferente de todas las demás naciones, en especial en lo referente a sus

---

[21]Ivan Engnell, I Krt, líneas 31b–37a, *Studies in Divine Kingship in the Ancient Near East*, p. 151.

[22]Haldar, *Cult Prophets*, p. 75.

[23]Heschel, *The Prophets*, p. 460. Véase cómo considera John Wilson el texto y discute sobre él en *Ancient Near Eastern Texts*, p. 26.

creencias y prácticas religiosas. Esto quiere decir que, para demostrar que Israel era como otros países en relación con la profecía, se necesita una evidencia objetiva.

1. Consideración de los supuestos pasajes de adivinación en la Biblia.

Se piensa hallar evidencia objetiva en algunos pocos pasajes de la Escritura, de los que se cree que muestran la práctica de la adivinación en Israel.[24] Un pasaje al que, probablemente maś que a ningún otro, se hace referencia es Génesis 44:5,15. Aquí vemos que José había hecho meter en el saco de Benjamín su copa de plata, antes de enviar a sus hermanos en viaje de vuelta a su padre, Jacob. En el versículo 5, el mayordomo a quien José ha enviado en pos de sus hermanos para acusarles de haber robado la copa, les dice: "¿No es ésta en la que bebe mi señor, y por la que suele adivinar?". Y más adelante, en el versículo 15, cuando ya sus hermanos habían vuelto a él, les da a entender que sabía lo que habían hecho porque podía "adivinar". Se alega que estas afirmaciones muestran que José usaba la copa para adivinar la voluntad de Dios.

Para responder a esto, bueno será hacer cuatro observaciones. Primera, que, aun cuando resultara cierto lo que se quiere probar, esto demostraría solamente que una persona que por largo tiempo había estado ausente de su familia, había llegado a aceptar una de las prácticas religiosas de otro país, bajo la influencia directa del sistema religioso pagano de Egipto, pero no significaría que la familia de Jacob-y, de seguro, no la nación posterior de Israel-había adquirido esa mentalidad. Segunda, que la biografía de José, en su conjunto, nos ofrece bases muy firmes para concluir que, a pesar de cualquier influencia egipcia, José no llegó a aceptar el método egipcio de adivinación. Nunca encontramos a este piadoso varón en ningún otro momento buscando la voluntad de Dios por medio de tal instrumento de adivinación, sino que oraba directamente a Dios y de Dios obtenía las respuestas sin recurrir a nadie ni a nada. Tercera, que cuando José se refiere a esta copa con una frase directamente descriptiva, la llama "la copa de plata" (versículo 2), no "la copa de adivinar". Esto nos sugiere qué es lo que realmente pensaba de dicha copa. Cuarta, que el verbo usado en los dos versículos cruciales de esta porción, el 5 y el 15, no es *qasam*, que ordinariamente se usa en sentido de "adivinar", sino *nahash*, que significa "susurrar, musitar fórmulas, profetizar". A la luz de la elección de este verbo y, en particular, teniendo en cuenta las dos observaciones anteriores, bien podría ser que la intención de José, al hablarles a sus hermanos de esta

---

[24]Por ejemplo, Lindblom, *Prophecy in Ancient Israel*, pp. 88ss., aunque admite que el Antiguo Testamento prohíbe la adivinación, dice: "No obstante, también la tradición israelita conoce una adivinación que no se oponía a la religión de Yahweh" y, a continuación, procede a citar los pasajes aludidos en el texto.

forma, fuese meramente hacerles saber que esta copa tenía una importancia especial (v. 5) y que él, en la alta posición que ocupaba, tenía acceso a una información que no estaba al alcance de cualquiera (v. 15).

Otro pasaje al que se hace referencia es el que refiere la visita de Saúl a la adivina de Endor (1 Sam. 28). Puesto que parece evidente en este caso la aparición de Samuel, se alega que el pasaje indica la práctica del espiritismo en tiempos del Antiguo Testamento. Es cierto que había personas que se dedicaban a prácticas espiritistas, pero dicho pasaje no indica en modo alguno que dicha práctica fuese aceptable a Dios. Es digno de notarse que, al aparecer Samuel, la mujer se asustó enormemente, mostrando así que no habían sido sus manipulaciones las que produjeron la aparición, sino que, al parecer, Dios había obrado de modo sobrenatural. Luego está el hecho de que el mensaje proferido por Samuel en esta ocasión no es el que la mujer ni Saúl deseaban obtener; es un mensaje que Dios mismo habría deseado que Saúl oyese, puesto que predecía la derrota catastrófica que, al día siguiente, iba a sufrir Saúl en manos de los filisteos.

Un tercer pasaje al que se apela es 2 Samuel 5:24. Aquí vemos a David luchando contra los filisteos. Les ha ganado una primera batalla y está a punto de conseguir una segunda. Dios le ordena cambiar la estrategia del ataque y ponerla en marcha cuando oiga "ruido como de pasos en la cima de las balsameras". Dicen que esto es una referencia a cierta forma de adivinación mediante el crujido o chasquido de las hojas de los árboles. Pero, una vez más, hemos de analizar esta porción a la luz de la pauta general que David seguía para ponerse en contacto con Dios. Sus contactos con Dios, como los de José, eran siempre directos; sea que Dios le revelase algo, o que él pidiese o preguntase algo a Dios, el contacto se efectuaba en ambos casos sin intervención de ayuda intermediaria. Nunca se le ve usando forma alguna de adivinación. La indicación clara que aquí encontramos es que Dios mismo causó sobrenaturalmente el movimiento de las hojas de los árboles mencionados.

Un pasaje más, en la lista de argumentos esgrimidos, es Isaías 8:19, que dice así: "Y cuando os digan: Preguntad a los encantadores y a los adivinos, que susurran y bisbisean, responded: ¿No consultará el pueblo a su Dios? ¿Consultará a los muertos por los vivos?". Pero si se lee este versículo en su contexto, no se tarda en ver que esta práctica de acudir a encantadores y adivinos es algo que, sin lugar a dudas, es condenado en el texto sagrado. En lugar de recurrir a eso, el pueblo debe acudir "a la ley y al testimonio" (8:20). De ningún modo puede usarse dicho versículo para mostrar que Dios daba su aprobación a las artes de los encantadores ni a los que recurrían a los espíritus familiares.

En fin, hay quienes citan Ezequiel 21:21, donde aparece el rey de Babilonia, detenido en la encrucijada de dos caminos y, según parece, usando la adivinación para saber por qué camino marchar. Dice Ezequiel: "Ha sacudido las saetas, consultó a sus ídolos, examinó el hígado". En este versículo aparecen tres vocablos muy significativos: *qesem*, "adivinación"; *sha'al*, "inquirir, consultar"; y *ra'ah*, "ver, examinar". Se llega a afirmar que aquí Ezequiel, no sólo muestra sus conocimientos sobre la adivinación mesopotámica, sino que bien podría ser que sintiese cierta simpatía por tales prácticas. Es cierto que Ezequiel conocía las prácticas adivinatorias de Mesopotamia, por haber vivido en Babilonia durante el período de la cautividad. Pero de ahí a decir que sentía simpatía por ellas, media un abismo. Nunca se nos dice que él usase forma alguna de adivinación, sino que su contacto con Dios, como el de los dos personajes antes mencionados, fue siempre directo.

2. Refutación

El punto de vista del Antiguo Testamento acerca de la adivinación queda bien claro en Deuteronomio 18:10ss., que dice así: "No sea hallado en ti quien haga pasar a su hijo o a su hija por el fuego, ni quien practique adivinación, ni agorero, ni sortílego, ni hechicero, ni encantador, ni adivino, ni mago, ni quien consulte a los muertos. Porque es abominación para con Jehová cualquiera que hace estas cosas" (V. Lv. 19:26,31; 20:6,27). A continuación de esta porción, Moisés, el escritor sagrado, le dice al pueblo que, en lugar de buscar por tales medios un oráculo de Dios, debían acudir al profeta que el mismo Dios había de levantar de en medio de ellos; a ése debían oír. De esta manera, Moisés sitúa a los profetas de Israel en directo contraste con las formas de adivinación que estaban en boga en los países circunvecinos.

Estas consideraciones nos muestran que la Ley que Dios dio a los israelitas desaprobaba todas las formas de adivinación. Además, en relación con los textos llamados de tipo profético paralelo al de Israel, deben tenerse en cuenta varias diferencias generales (sin contar las ya mencionadas), entre los textos de otros países y los de los profetas hebreos.

En primer lugar, en cuanto a la cronología, los textos procedentes tanto de Mari como de Egipto, que evidencian las mayores semejanzas, son muy anteriores a cualquiera de los pertenecientes a los profetas de Israel. Pasaron muchos siglos entre la época de las "profecías" registradas en tales documentos y el tiempo en que los grandes profetas de Israel emitieron sus mensajes proféticos;[25] y ningún texto similar se ha encontrado, procedente de dichos países, que fuese contemporáneo de los textos representativos de Israel. En segundo lugar, la profecía hebrea ha aportado a la humanidad,

---

[25]Las "profecías "de Egipto son anteriores al año 2000 A. de C., y el "profeta" de Mari data del siglo decimoctavo A. de C. En cambio, el primer profeta escritor de Israel data del siglo nono A. de C.

desde entonces, beneficios duraderos, pero los escritos "proféticos" de otros
países solamente fueron conocidos en su tiempo, y apenas dejaron impacto
alguno en la posteridad. Según Heschel, la razón es que "la profecía en
Israel no era un episodio en la vida de un individuo, sino una iluminación
en la historia de un pueblo".[26] En tercer lugar, la profecía israelita no tiene
paralelo en cuanto a la continuidad de su duración. El profetismo de Israel
se extiende a lo largo de los siglos, como dice Heschel, "Desde Abraham
hasta Moisés, de Samuel a Natán, de Elías hasta Amós, desde Oseas a
Isaías, desde Jeremías hasta Malaquías". Y concluye el mismo autor: "Este
es un fenómeno sin par en la historia"[27]. En cuarto lugar, los profetas
hebreos eran personas comprometidas, llenas de vitalidad y dispuestas incluso a morir por el mensaje que proclamaban. Para ellos, como indica
Scott, "el ministerio profético era algo vivo, que había llegado a ser parte
de ellos mismos después de ponerse enteramente en las manos de Yahweh".[28]
Una actitud similar no se observa ni está implicada en los textos de otros
países.

En quinto lugar, aunque los profetas hebreos hablan del deterioro social
en términos algo parecidos a los que muestran los textos egipcios,[29] ellos
hallan en los pecados del pueblo la razón de tal deterioro, lo cual nunca
ocurre en los textos procedentes de otros países. En sexto lugar, la profecía
hebrea exhibe "una intimidad entre Dios y el profeta", que está casi "completamente ausente" en las regiones adyacentes.[30] En séptimo lugar, en
contraste con los elevados aspectos de la profecía en Israel, los "profetas"
de otras naciones "jamás lograron desenredarse de las mallas de la hechi-
cería, la brujería, la magia y la nigromancia."[31] Y en octavo lugar, justamente señala Franz Bohl la diferencia que existe en cuanto al grado de los
castigos previstos. Dice que era "típicamente israelita la idea de que Dios
puede quebrantar completamente a Su pueblo escogido en castigo por sus
pecados, y lo va a hacer", lo cual es algo que nunca llegaron a insinuar los
"profetas" adyacentes. Y añade la razón–esto habría significado también el
final de su propio poder.[32]

En conclusión, se puede decir con toda propiedad que, aunque existen
ciertas semejanzas generales entre la profecía de las comarcas circunvecinas
y la de Israel, no ofrecen suficiente evidencia, en cuanto a número o detalles,
de que Israel tomase prestados de ellas los aspectos más característicos de

[26]*The Prophets*, p. 472.
[27]Ibid.; véase R. B. Y. Scott, *The Relevance of the Prophets*, p. 57.
[28]Ibid., p. 58.
[29]A. B. Mace, "The Influence of Egypt on Hebrew Literature," *Annals of Archaeology
and Anthropology*, 9 (1922): 23.
[30]Guillaume, *Prophecy and Divination*, p. 59.
[31]J. M. P. Smith, "Semitic Prophecy", reimpreso de *The Biblical World*, 35 (1910): 226.
[32]"Some Notes on Israel in the Light of Babylonian Discoveries", *Journal of Biblical
Literature*, 53 (1934): 142.

su profetismo. Y, como afirma Irving Wood, "es la semejanza de detalles" lo que se necesita para demostrar una dependencia.[33] Por consiguiente, la profecía de Israel fue un fenómeno único en su clase, diferente de cualquier otro que se haya dado en el mundo, o, como dice Heschel, "El profeta bíblico es un tipo *sui generis*".[34]

Es cierto que, en la discusión precedente, no se ha tenido en cuenta el tema del éxtasis entre los profetas, y hay muchos eruditos que encuentran en este aspecto, y sólo en éste, una base para establecer un paralelismo. Con todo, en el siguiente capítulo vamos a analizar este tema del éxtasis y hallaremos que, también en este aspecto, hay una marcada diferencia entre lo que existía en los países vecinos de Israel e Israel mismo.

---

[33]"Borrowing Between Religions", *Journal of Biblical Literature*, 46 (1927): 98.
[34]*The Prophets*, p. 473.

3

Los Profetas de Israel no Eran Místicos en "Trance"

Muchos eruditos opinan que los profetas de Israel, especialmente los más antiguos, experimentaban éxtasis. Algunos llegan a creer que, de hecho, la predisposición a entrar en "trance" frenético era una característica esencial del profeta, para que la gente de su tiempo le aceptase como auténticamente tal. Sirva de ejemplo la siguiente observación de E. O. James: "Fue este tipo de conducta "samanística" . . . lo que constituyó el papel principal de los profesionales del éxtasis, descrito en Israel como *nebi'ísmo*".[1] Otros escritores hablan de una capacidad para el éxtasis como una especie de credenciales de la autoridad profética, sin la cual la gente no los hubiera aceptado como verdaderos profetas.[2]

Se ha llegado a sostener que fue Canaán el país del cual Israel obtuviera este fenómeno.[3] Muchos creen que ésta fue una de las maneras principales en que Israel llegó a depender de Canaán en el desarrollo de su profetismo. Hubo, sin embargo, una influencia anterior que llegó a Canaán desde el Asia Menor. Dice Teófilo J. Meek que este movimiento atravesó el Asia Menor "hacia el final del segundo milenio, llegando, por una parte, hasta Grecia, y hasta Siria y Palestina, por la otra".[4] W. O. E. Osterley y Teodoro

[1] *Prophecy and Prophets*, p. 79.
[2] Véase N. W. Porteous, "Prophecy", *Record and Revelation*, ed. H. Wheeler Robinson, pp. 216–249, para referencias.
[3] J. Lindblom (*Prophecy in Ancient Israel*, pp. 66, 97ss.), no obstante, está en desacuerdo con esto, aunque él tiene la opinión de que el extaticismo era cosa corriente en todo el mundo, lo mismo en Israel que en otras naciones.
[4] *Hebrew Origins*, p. 55.

H. Robinson añaden que "estos fenómenos se extendieron más tarde por todo el mundo mediterráneo", aunque sin llegar a Egipto hasta el siglo V A. de C.[5] Gradualmente, continuó extendiéndose hasta llegar finalmente a todas las partes del mundo. E. O. James da una lista de las principales áreas y dice que el oráculo de Delfos era probablemente el más famoso de los centros antiguos de estas actividades extáticas[6]; él mismo describe la acción de la manera siguiente:

> Cuando alguien acudía en demanda de un oráculo, se presentaba la profetisa inspirada, vestida de sus ropas rozagantes, su cofia de oro y su guirnalda de laurel, y bebía de la fuente sagrada Kasotis. Luego, según dicen, se sentaba en un trípode a caballo sobre una hendidura por la que emergían los vapores de una cueva debajo de la estancia; a veces, ella misma descendía a la cueva para saturarse del vapor y obtener un estado de elevada inspiración. Así se ponía en condiciones de dar un consejo y emitir el oráculo como portavoz de Apolo.[7]

Se practicaban ciertas formas de éxtasis sólo como ejercicio ritual en algunas festividades, pero el tipo de éxtasis comparable a la profecía tenía por motivo el deseo de obtener alguna revelación. Se buscaba el contacto con el mundo de los espíritus y, para ello, era menester desprenderse del contacto con el mundo de la realidad. Para alcanzar el éxtasis se empleaban diversos medios, incluyendo gases vaporosos, una danza sagrada, un ritmo musical, e incluso narcóticos. La mente necesitaba estar en sosiego, dejando a un lado su actividad razonadora y hacerse receptiva, de este modo, a la palabra divina. Esta relación con el mundo de los espíritus solía estar acompañada de un trance corporal, que T. H. Robinson describe así:

> Consiste en un ataque espasmódico que afectaba a todo el cuerpo. A veces, las extremidades eran estimuladas a actuar violentamente, resultando en brincos y contorsiones salvajes, más o menos rítmicas, de forma que el fenómeno podía presentar las apariencias de una danza frenética y salvaje. En otras ocasiones, los músculos quedaban agarrotados, produciendo una situación casi cataléptica. Algunas veces, eran afectadas las cuerdas vocales, emitiendo una catarata de sonidos, difíciles de reconocer como lenguaje propiamente humano.[8]

Este tipo de profecía es el que algunos creen que fue compartido por los profetas de Israel. Los más antiguos-a quienes se asigna de ordinario la época de Samuel-se supone que iban recorriendo en grupos el país, ofreciendo sus servicios a cuantos estuviesen interesados en ellos. La gente demandaría mediante ellos cuál era la divina voluntad, y ellos tratarían de

---

[5]*Hebrew Religion: Its Origin and Development*, pp. 185-186.
[6]*The Nature and Function of Priesthood*, pp. 30-31.
[7]Ibid., p. 40.
[8]*Prophecy and the Prophets in Ancient Israel*, p. 31.

responderles mediante esta forma de extático frenesí. Podían usarse varios métodos para desligarse de las condiciones terrenales de la mente y obtener un contacto directo con la divinidad. A causa de sus movimientos frenéticos, acompañados a menudo de ritmos musicales y danzas agitadas, llegó a llamárseles "locos" (*meshugga'*).

El principal argumento para afirmar que los profetas de Israel se ocupaban en actividades extáticas se basa en el estudio comparativo de las religiones. Como ya lo vimos respecto al profetismo en general, se afirma que debe normalmente esperarse que los israelitas observasen estas prácticas, puesto que los demás pueblos las observaban. Pero todo erudito bíblico ortodoxo, que cree firmemente en el papel único de Israel en su contexto histórico-geográfico, de un pueblo que surgió a la existencia en virtud de un llamado especial de Dios, y de El recibió sobrenaturalmente su Ley y su cultura, da muy poco crédito a esta forma de argumentar. No cabe duda de que Israel recibió prestados de Canaán algunos aspectos de su cultura, pero, como ya se ha visto en el capítulo anterior, esto no afectó a los principios básicos. Como individuos, hubo muchos que se desviaron hacia el culto de Baal, tal como se practicaba en Canaán, pero las creencias religiosas de Israel, como nación y pueblo, le habían sido dadas ya por Dios mediante Moisés en el Monte Sinaí antes de la conquista de la tierra prometida.

Hay, sin embargo, unos pocos pasajes bíblicos a los que apelan los que defienden el punto de vista ya explicado, y es menester confrontarlos aquí. Como requisito previo, hay que formular las siguientes preguntas: ¿Se ocuparon realmente en actividades extáticas los personajes considerados en dichos pasajes? Si no fue así, ¿cómo pueden entenderse los incidentes descritos, algunos de los cuales son verdaderamente sorprendentes? ¿Y cuál es la explicación correcta de las acciones que las personas involucradas llevaron a cabo? Bueno será analizar primero en sus respectivos contextos los pasajes que se invocan, y considerar después la argumentación que de ellos se pretende deducir. Tres son los pasajes principalmente usados, y hay unos pocos más a los que se asigna un papel de apoyo ulterior.

A. PASAJES USADOS COMO EVIDENCIA DE DICHO PUNTO DE VISTA

1. Pasajes principales[9]

a. NÚMEROS 11:25-29

Este pasaje se refiere a la ocasión en que Dios designó setenta ancianos que ayudasen a Moisés en la administración de los asuntos de Israel, duran-

---

[9]Para un estudio similar de estos pasajes, véase mi libro *The Holy Spirit in the Old Testament*, cap. 9, pp. 92-100.

te la peregrinación por el desierto. Moisés se hallaba ya sobrecargado con una inmensa tarea, y Dios le ordenó seleccionar este grupo de setenta para que fuesen sus ayudantes. Le dijo además que tomaría del "Espíritu" que ya estaba sobre Moisés y lo pondría sobre ellos. Así lo hizo, e inmediatamente todo el grupo comenzó a "profetizar" (*yithnabbe'u*). La mayor parte del grupo cesó de actuar así después de un breve espacio de tiempo, pero dos de ellos, Eldad y Medad, continuaron profetizando según iban a través del campamento de Israel. Josué, al verlos, se quejó a Moisés y le urgió que les hiciese callar. Moisés reprendió suavemente a Josué diciéndole que ojalá toda la gente del pueblo fuesen "profetas" y Jehová pusiese sobre ellos su espíritu. No hay en el pasaje indicación alguna de ningún mensaje emitido por el grupo de los setenta ni por Eldad y Medad.

b. 1 SAMUEL 10:1-13

Este segundo pasaje incluye el acto por el que Samuel ungió a Saúl como primer rey de Israel, y también su resultado, que Saúl profetizara. Siendo aún joven, Saúl fue, con su criado, a Samuel para preguntarle sobre las asnas perdidas. Samuel respondió a la pregunta, pero lo más importante fue que ungió a Saúl como nuevo gobernante de Israel. A causa de la importancia del acto y, sin duda, de la notoria sorpresa de Saúl, Samuel le comunicó además tres hechos que le habían de acontecer cuando regresase a casa, sugiriéndole que esos tres sucesos le proveerían la suficiente garantía de que el ungimiento había sido auténtico.

Uno de esos tres sucesos fue el encuentro de Saúl con "una compañía de profetas que descienden del lugar alto, y delante de ellos salterio, pandero, flauta y arpa", de quienes se dice que estaban "profetizando" (v. 5). Nótese el participio *mithnabbe'im*, que indica que en ese momento la acción era continua. Samuel le había predicho que el Espíritu de Jehová iba a venir sobre él, con el resultado de que también él profetizaría (*hithnabbi'tha*) y sería "cambiado en otro hombre" (v. 6). Los tres sucesos ocurrieron tal como Samuel había predicho. Saúl se encontró con los profetas, el Espíritu de Dios vino sobre él, y profetizó entre ellos (v. 10). Al actuar así, mostró una manera de obrar lo suficientemente distinta de la que era normal en él, tanto que el pueblo "decía el uno al otro: ¿Qué le ha sucedido al hijo de Cis? ¿También Saúl entre los profetas?" (v. 11).

c. 1 SAMUEL 19:18-24

Este pasaje nos refiere otra oportunidad en que Saúl profetizó. En esta ocasión, ya llevaba de rey la mayor parte de los cuarenta años de su reinado (Hch. 13:21) y estaba poniendo todo su empeño en matar a David, a quien consideraba como un rival respecto al trono. Supo que David había huido a Samuel, quien se encontraba en Ramá,[10] y envió allá tres diferentes gru-

---

[10]Ramá es, con la mayor probabilidad, Er-Ram, unos ocho kms. al norte de Jerusalén, en Benjamín.

pos de mensajeros para arrestar a David y traérselo. Ninguno de los tres grupos tuvo éxito, puesto que todos tres, en llegando a donde estaba David, hallaron a Samuel y a una compañía de profetas ocupados en profetizar, y también ellos experimentaron sucesivamente la venida del "Espíritu de Dios" sobre ellos, y se pusieron igualmente a profetizar. Finalmente, vino Saúl mismo, visiblemente disgustado y enfurecido, pero, cuando iba de camino, también sobre él vino el "Espíritu de Dios" y comenzó a "profetizar" (*yithnabbe'*), aun antes de llegar a Ramá. Más tarde, "se despojó de sus vestidos . . . y quedó desnudo en tierra todo aquel día y todo aquella noche" (v. 24).

2. Pasajes de respaldo

Además de los tres principales pasajes anteriores, se trata de hallar algunos otros que puedan consolidar la evidencia. Se cree que éstos muestran que el verbo *profetizar (naba')* comportaba un sentido más amplio que meramente "hablar de parte de Dios", pues implicaba una relación significativa con la idea de éxtasis frenético. Hay tres lugares que se supone conectados con el significado de *delirio*, y otros tres con el de *locura*.

a. LOS PASAJES DE DELIRIO

1) 1 Samuel 18:10. Este pasaje se refiere a Saúl durante el tiempo en que intentaba matar a David. Un día, en el colmo de su furia, sucedió que "un espíritu malo de parte de Dios" le asaltó y "profetizó (*yithnabbe'*) en medio de su casa, mientras David tañía con su mano el instrumento ante él. El resultado fue que Saúl arrojó la lanza con la intención de enclavar a David en la pared. Por razón de la situación y de que ningún mensaje de parte de Dios salió de la boca de Saúl, la implicación es que este "profetizar" fue una explosión de cólera, una emoción de desvarío delirante.

2) 1 Reyes 18:29. Este segundo pasaje se refiere a la actividad frenética de los profetas de Baal en el Monte Carmelo. Elías había propuesto un desafío para demostrarles que el Dios de Israel, y no Baal, era el único Dios verdadero. La prueba consistía en ver cuál Dios podía enviar fuego milagrosamente para encender el sacrificio. Al intentar que Baal enviase el fuego, estos profetas "clamaban a grandes voces y se sajaban con cuchillos y con lancetas" (v. 28) y "andaban saltando cerca del altar" (v. 26), pero todo fue en vano. Al hacer todo esto, se nos dice que ellos siguieron gritando frenéticamente (*yithnabbe'u* = profetizaron). Puesto que no profirieron ningún mensaje de parte de Baal, se implica claramente que esta actividad *delirante* o frenética constituía el acto de profetizar.

3) 1 Reyes 22:10-12. Este pasaje no muestra tan claramente la idea de *frenesí* o delirio, pero todavía es citado por los que sostienen este punto de vista. Se refiere a la ocasión en que 400 profetas de Acab "profetizaban" delante del rey de Israel y de su huésped el rey de Judá, Josafat. Acab les había pedido que inquiriesen la voluntad de Dios en relación a una batalla que él proyectaba contra los sirios en Ramot de Galaad. Ellos le respondieron: "Sube, porque Jehová la entregará en mano del rey" (v. 6). Para darle más fuerza al mensaje, uno de estos profetas, Sedequías, "se había hecho unos cuernos de hierro, y dijo: Así ha dicho Jehová: Con éstos acornearás a los sirios hasta acabarlos" (v. 11). En esto, "todos los profetas profetizaban (*nibbe'im*, participio) diciendo: Sube a Ramot de Galaad, y serás prosperado; porque Jehová la entregará en mano del rey" (v. 12). La razón por la cual este pasaje no muestra la idea de *delirio* tan claramente como los otros es que, en esta ocasión, hubo mensaje. Aun cuando la acción de uno de estos profetas, Sedequías, al hacer los cuernos de hierro, mostró cierto exceso emocional, no llegó al extremo de lo que hizo Saúl ante David, o los profetas de Baal en el Carmelo. Y en ninguno de estos dos últimos casos hubo mensaje. En el presente caso de los 400 profetas de Acab, el profetizar pudo consistir en una conjunta presentación a los dos reyes de lo que se suponía ser palabra de Dios.[11] De ser así, no hay connotación alguna en este pasaje, de la idea de *delirio* en el uso del verbo *profetizar*.

b. LOS PASAJES DE LOCURA

Se citan tres pasajes con el intento de demostrar que personas consideradas como profetas estaban "locas" (*meshugga'*). Se intenta así sostener la idea de éxtasis en el sentido de que, si los profetas no hubiesen exhibido actitudes extáticas como se atribuían a sí mismos, habría sido natural que la gente los tuviese por "locos". Sin embargo, estos pasajes no muestran tan claramente que el punto que se desea probar es válido, puesto que todos los textos parecen indicar que sólo unas pocas personas bien caracterizadas tomaban por "locos" a los profetas. Llamaremos la atención sobre este punto al considerar dichos pasajes.

1) 2 Reyes 9:1-12. Este pasaje nos refiere que un joven profeta de la escuela de Eliseo fue enviado por éste a ungir a Jehú por rey de Israel. Era entonces rey de la tierra Joram, y Jehú era capitán de su ejército. Acababa Joram de perder una batalla con los sirios y había vuelto a Jizreel para curarse de las heridas que los sirios le habían hecho. Jehú se hallaba todavía en Ramot de Galaad, donde había tenido lugar la batalla, con el derrotado ejército de Israel. Fue allí donde le halló el joven profeta. Comunicó su mensaje a Jehú y partió rápidamente de allí. Tras esto, uno de los siervos

---

[11]Aunque todo el relato nos muestra que el mensaje de estos profetas era falso, es posible que ellos llegasen a creer que era verdadero y lo presentasen de esta manera.

de Joram preguntó a Jehú: "¿Hay paz?" Y añadió estas significativas palabras: "¿Para qué vino a ti aquel loco (*meshugga'*)?" (v. 11). Puesto que las
acciones del joven profeta en esta ocasión habían sido perfectamente normales, el hecho de que el soldado lo tildase de "loco" seguramente provenía
de la costumbre que dicho soldado tenía de considerar de esta manera a los
profetas. La debilidad del argumento está acquí en que la persona que llamó
"loco" al joven profeta era un soldado del ejército. Es frecuente entre los
militares tener una opinión equivocada acerca de las personas religiosas y,
por consiguiente, la opinión de este hombre no tenía por qué representar
necesariamente el punto de vista del pueblo en general.

2) *Jeremías 29:26*. Este segundo pasaje tiene que ver con unas cartas
enviadas al pueblo de Jerusalén por uno de los cautivos de Babilonia,
Semaías. Aunque estas cartas tenían por objeto oponerse a la obra que
Jeremías llevaba a cabo allí, es evidente que Jeremías había visto una copia
de ellas y está hablando de su contenido. En este contenido, dice él, está
incluida la observación burlona siguiente: "a cargo de todo hombre loco
(*meshugga'*) que se las da de profeta". Esta frase mostraba que el concepto
que de los profetas tenía Semaías es que eran unos "locos".

De nuevo se puede observar la debilidad del argumento, puesto que las
cartas mostraban sólo la opinión que este hombre tenía de los profetas, y
está claro que esta persona no era un amigo de los profetas. El escrito de
Semaías tenía por objeto oponerse a Jeremías, el profeta más relevante de
su tiempo y a quien se dirigía principalmente la despectiva observación.
Por tanto, repetimos que el hecho de que una persona como Semaías tildase
de "locos" a Jeremías y a otros profetas es insuficiente para demostrar que
este punto de vista era general entre el pueblo.

3) *Oseas 9:7*. El tercer pasaje ocurre en un contexto en que Oseas
describe el falso punto de vista de los israelitas de su tiempo. Habla de que
el pueblo ha sido infiel a su Dios (v. 1), y, al describir la opinión de la gente,
pone en boca del pueblo las siguientes frases: "Es necio el profeta, e insen-
sato (*meshugga'*) el varón de espíritu". El paralelismo usado en tal aserción
viene a decir que los profetas, por ser varones del Espíritu (*'ish ha-ruaj*),
eran "locos".

Aunque esta vez queda implicado un número mayor de personas en
pensar de este modo acerca de los profetas, aun así queda sin demostrar el
punto que se pretende probar. Oseas tiene por objetivo aquí caracterizar el
modo de pensar de los israelitas que se oponían a Dios, y, por consiguiente,
se oponían también, con este modo de hablar, a quienes representaban a
Dios cuando hablaban en nombre de él. Por tanto, no se puede decir que,

comoquiera que tales personas tenían mal concepto de los profetas, era evidente que éstos eran frenéticos que exhibían actitudes insensatas.

B. ARGUMENTOS EN FAVOR DEL EXTATICISMO

Los defensores de la idea del éxtasis profético toman sus argumentos principalmente de los tres primeros pasajes citados. Estos argumentos se pueden agrupar bajo siete epígrafes.

1. Comparación de religiones

El primer argumento se basa simplemente en la comparación de la religión de Israel con las del mundo de su tiempo, usando esos pasajes como base general. Israel fijó su residencia entre los cananeos, los cuales incluían el frenesí extático en su sistema religioso. Puesto que es algo normal el que un pueblo inmigrado sea influido por las costumbres del pueblo en medio del cual fija su residencia, se considera lógico que Israel experimentase una influencia tal en este caso. Por consiguiente, habría de esperarse que llegasen a aceptar el frenesí extático como parte de su sistema religioso. Desde este punto de vista, los dos sentidos distintos que se dan al verbo "profetizar" son tenidos como de especial importancia. Se supone que la idea de *delirar* y la de *locura* son cercanas al concepto de frenesí extático y, por tanto, hacen probable este sentido adicional.

2. Presencia de un lugar alto de tipo cananeo

Un segundo argumento se refiere a que en uno de los tres pasajes está involucrado un lugar alto de tipo cananeo. La compañia de profetas con que Saúl se encontró al volver a casa después de haber sido ungido por Samuel, descendían "del lugar alto" (1 S. 10:5). Tal lugar alto (*bamah*) era de trasfondo cananeo; así resulta lógico concluir que dichos profetas estaban influidos por prácticas cananeas, estando asociados con una institución de tipo cananeo.

3. Instrumentos musicales

Un tercer argumento se fija en la presencia de música en la misma ocasión que acabamos de mencionar. Se afirma que la compañía de profetas descendían del lugar alto "y delante de ellos salterio, pandero, flauta y arpa" (1 S. 10:5). Se sabe que la música se usaba en otros países como un medio de producir el éxtasis; por ello, es probable que se usase aquí con el mismo objetivo.

Un episodio registrado en 2 Reyes 3 es a menudo citado a favor de esta opinión. Se trata del incidente en que Eliseo les dice a tres reyes, Josafat de Judá, Joram de Israel y al rey de Edom, que se apresta a ver si Dios le va a revelar cómo obtener agua en la gran necesidad que tenían del líquido en aquellos momentos. El punto digno de notarse es que, como medida previa, pidió que le trajesen un tañedor. Se afirma que el tañedor debía ejecutar su música a fin de que Eliseo entrase en un estado de éxtasis, durante el cual había de recibir la comunicación de Dios (2 Reyes 3:15).

4. Saúl "mudado en otro hombre"

Un cuarto argumento se basa en la afirmación de Samuel de que Súl "sería mudado en otro hombre" (1 Samuel 10:6) y en la indicación posterior de que, cuando Saúl se encontró con los profetas y profetizó, cambió de tal manera que los espectadores, sorprendidos de su conducta, preguntaban si también Saúl estaba entre los profetas (v. 11). Un cambio tal, dicen, sólo puede explicarse en el caso de que Saúl fuese poseído por un frenesí extático. Como dice R. B. Y. Scott, la frase "le mudó Dios su corazón" significa "se volvió delirante".[12] Se cree que sólo un estado de éxtasis, de delirio, pudo ser la causa de que los que le contemplaban reaccionasen de la manera indicada.

5. Saúl yace por muchas horas, al parecer, presa de estupor

Se toma un quinto argumento del posterior encuentro de Saúl con los profetas de Samuel cuando David había huido a Ramá, según se nos dice en 1 Samuel 19. Saúl, en este caso, no sólo profetizó, sino que también se despojó, al menos de sus vestidos exteriores, y permaneció así tendido todo el día y toda la noche (v. 24), al parecer, en un estado de estupor. Tales coincidencias, dicen, muestran un ejemplo de lo que les sucedía a otros extáticos de su tiempo y, por tanto, la mejor explicación es tomarlo como una demostración de frenesí extático. Como se nos indica que, en esta ocasión, Saúl "profetizó" y que la gente se quedó de nuevo sorprendida por el incidente, el "profetizar" debió de ser una vez más —dicen— un caso de frenesí extático.

6. El profetizar de los setenta

Un sexto argumento trata, en realidad, de prevenir una posible objeción contra el punto de vista de que Números 11 refiere un caso de extaticismo. Ese incidente, en el que los setenta ancianos profetizaron en el desierto, sucedió mucho antes de que Israel llegase a Canaán y cayese bajo la in-

12 *The Relevance of the Prophets*, p. 47.

fluencia cananea. La objeción es que, si tal modo de profetizar ocurrió antes de que la influencia cananea pudiese dejarse sentir, no es posible atribuirlo a ella. La respuesta que a esta objeción dan los sostenedores de este punto de vista es que el relato está engarzado en un lenguaje y unos conceptos que pertenecen a una época muy posterior, cuando la influencia cananea se había dejado sentir ya por largo tiempo. Quienes sostienen la idea de que los profetas de Israel eran extáticos pertenecen, en su mayor parte, a la escuela liberal de la alta crítica y no aceptan que Moisés fuese el autor del Pentateuco. Creen que fue escrito por numerosos autores en una época relativamente tardía de la historia de Israel, cuando el pueblo había permanecido por muchos años en la tierra de Canaán. Sobre esta base, se alega que el uso del término *profetizar* debe atribuirse a los conceptos de estos autores posteriores, más bien que ser una indicación de lo que en realidad sucedió, aun cuando es probable que los autores pensasen que lo que ellos escribían era lo que había sucedido.

7. El Espíritu de Dios se haya involucrado en estos incidentes

Un séptimo argumento está basado en el hecho de que el "Espíritu de Dios" se mencione en cada uno de los pasajes principales. El Espíritu de Dios vino sobre los setenta en el desierto, y sobre Saúl, tanto en 1 S. 10 como en 1 S. 19. El argumento es que este término *Espíritu de Dios* se refería al poder, atribuido a la Deidad, que causaba el frenesí extático. En otras palabras, el hecho mismo de que el "Espíritu de Dios" se halle en estos pasajes es suficiente indicación de que todas las personas involucradas en ello experimentaron un trance extático.

C. REFUTACION DE LOS ARGUMENTOS

Una vez que hemos visto los principales argumentos que se toman de estos pasajes, es el momento oportuno para refutarlos. La mayor parte de los eruditos conservadores rechazan la idea de que los profetas de Israel fuesen extáticos. Al aceptar la posición de que el Antiguo Testamento es producto de una revelación sobrenatural, creen que los profetas tenían un llamamiento especial de Dios y daban sus mensajes mediante comunicación sobrenatural directa. Creen que las ocasiones en que se menciona "una compañía de profetas", no reflejan la idea de bandas de locos en trance, sino, más bien, grupos de profetas en período de entrenamiento, con la vista puesta en su futuro ministerio. Durante este período de entrenamiento, no cabe duda de que estos hombres se convertían en heraldos individuales del mensaje de Dios, lo mismo que otros profetas ya maduros. Estaban siempre en plena lucidez mental mientras profetizaban y el Espíritu de Dios los capacitaba de una forma especial para su tarea.

Es cierto que los pasajes alegados presentan un sentido poco común del verbo *profetizar* y requieren esmerada atención. Sin embargo, cada uno de los pasajes debe interpretarse de un modo totalmente diferente de como lo hacen los defensores del punto de vista del extaticismo. Para mostrar la verdad de nuestro aserto, es conveniente refutar primero los siete argumentos propuestos y, luego, presentar unos pocos argumentos a favor de la posición conservadora. Los refutaremos en el mismo orden en que han sido presentados.

1. Una comparación de religiones

Para que ses valedero el primer argumento depende de la amplitud con que Israel siguiese las costumbres religiosas de los pueblos de su tiempo. Ya se hizo en el capítulo precedente la observación de que esto ocurrió en aspectos periféricos y no en detalle. En los aspectos fundamentales de la religión, los judíos que permanecieron fieles a las prácticas religiosas oficiales de Israel, no tomaron nada prestado de otros pueblos. No pudieron hacerlo así, por cuanto su religión oficial les había sido dada mucho antes de que entrasen en la tierra de Canaán. Moisés, que murió antes de la entrada de Israel en la tierra prometida (Dt. 34:5-8). fue el instrumento humano mediante el que Dios reveló Sus normas en el Monte Sinaí. Precisamente, Dios lo hizo así a fin de que el pueblo no adquiriese después las ideas y costumbres de sus vecinos cananeos. Consiguientemente, el pueblo estaba debidamente avisado para que no se dejase influir por ellas, e incluso se le ordenó que echase de la tierra a los cananeos para evitar el peligro. Es cierto que muchos individuos del pueblo, y de modo notorio, contravinieron estas normas fundamentales después de entrar en Canaán y, a este respecto, hubo cierta influencia de parte de los cananeos, pero es preciso distinguir entre lo que hicieron algunos individuos rebeldes y lo que fue práctica oficial de Israel.

De hecho, los tres pasajes principales que han sido mencionados, cuando se leen sin prejuicios (sin tratar de ajustar sus relatos a presuposiciones liberales) están en conformidad a nuestro punto de vista. Esto se hará evidente en el decurso de nuestra refutación. Con respecto al hecho de que, en estos pasajes, no hallamos mensajes de parte de Dios cuando en ellos se use el verbo *profetizar*, debemos decir que el término comporta aquí un significado diferente del normal. Pero no se sigue necesariamente que el sentido variante sea el de trance extático. Puede ser algo muy diferente y en breve vamos a sugerir qué puede ser. En cuanto a los significados de *delirio* y *locura*, ya se ha mostrado que este último tiene poco o ningún valor argumentativo en favor de la posición que refutamos, y el primero no es lo mismo que éxtasis. La relación que el término comporta en dichos pasajes con el significado básico de "profetizar", se mostrará en un capítulo posterior, cuando examinemos más en detalle el significado de este verbo.

2. La presencia de lugares altos de tipo cananeo

Un lugar alto de tipo cananeo queda implicado en el primer encuentro de Saúl con una compañía de profetas, y es cierto que estos centros de adoración entraron en Israel como resultado de la influencia cananea. Por este motivo, son constantemente desaprobados en el Antiguo Testamento, con la excepción de un determinado período de tiempo. Se trata del espacio de tiempo que medió entre la pérdida del santuario de Siló[13] hasta la construcción del templo de Jerusalén, período en que no había lugar oficial de culto (1 Reyes 3:2). Fue durante este tiempo cuando ocurrió el incidente al que se alude aquí. Por tanto, el que unos profetas descendiesen de un lugar alto en este tiempo, no significa necesariamente que adoptasen el tipo cananeo. Se admite en general que Samuel no era un profeta de tipo cananeo y, sin embargo, ofreció también sacrificios en lugares altos durante este tiempo (1 Samuel 9:19).

3. Instrumentos musicales

Los profetas con que Saúl se encontró, cuando descendían de este lugar alto, tocaban instrumentos musicales, y es cierto que la música se usaba en otros países con el fin de provocar el éxtasis. Sin embargo, no es preciso pensar que estos profetas usasen sus instrumentos con esa finalidad. Podían existir muchos otros motivos para ello, y en breve vamos a sugerir uno que lo explica perfectamente sin recurrir a la idea de trance extático. En realidad, el modo en que se mencionan estos instrumentos musicales sugiere que no estaban siendo usados para fines de tal especie, sino que se habla de ellos en conexión con el "descenso" de los profetas del lugar alto, como si los profetas tocasen los instrumentos precisamente cuando bajaban de allí. Por el contrario, la música que provoca el éxtasis no se toca mientras uno camina, sino que es un tipo especial de música, con su ritmo y sonido peculiares, que se ejecuta mientras alguien danza con movimientos largamente repetidos. Martin Buber reconoce la inconsistencia de este argumento, al referirse a este preciso pasaje:

> [El éxtasis] no es provocado en pueblos de cultura primitiva por medios como éstos, sino por un frenético cantar de canciones monótonas. Es cierto

---

[13]El tabernáculo fue trasladado de Siló a Nob (1 S. 21:1) poco después, según parece, de que el arca hubiese sido sacada del tabernáculo para ser llevada a la batalla de Afec, cuando cayó en manos de los filisteos (1 S. 4:1-11).

que tal canto es extático, pero también está ligado a un ritmo muy estricto y acompañado de movimientos rítmicos de todos los miembros del grupo.[14]

Una observación similar puede hacerse en relación con el caso de Eliseo en 2 Reyes 3, cuando el profeta pide que le traigan un tañedor. El término hebreo *nagan*[15] se refiere a una persona que toca un instrumento de cuerda, y es muy difícil que pudiese así ejecutar un tipo de música adecuado para provocar éxtasis. Si tal hubiese sido la intención de Eliseo, habría mandado traer un conjunto de músicos. La idea es más bien que Eliseo buscaba un tañedor que tocase música suave, a fin de que su mente estuviese clara y tranquila, y su corazón permaneciese receptivo a una posible revelación por parte de Dios. Parece ser que la visita de los tres reyes le había perturbado causándole una actitud mental que no era la más conveniente para entablar contacto con Dios. Es un fenómeno psicológico bien conocido, que el estado de frenesí extático sólo puede conseguirse cuando el participante simpatiza con la idea de quedar en trance; es preciso desearlo e incluso hacer un gran esfuerzo para conseguirlo. Realmente, no es fácil llevarlo a cabo, y hay muchas personas totalmente incapaces de llegar a tal estado. No hace falta decir que ni Saúl cuando se encontró con esta compañía de profetas, ni Eliseo cuando oía la suave música del tañedor, mostraban ningún esfuerzo por llegar al frenesí extático.

4. Saúl "mudado en otro hombre"

Cuando Samuel predijo el encuentro de Saúl con los profetas, dijo que Saúl "sería mudado en otro hombre". Con todo, existen dos factores opuestos a la idea de que ello comportaba una predicción de que Saúl había de llegar al éxtasis.

En primer lugar, fue Samuel quien hizo la predicción y, al hacerlo así, implicaba aprobación. Pero si esto hubiese comportado una actitud de tipo cananeo, habría sido totalmente contraria a la conducta de Samuel, claramente anticananea. Su ministerio se caracterizó de por vida por la intimación con que urgía a los israelitas a dejar el culto cananeo de Baal y volverse a una fe verdadera en el Dios de Israel (e.g., 1 S. 7:3-4). Es difícil incluso el pensar que Samuel predijese con aprobación que Saúl había de llegar al frenesí extático hasta el punto de ser mudado en "otro hombre". Debió de tener en su mente algún otro pensamiento, y la naturaleza de tal pensamiento es lo que constituye la base del segundo factor.

Este segundo factor es que es lógico conectar la predicción de Samuel

---

[14] *The Prophetic Faith*, p. 63.
[15] El término *nagan* ocurre catorce veces en el Antiguo Testamento; en doce de ellas se refiere, con toda certeza, a un tañedor de instrumento de cuerda; y en las otras dos, es posible que también tenga el mismo sentido (Sal. 68:25; Ez. 33:32).

con respecto a Saúl, con otra frase del mismo contexto, en la que se nos dice de Saúl que "le mudó Dios el corazón" (1 S. 10:9), lo cual no implica una pérdida del control de sí mismo en trance de éxtasis, sino que más bien indica una nueva actitud, una nueva visión emocional de la vida. Esto se encuadra perfectamente en el relato cuando ésto se considera como un conjunto. En efecto, Saúl se había sentido perplejo sobre ir o no a ver a Samuel (1 S. 9:5-10), lo cual sugiere una falta de confianza en sí mismo (V. 1 S. 10:22). Pero ahora Samuel había ya ungido al joven para que fuese el primer rey de Israel, y esto exigía una confianza notable. No cabe duda de que la primera objecion que se levantó en la mente de Saúl fue su propia falta de confianza, y Samuel se percató de ello. En consecuencia, Saúl necesitaba experimentar un cambio en este respecto, y éste fue el cambio que experimentó al recibir "un corazón nuevo". El cambio fue tan notorio que, cuando los que se hallaban allí vieron al joven, cuya timidez conocían, ocupado en la actividad de profetizar con la compañía de los profetas, no salían de su asombro y se preguntaban si también Saúl estaba entre los profetas.

Evidentemente, este cambio fue operado por el Espíritu de Dios, que vino sobre Saúl (1 S. 10:10), detalle que estudiaremos en el capítulo 6. Parece ser que esta vez el cambio fue sólo temporal, aunque era un anticipo de la fuerza que se le conferiría cuando llegase a ejercer su oficio, puesto que Saúl mostró la misma timidez cuando, más tarde, fue seleccionado por Dios en presencia de los ancianos de Israel; se le halló "escondido entre el bagaje" (1 S. 10:21-22). El cambio no necesitaba ser permanente en la ocasión anterior, ya que Saúl reinaría en algunos meses más. Parece ser que el Espíritu vino sobre él de modo permanente justamente antes de la batalla de Jabés de Galaad (1 S. 11:6), y acto seguido fue investido como rey de Israel (1 S. 11:15).

5. Saúl yace desnudo, como en estupor, durante muchas horas

En su segundo encuentro con un grupo profético, Saúl no sólo profetizó, sino que se desvistió de su ropa exterior[16] y permaneció tendido durante muchas horas en una especie de estupor. Tal actitud parece indicar que había perdido el control de sí mismo, porque una persona normal no se comporta de esa manera; pero, de nuevo, dos factores muestran que esto acción anormal no fue producto de un éxtasis autoprovocado.

El primero es que solamente Saúl, de todos los que profetizaron en esta ocasión, tuvo esta experiencia. Muchos otros profetizaron también, inclu-

---

[16]En efecto, es probable que este desvestirse no implicase total desnudez. En esta clase de actividad profética, es natural que se deseese facilidad de movimientos, lo cual pudo obtenerse quitándose la ropa exterior. La palabra *desnudo* (*'arom*) puede significar simplemente parcialmente vestido; véase Job 22:6; 24:7, 10; Is. 58:7.

yendo el grupo profético que se hallaba presente, y los tres grupos de mensajeros que Saúl había enviado previamente para arrestar a David (1 S.
19:20–21). Al menos, algunos de ellos también se desvistieron parcialmente, porque el texto usa el vocablo *también (gam)* al hablar de la acción
de Saúl en esta ocasión (1 S. 19:24), pero está totalmente claro que nadie
más de los otros estuvo tendido en una especie de estupor. El comentario
de los sorprendidos espectadores también se refirió solamente a Saúl. Si el
estupor de Saúl hubiese sido resultado de un trance extático, habríamos de
preguntarnos por qué los demás que profetizaron y se quitaron la ropa
exterior, no actuaron de la misma manera. Por tanto, es menester mirar en
otra dirección para hallar el motivo de la actitud de Saúl, motivo que sólo
tenía que ver con él.

El segundo factor es que, en este tiempo, no era Saúl la persona más
indicada para experimentar un trance de frenesí extático. Ya hemos hecho
notar que el estado de éxtasis no es fácil de conseguir, y que la persona, no
sólo debe sintonizar perfectamente con la idea de llegar al éxtasis, sino que
debe esforzarse por conseguir tal estado. Sin embargo, en este caso, Saúl
no sólo no hizo ningún esfuerzo por entrar en trance, sino que no simpati-
zaba con la idea en lo más mínimo, puesto que había llegado allá en un
estado de enfado y frustración por el hecho de que tres grupos de mensajeros
habían sido incapaces de aprehender a David. Así que, al llegar, su único
pensamiento era echar mano del joven y tratarle con la mayor aspereza, no
de entrar en trance. Por tanto, debió de existir otra razón, tanto para su
profetizar como, especialmente, para el estupor resultante. Esta razón existe
y será presentada más tarde, en el capítulo 6.

6. El profetizar de los setenta

Nada tenemos que añadir a las observaciones hechas anteriormente
cuando fuera presentado este argumento. Para poder dar razón de la idea
de éxtasis en esta época tan temprana de la historia de Israel, los sostenedores de este punto de vista se ven obligados a negar que Moisés fuese el
autor del Pentatueco.[17] Sin embargo, ningún erudito conservador se atreve-
rá a negar así la inspiración sobrenatural de la Biblia.

7. El Espíritu de Dios se haya involucrado en estos incidentes

En cada uno de los tres pasajes estudiados, se nos dice que vino el
Espíritu de Dios sobre los protagonistas de los hechos, y se pretende que
esto es una evidencia más de que en cada caso hubo éxtasis. Sin embargo,

---

[17]Para una típica presentación de esta opinión, véase Lindblom, *Prophecy in Ancient
Israel*, pp. 100–102.

esta conclusión se seguiría únicamente interpretando la frase "espíritu de Dios" en el sentido que le dan los defensores, de este punto de vista, a saber, como el poder divino que produce el éxtasis en una persona. Pero éste no es el punto de vista de la Biblia, pues el Espíritu de Dios es la Tercera Persona de la Deidad, quien, en estos episodios, capacitó sobrenaturalmente a las personas para que llevasen a cabo acciones que ellas no habrían podido, o no habrían querido, hacer por sí mismas. Cuando se acepta este punto de vista bíblico, no queda en el argumento evidencia alguna en favor del extaticismo.

D. CONTRAOFENSIVA

Es hora ya de pasar de la defensiva, de la refutación de los argumentos de los oponentes, a la presentación de positivas evidencias a favor de un punto de vista consistente con la Palabra de Dios.

1. El significado básico del verbo "profetizar"

Los mantenedores de la idea de éxtasis basan su opinión en la creencia de que "profetizar" podía significar-aunque no lo fuese en el común de los casos-entrar en trance de frenesí extático. Por tanto, siempre que el término se encuentra en un pasaje donde haya la menor posibilidad de que esté presente tal actividad, sacan la conclusión de que el concepto implicado es el de frenesí extático. Sin embargo, cuando el término es estudiado en sus numerosos contextos bíblicos, resulta evidente que su significado básico es completamente distinto de la idea de éxtasis. Estudiaremos esto en detalle en el capítulo 4; por ahora, basta con decir simplemente que el presuponer un sentido de frenesí extático, sobre la base de que éste era el significado corriente, si no el fundamental, del término, no está avalado por ningún respaldo.

2. Resistencia de Israel a la influencia cananea

Aunque los eruditos liberales de la generación precedente estaban prestos a decir que Israel sufrió gran influencia de la cultura cananea, no es ésta la opinión que prevalece en época más reciente. Por ejemplo, J. M. P. Smith escribía en 1910, "Se admite hoy en general que ni una sola institución de la vida de Israel era exclusivamente hebrea".[18] Y W. C. Graham aseguraba todavía en 1931, "Poco a poco, en un lento proceso de instalación, se volvieron [los israelitas] cananeos en todo, excepto el nombre".[19]

---

[18]"Semitic Prophecy", reimpreso de *The Biblical World*, 35 (1910): 233.
[19]"The Religion of the Hebrews", *Journal of Religion*, 11 (1931): 244.

Por contraste, W. F. Albright, en 1938, decía, "Cada una de las recientes publicaciones de los textos mitológicos cananeos está ensanchando con mayor claridad la cima entre la religión de Canaán y la de Israel".[20] Una razón poderosa para este cambio de punto de vista es que las investigaciones arqueológicas no favorecían a las antiguas ideas.

Estratos enteros de objetor excavados, que datan de tiempos de la vida de Israel en Canaán, no muestran el grado de dependencia de Canaán que los liberales presuponían anteriormente.

El que Israel no sufriera mayor influencia de las costumbres de Canaán significa que existieron en el pueblo potentes factores de resistencia contra tal influencia, pues de todos es sabido que un pueblo emigrante, como lo fue Israel bajo Moisés, experimenta de ordinario gran influencia de parte de la cultura del país en el que se instala. Las probabilidades aumentan cuando la cultura material de dicho país está más avanzada que la de los inmigrantes, y las excavaciones han demostrado que éste era el caso de Canaán con respecto a Israel. Los cananeos estaban muy avanzados en aquel tiempo, con cuidades fuertes y bien organizadas, instrumental refinado y excelente industria alfarera. Israel, por su parte, acababa de salir de una vida en el desierto, donde el pueblo no tuvo que construir ciudades ni aun cosechar frutos del campo, puesto que habían sido alimentados con el maná que su Dios les había suministrado milagrosamente. Además, la generación que iba a entrar en Canaán ni siquiera conocía las antiguas costumbres aprendidas en Egipto, porque durante los 40 años de peregrinación por el desierto, la antigua generación había fallecido como castigo de Dios por la rebelión del pueblo en Cadés—Barnea (Nm. 14:23). Así, pues, esta nueva generación poseía unos conocimientos técnicos muy inferiores a los de los cananeos entre quienes venían a residir.

Las tribus israelitas poseían sólo un mínimo de gobierno civil que les proveyese de alguna defensa.[21] Pero, por contraste, tenían un sistema religioso bien desarrollado. Por consiguiente, el factor más probable de resistencia, por el que puede explicarse la poca influencia cananea experimentada, hubo de ser de carácter religioso. En esto, un papel de relevante importancia lo jugaron los sacerdotes, al estar distribuidos en 48 ciudades convenientemente ubicadas para un contacto directo y constante con el pueblo. Otro oficio religioso importante fue el de los profetas, y es impensable que Dios les comunicase a éstos un mensaje diferente del de los sacerdotes. Por tanto,

---

[20]"Recent Progress in North Canaanite Research", *Bulletin of the American Schools of Oriental Research*, 70 (1938): 24; véase también G. Ernest Wright, *The Old Testament Against Its Environment*, p. 74.

[21]No tenían rey, ni siquiera un jefe de cada tribu, sino sólo ancianos para el servicio de comunidades locales, y ciertos oficiales con cargo judicial (Nm. 11:16–17; Dt. 16:18; 17:8ss.; 19:12).

los profetas debieron también de proveer resistencia contra la influencia cananea; por tanto, no eran cananeos ni en su origen ni en sus prácticas.[22]

3. "Alabar" como significado del verbo *profetizar*

El punto principal de controversia es el significado de "profetizar" en los tres pasajes principales aludidos. Es cierto que en ninguno de los tres se halla mensaje de parte de Dios, y no puede aplicarse aquí el significado básico de "hablar por Dios". La cuestión es, pues: ¿De qué sentido se trata, si no es el de frenesí extático? 1 Crónicas 25:1-3 nos da una respuesta bien clara. Aquí se atribuye al término "profetizar" el significado de "alabar". En este pasaje, se nos describe a David seleccionando a ciertas personas para que dirigiesen el ministerio de alabanza en la casa de Dios. En el versículo 1, son escogidos los hijos de Asaf, de Hemán y de Jedutún, "para que profetizasen (*nibbe'im*) con arpas, salterios y címbalos". Luego, en el vers. 2, son seleccionados otros hombres, y también de ellos se dice que estaban "bajo la dirección de Asaf, el cual profetizaba (*nibba'*) bajo las órdenes del rey.". En el vers. 3, son todavía seleccionados otros hombres, "bajo la dirección de su padre Jedutún, el cual profetizaba (*nibba'*) con arpa, para aclamar y alabar a Jehová". Así, pues, la actividad profética de estos hombres-todos los cuales están clasificados como levitas cantores-consistía en rendir alabanza a Dios mientras usaban arpas, salterios y címbalos para acompañarse en el canto.

Acoplando este significado a los tres pasajes mencionados, hallamos que encaja perfectamente. En el caso de los setenta que fueron escogidos para ayudar a Moisés en el desierto, el pensamiento sería que empezaron a alabar a Dios cuando vino sobre ellos el Espíritu. No es menester que tal alabanza tuviese relación directa con la ayuda que ellos habían de prestar a Moisés, pero resultaba un respuesta natural al poder del que habían sido recién investidos por el Espíritu de Dios. La alabanza pudo ser probablemente en la forma de uno o varios cánticos, según les venían a las mentes y parecían encajar bien con la gratitud por las bendiciones recibidas de Dios al ser elegidos por El para una obra tan importante. Que dos de ellos, Eldad y Medad, continuasen alabando a Dios, cuando los demás habían cesado, no tiene nada de extraño, pues probablemente disfrutaban de sus cánticos y quizás se les otorgó un gozo mayor que a sus compañeros.

En el primero de los casos referentes a Saúl (1 S. 10), la idea podría ser que la compañía de profetas que descendían del lugar alto con instrumentos musicales, estaban igualmente ocupados en alabar a Dios. E. J.

[22]Véase Walter Eichrodt, *Theology of the Old Testament*, pp. 328-329, donde expresa la misma opinión. Véase la traducción al español, Walter Eichrodt, *Teología del Antiguo Testamento*,. 2 Tomos. Ediciones Cristiandad.

Young sugiere que pudieron haber "ido a Guibeá en peregrinación".[23] Es posible, pero también pudo ser que acabasen de tener una clase en el lugar alto, puesto que eran escolares que se estaban preparando para el ministerio profético y pudieron haber usado el lugar alto como centro de reunión. Esto explicaría que Samuel conociese de antemano la obra en que estarían ocupados cuando Saúl los encontrase. En todo caso, parece ser que tenían la costumbre de cantar mientras caminaban a sus respectivos luqares de residencia. Al llegar a ellos Saúl, la idea sería que él se unió a ellos en sus cánticos de alabanza. El cambio manifestado en este modo de comportarse estaría en agudo contraste con su habitual timidez, puesto que no era lo ordinario en él esta forma extravertida de conducirse.

En el segundo de los dos casos que se refieren a Saúl (1 S. 19), el pensamiento sería similar. Aquí, no obstante, los primeros implicados en rendir alabanza serían los tres grupos de mensajeros enviados por Saúl para arrestar a David. Al llegar al lugar en que los jóvenes profetas estaban ocupados en cantos festivos y al experimentar sobre sí la influencia del Espíritu de Dios, cada grupo, a su vez, se uniría al cantar de los profetas. El grupo total formaría un coro numeroso al tiempo de llegar Saúl. Que él mismo, hallándose en tal estado de malhumor, se uniese a los cánticos de alabanza es ciertamente difícil de entender; pero no tan difícil como tratar de explicar que cayese en un trance de frenesí extático. El texto sagrado insinúa como base de este hecho el que el Espíritu de Dios había venido sobre él. La importancia de este detalle, así como la explicación de esa especie de sopor que se apoderó de él hasta hacerle permanecer tendido durante muchas horas, se discutirán en el capítulo 6.

Todavía es menester prestar atención a otros dos pasajes que son citados por algunos mantenedores de la idea de éxtasis, aunque en ninguno de ellos se menciona la idea de profetizar. El uno se halla en 1 Reyes 18:46, donde se describe a Elías corriendo delante del carro de Acab desde el Carmelo hasta Jizreel. Esto sucedía poco después del desafío que Elías hizo en el Monte Carmelo a los 450 prefetas de Baal. El otro pasaje se halla en 2 Reyes 8:7-13, que nos describe a Eliseo prediciendo el reinado de Hazael en Siria. En esta ocasión, el profeta lloró porque, como él dijo, sabía el mal que Hazael haría a los hijos de Israel. Lindblom, quien distingue entre lo que él llama éxtasis "orgiástico" y éxtasis "pasivo", cree que el primer caso es un ejemplo del orgiástico, y el segundo, del pasivo.[24] Por éxtasis orgiástico, él entiende el tipo de frenesí extático ya descrito. Por éxtasis pasivo, un estado anormal de concentración en que una persona queda absorta intensamente en una idea o en un sentimiento, de modo que "la corriente normal del ciclo vital queda detenida en mayor o menor grado", y entonces

---

[23] *My Servants the Prophets*, p. 85.
[24] *Prophecy in Ancient Israel*, pp. 4-5, 48, 106.

58 LOS PROFETAS DE ISRAEL

se consigue un estado de trance.[25] Lindblom cree que la mayoría de los antiguos profetas llegaban al éxtasis orgiástico, y que la mayoría de los posteriores experimentaban el éxtasis pasivo.

Piensa Lindblom que, cuando Elías corría delante del carro de Acab, nos presenta un caso del orgiástico, pues se nos dice que "la mano de Jehová estuvo sobre" él. Esta frase, en opinión de Lindblom, es "una expresión de arrebato extático".[26] Cree él que las frases "mano de Jehová" y "Espíritu de Jehová" son sinónimas.[27] En cambio, acerca del episodio de Eliseo con Hazael, piensa que se trata del tipo pasivo, ya que ninguna de las expresiones anteriores se usa aquí, y tampoco el verbo *profetizar*. Eliseo se limitó a predecir que Hazael sería el nuevo rey, y Lindblom cree que ello se debió a la intensa concentración en que Eliseo se sumió, de tal manera que, mediante una inspiración como las que se reciben durante el trance, pudo hacer la predicción.

No es difícil responder a esta teoría, con tal que se examine el texto sin prejuicios, pues las frases son claras por demás. El que la "mano de Jehová" viniese sobre Elías no tiene nada que ver con frenesí extático. La frase "mano de Jehová" quiere decir simplemente que Dios invistió a Elías de un poder sobrenatural a fin de que pudiese correr sin dificultad una carrera tan prolongada. Elías había tenido aquel día un trabajo agotador y necesitaba una fuerza especial para llevar a cabo su hazaña, y Dios se la dio. En cuanto a Eliseo, el hecho de que pudiese predecir el reinado de Hazael se debió también a una sobrenatural revelación de Dios, quien le informó de que Hazael sería el próximo rey de Siria, y Eliseo de comunicó a Hazael esta información. No hay razón alguna para pensar que se tratase de un trance de éxtasis, ni orgiástico ni pasivo. Todo el problema está, en realidad, en si una persona acepta a no la idea de una intervención sobrenatural de Dios. Si la acepta, no le costará nada tomar estos pasajes como aparecen claramente a primera vista, sin tener que introducir en ellos la idea de frenesí extático.

[25]Ibid., p. 4.
[26]Ibid., p. 48.
[27]Ibid., p. 174.

4

El Significado del verbo "profetizar"

La discusión de los dos capítulos anteriores tuvo por objeto mostrar que los profetas de Israel constituyeron un caso único en su tiempo. Los países circunvecinos de Israel tuvieron algún tipo de profetas, pero ni la obra que realizaban era similar a la de los de Israel, ni su número llegaba al de los profetas de Israel. El estado de trance, lo mismo que otras actividades de los "profetas" de otros países, no se asemejaba en nada a las funciones de los profetas de Israel. Los grandes proclamadores del mensaje divino en el pueblo de la promesa forman un grupo único en su género entre todos los demás de su tiempo.

Ha llegado la hora de considerar directamente la obra que estos personajes llevaron a cabo. El primer punto que debemos considerar es el significado del verbo *profetizar*. Ya hemos hecho notar que no significa entrar en trance de éxtasis. ¿Qué significa, entonces? Bueno será comenzar por el estudio de los términos que el Antiguo Testamento usa al referirse a los profetas. Estos términos son varios, pero uno de ellos ocurre con mucha mayor frecuencia que los demás. Comenzaremos por los que se usan con menos frecuencia, dejando el principal para el último lugar de la discusión.

A. TERMINOS QUE SE USAN CON MENOS FRECUENCIA

1. Ro'eh y hozeh

El término *ro'eh* ocurre sólo doce veces en el Antiguo Testamento; *hozeh*, dieciocho veces; muchas menos que el término principal, *nabbi'*.

Con todo, los dos primeros tienen su importancia y son dignos de estudio. Ambos términos son participios y se derivan de verbos que son prácticamente sinónimos, *ra'ah* y *hazah*, y ambos significan "ver". Así que los participios significan "el que ve" o, conforme suele traducirse en el Antiguo Testamento, "vidente". Por ejemplo, Saúl y su criado lo usaron para designar a Samuel; cuando se acercaban a la ciudad del gran profeta, preguntaron a unas doncellas: "¿Está en este lugar el vidente?" (1 S. 9:11). Puesto que ambos términos son sinónimos, surge la pregunta de por qué se usan ambos. Morris Jastrow sugiere que *ro'eh* pudo ser un "vidente" para cualquiera, mientras que *hozeh* era "más específicamente el adivino oficial de la corte".[1] Quizás haya algo de verdad en ello, pero parece ser más probable que dichos términos se distingan básicamente según la época en que cada uno se usó con más frecuencia. Ambos tuvieron sus respectivos períodos de popularidad: *ro'eh* en el tiempo de Samuel, en el que ocurre ocho de las doce veces,[2] y *hozeh* en tiempo de David, cuando vivieron cuatro de las siete personas así designadas.[3] Una prueba más de que ocurrió un cambio de nombre con el paso de los años, la tenemos en 1 S. 9:9, que dice así: "Antiguamente en Israel, cualquiera que iba a consultar a Dios, decía así: Venid y vamos al vidente; porque al que hoy se llama profeta, entonces se le llamaba vidente.". Este versículo afirma explícitamente que el término *vidente (ro'eh)* cambió, en el uso popular, a *nabhi'*. Es cierto que aquí no aparece el término *hozeh*, pero si se dio un cambio de *ro'eh* a *nabhi'*, bien pudo darse también un cambio de *ro'eh* a *hozeh*.

Conviene también decir unas palabras sobre la supuesta relación entre este *ro'eh —hozeh* y el *Baru* babilónico. El *Baru* al que ya nos referimos en el capítulo 2 era un sacerdote adivino en Mesopotamia. También la palabra *Baru* significa "vidente". Conforme a esto, piensa Jastrow que el *ro'eh-hozeh* de Israel tenía básicamente la misma función que el *Baru*, función que, según él, era inspeccionar "algo con miras a obtener respuesta a una determinada pregunta".[4] En otras palabras, cree que el *ro'eh-hozeh* era básicamente un adivino como el *Baru*. Sin embargo, el Antiguo Testamento no ofrece ninguna indicación de tal cosa; por el contrario, en el caso de Saúl y de su criado, cuando fueron a Samuel para preguntarle sobre las asnas, lejos de consultar con ningún instrumento material de adivinación, Samuel

[1] Morris Jastrow, "Ro'eh and *Hozeh* in the Old Testament", *Journal of Biblical Literature*, 28 (1909): 52.
[2] En todas estas ocho veces, se aplica al propio Samuel. Sadoc es llamado así una vez (2 S. 15:27); Hananí, dos veces (2 Cr. 16:7,10); la vez restante, el término es usado en general (Is. 30:10).
[3] Las cuatro son: Gad (2 S. 24:11), Hemán (1 Cr. 25:5); Asaf (2 Cr. 29:30), y Jedutún (2 Cr. 35:15). Individuos posteriores a quienes se aplica este término son: Iddó (2 Cr. 12:15), Hananí (2 Cr. 19:2), y Amós (Am. 7:12).
[4] "Ro'eh and Hozeh", pp. 46-47.

recibió directamente de Dios la información acerca de Saúl (1 S. 9:15,17). Debe tenerse en cuenta que Samuel es considerado como típico vidente de su tiempo. Si él, pues, no usó instrumentos de adivinación, no es probable que otros los usasen, y debe añadirse que ningún otro de los designados como videntes consultó jamás con tales instrumentos. Si tal vocablo se les aplicaba era simplemente porque eran considerados como discernidores de la voluntad de Dios, de quien podían pasar al pueblo una información fidedigna a tal respecto.

Desde el punto de vista del Antiguo Testamento, es más importante observar la relación entre este *ro'eh-hozeh* y el sumo sacerdote en el uso que éste hacía de los Urim y Tumim. Los Urim y Tumim eran un objeto que Dios ordenó para que el sumo sacerdote investigase cuál era la voluntad de Dios en lo concerniente a determinados asuntos (Ex. 28:30; Nm. 27:21). En este sentido, también el sumo sacerdote era en cierto modo un "vidente", esto es, capaz de discernir la voluntad de Dios, cuando usaba dicho instrumento.

Sin embargo, es preciso hacer al menos tres distinciones entre las actividades del sumo sacerdote y las del *ro'eh-hozeh*: A) Los Urim y Tumim eran un medio físico con el que se podía investigar la voluntad de Dios, como lo indica el hecho de que el sumo sacerdote los guardase en el "pectoral" de su efod (Ex. 28:30), mientras que nunca hallamos al *ro'eh-hozeh* usando tal objeto; B) Por el hecho de disponer del Urim y Tumim, el sumo sacerdote podía tomar la iniciativa en la búsqueda de una revelación, aunque bien podía suceder que Dios no diese contestación, como le pasó a Saúl en una ocasión (1 S. 28:6). Por otra parte, nunca se nos describe al *ro'eh-hozeh* tomando la iniciativa en obtener una revelación; C) Las preguntas que hacía el sumo sacerdote, siempre estaban en conexión con asuntos oficiales de Israel (V. Nm. 27:21; Jos. 7:16-18; 9:14; 1 S. 14:18-19), mientras que el *ro'eh-hozeh* podía hacer preguntas relacionadas con cualquier asunto de alguna importancia, como, por ejemplo, las asnas que el padre de Saúl había perdido.

2. Varón de Dios

Un tercer término es simplemente "varón de Dios" (*ish elohim*). Se usa, por ejemplo, para designar al hombre que vino a denunciar el falso altar de Betel (1 R. 13), y fue posteriormente detenido en su viaje por un viejo profeta del lugar (1 R. 13:11ss.). Viene a indicar un hombre que ha conocido a Dios y ha sido enviado por El para una misión particular. También se aplica a profetas que, por otra parte, eran bien conocidos como tales (por ejemplo, Moisés en Dt. 33:1; Samuel en 1 S. 9:6; Eliseo en 2 R. 4:9).

B. NABHI'

1. Etimología

Ya hemos dicho que el término principal para profeta es *nabhi'*. Se usa como nombre sustantivo cerca de 300 veces, y se deriva del verbo *nabha'*, el cual se usa aproximadamente otras 300 veces; todo ello, a lo largo del Antiguo Testamento. Debemos considerar, en primer lugar, el significado del vocablo, lo cual no es tan fácil como fue el caso de los términos anteriores. Mucho se ha discutido sobre la verdadera etimología de *nabha'*. Gesenius piensa que se trata de una forma débil del verbo *nabha'*, que significa "burbujear o fluir".[5] Ve este concepto en conexión con una actitud de trance en que el fervor emocional de los profetas burbujeaba dentro de ellos. Theophile Meek dice que el verbo guarda relación con el acadio *nabu*, que en la voz activa significa "hablar", dando así la idea de "el que habla".[6] En esto, le siguen Aubrey Johnson[7] y R. B. Y. Scott.[8] También William F. Albright está a favor de una raíz acádica, pero dice que, puesto que *nabu* se usa de ordinario en la voz pasiva, éste es el sentido en que habría de tomarse para la etimología de *nabhi'*. Esto nos daría el significado de alguien a quien "se le habla" o "que es llamado", enfatizando así el llamado de una persona a tal ministerio.[9] De la misma opinión es H. H. Rowley.[10] Otros han visto una relación con el árabe *naba'a*, que significa "anunciar", o con el dios asirio Nebo, considerado así como "el que habla", e incluso con la raíz hebrea *bo'*, que significa "ir", "venir" o "entrar".[11] Resulta así evidente que la etimología sola no es suficientemente probatoria. Lo que de veras importa, pues, es el significado que al término se le atribuye en el Antiguo Testamento.

2. Su uso en el Antiguo Testamento

Puesto que el vocablo *nabhi'* se usa con tanta frecuencia en el Antiguo Testamento, puede uno acudir a un gran número de pasajes para mostrar su significado básico. Con todo, hay unos pocos pasajes que nos pueden ayudar de un modo especial, y en ellos vamos a centrar nuestra discusión. Uno de los más significativos es Exodo 7:1. Para percatarse de su

---

[5]*Hebrew and Chaldee Lexicon* (trad. por Tregelles), p. 525.
[6]*Hebrew Origins*, p. 147.
[7]*The Cultic Prophet in Ancient Israel*, p. 213.
[8]*The Relevance of the Prophets*, p. 45.
[9]*From the Stone Age to Christianity*, p. 231.
[10]*Prophecy and Religion in Ancient China and Israel*, p. 4.
[11]Véase Rowley, *The Servant of the Lord and Other Essays on the Old Testament*, p. 97; también Geerhardus Vox, *Biblical Theology*, pp. 209-210.

fuerza, es menester considerarlo a la luz de Ex. 4:10-16. En este último pasaje, Moisés pone objeciones al llamamiento que Dios le hace para que regrese a Egipto, alegando, entre otras cosas, su incapacidad para hablar. A esto le responde Dios primeramente recordándole que El dio la boca al hombre y, por tanto, puede capacitar a Moisés para que pueda hablar. Como Moisés continúa objetando, Dios le dice que Aarón, hermano de Moisés, habla bien y le servirá de boca: "Y él hablará por ti al pueblo; él te será a ti en lugar de boca, y tú serás para él en lugar de Dios". (v. 16). Así, pues, habría entre Moisés y Aarón una relación semejante a la de Dios y un portavoz de Dios, siendo descrito este portavoz como una "boca".[12] Y luego, en 7:1, Dios describe a Aarón, en esta relación con Moisés, como el *nabhi'* de Moisés, al decir: "Y tu hermano Aarón será tu profeta (*nabhi'*)". Por tanto, un *nabhi'* era alguien que hablaba en lugar de otro. Después de comentar este versículo, dice Norman Gottwald, "El meollo de la profecía hebrea no es una predicción o una reforma social, sino la declaración de la voluntad divina".[13]

Nos hemos referido antes a otro pasaje clave-Dt. 18:15-22. Aquí, promete Moisés al pueblo que Dios les levantará un profeta como él. A este profeta deberá acudir el pueblo en busca de información, más bien que a las distintas formas de adivinación mencionadas en los versículos 10 y 11. A continuación, en el vers. 18, se nos dan las palabras de Dios mismo, "Profeta les levantaré de en medio de sus hermanos, como tú (Moisés), y pondré mis palabras en su boca, y él les hablará todo lo que yo le mande". De nuevo, la tarea de los profetas es descrita como hablar las palabras de Dios.

Un tercer texto clásico es Amós 7:12-16. Aquí vemos a Amós en Betel, hablando contra el falso altar que Jeroboam había erigido. Amasías, el sacerdote de Betel, va al encuentro del profeta y le dice, "Vidente, vete, huye a la tierra de Judá, y come allí tu pan y profetiza allí; y no profetices más en Betel, porque es santuario del rey, y capital del reino". (vv. 12-13). A esto replica Amós, "No soy profeta, ni soy hijo de profeta, sino que soy boyero, y cultivador de sicómoros. Y Jehová me tomó de detrás del ganado, y me dijo: Ve y profetiza a mi pueblo Israel". (vv. 14-15). El punto clave es aquí el uso significativo del verbo *profetizar*. Amasías urge a Amós a que no "profetice" por más tiempo en Betel, y Amós le replica diciendo que Dios le ha enviado a Israel a "profetizar". Por tanto, la que Amós había estado haciendo en Betel y había motivado la reprimenda de Amasías, era

---

[12]La idea de "boca", aplicada a Dios, es mencionada por los profetas posteriores. Por ejemplo, Jeremías dice que los falsos profetas de su tiempo son los que no hablan "de la boca de Jehová" (23:16). Y Ezequiel habla de sí mismo como de un "atalaya a la casa de Israel", al que Dios dice: "Oirás, pues, la palabra de mi boca" (3:17).

[13]*A Light to the Nations*, p. 277.

"profetizar"; y, por supuesto, lo que allí había estado haciendo era proclamar el mensaje de Dios.[14] Una cuarta indicación puede deducirse de la naturaleza de la consigna dada a los profetas al tiempo de su llamamiento. A Isaías le fue ordenado: "Anda, y dí a este pueblo" (Is. 6:9). A Jeremías le dijo Dios: "A todo lo que te envíe, irás, y dirás todo lo que te mande". (Jer. 1:7). La orden que le dio a Ezequiel fue: "Yo te envío a los hijos de Israel . . . y les dirás" (Ez. 2:3-4). El mismo tipo de orden recibieron una y otra vez los profetas, al ser comisionados para este ministerio.

Y, en quinto lugar, es muy significativo que, cuando quiera que se nos describe a los profetas recibiendo alguna orden a poniéndola por obra, la idea está siempre centrada en transmitir el mensaje de Dios. Por tanto, la idea básica del vocablo queda establecida fuera de toda duda: "Es alguien que habla en lugar de Dios". Así que, bien podría ser que su significado etimológico proceda del vocablo acádico *nabu* ("hablar"), tomado en sentido activo; pero, al menos, su significado básico en el Antiguo Testamento es incuestionable, y es digno de observación que este significado se halla en la gran mayoría de los casos. Como ya se indicó en los capítulos anteriores, las pocas excepciones que se dan, están en las pasajes alegados por los mantenedores de la idea del frenesí extático. Pero es impropio a todas luces el basar en unos pocos pasajes un determinado punto de vista, cuando una abrumadora mayoría de pasajes indican el verdadero significado con toda claridad.

C. LA IMPORTANCIA DE LOS SIGNIFICADOS SECUNDARIOS

Sin embargo, como quiera que existen esos pocos pasajes en los que se advierten los significados secundarios aludidos en los capítulos anteriores, está en su punto contrastar esos significados con el principal. Si hay algún aspecto bajo el cual el término pueda usarse en el sentido de esos signifiados, éstos deben añadir algún colorido al significado básico; porque si éste agotase por completo el concepto expresado en el vocablo, los pocos casos en que se dan los sentidos secundarios no podrían existir. Así que surge la pregunta: ¿Qué indican esos pocos significados secundarios como idea adicional al concepto básico, "hablar en lugar de Dios"?

En la discusión anterior quedaron fijados dos de esos significados: *delirar* y *alabar*. Un tercero, *locura*, resultó dudoso. Así, pues, la cuestión se centra particularmente en lo que esos dos significados tengan en común

---

[14]Existe gran variedad de opiniones en cuanto a la afirmación de Amós de que no era profeta, pero esto no tiene nada que ver con el punto que estamos discutiendo ahora. El asunto este será discutido cuando estudiemos la persona de Amós en la Parte Segunda de este libro.

con el principal, de modo que juntos contribuyan a proporcionarnos una idea lo más completa posible de lo que significa *profetizar*. No es difícil la respuesta. Esos dos sentidos secundarios—y aun el tercero, si alguien se empeña en aducirlo—tienen un común denominador en la idea de fervor emocional. Cuando Saúl *deliraba* en su palacio y arrojaba la lanza contra David, estaba perturbado emocionalmente. No hay duda de que la idea es aquí que se puso furioso y gritó con violencia. La idea de *alabar* comporta también un factor emocional. Cuando uno alaba, lo hace con corazón conmovido. En los pasajes aludidos, cada uno de los que tomaban parte en alabar a Dios, lo hacían con fervor emocional. Incluso la idea de *locura* implica disturbios emocionales. Es preciso, pues, añadir a la idea de hablar en lugar de Dios la de viva emoción, y las dos andan bien de la mano. El profeta era alguien que había de hablar en lugar de Dios con un mensaje cargado de fuerte emoción, y éste era de hecho el caso de los profetas de Israel. No eran meros recitadores, sino que eran llamados a comunicar mensajes de vital importancia, poderosos para cambiar vidas; esto requería palabras fervorosas. Podemos concluir, pues, que "profetizar", en su sentido más pleno, significa "hablar fervorosamente en lugar de Dios".

D. RELACION DEL *RO'EH-HOZEH* CON EL *NABHI'*

Podemos ahora establecer una comparación entre el *ro'eh-hozeh* y el *nabhi'*. Los conceptos son básicamente distintos. Ya que ambos términos, *ro'eh* y *hozeh*, significan "ver", la idea fundamental que ambos expresan se refiere al discernimiento de la voluntad de Dios. En otras palabras, estos términos tienen que ver con el aspecto "revelacional" de la función del profeta al escuchar a Dios y discernir Su voluntad. Por su parte, *nabhi'*, como ya se ha indicado, tiene que ver con el hablar de los profetas al transmitir la información que Dios les había dado previamente en el momento de revelarles el mensaje. Por tanto, los términos *ro'eh-hozeh* se refieren a la recepción del mensaje, mientras que el término *nabhi'* se refiere a la comunicación del mensaje.

Sin embargo, no es menester separar estos conceptos en lo que atañe al oficio desempeñado por las personas designadas con dichos términos, ya que pueden referirse a una misma persona desde dos diferentes puntos de vista, de forma que se la pueda llamar por cualquiera de los tres vocablos.

Aun así, hay eruditos que han tratado de señalar alguna diferencia en los respectivos oficios. Por ejemplo, se han llegado a notar las siguientes distinciones: primera, que el *ro'eh-hozeh* era un adivino sin éxtasis, mientras que el *nabhi'* entraba en trances extáticos; segunda, que el primero actuaba en solitario, mientras que el segundo actuaba en grupo; tercera, que el primero esperaba a que la gente le consultase, mientras que el segundo estaba presto a hablar donde y cuando quiera que se le presentase oportunidad.[15] H. H. Rowley, hablando de estas distinciones, afirma que "todas estas divisiones caen por el suelo" tan pronto como se analizan los pasajes mismos.[16] Muestra lo equivocado de estas distinciones con solo notar que algunas personas-incluyendo profetas relevantes como Gad, Iddó y Amós-[17] son llamadas de las dos formas, *nabhi'* y *hozeh*.

Además, esas distinciones estaban basadas en pruebas sin valor. En cuanto a que el *ro'eh-hozeh* usase la adivinación, se ha comprobado que no es cierto. Jamás se representa a una de estas personas designadas con dichos términos como usando medios adivinatorios de ninguna clase. Respecto a la segunda distinción (que el *ro'eh-hozeh* actuaba en solitario, y el *nabhi'* en grupo), el argumento se basa principalmente en el contraste entre los grupos de profetas del tiempo de Samuel y Samuel mismo, quien estaba solo cuando fue Saúl a consultarle. Pero está claro en el texto que Samuel era el que presidía en tales grupos (1 S. 19:20) y, por consiguiente, se identificaba con ellos; por cierto, él mismo es llamado *nabhi'* (1 S. 3:20), Y, en relación con la tercera distinción (de que el *ro'eh-hozeh* esperaba a que le consultasen, mientras que el *nabhi'* se adelantaba a comunicar el mensaje), se toma esta idea del episodio en que Saúl consulta a Samuel; pero, en otros lugares, se afirma que Samuel tomaba también la iniciativa en su función profética-por ejemplo, él fue el promotor del reavivamiento en Mizpá (1 S. 7:1-14), hacía anualmente un recorrido por Israel (1 S. 7:16-17), ungió y después rechazó a Saúl (1 S. 10:1-25; 13:10ss.; 15:1ss.), y también ungió a David (1 S. 16:1-13). Salta a la vista que tales distinciones están basadas en conjeturas teóricas, más bien que en pruebas sólidas sacadas de la Escritura.

También conviene tener en cuenta el ya citado texto de 1 S. 9:9, donde se dice expresamente: "Al que hoy se llama profeta, entonces se le llamaba vidente". La idea es que quien, en tiempos de Samuel, era llamado "vidente" (*ro'eh*), vino a ser llamado "profeta" (*nabhi'*) cuando fue excrito el primer libro de Samuel. De este modo, este versículo identifica los dos términos e indica que sólo se había dado un cambio de nombre. No obstante, es necesaria una palabra de precaución con respecto a este cambio en la terminología. El término *nabhi'* no comenzó a ser usado precisamente después de la muerte de Samuel, ya que Samuel mismo es llamado *nabhi'* (1 S. 3:20), y él usó este término al hablar a Saúl (1 S. 10:5). Más aún, Moisés mismo usó, en su día, dicho término para aplicárselo a sí mismo (Dt. 18:15). La idea es que el vocablo cambió en el uso popular.[18] Es decir, era lo

[15]Por ejemplo, Theodore H. Robinson, *Prophecy and the Prophets in Ancient Israel* pp. 28-29; también Jastrow, *"Ro'eh and Hozeh"*, p. 56.
[16]*The Rediscovery of the Old Testament*, p. 137.
[17]Gad, en 1 S. 22:5; 2 S. 24:11; 1 Cr. 21:9; 2 Cr. 29:25; Iddó, en 2 Cr. 9:29; 12:15; 13:22; y Amós, uno de los grande profetas escritores, en Am. 7:12.
[18]Véase Edward J. Young, *My Servants the Prophets*, pp. 63-64.

corriente entre el pueblo, en tiempo de Samuel, dicir *ro'eh* (aun cuando se usase *nabhi'* también), y *nabhi'* en el tiempo posterior del autor de 1 Samuel. Una prueba adicional de que no es menester hacer ninguna distinción entre el *ro'eh-hozeh* y el *nabhi'*, en cuanto a oficio, se halla en Is. 30:9-10. Dice así este pasaje: "Este es un pueblo rebelde, hijos mentirosos, criaturas que no quieren escuchar la instrucción de Jehová; que dicen a los videntes; No veáis; y a los profetas: No nos profeticéis lo recto, decidnos cosas halagüeñas, profetizad ilusiones". Aquí se nos describe al pueblo rebelde de Judá pidiendo a los profetas que no les hablen "lo recto", sino "cosas halagüeñas" y engaños ("ilusiones"). En otras palabras, el pueblo quería que los profetas le hablasen de una forma que le resultase agradable, más bien que trayéndoles a la memoria el estado de pecado en que se hallaban. El punto clave, digno de ser tenido en cuenta aquí, es que la actividad que se menciona es "hablar", ya sean cosas agradables o desagradables, y que el término para designar a los profetas no es *nabhi'*. De hecho, son los otros dos términos los que se usan aquí, *ro'eh* y *hozeh*, siendo traducido el término *ro'eh* por "vidente", y *hozeh* por "profeta". Así, pues, el *ro'eh-hozeh* podía ser considerado como alguien que hablaba en lugar de Dios, así como alguien que recibía mensajes de parte de Dios. En otras palabras, se le podía considerar desempeñando la función específica del *nabhi'*.

5

La Función del Profeta

Nuestra atención se vuelve ahora hacia la función o tarea del profeta en Israel. En el capítulo anterior, hemos indicado que constaba básicamente de dos partes: recibir de Dios una revelación, y comunicar el mensaje que Dios le había dado.[1] Ambas partes necesitan ahora un estudio más detallado. En el presente capítulo, centraremos nuestra atención en el aspecto de comunicar el mensaje, reservando para el capítulo siguiente el aspecto de recibir el mensaje.

A. METODO

1. Predicar

La forma de hablar del profeta bien podría caracterizarse como *predicación*. La idea de predicar se usa aquí en contraste con la de enseñar. La enseñanza se dirige primordialmente a la mente del que escucha, mientras que la predicación afecta, en primer lugar, a las emociones y a la voluntad. El objetivo principal de la enseñanza es impartir información, mientras que el de la predicación es provocar una reacción y una respuesta. A los sacerdotes de Israel competía lo primero, mientras que los profetas estaban encargados de lo segundo.

De acuerdo con esto, vemos que Oseas declara, "Oíd palabra de Jehová,

[1]Véase J. Lindblom, *Prophecy in Ancient Israel*, p. 148.

69

hijos de Israel" (Os. 4:1). Y de nuevo, "Sacerdotes, oíd esto, y estad atentos, casa de Israel, y casa del rey, escuchad" (5:1). En ambos casos, el profeta pronuncia su mensaje de forma que inculque al pueblo la urgencia de volverse de su pecado y de vivir de veras para Dios. Amós le dice a Amasías, sacerdote de Betel, que Jehová le había sacado de detrás del ganado para "profetizar a mi pueblo Israel" (Am. 7:15), y lo que Amós estaba haciendo era estimular igualmente al pueblo de Israel a que se arrepintiese del pecado y se volviese a Jehová. Ninguno de los dos estaba instruyendo al pueblo acerca de lo que decía la Ley, sino que, más bien, ambos estaban animando al pueblo a poner en práctica lo que ya sabían que estaba mandado en la Ley. A Jeremías le dijo Dios, "Anda y clama a los oídos de Jerusalén" (Jer. 2:2). En una ocasión, tuvo que hacer esto mientras "estaba a la puerta de la casa de Jehová" (7:2); en otra, "a la puerta de los hijos del pueblo", dando a entender la puerta de la ciudad (17:19); y en otra, en el valle de Hinom, que estaba "a la entrada de la puerta de las tejoletas" (19:2). Todos estos lugares eran sitios públicos, de modo que la proclamación había de hacerse en lugares por los que la gente había de pasar, ya fuese al templo o a la ciudad de Jerusalén.

No estará de más, en conexión con esto, relacionar entre sí las ideas de predicación y de predicción. Es cierto que los profetas predecían, y es importante hacer hincapié en esto para refutar a aquellos eruditos que niegan el que los profetas profiriesen auténticas predicciones. Por ejemplo, A. B. Davidson escrcbe, "El profeta es siempre hombre de su tiempo, y es siempre al pueblo de su tiempo al que se dirige, no a una generación muy posterior ni a nosotros".[2] Con esto, Davidson quiere decir, entre otras cosas, que los profetas no predijeron de un modo sobrenatural lo que había de suceder en días lejanos del futuro. Pero ésta no es la enseñanza de la Escritura. Isaías, que precedió a Ciro en siglo y medio, predijo el reinado de Ciro, y hasta se refirió a él por su propio nombre (Is. 44:28; 45:1). Daniel contempló, en su visión, los cuatro grandes imperios que se extendían delante de él –el babilónico, el medo-persa, el griego y el romano–, que habían de alargarse hacia el futuro por más de 900 años (Dan. 7).

Por otra parte, se equivocan cuantos piensan que la principal tarea de los profetas era predecir el porvenir. Igualmente se piensa que el vocablo *profecía* es sinónimo de predicción, lo cual es también incorrecto. Aunque los profetas predijesen algunas veces, según les daba Dios esta clase de información, la mayor parte de su ministerio estaba dedicada a predicar a la gente de su tiempo. Se parecían mucho a los predicadores de hoy, urgiendo al pueblo a vivir de tal forma que agradasen a Dios. Sólo en algunas ocasiones usaban el predecir durante su predicación, cuando era necesario impartir un mensaje que Dios quería comunicar.

---

[2]"Prophecy and Prophets", *Hastings Dictionary of the Bible*, VI, p. 118b.

2. Personajes clave

La condición moral y religiosa de cualquier país depende, en gran parte, del liderazge de las autoridades. Si los líderes se comportan como es debido, el pueblo se sentirá inclinado a comportarse de la misma manera. De ahí que otro aspecto del método profético fuese el tomar contacto con los personajes clave de Israel y urgirles a que actuasen conforme a la voluntad de Dios. En especial, se buscaba el contacto con los reyes.[3] Isaías, por ejemplo, fue al rey de Judá, Acaz, y le animó a que pidiese "señal de Jehová" (Is. 7:11); y cuando Acaz le replicó que no quería "tentar a Jehová" de esta manera (v. 12), Isaías le ofreció, de todos modos, la señal (v. 14) y le comunicó el peligro de la invasión asiria.

A veces, un rey le pedía al profeta que viniese y le diese alguna información de parte de Dios. Así lo hizo Sedequías, rey de Judá, en los días en que Nabucodonosor sitió Jerusalén. Envió dos hombres a Jeremías con este mensaje: "Te ruego que consultes acerca de nosotros a Jehová" (Jer. 21:2), deseando saber si Dios vendría en auxilio de Su pueblo en tan terribles circunstancias. La respuesta de Jeremías en dicha ocasión no era en modo alguno la que Sedequías deseaba escuchar; le dijo: "Así ha dicho Jehová, Dios de Israel . . . Yo pelearé contra vosotros con mano alzada y con brazo fuerte, con furor y enojo e ira grande". (21:4–5).

Puede verse la siguiente lista de profetas que se pusieron en contacto directo con los reyes: Samuel, con Saúl; Natán y Gad, con David; Semaías, con Roboam; Ahías y el "varón de Dios", con Jeroboam; Elías y Miqueas, con Acab; Eliseo, con Joram y Jehú; Azarías y Hananías, con Asá; Jehú, con Josafat; Zacarías, con Joás; "el profeta", con Amasías; Zacarías, con Uzías; Isaías, con Acaz y Ezequías; y Jeremías, con Joaquín y Sedequías.

Por supuesto, estos contactos con personajes clave eran eso, contactos individuales más bien que actuaciones de predicación. Los primeros profetas pusieron un interés primordial en tales contactos, mientras que los posteriores les concedieron un lugar secundario, más interesados en dirigirse a las multitudes, como ya hemos mencionado. No obstante, también ellos hicieron contactos individuales cuando hubo especial necesidad, como lo habían hecho sus colegas de antaño.

3. Acciones simbólicas

En su tarea de declarar la palabra de Dios, los profetas usaron diversos medios para poner de relieve los puntos que deseaban enfatizar. Uno de estos medios era la acción simbólica; es decir, llevaban a cabo ciertas acciones, o daban instrucciones a otros para que las hicieran, explicando que

---

[3]Véase Johannes Pedersen, *Israel: Its Life and Culture*, I–II, p. 109.

aquellas acciones simbolizaban determinadas verdades que deseaban comunicar.

Por ejemplo, un día Eliseo le dijo al rey Joás de Israel que tirase una flecha por la ventana que daba al oriente. Así lo hizo el rey, y Eliseo le explicó el simbolismo de tal acción: "Saeta de salvación de Jehová, y saeta de salvación contra Siria; porque herirás a los sirios en Afec hasta consumirlos". (2 R. 13:17). A continuación, le dijo al rey que tomase saetas e hiriese con ellas la tierra. Así lo hizo el rey e hirió el suelo tres veces. Esto enojó al profeta, y le dijo al rey que, puesto que había herido la tierra sólo tres veces, derrotaría a Siria sólo tres veces (vv. 18-19). En otras palabras, los golpes de las saetas contra el suelo eran símbolo de las veces que Joás había de derrotar a su enemigo, el rey de Siria.

En una ocasión en que los asirios presentaron batalla contra Asdod en la costa del Mediterráneo, Dios le dijo a Isaías que se quitase el cilicio (vestido de saco) de su cuerpo, y las sandalias de sus pies. Esto era símbolo de que, un día, los asirios "se llevarían así a los cautivos de Egipto y a los deportados de Etiopía, a jóvenes y ancianos, desnudos y descalzos, y con las nalgas descubiertas para vergüenza de Egipto". (Is. 20:4). El pensamiento que había detrás de este simbolismo era que Dios quería prevenir a Israel contra toda alianza con Egipto en contra de Asiria.

En cierta ocasión, Jeremías, por mandato de Dios, se compró una vasija de barro en el taller de un alfarero, y se la llevó al valle de Hinom. Allí, mientras el pueblo le observaba, proclamó la palabra de Dios contra los pecados que se estaban cometiendo y, con gesto dramático, quebró la vasija a la vista de todos mientras declaraba, "Así dice Jehová de los ejércitos: Así quebrantaré a este pueblo y a esta ciudad, como quien quiebra una vasija de alfarero, que no se puede restaurar más; y en Tófet se enterrarán, porque no habrá otro lugar para enterrar" (Jer. 19:11). El cuadro vívido de los fragmentos de la vasija quebrada que saltaban por los aires, debió haber producido una impresión muy fuerte en las mentes del pueblo.

En otra ocasión, Jeremías usó a los recabitas para producir un simbolismo efectivo. Una de las costumbres ancestrales de los recabitas era su abstención de beber vino. Jeremías trajo al templo un grupo de recabitas y puso delante de ellos tazas y copas de vino, exhortándoles a que bebieran. Pero ellos rehusaron, fieles a sus principios ancestrales. Entonces Jeremías usó esta hermosa demostración de firme obediencia para simbolizar a los que presenciaban el hecho, de que ellos también debían ser fieles a las instrucciones que Dios les había dado (Jer. 35:1-17).

También Ezequiel usó acciones simbólicas para poner de relieve sus verdades. Un día, por mandato de Dios, dibujó un cuadro del sitio de Jerusalén en una cara de un ladrillo, como símbolo de que tal asedio había de ser una realidad (Ez. 4:1-3). Otro día, se rapó la cabeza y la barba y, conforme a las instrucciones recibidas de Dios, quemó una parte de los

pelos, cortó otra parte de ellos, y esparció al viento una tercera parte (5:1-2).
El simbolismo era que el pueblo de Israel había igualmente de ser quemado, herido y esparcido en la cautividad inminente.

Quizás el ejemplo mejor conocido de simbolismo es el que comportó el matrimonio de Oseas con su mujer, Gómer. Un día, le dijo Dios a Oseas que se casase con esta mujer, declarándole al mismo tiempo que ella le había de ser infiel hasta convertirse en "mujer fornicaria" (Os. 1:2).[4] Oseas se casó con Gómer, y les nacieron hijos como también Dios le había predicho. Los nombres de estos hijos tenían significado simbólico. Al primero se le puso el nombre de Jizreel, y el simbolismo era que Dios "castigaría a la casa de Jehú por causa de la sangre de Jizreel, y haría cesar el reino de la casa de Israel" (1:4). El segundo tuvo por nombre Lo-ruhamah, que significa "no compadecida", como símbolo de que Dios "no se compadecería más de la casa de Israel" (1:6). Y al tercero se le llamó Lo-ammi, que quiere decir "no mi pueblo", y el simbolismo era que Israel, a causa de su pecado, no sería ya considerado como el pueblo de Dios (1:9).

Después de esto, Gómer, en su infidelidad, abandonó a Oseas, para volverse, al parecer, a casa de su padre. Después de algún tiempo, Dios le dijo a Oseas que fuese a buscarla y la amara una vez más (3:1-3). Esto hubo de resultarle al profeta muy difícil, en vista de la experiencia anterior, pero, con todo, obedeció. Cuando Gómer se reunió con él, Oseas le advirtió seriamente que no continuase con la forma de vida que había llevado después que la tomó por primera vez.

El simbolismo de este matrimonio – además del de los nombres impuestos a los hijos–es que, así como Oseas tomó a Gómer y ésta le fue infiel, así también Dios había tomado a Israel para Sí y el pueblo le había sido infiel. Después, así como Gómer dejó a Oseas y se fue tras diversos amantes, así también Israel había dejado a Dios y se había ido en busca de los dioses falsos de las naciones circunvecinas. Y, en fin, así como Oseas rescató de nuevo a Gómer para sí, a pesar de su infidelidad, así también Dios había hecho con frecuencia volver hacia Sí a Israel, a pesar de la terca desobediencia del pueblo.

4. Lecciones mediante objectos

Otra figura literaria empleada por los profetas era la lección "objetiva". Ciertos objetos o acciones que el profeta veía, le traían a la mente alguna verdad. Usaba simbólicamente esos objetos o esas acciones, para expresar dicha verdad de una manera más vívida. Fue probablemente Jeremías quien usó este método más que ningún otro.

[4]Aunque hay distintas opiniones acerca de este matrimonio, el punto de vista proléptico, que aquí sostenemos, tiene a su favor las mayores probabilidades.

Por ejemplo, un día se percató Jeremías de "una vara de almendro" (Jer. 1:11-12). Inmediatamente, le habló Dios diciendo, "Bien has visto; porque yo estoy atento a mi palabra para ponerla por obra". El vocablo hebreo para almendro (*shaqedh*) significa "el que vela, el vigilante". Dios inspiró a Jeremías para ver en esta vara de almendro, el árbol más temprano en florecer, un símbolo de la vigilancia de Dios para guardar Su palabra de amonestación a Su pueblo. Dios había de velar (*shoqedh*) para llevar a cabo todas las amenazas de castigo que había predicho que le sobrevendrían al pueblo.

Poco después de esto, Jeremías vio una olla de comida hirviendo que apuntaba hacia el norte (1:13-14). De nuevo le indicó Dios el simbolismo: "Del norte se soltará el mal sobre todos los moradores de esta tierra". La olla hirviendo representaba apuro y dificultad. El hecho de que mirase hacia el norte, indicaba que esta dificultad vendría del norte, ya que Babilonia, el país que Dios iba a usar para visitar en juicio a Israel, caería sobre Jerusalén por el norte. Aunque Babilonia estaba situada al Este de Palestina, el curso que se había de seguir era hacia arriba a lo largo del río Eufrates, remontando después el Creciente Fértil, y de allí cayendo desde el norte sobre Palestina y hasta Jerusalén.

En otra ocasión, Jeremías usó como lección "objetiva" una faja de lino (13:1-11). Dios le mandó que se comprase una faja de lino, que la llevara puesta por algún tiempo, que no la lavase, y después, que fuese con ella puesta hasta el río Eufrates y la escondiese allí "en la hendidura de una peña" (13:4). Así lo hizo Jeremías, y más tarde le dijo Dios que regresara al Eufrates, y tomase de allí la faja, volviendo con ella al país de Palestina. Para este tiempo, la faja se había echado a perder, y Dios le dijo a Jeremías, "De esta manera echaré a perder la soberbia de Judá, y la mucha soberbia de Jerusalén". (13:9). El simbolismo se refería al pronosticado castigo de la cautividad en Babilonia, a causa de la impiedad de Judá. La faja, al haber sido llevada por Jeremías durante algunos días y volverse sucia, daba a entender que Judá había sido el pueblo de Dios por algún tiempo y se había ensuciado con el pecado. Así como Jeremías tomó esta faja y la llevó al Eufrates, así también Dios, a su tiempo, había de llevar al pueblo al Eufrates, y más allá, hasta Babilonia en cautividad. Allí estarían como si hubiesen sido enterrados, y se echarían a perder con el castigo. Y así como Jeremías regresó al Eufrates más tarde para recoger la faja, así Dios, a su debido tiempo, recogería al pueblo de Babilonia y lo traería de nuevo a su tierra.

Algunos expositores han objetado que el río Eufrates estaba demasiado lejos como para que Jeremías fuese allá por dos veces, meramente para esconder, y después para recoger, una faja de lino.[5] Es cierto que la distancia

---

[5]Por ej. Lindblom, *Prophecy in Ancient Israel*, pp. 131-132.

era larga –al menos, 400 kms. hasta el más cercano punto de contacto con el río–, pero el hecho de ir allá por dos veces era importante para el simbolismo que se deseaba. Por cierto, el pueblo seria llevado así de lejos para un período de castigo, a causa de la sucia condición de su pecado.

Jeremías halló otra lección objetiva cuando visitó la casa del alfarero (18:1–10). Al visitar al alfarero, vio que la vasija que acababa de hacer se le echaba a perder en su mano, pero tomaba el barro y volvía a hacer otra vasija, la cual le salía ahora más hermosa. La lección principal que con esto quería Dios enseñar a Jeremías, era que, así como el alfarero tenía poder sobre el barro para hacer de la vasija echada a perder una nueva y mejor vasija, así también Dios tenía poder sobre los israelitas para hacer de ellos un nuevo pueblo, cambiándolos de una nación echada a perder por el pecado, a otra que le agradase a Él. Una lección suplementaria estaba implicada con referencia a cautividad que se avecinaba. En ese tiempo, Israel era una vasija echada a perder a los ojos de Dios, a causa del pecado. A su tiempo, Dios quebraría esta vasija, ya echada a perder, mediante los sufrimientos de la cautividad, a fin de que volviese a ser moldeada según un nuevo y mejor patrón.

Un último ejemplo digno de notarse tiene que ver con la ocasión en que Jeremías vio dos cestas de higos puestas delante del templo de Jehová (24:1–10). Una de las cestas contenía "higos muy buenos, como brevas", y la otra "higos muy malos, que de malos no se podían comer" (v. 2). Los higos buenos son descritos como "brevas"; primera cosecha que se recogía a fines de junio, y eran muy apreciados. El simbolismo que Dios indicaba a Jeremías se refería de nuevo a la cautividad, pero ahora en sentido diferente. La diferencia tenía que ver con el tiempo preciso en que Jeremías vio los higos. El tiempo era justamente después que Joaquín había sido llevado cautivo (597 A. de C.). En este tiempo, estaba Sedequías en el trono de Judá.

Dios dijo que el cesto de los higos buenos representaba a los que habían sido deportados; sobre ellos había de poner El Sus ojos para bien durante su cautividad y los había de traer de nuevo a su tierra, en su debido tiempo. Entonces los volvería a edificar, y no los destruiría; los volvería a plantar, y no los arrancaría (24:6). El resultado había de ser que vendrían a conocer a su Dios y se les daría un corazón nuevo. Respecto a los higos malos, Dios dijo que representaban al pueblo que había sido dejado en la tierra bajo el mando de Sedequías. En contraste con los deportados, éstos habían de pasar muchas dificultades al quedarse allí, y habían de llegar a ser "por infamia, por ejemplo, por refrán y por maldición" en todos los lugares a donde Dios les había de arrojar (24:9). En otras palabras, había muchas más bendiciones reservadas para los que habían sido tomados cautivos que para los que habían sido dejados en la tierra.

B. MISION

Vamos ahora a considerar la misión de los profetas. Interesa aquí el propósito que hay detrás de la metodología que acaba de ser examinada. ¿Cuáles eran los objetivos y las tareas que les eran asignados a los profetas?

1. Reforma, no institución de una nueva enseñanza

Hace una generación, era corriente entre los eruditos considerar a los profetas escritores de Israel como instauradores de una nueva enseñanza. Se creía que estos hombres introdujeron ideas nuevas con respecto al monoteísmo y a las exigencias éticas; que fueron los primeros en pensar de Dios como el único Dios y verle exigiendo una conducta ética correcta de parte de Sus adoradores.[6] Sin embargo, en fechas más recientes, muchos llaman a estos profetas reformadores, más bien que innovadores, diciendo que su mensaje no era nuevo, sino que había estado implícito por muchos años en las enseñanzas de Israel.[7]

Esta posición reciente se conforma mucho más con lo que hallamos claramente en la Escritura. Los profetas escritores no eran unos innovadores que introdujeron un monoteísmo ético. Desde los primeros días, Israel había creído que Jehová era el único Dios verdadero y que requería una conducta ética correcta. En este punto, no debe hacerse ninguna distinción entre los primeros profetas de la historia de Israel y los posteriores que consignaron por escrito sus mensajes.[8]

La tarea primordial de los profetas fue, pues, promover una reforma. Querían que el pueblo se volviera de lo que estaban haciendo en sus prácticas pecaminosas a las enseñanzas de la Ley. Los profetas escritores se dedicaron a esta tarea, principalmente, hablando a grandes muchedumbres y poniendo después por escrito sus mensajes; los primeros profetas lo hicieron principalmente mediante contactos con individuos. Los profetas no pudieron ser instauradores de nuevas ideas, puesto que lo que el pueblo

---

[6]Por ej., W. O. E. Oesterley y Theodore H. Robinson, *Hebrew Religion: Its Origin and Development*, pp. 234ss, 299 (escribían esto en 1937); Robert Pfeiffer, *Introduction to the Old Testament*, p. 580 (escribiendo en 1941); y R. B. Y. Scott, *The Relevance of the Prophets*, pp. 106ss. (escribiendo en 1953).

[7]Es típico el comentario de John Bright (*A History of Israel*. p. 246), quien dice: "Los profetas clásicos . . . ciertamente no eran los pioneros espirituales ni, en especial, los descubridores del monoteísmo ético, como tan repetidamente se les ha querido hacer". Y añade que "no eran unos innovadores, sino reformadores que siguieron en la línea principal de la tradición de Israel". Véase A. C. Welch, *Prophet and Priest in Old Israel*, p. 35.

[8]Walter Eichrodt (*Theology of the Old Testament*, pp. 339ss., 345ss.) afirma rotundamente que no ocurrió ningún cambio fundamental, sino sólo el cambio a un mejor entendimiento de la realidad de la presencia de Dios, y que esto infundió a los profetas escritores una mayor urgencia para llevar a cabo su tarea y una creciente preocupación por el inminente castigo del pueblo.

tenía que creer, había sido ya revelado antes de entrar en la tierra prometida. La Ley de Dios había sido dada a Moisés en el Monte Sinaí, y esta Ley había sido enseñada desde el principio por los sacerdotes.

2. La urgencia a ajustarse a las exigencias de la Ley

Esta idea de reforma requiere un examen más detenido, pues es preciso poner en claro ciertos temas que con ella guardan relación.

a. NO SE DEDICARON DIRECTAMENTE A ENSEÑAR LA LEY

Los profetas no se dedicaron a enseñar la Ley como tal. Esta era la tarea de los sacerdotes, como ya se dijo. Los sacerdotes enseñaban al pueblo precepto sobre precepto, línea sobre línea. Este tipo de enseñanza requería una situación parecida a la escolar, en continuo contacto con los estudiantes y con residencia fija. Estas condiciones cuadraban bien a la situación de los sacerdotes, quienes tenían fijadas ciertas ciudades de residencia, pero no tan bien a la de los profetas, que habían de moverse de un lado a otro. Además, lo enseñado por los profetas, está revelado en sus libros y, aun cuando a veces hablen de la Ley, nunca lo hacen en forma de línea sobre línea.[9]

b. LA URGENCIA DE UNA REFORMA DEBIDO A LA LEY

Como ya se ha dicho, la labor de los profetas consistió en urgir al pueblo a ajustar su conducta a la Ley; esta urgencia abarcaba tanto el plano social como el religioso. Los profetas escritores tienen mucho que decir sobre las dos áreas. En cuanto a lo social, clama Amós, "Oíd esta palabra, vacas de Basán, que estáis en el monte de Samaria, que oprimís a los pobres y quebrantáis a los menesterosos, que decís a vuestros maridos (lit. señores): Traed, y bebamos". (Am. 4:1). E Isaías proclama: "¡Ay de los que dictan leyes injustas . . . para privar de justicia a los pobres, y para quitar el derecho a los afligidos de mi pueblo; para despojar a las viudas, y robar a los huérfanos!" (Is. 10:1–2). En cuanto al plano religioso, los profetas exhortaban al pueblo a volverse a Dios. Como bien dice Norman Gottwald, "Toda su perspectiva estaba fundada en la relación que Israel tenía con Yahweh, y toda su predicación insistía en el sentido religioso que debe informar todos los aspectos de la vida".[10] Oseas, por ejemplo, intima al pueblo: "Venid y volvamos a Jehová; porque él ha desgarrado, y él nos curará; él hirió, y él nos vendará". (Os. 6:1). Y Miqueas, por su parte, hace la siguiente apelación: "Oíd ahora lo que dice Jehová." (Miq 6:1).

---

[9]Véase el punto de vista de Walter G. Williams, *The Prophets, Pioneers to Christianity*, p. 39, quien dice: "Tradicionalmente, los sacerdotes habían sido los educadores . . . como maestro, el sacerdote sabía cómo trabajar fatigosamente con el pueblo, conduciéndoles paso a paso".

[10]*A Light to the Nations*, p. 276.

La tésis de que los primeros profetas eran tan reformadores como los profetas escritores es fácil de demostrar. El papel de reformador le tocó a Samuel en su temprana edad, cuando fue llamado a comunicar a Elí el juicio de Dios sobre su perversa familia (1 S. 3:1-18). Sus persistentes esfuerzos para reformar al pueblo se vieron coronados por el éxito cuando Israel formuló una clara decisión por Dios en Mizpá (1 S. 7:1-14). El "varón de Dios" intimó a Jeroboam la misma reforma (1 R. 13:1-10). Hananí hizo lo mismo con Asá (2 Cr. 16:7-9). Es bien conocido el esfuerzo de Elías en el Carmelo, con relación al régimen de Acab y Jezabel (1 R. 18). De hecho, la razón por la que se mencionan la mayor parte de los profetas en las Escrituras, fue algún episodio en el que urgieron a uno o más individuos a reformarse.

c. POCAS MENCIONES DE LA LEY

Al predicar su mensaje de reforma, los profetas no suelen referirse explícitamente a la Ley; lo cual sorprende, pues habría de esperarse que lo hicieran, al estar tan interesados en que el pueblo ajustase sus vidas a las normas de la Ley. Surge, pues, la pregunta sobre la razón de este comportamiento. Después de investigar el tema, sugiere Eichrodt una respuesta que es, probablemente, correcta. Cree él que la mención del término *Ley* *(torah)* fue reducida al mínimo para aminorar el peligro de "frío externalismo en la práctica de la religión y rutina mecánica en el pensamiento religioso".[11] Es decir, el pueblo tendía a pensar que las ceremonias de la Ley eran eficaces por sí mismas, y llegó a identificar la Ley con dichas ceremonias. Y los profetas, al percatarse de que este punto de vista equivocado había conducido al pueblo a un externalismo muerto, deseaban evitar cuanto pudiese fomentar este punto de vista, tal como un uso indebido de la palabra *Ley*. En consecuencia, proclamaban el mensaje contenido en la Ley, sin mencionarla por su nombre de ordinario. Está de acuerdo con esta explicación el hecho de que los profetas hablan repetidamente contra tal externalismo muerto en el servicio del santuario (V., por ej., Is. 1:11-14; Am. 5:21-24).

d. NO ERA LA LEY LA QUE LES OTORGABA LA AUTORIDAD

Puede fácilmente observarse que, aun cuando los profetas son reconocidos como tales en la Ley, no hay prescripciones legales acerca de ellos, como las hay respecto de los sacerdotes. Podría hallarse la razón de esto en el punto que acabamos de comentar, de que los profetas eran reformadores, más bien que instauradores de nuevas ideas. Los reformadores se necesitan, al fin y al cabo, cuando se da una situación anormal. El pueblo se había desviado del camino recto y era necesario hacerle volver a él. Necesitaban

---

[11]*Theology of the Old Testament*, p. 304.

ser reformados, esto es, reajustados a la forma que en un principio tuvieron o debieron haber tenido. La Ley fue dada como normativa del estado ideal del pueblo; y, en este estado ideal, podía esperarse que el pueblo observase las enseñanzas de la Ley cuando eran expuestas por los sacerdotes. Si el pueblo hubiese obrado así, no habría existido la necesidad de reformadores. Así pues, los profetas desempeñaban un oficio de emergencia, y este tipo de actividad no requería ninguna autorización legal en el ideal de la Ley. Esta es la razón por la que el reconocimiento que se tributa a los profetas en Dt. 18, no se refiere a ellos en su papel de reformadores, sino sólo como receptores de la revelación divina en respuesta a las preguntas del pueblo.

3. Poniendo a prueba, sirviendo como centinelas e intercediendo

Además de ser reformadores, los profetas tenían la misión de desempeñar otras tres funciones subsidiarias. Las tres juntas les habrían ocupado sólo una pequeña parte de su tiempo; sin embargo, se las distingue en el Antiguo Testamento y solicitan nuestra atención.

La primera de ellas era poner a prueba al pueblo en cuanto a sus actividades buenas o malas. Por ejemplo, Dios le dijo a Jeremías: "Por fortaleza te he puesto en mi pueblo, por torre; conocerás, pues, y examinarás el camino de ellos". (Jer. 6:27). Jeremías había de ser tan fuerte como una torre y una fortaleza, cuando pasaba por delante de la gente y evaluaba sus actividades, poniendo a prueba sus obras y emitiendo un juicio acerca de si éstas eran agradables a Dios o no. Por supuesto, el criterio que seguiría para ello era, sin duda, la Ley. Podemos imaginarnos a la gente observándole con frecuencia para determinar si estaban, o no, actuando de una forma que agradase a Dios.

Otra función profética era servir de centinelas entre el pueblo; los profetas tenían que señalar con el dedo la conducta inicua y advertir a los infractores sobre los juicios y castigos que habían de sobrevenirles. Ezequiel escribe llanamente sobre este punto, comunicando la palabra de Dios del modo siguiente: "Hijo de hombre, yo te he puesto por atalaya a la casa de Israel; oirás, pues, la palabra de mi boca, y los amonestarás de mi parte" (Ez. 3:17). Añadió Dios que, si el profeta profería tal amonestación, no sería responsable por el malvado que muriese en sus pecados; pero si no lo hacía, la sangre del impío sería demandada de su mano. Un pensamiento similar se halla en Ez. 33:7ss. Por consiguiente, esta función profética era de vital importancia a los ojos de Dios. Era una persona encargada de dar la voz de alarma en caso de peligro espiritual; si daba la alarma y, a pesar de la amonestación, la gente se precipitaba hacia su propia muerte, sus manos, al menos, estaban libres de culpabilidad; pero, si no lo hacía, Dios le tenía por responsable, al no haberse comportado como el atalaya que debió ser.

La tercera función subsidiaria del profeta era servir de intercesor. Claro está que los sacerdotes eran los intercesores primarios, al ofrecer sus sacrificios en favor del pueblo. Con todo, también los profetas servían de intercesores aparte de la actividad ceremonial. Tenemos varios ejemplos de profetas intercediendo delante de Dios por el pueblo.

Entre los profetas antiguos, es digno de mención "el varón de Dios", enviado desde Judá para profetizar contra el altar de Betel. Allí, el rey Jeroboam trató de detener la acción del profeta, pero, al hacerlo, notó que la mano se le había secado. Inmediatamente instó al profeta: "Te pido que ruegues ante la presencia de Jehová tu Dios, y ores por mí, para que mi mano me sea restaurada" (1 R. 13:6). El varón de Dios hizo como le había pedido Jeroboam, sirviendo así de intercesor, y le fue restaurada la mano al rey. Un día, Elías intercedió por el hijo que se le había muerto a la viuda de Sarepta, a fin de que volviese a la vida. Dios escuchó su intercesión y devolvió la vida al niño, con gran gozo de su madre (1 R. 17:17–24). En una ocasión semejante, Eliseo, algunos años después, intercedió a favor del niño de la sunamita. El niño había muerto, y la madre acudió rápidamente a Eliseo en busca de ayuda. Eliseo fue a la casa y allí intercedió por el niño, y lo pudo devolver vivo a su madre (2 R. 4:18–37).

También los profetas escritores intercedieron por el pueblo en varias ocasiones. Amós, por ejemplo, cuando vio la tierra devorada por langostas, clamó a Dios: "Señor Jehová, perdona ahora; ¿quién sostendrá a Jacob?, porque es pequeño" (Am. 7:2). El texto nos declara que, como resultado, "Se arrepintió Jehová de esto" y dijo a Amós: "No será así". En otras palabras, como resultado de la intercesión del profeta, Dios no iba a enviar sobre el pueblo una devastación similar a la que Amós había contemplado, producida por las langostas. Es probablemente Jeremías quien nos ha dejado un numero de intercesiones mayor que ningún otro de los profetas. Por ejemplo, cuando clama: "Derramen mis ojos lágrimas día y noche, y no cesen; porque con gran quebrantamiento es quebrantada la virgen hija de mi pueblo, con azote muy doloroso" (Jer. 14:17). Y, otra vez: "Reconocemos, oh Jehová, nuestra impiedad, la iniquidad de nuestros padres; porque contra ti hemos pecado. Por amor de tu nombre no nos deseches, ni deshonres el trono de tu gloria; acuérdate, no invalides tu pacto con nosotros" (14:20–21). Hay veces en que Dios le pide que no interceda por el pueblo. Por ejemplo, en Jer. 7:16, le dice Dios: "Tú, pues, no ores por este pueblo, ni levantes por ellos clamor ni oración, ni me ruegues; porque no te oiré" (V. también 11:14).

C. NO ERAN UNA CLASE DIFERENTE DE SACERDOTES

Un punto de vista, especialmente extendido entre eruditos escandinavos, sostiene que los profetas desempeñaban funciones sacerdotales, en conexión con el culto del santuario. Pretenden que los sacerdotes se ocupaban de las actividades sacrificiales junto al altar, mientras los profetas proferían oráculos divinos en respuesta a las preguntas del pueblo.[12] Sigmund Mowinckel es conocido como el pionero de esta línea de pensamiento con su *Psalmenstudien III; Kultprophetie und Prophetische Psalmen*, que escribió en 1923. Una de las pruebas que aduce tiene que ver con los diversos salmos que describen a Dios hablando en primera persona.[13] Mowinckel piensa que tales lugares hacen referencia a los profetas, cuando hablaban de parte de Dios, dando respuesta a las preguntas del pueblo. Alfred Haldar siguió esta misma línea de opinión, avanzando aún más su pensamiento hasta tratar de comparar a los sacerdotes y profetas de Israel con los dos grupos sacerdotales de Bibilonia, *Baru* y *Mahhu*.[14] Creía Haldar que habían importantes semejanzas entre los sacerdotes y los profetas de Israel, por un lado, y los *Baru* y *Mahhu* de Babilonia, por el otro. Puesto que tanto los *Baru* como los *Mahhu* eran grupos sacerdotales, concluía que también los sacerdotes y los profetas de Israel formaban distintos grupos sacerdotales.

Otro exponente de esta teoría es Aubrey Johnson,[15] quien toma una posición a medio camino entre Mowinckel y Haldar. Para demostrar que los profetas antiguos eran personas dedicadas al culto, presenta las siguientes pruebas: (1) Los setenta ancianos, cuando profetizaron en presencia de Moisés, estaban situados cerca del tabernáculo; (2) El profeta Samuel fue educado junto al tabernáculo en Siló; (3) En 1 S. 10, vemos que Saúl se encontró con la compañía de profetas que descendían del lugar alto; (4) El profeta Natán dio consejos a David con referencia a la edificación del templo (2 S. 7:4–17); (5) El profeta Natán y el sacerdote Sadoc actuaron conjuntamente en la entronización de Salomón (1 R. 1:32–40); (6) El profeta Elías sacrificó en un altar que él mismo había erigido en el Carmelo (1 R. 18:25–40); (7) También el profeta Eliseo se fue al Carmelo (2 R. 4:25), donde, según el episodio de Elías, había un altar; y (8) Jehú convocó tanto a profetas como a sacerdotes de Baal a que acudiesen a su templo, y ordenó a continuación que los matasen a todos, dando así a entender que ambos grupos eran oficiales del culto entre los cananeos, un posible paralelo de lo que sucedía en Israel (2 R. 10:19).[16] Se debe añadir que Johnson cita también pruebas similares, sacadas de los profetas escritores, pero, ya que sus

---

[12]Otto Eissfeldt, ("The Prophetic Literature", *The Old Testament and Modern Study*, ed. H. H. Rowley, pp. 113–161), presenta un excelente análisis de los diversos puntos de vista.

[13]Por ej., Sal. 60, 75, 82, 110.

[14]*Associations of Cult Prophets Among the Ancient Semites*. H. H. Rowley, en *Journal of Semitic Studies*, 1 (1956): 338ss., presenta numerosas referencias a la literatura que existe sobre este tema.

[15]*The Cultic Prophet in Ancient Israel*.

[16]Ibid., pp. 26ss.

argumentos son parecidos a los anteriores, sería superfluo hacer una lista de ellos.

Para refutar esta teoría, no es necesario tomar por separado cada uno de estos argumentos, porque casi todos son del mismo tipo. Dan por sentado que, puesto que el profeta estaba, en alguna ocasión, cerca del altar o de un sacerdote o del templo, o en alguna relación con ellos, ya por eso estaba desempeñando funciones de sacerdote. Pero ésta es una conclusión falsa. El mero hecho de que setenta ancianos estuviesen cerca del tabernáculo, cuando profetizaron como resultado de venir sobre ellos el Espíritu Santo, no implica que fuesen miembros de la casta sacerdotal, sirviendo al santuario. El tabernáculo era simplemente el lugar adecuado para que se reuniesen a fin de ser revestidos de poder por el Espíritu. Observaciones similares pueden hacerse respecto al resto de la supuesta evidencia. Es natural que, al pertenecer al pueblo de Dios, los profetas estuviesen interesados en los asuntos religiosos, y es cierto que visitaban en muchas ocasiones el lugar donde eran ofrecidos los sacrificios. Pero esto no quiere decir que perteneciesen al cuerpo sacerdotal y estuviesen allí actuando como sacerdotes. Finalmente, el argumento basado en un posible paralelismo con los oficiales cananeos del culto está fundado en una mera suposición. Lo más probable es que estos oficiales cananeos fuesen semejantes al personal religioso de Babilonia, más bien que al de Israel.[17] Simplemente, no hay ni una sola prueba seria de que guardasen semejanza con los sacerdotes y profetas de Israel. Para poder ofrecer alguna evidencia de esta teoría, sería necesario hallar un caso claro de uno o más profetas profiriendo oráculos emitidos desde el Lugar Santísimo, pero este caso está por hallarse.

En contraste con ello, lo que sí se halla a veces en los profetas es su actitud crítica con respecto a las prácticas corrientes del culto. Por ejemplo, Isaías cita a Dios diciendo: "¿Para qué me sirve la multitud de vuestros sacrificios? Hastiado estoy de holocaustos de carneros y de sebo de animales gordos: no quiero sangre de bueyes, ni de ovejas ni de machos cabríos . . . No me traigáis más vana ofrenda; el incienso me es abominación" (Is. 1:11.13). Jeremías (6:20; 7:21-23), Oseas (6:6), Amós (5:21-25), Miqueas (6:6-8), todos ellos, hablan de una manera semejante. Hace pocos años, muchos eruditos pensaban que estos profetas habían incluso exhibido una actitud claramente anticúltica. También esto es falso, como es falsa la actitud de los eruditos actuales que se van al extremo opuesto al atribuir a los profetas un papel prominente en el culto del santuario.

Otro argumento para refutar esta opinión puede deducirse del hecho de que la Ley de Moisés no prescribe ni otorga su reconocimiento a tal actividad por parte de los profetas. Las normas para el servicio del santuario están minuciosamente detalladas, pero ni una sola vez se menciona a los profetas

---

[17]El personal de Babilonia era sacerdotal: véase cap. 2, p. 28.

en conexión con ellas. Por consiguiente, careciendo de preceptos legales y de ejemplos históricos para creer que los profetas de Israel pertenecían al personal del culto, tenemos suficiente base para concluir que Israel no incluía a los profetas en el culto del santuario; no eran una clase más de sacerdotes.

D. LA CUESTION DE SI LOS PROFETAS ESCRIBIERON SUS LIBROS

Una pregunta que ha provocado debates considerables se refiere a la redacción de los libros proféticos. ¿Fueron los profetas, cuyos nombres aparecen a la cabecera de los libros proféticos, quienes los escribieron, o lo hicieron otras personas que conocían las enseñanzas de los profetas? Si los profetas mismos los escribieron, entonces este trabajo constituye otra faceta de su función profética. Es necesario, pues, traer a discusión este tema.

1. La opinión de que fueron otras personas quienes los escribieron

a. PRESENTACIÓN DE ESTA OPINIÓN

Como representante típico de esta opinión, seguida por muchos otros, podemos citar a Lindblom.[18] Cree este autor que todos los profetas mayores tenían numerosos seguidores que aprendían de ellos y estaban siempre dispuestos a ayudarles, tanto en el ministerio oral como, más tarde, en poner por escrito sus mensajes. Piensa que tales grupos eran probablemente descendientes de los profetas de la época temprana de la profecía, a los que él llama gremios. Ve a estos hombres cargados con la responsabilidad de escuchar bien lo que decían los profetas, a fin de fijar bien en su memoria los mensajes, hasta el punto de poder recordarlos al pie de la letra mediante frecuente repetición, y preservarlos así para las generaciones futuras. Cree Lindblom que parte de estos mensajes fue preservada al principio sólo en forma oral, y después todo fue puesto por escrito a manos de otras personas.

b. PRUEBAS QUE SE ADUCEN A FAVOR DE ESTA OPINIÓN

Tres son principalmente los argumentos que se aducen a favor de este punto de vista.

El primero es la indicación de la Escritura de que el quehacer de los profetas era proferir la Palabra de Dios, sin mencionar el ponerla por escrito, con los que parece plausible el suponer que fueron otros quienes efectuaron la redacción. Pero el mero hecho de que el ministerio profético fuese primordialmente oral no les impedía ser también escritores. Después

---

[18]*Prophecy in Ancient Israel*, pp. 159ss.; véase Scott, *The Relevance of the Prophets*, pp. 81–83.

de todo, sus libros no son tan voluminosos como para requerir demasiado tiempo para su redacción, y los más familiarizados con la información para registrarla con todo esmero, eran naturalmente los mismos profetas.

Un segundo argumento es que dos de los más grandes profetas, Isaías y Jeremías, mencionan a los discípulos que les seguían. Isaías lo hace en 8:16, donde dice: "Ata el testimonio, sella la instrucción (*torah*) entre mis discípulos". El vocablo para *discípulos* es *limmudhim*, que significa "aprendices". Hablando de este versículo, dice R. B. Y. Scott: "En Isaías 8:16, el profeta encomienda este mensaje a sus discípulos".[19] Sin embargo, el versículo no dice esto, sino que indica simplemente el deseo de Isaías de que el testimonio quedase atado, y la ley sellada entre sus discípulos, mientras éstos se movían entre el pueblo desobediente de su tiempo. El testimonio y la ley de que aquí se habla no era, con toda probabilidad, el mensaje que Isaías había estado proclamando, sino la Ley básica que los sacerdotes enseñaban y que los profetas exhortaban, a lo largo de los años, a guardar. Y los discípulos en cuestión no es probable que fuesen solamente los seguidores cercanos de Isaías, sino que se refiere a toda persona piadosa de su tiempo, que tratase de andar en los caminos de Dios, gente que le había escuchado atentamente y había aprendido de él cuando predicaba.

También es citado Jeremías por el hecho de tener a Baruc por amigo y secretario. En realidad, lo que el texto sagrado dice es que Jeremías dictó el material a Baruc, y éste lo redactó. Leemos en Jer. 36:4: "Y llamó Jeremías a Baruc, hijo de Nerías, y escribió Baruc al dictado de Jeremías (lit. de la boca de Jeremías), en un rollo, todas las palabras que Jehová le había hablado". Cuando el rey Joacim quemó el rollo malignamente, Jeremías tomó otro rollo y, bajo la dirección de Dios, dictó de nuevo el material a Baruc (Jer. 36:32). Hay que decir que un solo hombre a duras penas puede formar un grupo de discípulos; pero, además, en este caso explícitamente se nos dice que Jeremías escribió su propio libro, usando a Baruc únicamente como secretario. Nótese que la línea general de pensamiento de la opinión que nos ocupa es que mucho después de la predicación del profeta y, posiblemente, después de su muerte, es cuando sus disípulos pusieron por escrito lo que habían escuchado de sus labios.

Un tercer argumento, también propuesto por Lindblom, es que este modo de poner por escrito las revelaciones hechas a los profetas es lo que explica lo que él llama "muchos pasajes oscuros, muchas discrepancias, muchas repeticiones, muchos lagunas y muchas adiciones" en los libros proféticos.[20] Cree Lindblom que se dan tales cosas en los escritos proféticos y cree que la mejor forma de explicarlas es apelando a este tipo de paternidad literaria. Sin embargo, los eruditos conservadores ven estos supuestos

[19] *The Relevance of the Prophets*, p. 82.
[20] *Prophecy in Ancient Israel*, p. 164.

problemas desde un punto de vista totalmente diferente. Están de acuerdo
en que hay pasajes oscuros, es decir, difíciles de entender; pero esto ocurre
en otros muchos lugares de la Biblia y, a menudo, donde no hay problemas
de paternidad literaria. Además, Lindblom no cita ninguna discrepancia en
particular, y resulta difícil refutar una aserción cuando no se aduce ningún
caso concreto. Uno también podria aseverar que no existen discrepancias,
y los eruditos conservadores creemos que éste es el caso. Es cierto que hay
pasajes que presentan problemas, pero todos ellos admiten de ordinario
más de una interpretación, y todas ellas son compatibles con la plenaria
inspiración de la Biblia. En cuanto a las repeticiones, tampoco indica Lindblom ninguna de ellas, pero podemos responder que cualesquiera que sean
las que él tiene en su mente, también admiten una de estas dos explicaciones: o existen por razón de énfasis, o no son, en realidad, repeticiones,
sino meramente pasajes que muestran ciertas semejanzas.

En cuanto a las lagunas, podemos decir que hay porciones en los escritos proféticos donde uno desearía que hubiese ulterior información, pero
ésta es una de las características de la Escritura. Sólo registra los materiales
que se consideran importantes en el aspecto religioso y, por ello, se omite
a veces la información que uno desearía tener, pero esto no tiene nada que
ver con la cuestión de si el autor del libro fue el profeta mismo o no, pues
tales reticencias las pudo observar el profeta bajo la dirección divina. Y en
cuanto a las muchas añadiduras, no sabemos lo que con esto quiere decir
Lindblom; al parecer, cree él que los discípulos de los profetas añadieron
algo a lo que el profeta mismo había dicho, pero esto resulta extremadamente difícil de demostrar. Posiblemente abriga la opinión de que eso está
implícito en ciertas pretensiones de sobrenaturalismo que el profeta, más
sensato que sus fanáticos seguidores, no habría hecho. Pero los eruditos
conservadores no encuentran dificultad alguna en pasajes que evidencien
una actividad sobrenatural.

2. La tesis de que los profetas mismos escribieron sus libros

La opinión de que los profetas mismos escribieron los libros que se les
atribuyen, tiene muchas más razones a su favor. Es verdad que Dios pudo
muy bien haber inspirado su mensaje a través de uno o más seguidores del
profeta, igualmente que mediante el profeta mismo, pero era éste quien
recibía directamente de Dios el mensaje que predicaba, conocía mejor que
nadie la información que recibía y, por tanto, era el más apropiado para
que, todavía en vida, Dios le inspirase a él para ponerla por escrito. Si
echaba mano de un secretario en alguna ocasión, como lo hizo Jeremías con
Baruc, aun en este caso era el profeta el verdadero autor, puesto que Baruc
se limitaba a escribir lo que Jeremías le dictaba.

Se ha objetado que existe en los libros proféticos un notable silencio acerca de la paternidad literaria, y esto es cierto hasta cierto punto. Sin embargo, se pueden advertir en los libros diversas indicaciones que dan a entender que los profetas mismos fueron los autores. A Isaías, por ejemplo, le ordenó Dios que tomase una tabla grande y escribiese en ella con caracteres legibles (8:1). Esto no equivale a decir que escribió el libro que lleva su nombre, pero nos muestra que sabía escribir y que de hecho escribía sobre tales tablas a rollos. Hubo otra ocasión en que Isaías recibió la orden de escribir delante de los egipcios en un libro "para que en el tiempo venidero quede como testimonio eterno" (30:8). También a Ezequiel se le ordenó que consignase por escrito la ley del templo y todas sus ordenanzas (43:11-12). Igualmente, Habacuc recibió la orden de escribir la visión y grabarla bien clara en tablas, para que el que pasase corriendo, pudiese leerla (2:2). En cuanto a Jeremías, explícitamente se dice que dictó a su secretario, Baruc, la información que había recibido de Dios. Y, al final de su profecía, leemos lo siguiente: "Escribió, pues, Jeremías en un libro todo el mal que había de venir sobre Babilonia, todas las palabras que están escritas acerca de Babilonia" (51:60).

Es cierto que ninguno de los libros de los profetas escritores declara explícitamente que ha sido escrito por el tal profeta. En realidad, cada uno comienza con una referencia, en tercera persona, al profeta. Por ejemplo, el libro de Isaías comienza así: "Visión de Isaías hijo de Amoz" (1:1). Y el de Ezequiel así: "vino expresamente palabra de Jehová al sacerdote Ezequiel, hijo de Buzi, en la tierra de los caldeos, junto al río Quebar" (1:3). A juzgar por solas estas referencias en tercera persona, podríamos concluir que no fueron los profetas quienes los escribieron, sino otras personas.

Sin embargo, después de comenzar en tercera persona, muchos de estos libros vuelven una y otra vez a usar la primera persona, lo cual se explica mejor si fueron los profetas mismos quienes escribieron los libros. Por ejemplo, cuando Isaías menciona la ocasión de su llamamiento, en el tiempo en que vio al Señor en el templo, usa la primera persona: "En el año en que murió el rey Uzías, vi yo al Señor sentado sobre un trono alto y sublime, y la orla de su manto llenaba el templo" (6:1). Poco después, añade: "Entonces dije: ¡Ay de mí! que estoy muerto; porque siendo hombre inmundo de labios . . . han visto mis ojos al Rey, Jehová de los ejércitos" (v. 5); y, poco después: "Entonces respondí yo: Heme aquí, envíame a mí" (v. 8). Del mismo modo, en Jeremías, después de la introducción en tercera persona en 1:1, se usa en 1:4 la primera persona: "Vino, pues, palabra de Jehová a mí, diciendo" y, a renglón seguido, se nos refiere el llamamiento que recibió de Dios, quien la había escogido para ello desde el vientre de su madre. Un poco más adelante, leemos: "Y vino a mí la palabra de Jehová, diciendo" (1:11). Y otras referencias en primera persona se suceden con la misma frecuencia. En cuanto a Ezequiel, de hecho él comienza el libro en primera persona, puesto que la referencia en tercera persona no viene hasta el vers. 3.

El vers. 1 dice así: "Aconteció en el año treinta, en el mes cuarto, a los cinco días del mes, que estando yo entre los deportados junto al río Quebar, los cielos se abrieron, y vi visiones de Dios". Luego, en el vers. 4, vuelve a la primera persona: "Y miré, y he aquí que venía del norte un viento tempestuoso". De nuevo, en 2:1 "Y me dijo: Hijo de hombre, ponte sobre tus pies y hablaré contigo". No todos los profetas tienen referencias en primera persona como éstas, pero varios de ellos las tienen, con inclusión de Oseas, Amós, Miqueas, Habacuc y Zacarías.

A la vista de estas pruebas, podemos decir que las referencias en tercera persona son más fáciles de explicar en el caso de ser los profetas mismos los autores, que las referencias en primera persona en el caso de que fuesen otras personas las que escribieron los libros. La razón de esto es que escribir en tercera persona es corriente en la Biblia, cuando no hay duda alguna de que el que está hablando en tercera persona es el autor mismo. Por otra parte, es difícil hallar un lugar en la Biblia en que la referencia en primera persona (excepto cuando habla Dios mismo) no pertenezca a la persona que escribe el libro. Cualquier lugar en que ocurra lo contrario nos indicará por sí mismo a quién se hace referencia, lo cual no sucede en los casos sacados de los profetas.

Tomados en conjunto todos estos argumentos, nos llevan a la conclusión de que fueron los profetas quienes escribieron los libros que se les atribuyen. Una cosa es afirmar que sólo porque eran predicadores no podían ser escritores, y otra muy distinta presentar las pruebas necesarias para demostrarlo. Las que se tratan de aducir no tienen fuerza alguna, mientras que son mucho más convincentes las que muestran que los profetas fueron los autores. Por consiguiente, es correcto decir que una función más de los profetas escritores fue la de redactar la información contenida en sus libros. Es lo más probable que la mayor parte de lo que predicaron le pusieron por escrito aunque no necesariamente todo ello. Lo que pusieron por escrito fue lo que Dios quería que quedase registrado a perpetuidad, de forma que las generaciones futuras pudiesen aprovechar de ello lo mismo que la generación contemporánea de los profetas.

6

El Espíritu Santo y la Profecía

Nuestra discusión ha llegado a un punto en el que lógicamente hemos de considerar el tema básico de la relación del Espíritu Santo con la obra de los profetas. Cada uno de los tres capítulos precendentes venía ya anticipando el tema. En el capítulo 3, se consideró el tema del éxtasis y los profetas, y se hizo notar que cada uno de los tres pasajes principales aducidos por los partidarios del punto de vista extático, incluía una referencia al Espíritu Santo. Se advirtió que el significado de esta referencia sería estudiado más adelante. En el capítulo 4, la discusión se centró sobre el significado del verbo "profetizar". Se investigó con esmero el sentido de este término, pero también se dijo que no podía establecerse por completo su significado hasta que se llevase a cabo una discusión referente al Espíritu Santo. Y en el capítulo inmediatamente posterior (cap 5), se analizó la función del profeta. Para que éste llevase a cabo esta función, tanto al recibir la palabra de Dios como al proclamarla, una vez más se hallaba una importante referencia a la operación del Espíritu Santo. Está en su punto, pues, que emprendamos ahora la discusión de este tema fundamental y podamos ofrecer respuestas a cuestiones que quedaron abiertas en los capítulos precedentes.[1]

---

[1] Para una discusión completa de este tema, véase mi libro *The Holy Spirit in the Old Testament*. En él está basada una parte importante de la información que presentamos en el presente capítulo.

A. IDENTIFICACION

Los eruditos de convicciones liberales piensan que las menciones del Espíritu Santo en el Antiguo Testamento son meramente referencias al poder de Dios o a la influencia de Dios en el mundo. Cuando estas referencias tienen que ver en particular con los profetas, los eruditos liberales las consideran como indicaciones de un poder que venía sobre los profetas para hacerles entrar en trance extático. Como ya se dijo en el capítulo 3, este punto de vista es totalmente falso en la opinión de los exegetas conservadores, ya que éstos creen que el Espíritu Santo es una de las tres personas de la Deidad, junto con el Padre y el Hijo.

Entre los exegetas conservadores, hay quienes, admitiendo que el Espíritu Santo es una persona divina, piensan que el pueblo del Antiguo Testamento no se percató de Su existencia en esta dimensión, sino que pensaban acerca del Espíritu Santo como de un poder o influencia que Dios ejercía en el Universo.

Sin embargo, hay razones para creer que personas bien informadas en tiempos del Antiguo Testamento, tenían un concepto más elevado del Espíritu Santo. No cabe duda de que no habrían sido capaces de formular la doctrina de la Trinidad en términos teológicos, pero parece ser que pudieron entrever una distinción entre el Espíritu Santo de Dios y Dios mismo, en forma que caracterizase al Espíritu Santo con cualidades propias de una persona. Por ejemplo, escribe el salmista: "Envías tu Espíritu, y son creados, y renuevas la faz de la tierra" (Sal. 104:30). La palabra *envías* difícilmente puede aplicarse a un poder o influencia de Dios, para lo cual uno podría esperar más bien que el salmista se expresase así: "Tú creaste la tierra con tu poder y la renuevas con tu influencia". Un espíritu que pudo ser enviado debe ser distinto del que lo envió, y si ese espíritu pudo, a su vez, crear y renovar la faz de la tierra, se implica entonces un aspecto de la personalidad.

En cierta ocasión, Eliseo pidió una "doble porción" del "espíritu" de Elías (2 R. 2:9). En el mismo contexto "cincuenta varones de los hijos de los profetas" (profetas en período de entrenamiento), se refirieron a tal espíritu como "el Espíritu de Jehová". Con ello se indica que el espíritu que Eliseo deseaba obtener de Elías era el mismo "Espíritu de Jehová". Siendo esto así, el Espíritu de que aquí se habla se distingue de Dios mismo y, puesto que el contexto indica que Eliseo recibió un gran poder cuando el Espíritu vino sobre él, se implica también el aspecto de personalidad.

Posteriormente, Ezequiel, quien escribe con tanta frecuencia sobre el Espíritu, se refiere de modo muy significativo a algo que el Espíritu estaba haciendo por él o para él. Por ejemplo, en 3:12, dice: "Entonces me elevó el espíritu", para transportarle a Tel-abib. En 11:1, afirma: "Entonces el espíritu me elevó, y me llevó a la puerta oriental de la casa de Jehová". Esta fraseología muestra, una vez más, que el profeta distinguía entre el Espíritu de Dios y Dios mismo, y, puesto que el Espíritu efectuaba todas estas cosas por él, se implica también que es una persona.

También es importante percatarse de que este tema de la indentidad del Espíritu Santo en el Antiguo Testamento no es tanto una cuestión de lo que el pueblo pensaba acerca de la tercera persona de la Deidad como de la intención que Dios tenía al inspirar a los escritores sagrados. Esta intención queda indicada en numerosos pasajes. Por ejemplo, en Génesis 1:2, donde se dice que el Espíritu de Dios se movía o aleteaba sobre la faz de las aguas después de la creación inicial, dando a entender claramente que era la Tercera Persona de la Deidad la que así se movía, aleteaba o incubaba. O, muchos años después, cuando Dios dijo a Zacarías que su obra se hacía "no con la fuerza ni con el poder, sino sólo con mi Espíritu" (Zac. 4:6), seguramente se refería a la Tercera Persona de la Deidad como la responsable de que la obra de Dios se llevase a cabo. Ahora, pues, la cuestión es básicamente cuál era la relación, conforme Dios la veía, entre la operación del Espíritu Santo y los profetas en su función de profetizar.

B. PODER RECIBIDO DEL ESPIRITU SANTO

Se afirma frecuentemente en la Biblia que el Espíritu Santo venía sobre algunas personas en tiempos del Antiguo Testamento, y también que las dejaba (por ej., 1 S. 16:14). Puede demostrarse que ninguno de esto casos se refiere a la salvación, o pérdida de la salvación, de tal persona, sino del poder conferido para llevar a cabo una determinada tarea. El espacio no nos permite extendernos en ofrecer un recuento exhaustivo, pero pueden mencionarse unos pocos ejemplos.

Sobre cuatro de los jueces vino el Espíritu. Uno de ellos fue Otoniel, de quien se dice, "Y el Espíritu de Jehová vino sobre él" (Jue. 3:10). El objetivo de esta venida del Espíritu está claro por el contexto posterior: tenía por objeto otorgar a Otoniel el poder necesario para ir a la guerra y ganarla. Otro juez de quien se dice haber recibido poder del Espíritu fue Gedeón, pues leemos en Jueces 6:34 "Entonces el Espíritu de Jehová vino sobre Gedeón, y cuando éste tocó el cuerno, los abiezeritas se reunieron con él". Esta venida del Espíritu tuvo por objeto capacitar a Gedeón para reunir un grupo con el que luchar contra los madianitas invasores. Un tercero fue Jefté; dice Jueces 11:29, "Y el Espíritu de Jehová vino sobre Jefté; y pasó por Galaad y Manasés". El objetivo de esta venida del Espíritu era fortalecer a Jefté para la inminente batalla contra los amonitas. Otro de ellos fue Sansón, de quien se dice cuatro veces que "el Espíritu de Jehová" vino sobre él (Jue. 13:25; 14:6,19; 15:14). En cada una de estas veces, el Espíritu vino sobre Sansón justamente antes de que tuviese que llevar a cabo una gran hazaña, con lo que se implica que el Espíritu de Dios le capacitaba para cada ocasión.[2]

C. EL PODER OTORGADO A LOS PROFETAS

Cuando se considera a los profetas siendo llenos así del poder del Espíritu Santo, es preciso hacer una distinción. Primero, había profetas que eran llenos del poder del Espíritu de un modo similar a como lo hemos visto en relación con los jueces; esto es, recibían este poder para una determinada circunstancia que tenían que afrontar. Por ejemplo, se dice de Azarías, antes de que hablase con el rey Asá de Judá, quien volvía a casa de una campaña militar, "Vino el Espíritu de Dios sobre Azarías hijo de Obed", después de lo cual Azarías comunicó un mensaje de parte de Dios (2 Cr. 15:1-7). Se entiende que el Espíritu de Dios vino sobre él para equiparle con el fin de que proclamara el mensaje. Otro pasaje se refiere a Jahaziel, en el reinado de Josafat sucesor de Asá, cuando acababan de llegar noticias de una invasión de la tierra por parte de tres poderosos enemigos. Josafat oró al Señor en petición de ayuda, y como respuesta, "vino sobre él (Jahaziel) el Espíritu de Jehová en medio de la asamblea" (2 Cr. 20:14). El resultado fue que Jahaziel pronunció, de parte de Dios, un mensaje de aliento y de instrucción para el pueblo.[3]

El otro grupo consta de profetas que recibían continuo poder. Raras veces mencionan los miembros de este grupo-y en él están incluidos todos los grandes profetas escritores- el estar siendo llenados personalmente del Espíritu Santo o recibiendo un poder especial de El. De hecho, sólo dos (Miqueas y Ezequiel), entre los dieciséis profetas escritores, hacen tal mención. De ahí podría deducir alguien que los otros catorce no recibieron tal poder, por lo que es conveniente mostrar que sí lo recibieron. Al mismo tiempo, podremos ver que tal suministro de poder era continuo.

Una fuente de información demostrativa nos la ofrecen dos importantes referencias postexílicas a profetas anteriores al exilio. Nehemías 9:30, refiriéndose a los antiguos pecados de Israel, dice dirigiéndose a Dios, "Los soportaste por muchos años, y les testificaste con tu Espíritu por medio de tus profetas". La referencia es, sin duda, a profetas anteriores al exilio y, puesto que no se señala a ninguno por su nombre, se da a entender que todos ellos estaban capacitados por el Espíritu Santo cuando testificaban ante el pueblo. El otro pasaje es Zacarías 7:12, donde el profeta habla de un modo similar acerca del pecado de Israel en tiempos anteriores a la

[2]Más adelante, en este mismo capítulo, mencionaremos otros ejemplos. Entre otros de los que no serán mencionados, están los de Bezaleel (Ex. 31:3; véase 35:31), el de Balaam (Nm. 24:2), el de Josué (Nm. 27:18; véase Dt. 34:9), el de Amasay (1 Cr. 12:18), y el de Zacarías (2 Cr. 24:20). Todos ellos comportan poder recibido para una determinada tarea.
[3]Véase 1 Cr. 12:18; 2 Cr. 24:20.

deportación y, en particular, acerca de la resistencia del pueblo a oír "las palabras que Jehová de los ejércitos enviaba por su Espíritu, por medio de los profetas primeros". La misma observación que hicimos respecto a Neh. 9:30 tiene aplicación a este segundo pasaje, y ambos indican que el suministro de poder del Espíritu Santo era continuo.

Una segunda fuente de demostración puede tomarse de los profetas que hablan de sí mismos en el sentido de recibir un suministro continuo del poder del Espíritu Santo. Los dos primeros que consideraremos son Elías y Eliseo. El episodio que vamos a citar es el ya aludido más arriba, cuando Eliseo pidió a Elías que le otorgase una doble porción de su espíritu. El hecho de que Eliseo hiciese este ruego indica que Elías había recibido de antemano un suministro continuo del poder del Espíritu, y aparece claramente que el interés de Eliseo era recibir para el futuro un similar suministro continuo. Un tercer profeta es Miqueas, uno de los dos profetas escritores que menciona explícitamente el poder recibido, y usa palabras que connotan igualmente un continuo suministro: "Mas yo estoy lleno de poder del Espíritu de Jehová" (Miq. 3:8). Es digno de notarse que Miqueas no dice meramente, "Estoy siendo llenado" o "El Espíritu de Jehová vino sobre mí". Usa el tiempo perfecto del verbo para dar a entender que la llenura había tenido lugar en el pasado, y el contexto muestra que se percataba de que tal llenura era todavía algo real en él cuando escribía eso.

El cuarto profeta es Ezequiel, quien ofrece muchas indicaciones de que era consciente de estar dependiendo del Espíritu. Por ejemplo, en 2:2, dice, "Entró el espíritu en mí", para que pudiese comunicar un mensaje. En 3:12, dice "Entonces me elevó el espíritu"; y en 3:14 "Me levantó, pues, el espíritu, y me transportó". No menos de once veces, afirma que el Espíritu entró en él con algún propósito[4], o que le transportó a un lugar lejano. Tal consciencia del ministerio del Espíritu demuestra que Ezequiel recibía continuamente poder del Espíritu y era consciente de ello de un modo inusitado.

Una tercera fuente de evidencia puede tomarse, por analogía, de otras personas importantes en la vida de Israel y que dieron pruebas de estar recibiendo continuamente poder del Espíritu Santo. Tenemos en cuenta especialmente a los grandes líderes del pueblo.

El primero al que vamos a referirnos es Moisés. Aunque no se narra la ocasión en que el Espíritu vino por vez primera sobre Moisés, sí que tenemos evidencia clara, en el episodio de los setenta ancianos sobre los que vino el Espíritu de Dios en el desierto, de que él era constantemente llenado del Espíritu. Como ya se dijo en el capítulo 3, esos setenta varones fueron separados para ayudar a Moisés, y Dios declaró a Su siervo que iba a "tomar del Espíritu" que había en él para ponerlo también en ellos (Nm.

---

[4]El uso de diferentes verbos en estos ejemplos, cuando el Espíritu llenó a Ezequiel, así como otras consideraciones, nos muestra que no era llenado sólo temporalmente, como lo era el primer grupo de profetas.

11:17). Se implica así claramente que, de allí en adelante, los setenta recibieron continuamente poder para su nueva tarea, y es igualmente claro que Moisés había recibido antes tal poder y continuó teniéndolo. El segundo digno de mención es el primer rey de Israel, Saúl. Como también se indicó en el capítulo 3, el Espíritu de Dios vino sobre él temporalmente en 1 S. 10, pero después de una forma más continua en 1 S. 11:6, justamente antes de la batalla de Jabés de Galaad. Debió de serlo así, puesto que en 1 S. 16:14 leemos que el Espíritu de Dios le dejó, y no aparece ningún intervalo en el que se diga que el Espíritu vino sobre él. El último al que vamos a referirnos es el segundo rey de Israel, David. En 1 S. 16:13, el verso inmediatamente anterior al que nos habla de que el Espíritu dejó a Saúl, se nos declara: "Y desde aquel día en adelante el Espíritu de Jehová vino sobre David". Es especialmente significativa la frase — "desde aquel día en adelante". Esto sucedió el día en que Samuel ungió a David como a futuro rey de Israel. También son dignas de notarse las palabras de David en el Sal. 51:11 "No retires de mí tu Santo Espíritu." En esta plegaria a Dios, David declaraba de modo implícito que estaba recibiendo continuamente el poder del Espíritu. Sabía que tenía el Espíritu en aquel momento, y no quería que cambiase su estado. Había visto en Saúl un cambio que había traido tristes consecuencias, y no quería que a él le sucediese lo mismo.

Lo que aquí queremos poner de relieve es que, si estas personas estaban continuamente llenas del Espíritu, está totalmente puesto en razón que los profetas, con su singular relevancia en la vida de Israel, estuviesen también continuamente llenos del Espíritu.

El que unos pocos profetas fuesen llenos sólo temporalmente, mientras que la mayoría lo eran continuamente, se debe, sin duda, a la menor importancia del quehacer que Dios les encomendaba. Es decir, hombres como Azarías o Jahaziel eran personas que Dios usaba para transmitir un mensaje profético sólo en una ocasión, y ya no se les vuelve a mencionar en las Escrituras. Sin embargo, los grandes profetas escritores o los hombres como Elías y Eliseo, ejercían la función profética de forma más continua. Su entera ocupación era ser profetas, y Dios los usaba continuamente para Su servicio. Por esa razón, era importante que fuesen continumente llenos de poder.

D. NUEVA CONSIDERACION DE LOS TRES PASAJES

Es ahora el tiempo oportuno para volver nuestra atención a los tres importantes pasajes considerados en el capítulo 3, a saber, Nm. 11:25–29; 1 S. 10:1–13 y 1 S. 19:18–24. Estos son los tres principales textos que los defensores del punto de vista del extaticismo aducen para probar su aserto a base de la Escritura. Ya hicimos notar los serios problemas que surgen cuando se pretende hallar en ellos alguna evidencia en favor de dicho punto de vista. Vimos que una solución mucho mejor era la idea de "alabar", con base sólida en lo que leemos en 1 Cr. 25:1-3. También hicimos notar que, en cada una de dichas ocasiones, se nos dice que vino el Espíritu Santo sobre las personas involucradas en el caso. Puesto que, en cualquier caso que el Antiguo Testamento nos presenta, la venida del Espíritu Santo tenía que ver con el suministro de poder a uno o varios individuos, puede esperarse que, en todos esos tres casos, sucediera precisamente lo mismo.

1. Números 11:16-30

Este pasaje se refiere a los setenta ancianos, cuando fueron equipados por Dios para compartir con Moisés las tareas de la administración. Dios le dijo a Moisés que iba a tomar del Espíritu que había venido sobre él y lo pondría también sobre los setenta. Así lo hizo, y los setenta comenzaron a "profetizar". Cuando ellos cesaron, dos de ellos, Eldad y Medad, continuaron con esta actividad, conforme iban profetizando por el campamento. El punto en cuestión es qué tenía que ver esta venida del Espíritu Santo sobre los setenta con su acción de profetizar.

Difícilmente se puede afirmar que el objetivo era incitar a estos hombres a profetizar de este modo, pues esta actividad no era el fin que se perseguía. El objetivo era equipar a estos hombres para asistir a Moisés en la administración. La conclusión es, pues, que el Espíritu vino para hacer de estos hombres unos ayudantes idóneos, porque, en fin de cuentas, el oficio de administrar y juzgar al pueblo era una tarea muy importante. El profetizar debió de ser meramente una actividad concomitante al hecho de venir sobre ellos el Espíritu Santo.

De hecho, tal actividad concomitante no es de sorprender. Antes de ese momento, dichos hombres no habían recibido tal poder. Ahora, el Espíritu Santo había venido súbitamente sobre ellos y habían recibido el poder. Cómo lo supieron no se nos dice, pero debieron de percatarse de ello de alguna manera, y el constatarlo debió de llenarles de gozo el corazón. Bien pudo dicho gozo llevarles a una actitud de alabanza con cánticos en grupo, y quizás fueron varios los cánticos que entonaron.

En cuanto a Eldad y Medad, parece ser que apreciaban más que los otros esta actividad de cantar alabanzas, y quizás poseían un temperamento de mayor exuberancia emocional, y deseaban que todo el campamento se enterase de la bendición que habían recibido y del motivo de su gozo; por eso, iban pasando por el campamento mientras cantaban sus alabanzas al Señor. Esto disgustó a algunos del pueblo, quienes fueron a quejarse a Josué, y éste presentó la querella a Moisés. El hecho de que estos hombres estuviesen simplemente alabando a Dios, hace que la semirreprimenda que Moisés echó a Josué estuviese justificada. Quería él que todos los del pueblo fuesen profetas y alabasen a Dios de la manera que Eldad y Medad lo estaba haciendo.

2. **1 Samuel 10:1–13**

En el pasaje concerniente al primer encuentro de Saúl con los profetas, se nos dice que "el Espíritu de Dios vino sobre él con poder, y profetizó entre ellos" (10:10). De nuevo vemos que la venida del Espíritu de Dios está íntimamente relacionada con el acto de profetizar. ¿Cuál es la relación en este caso?

La respuesta debe ser, una vez más, que el profetizar era solamente un subproducto del propósito principal que albergaba el hecho de recibir poder del Espíritu. Como ya vimos en su lugar, el propósito en esta ocasión era cambiar la personalidad de Saúl, quien era de carácter tímido y necesitaba un nuevo sentimiento de confianza, si había de desempeñar competentemente el cargo de rey de Israel. No es que fuese a ser entronizado inmediatamente, pero necesitaba un anticipo de lo que el Espíritu podía y quería hacer por él cuando lo fuese. Por tanto, el objetivo principal no era hacer que profetizase, pero no ha de sorprendernos el que lo hiciese, cuando el Espíritu de Dios le capacitó con una nueva actitud de confianza en sí mismo. Como los setenta en el desierto, también él prorrumpió en cánticos alabando a Dios. La compañía de los profetas ya estaban cantando, y Saúl, con su nuevo corazón, se unió a ellos. Tenía muchos motivos para alabar a Dios, tras haber oído que iba a ser rey y de haber ahora recibido un anticipo de la nueva personalidad que le iba a otorgar Dios para el cargo que iba a ocupar.

3. **1 Samuel 19:18–24**

En el pasaje que nos narra el segundo encuentro de Saúl con los profetas, se nos dice que "vino sobre él el Espíritu de Dios, e iba caminando profetizando hasta que llegó a Nayot en Ramá", donde estaba David en la compañía de Samuel (19:23). Antes de esto, el Espíritu de Dios había venido también sobre los mensajeros de Saúl, teniendo por resultado el que también ellos profetizasen (v. 20). Así que también en este caso, el acto de profetizar, tanto Saúl como sus mensajeros, está íntimamente ligado a una venida del Espíritu de Dios. ¿Cuál es la relación en este caso?

Esta vez, la respuesta es diferente. De esta recepción de poder, no se advierte otro objetivo que el simple profetizar. Por una parte, los mensajeros de Saúl no fueron capacitados para ningún cometido especial y, por otra, Saúl mismo había sido ya desposeído, varios años antes, del poder especial que había recibido para reinar (1 S. 16:14). Pero, en esta ocasión, parece ser que había un razón muy clara para recibir poder con el fin de profetizar; esta razón era salvar la vida de David.

Era necesario que a los tres grupos de mensajeros se les impidiese cumplir el encargo recibido de arrestar a David y traerlo a Saúl, y también era necesario refrenar a Saúl para impedir que aprehendiese al joven. Saúl quería matar a David y lo había intentado más de una vez, pero David había escapado siempre; ahora Saúl quería asegurarse bien de que podría cumplir su propósito y, por lo que hizo no mucho después con los ochenta y cinco sacerdotes en Nob, puede deducirse lo que habría hecho en este caso, si hubiese tenido éxito. En Nob, hizo matar a los ochenta sacerdotes, así como a sus esposas e hijos, y destruyó todas sus posesiones (1 S. 22:18–19). Pero Dios no estaba dispuesto a permitir que tal cosa le sucediese a David.

Por consiguiente, el Espíritu de Dios fue enviado para actuar, tanto en los mensajeros de Saúl como en Saúl mismo, a fin de que eso no ocurriera; a todos les inspiró un deseo de alabar a Dios. Ni los mensajeros ni Saúl habrían hecho esto de su propia iniciativa. Los mensajeros eran probablemente gente de armas, acostumbrados a la dura vida militar, más bien que a entonar cánticos de alabanza. En cuanto a Saúl, todavía eran menores las probabilidades para empeñarse en tal actividad, furioso como estaba contra David, y ahora también contra tres grupos, al parecer ineptos, de mensajeros; tal actitud no era ciertamente muy propicia para cantar, especialmente para cantar en alabanza de Dios. Por consiguiente, para efectuar, tanto en los mensajeros como en Saúl, un cambio tan radical, se necesitaba una especial intervención del Espíritu de Dios. Los tres grupos de mensajeros experimentaron este cambio sólo cuando llegaron al lugar en que ya estaban cantando los profetas jóvenes, y Saúl lo experimentó antes de llegar. Por alguna razón, Dios vio la necesidad de que su corazón fuese cambiado, incluso antes de llegar a donde estaban los otros. Es muy significativo que, con tal estado de ánimo, no diese ninguna orden para que David fuese arrestado, aun cuando había venido tan enfurecido y eso era lo único que deseaba.

Todavía queda por explicar el fenómeno del estupor que, a renglón seguido, se apoderó de Saúl. Aunque también los mensajeros se habían despojado de sus ropas exteriores, sólo Saúl permaneció tendido en su estupor durante muchas horas. También debe tenerse en cuenta que el texto sagrado no nos dice que el Espíritu viniese sobre Saúl para esto. El Espíritu vino sobre él antes de que llegase a Ramá, y fue entonces cuando comenzó a profetizar. Fue solamente después de llegar al lugar donde estaban los demás profetizando (alabando), cuando quedó tendido en el suelo, presa del estupor. Es, pues, lógico preguntar por qué estuvo echado de esta suerte cuando ninguno de los demás lo hizo.

La respuesta es que Saúl fue invadido repentinamente por un sentimiento de melancolía y depresión. El relato bíblico nos muestra que era propenso a estos estados emocionales y, por este tiempo, estaba sumamente perturbado con respecto a David y la popularidad que el joven estaba adquiriendo entre el pueblo. Dos veces había fracasado en su intento de atravesar a David con una lanza (1 S. 18:11; 19:9-10). Después había experimentado lo que él pensó ser una traición por parte de su hija Mical, cuando ésta había descolgado por una ventana a David, para permitirle escapar de las manos de los soldados de su padre Saúl (1 S. 19:11-17). Y ahora había enviado tres grupos de mensajeros, quienes también habían fracasado en aprehender a su talentoso rival. Finalmente, él mismo había llegado al lugar en que halló a esos mensajeros cantando alabanzas a Dios juntamente con los profetas de Samuel, y especialmente, para colmo, contempló a David bajo el favor y la protección del gran Samuel. El relato bíblico nos muestra con toda claridad que Saúl guardó siempre un profundo respeto hacia Samuel. El que David disfrutase ahora del favor de Samuel, hablaba por sí mismo del final de las esperanzas de Saúl respecto a la continuidad de la corona real en su familia. Como resultado de todo esto, Saúl fue sobrecogido por un sentimiento de desesperación. Los excesos emocionales están sujetos a movimientos pendulares, y Saúl pasó ahora de un extremo al otro. Destituido así de todo vigor emocional y físico, quedó tendido en el suelo en estado de estupor por el resto de aquel día y toda la noche siguiente.

E. REFLEXION ADICIONAL DE LA FUNCION PROFETICA

En los capítulos 4 y 5, hemos escrito que la función del profeta consistía básicamente en dos responsabilidades: recibir revelaciones de parte de Dios, y declarar al pueblo el mensaje de Dios. La declaración del mensaje fue considerada con cierta extensión en ambos capítulos, pero se dijo muy poco en relación a lo concerniente a la recepción de las revelaciones. Es, pues, necesario referirnos ahora a la operación del Espíritu Santo con referencia especial a esa recepción de las revelaciones, aunque todavía se necesita un breve prefacio sobre la declaración del mensaje de Dios.

1. La declaración del mensaje

Ya se hizo notar que el significado básico de *nabhi'* era "hablar en lugar de Dios". También se hizo notar que, cuando se relacionan con él los significados secundarios de "delirar" y "alabar", el significado pleno es "hablar fervientemente en lugar de Dios". Se vio también que este hablar ferviente era básicamente una predicación en que se usaban varias técnicas para poner mejor de relieve el mensaje que se trataba de transmitir. Entre dichas técnicas se hallaban las acciones simbólicas, las lecciones objetivas, y el hablar a personajes clave.

No es difícil advertir la relación que el poder recibido del Espíritu Santo guarda con esa actividad, puesto que, al llevar a cabo la obra de declarar la palabra de Dios, necesitaban los profetas un suministro especial de poder. Cuando se ponían a predicar la palabra, ya fuese usando acciones simbólicas, o lecciones objetivas, o hablando a personajes clave, necesitaban los profetas un poder de lo alto para que su palabra comportase el mayor peso y la mayor efectividad. Esto incluía una memoria fiel para recordar exactamente lo que Dios les había revelado, así como el coleccionar, clasificar y seleccionar la información adicional que había de usarse cuando ésta no estaba incluida en el material revelado.

Como el tema de la redacción de los libros proféticos se trató también en el capítulo 5, es apropiado mencionar que el Espíritu Santo fortaleció especialmente a los profetas para esa tarea. En realidad, al formar estos libros parte de las Sagradas Escrituras, el grado de poder implicado en su redacción era, sin duda, más elevado que cuando proclamaban oralmente el mensaje. Las Escrituras reclaman para sí haber sido inspiradas sobrenaturalmente hasta el punto de ser infalibles, incluso en las palabras mismas, lo cual difícilmente puede afirmarse de la predicación oral. Los profetas recibían poder en la comunicación oral de sus mensajes, para garantizar la exactitud y autoridad de éstos, pero decir que cada palabra hablada estaba infaliblemente inspirada es más de lo que las Escrituras reclaman. Sin embargo, la palabra escrita estaba totalmente libre de error.

2. La recepción del mensaje

Ya vimos en el capítulo 4 que el aspecto de la función profética especialmente connotado por los términos *ro'eh* y *hozeh* era el de recibir la revelación. También se hizo notar que éste era el aspecto asignado a los profetas en la Ley, especialmente en Deuteronomio 18. Eran los profetas quienes habían de recibir la revelación en lugar del pueblo, de modo que el pueblo no recurriese a ninguna forma de adivinación. En un sentido real, pues, este aspecto de la función profética era primordial, puesto que el pueblo necesitaba oír de parte de Dios si habían caído en pecado o no. En otras palabras, incluso en el estado ideal que la Ley escrita tenía en perspectiva, los profetas habrían sido necesarios a este respecto. El trabajo de reforma, que implicaba principalmente la declaración de mensajes, llegó a ocupar, andando el tiempo, la mayor parte de la atención de los profetas, pero el aspecto de recepción del mensaje continuó teniendo, como lo había tenido desde el principio, un lugar relevante.

a. IMPLICACIÓN DE UN FACTOR *AB EXTRA*

La discusión del capítulo 4 nos mostró que la experiencia de revelación vivida por los profetas no implicaba el frenesí extático. Esto deja la cuestión abierta en cuanto a lo que realmente implicaba. Lindblom compara la experiencia a la de los escritores y profetas de cualquier época.[5] Pero éste es otro extremo que debe evitarse, porque, aunque los profetas no experimentasen ningún éxtasis al recibir la revelación, sí que tuvieron una experiencia que sobrepasaba las funciones naturales normales. Su mente natural aprendía algo que antes no sabía. En otras palabras, estaba implicado un factor *ab extra* (desde fuera), por el que se establecía contacto con Dios, a fin de recibir de El una revelación sobrenatural. Es lógico tratar de descubrir la naturaleza de ese factor considerando las circunstancias de las revelaciones. Cuando se hace esto, se hacen evidentes diversos aspectos.

1) No hay indicación alguna de auto-estimulación El primer aspecto es que ninguna vez en que hubo revelación, se dieron señales de que hubiese existido ninguna forma de auto-estimulación. Esto es una prueba más en contra de la idea de frenesí extático. La música de la compañía de profetas de 1 Samuel 10 tiene, como ya vimos, una mejor explicación. La llamada "danza sagrada" de David en 2 Samuel 6 ha sido mencionada por los eruditos en conexión con esto mismo, y en aquella ocasión condujo a otros en una procesión sagrada que incluía saltar y danzar delante del Arca. Sin embargo, no hubo entonces ninguna revelación; dicha actividad de David no tuvo nada que ver con procurar obtener un mensaje de Dios. Además, las facultades racionales de David estaban completamente bajo su control. Se preocupó de que se ofreciesen los sacrificios y después bendijo al pueblo y les dio a todos pan y vino antes de dar fin a toda la ceremonia. El caso de Eliseo, cuando hizo venir a un tañedor para que tocase delante de él, para que "la mano de Jehová" viniese sobre él (2 R. 3:15), fue citado anteriormente y también fue explicado convenientemente sin recurrir a experiencias de trance. Es cierto que hubo revelación y se tocó un instrumento musical, pero no hubo nada que se pareciese a la auto-estimulación para llegar al estado de trance. En una palabra, no hay ningún pasaje que indique forma alguna de auto-estimulación, cuando los pasajes se examinan sin prejuicios conforme aparecen en el texto sagrado.

2) No hay indicación alguna de que el profeta tome la iniciativa en la experiencia de obtener una revelación. Un segundo aspecto es que en ninguna ocasión en que hubo revelación, se dio indicación alguna de que el profeta tratase de iniciar él mismo la experiencia.[6] Siempre fue Dios quien la inició; los profetas se limitaron a esperar la palabra de Dios. Como se hizo notar en el capítulo 4, ésta es la diferencia respecto a lo que el sumo

---

[5]J. Lindblom, *Prophecy in Ancient Israel*, pp. 2ss.
[6]Walter Eichrodt (*Theology of the Old Testament*, p. 318) afirma: "Israel no conoce cosa parecida a esto de que el profeta pudiese así llegar a manipular a Dios y forzar la entrada en el mundo sobrenatural".

sacerdote hacía al usar los Urim y Tumim, porque el sumo sacerdote buscaba por este medio la revelación divina, mientras que el caso de los profetas queda gráficamente ilustrado con lo que le pasó a Samuel. Cuando Samuel era todavía un jovencito (1 S. 3:4-14), Dios le habló en la noche, y Samuel pensó que era Elí quien le llamaba. Por tres veces le llamó Dios, y a la tercera, se dio cuenta Elí de que era Dios quien había hablado y le aconsejó a Samuel sobre lo que tenía que hacer. A la cuarta vez, Samuel declaró su disposición a escuchar lo que Dios le dijese, y Dios le reveló el mensaje que deseaba comunicar. Fue Dios quien tomó la iniciativa en todos los aspectos; Samuel no hizo nada para que se produjese la revelación. Es cierto que los profetas oraron a veces para que Dios diese a conocer Su voluntad. En 1 Samuel 8, Samuel pidió a Dios le aconsejara acerca de la demanda del pueblo para que se les diese rey, y Dios respondió, pero tomando la iniciativa en la revelación del mensaje, puesto que Samuel se limitó a esperar la voz de Dios, una vez hecha la petición.[7]

3) *No hay indicación alguna de que se perdiera el control de las facultades racionales.* La tercera afirmación es que no hubo ocasión en que se mostrase la pérdida del control de las facultades racionales por parte de los profetas, en el momento de recibir la revelación. Los partidarios de la idea de éxtasis creen que, no sólo se daba el hecho de perder el control de las facultades racionales, sino que ello se intentaba con toda diligencia; pero no hay ni un solo caso que pueda aducirse para probar tal aserto. Al contrario, hallamos, por ejemplo, a Moisés con capacidad más que suficiente para pensar rápidamente las razones por las que no podía poner por obra el llamamiento a volver a Egipto, cuando le habló Dios desde la zarza ardiente (Ex. 3:4). El jovencito Samuel, en el caso ya mencionado, a la mañana siguiente de la revelación obtenida, pudo referirle al sumo sacerdote todo cuanto Dios le había dicho. Isaías igualmente, después de su memorable visión en el templo, pudo pensar cuerdamente en su propia indignidad y ofrecerse voluntariamente a Dios como Su emisario al pueblo de Israel (Is. 6:1-8).[8]

4) *Había un factor exterior a la razón humana, y superior a ella.* Un cuarto aspecto es que la experiencia que el profeta tenía de la divina revelación era algo más que el mero ejercicio de sus facultades racionales. Aunque el profeta no experimentaba trance alguno, sí que experimentaba un factor *ab extra* en forma de una influencia que venía del exterior; algo que transcendía a la razón humana, sin hacerle perder sus poderes natu-

---

[7]Véanse otros casos: Ex. 5:22 — 6:1; 15:25; 2 Cr. 20:5-7.
[8]Stanley Cook (*The Old Testament, A Reinterpretation*, pp. 188-189) escribe: "Fue la sensatez de los profetas, y no su manticismo, lo que hizo de ellos unos factores tan tremendos en la historia humana".

rales. Existía un contacto con lo divino, sin pérdida alguna de lo humano.

Se capacitaba a la mente humana para transcender sus propias limitaciones finitas y salir de esta experiencia con conocimientos superiores a los que antes poseía. El centro de esta experiencia era siempre "la palabra de Dios". Se daba la comunicación de un mensaje, y el profeta quedaba convencido de que Dios le había hablado. Después de esto, marchaba y afirmaba sin vacilar, "Así dice Jehová". Y estaba dispuesto a sufrir, y aun morir, por el mensaje que proclamaba. Miqueas estaba presto para aguantar el confinamiento en la cárcel (1 R. 22:26–28). Zacarías soportó la muerte por lapidación (2 Cr. 24:20–21). Y Jeremías sufrió ser arrojado a la cisterna de la cárcel, donde le metieron con el objeto de darle muerte (Jer. 38:4–6).[9]

b. ESTE FACTOR *AB EXTRA* ERA OBRA DEL ESPÍRITU DE DIOS

Este factor *ab extra* era producido por el Espíritu de Dios. El Espíritu producía la revelación y efectuaba la transmisión del mensaje. Los siguientes argumentos avalan esta aserción.

Primero, la revelación tenía que ser llevada a cabo por una agencia sobrenatural, puesto que el efecto estaba por encima del plano natural. El que recibía el mensaje obtenía una información que antes no había tenido, ni la habría podido obtener por sus propios esfuerzos. Por ejemplo, un "varón de Dios" fue informado de que un descendiente de David llamado Josías ofrecería un día sobre el altar de Betel a los sacerdotes de los lugares altos de Israel (1 R. 13:1–2), y así sucedió unos trescientos años después (2 R. 23:16).[10] También Isaías predijo el reinado de Ciro, rey de Persia, citándole por su propio nombre, unos 150 años antes de que éste tomara el poder (Is. 44:28; 45:1).[11]

Segundo, dos factores dan a entender que dicha agencia sobrenatural era el Espíritu Santo, la Tercera Persona de la Deidad. Uno es que el Espíritu de Dios estaba estrechamente asociado con la experiencia de la revelación siempre que ésta se llevaba a cabo (por ej. Nm. 24:2ss.; 1 Cr. 12:18; 2 Cr. 15:1ss.; 20:14ss.; 24:20; Ez. 2:2ss.; 3:24ss.; 11:5ss.). El otro es que la obra peculiar del Espíritu Santo es establecer contacto con el

[9]Hasta los críticos liberales se ven forzados a percatarse de este hecho. H. Wheeler Robinson, por ejemplo ("The Philosophy of Religion", *Record and Revelation*, p. 314), dice: "Si condensamos la parte más esencial del Antiguo Testamento en sus elementos religiosos más esenciales, hallamos a un hombre que se encuentra en la presencia de Dios, y en el que obra Dios de tal modo, que sale de esa presencia dispuesto a declarar contra toda opinión y a riesgo de cualquier persecución: "Así dice Jehová".

[10]La revelación fue dada al "varón de Dios" en los días de Jeroboam I poco después del 931 A. de C.; Josías comenzó a reinar en 640, y es probable que dicha predicción tuviese cumplimiento hacia el 620 A. de C.

[11]La revelación dada a Isaías habría ocurrido algún tiempo antes del 700 A.de C., y Ciro subió al poder aproximadamente el 550, tomando Babilonia el año 539 A.de C.

hombre en todas las experiencias de los seres humanos relacionadas con Dios.

El Espíritu siempre ha llevado, y lleva, a cabo la obra de la gracia que ha sido posibilitada por el Padre mediante el Hijo, y toda revelación venida del cielo es parte de esa obra, como dice claramente 2 Pedro 1:21: "Porque nunca la profecía fue traída por voluntad humana, sino que los santos hombres de Dios hablaron siendo inspirados (lit. llevados) por el Espíritu Santo". El griego original usa el verbo *phero*, que significa "llevar una cosa transportándola de un lugar a otro". Así, pues, la profecía vino mediante los profetas, cuando éstos eran "llevados" por el Espíritu Santo. El término *llevados* se nos presenta como una clave para indicarnos cómo obra el Espíritu Santo en el acto de la revelación. Es conveniente, por tanto, investigar más a fondo en el significado del vocablo, pues ello nos ayudará a entender la naturaleza de la experiencia dentro de la cual hacía su revelación el Espíritu de Dios. El estudio de las distintas oportunidades en que fue dada la revelación, nos muestra que tres factores, al menos, intervenían en ella:

El primero es que el clima apropiado para la revelación era facilitado por una actitud adecuada por parte del profeta. El contacto revelador del Espíritu no se efectuaba en cualquier tiempo, sin más. Era preciso que el profeta adoptase una actitud receptiva, con una mente y un corazón dispuestos para una experiencia tan elevada e importante. Como ya se dijo anteriormente, Eliseo pidió un tañedor que ejecutase una música suave, quizás algo sacado de lo que se cantaba o tocaba en el templo, para ayudarle a adoptar dicha actitud receptiva. Parece ser que se daba cuenta de que su reciente contacto con los tres reyes, –el pagano rey de Edom, el idólatra rey de Israel y el otrora fiel servidor de Dios, Josafat de Judá, que pasaba por una crisis de retroceso espiritual (2 R. 3:9-12)-, le incapacitaba para ser un recipiente adecuado de la revelación divina, y por eso deseaba un cambio de atmósfera espiritual a fin de prepararse para recibir la información del Espíritu. Daniel había estado ayunando y orando por espacio de tres semanas cuando un grandioso mensaje celestial le trajo información de parte de Dios (Dan. 10:2-6). Y, muchos años después, el apóstol Juan afirma que estaba "en espíritu en el día del Señor", cuando recibió la gran revelación de la gloria del Hijo de Dios (Ap. 1:10-16). En la mayor parte de los casos, no se nos da este tipo de información específica, pero todos los que nos ofrecen dicha información, apuntan en esta dirección y en ninguno de ellos se sugiere que el profeta estuviese en una actitud inadecuada para tal experiencia.

El segundo es que tales ocasiones se daban cuando las capacidades naturales del profeta estaban elevadas a un nivel que les permitía entender y recordar la información en una forma fuera de lo común. Este factor es evidente por pura lógica. La información que se transmitía por vía de revelación era de suprema importancia, al venir del cielo. Viniendo de parte de

Dios, era suma su precisión y esmerada su forma; era verídica, suficiente y apropiada a las circunstancias, y Dios quería que fuese transmitida a los destinatarios exactamente del mismo modo como El la comunicaba. Por consiguiente, el instrumento humano era de vital importancia como canal de la información y necesitaba ser equipado para llevar a cabo esta tarea de una forma apropiada. Esto significa que, lejos de ver disminuidas sus facultades mentales, el profeta necesitaba tenerlas agudizadas en el más alto grado posible; era preciso que fuese movido, *llevado*, por el Espíritu, de forma que sus facultades se elevasen al punto más alto de efectividad, y su inteligencia y su memoria fuesen afinadas y aquilatadas al máximo.

El tercero es que tal experiencia implicaba la transmisión de una información celestial al intelecto del instrumento humano. Cuando el profeta adoptaba una conveniente actitud de mente y corazón, y sus facultades mentales se hallaban agudizadas hasta una perfecta sintonía, el Espíritu se encontraba con una situación apropiada para añadir nueva información a lo que el profeta ya sabía. Esta nueva información parece haberse dado a veces en voz audible, como pasó claramente con Moisés en el episodio de la zarza ardiendo (Ex. 3:4ss.). Pero es probable que, las más de las veces, sucediera por simple inserción en la mente humana, sin voz audible. Estando el profeta en un elevado estado de mental alerta, se percataría súbitamente de que estaba recibiendo una información de la que antes no disponía. Y no sólo se percataría de tal información, sino que estaría seguro de que provenía de Dios, pues entonces estaba ya dispuesto a salir y declarar "Así dice Jehová", a pesar de cualquier peligro u oposición.

c. Sueños, visiones y teofanías

Además de esta forma directa de revelación, Dios usaba también los medios de sueños, visiones y teofanías, para comunicarse con instrumentos humanos. Estos medios no eran usados con tanta frecuencia como el método directo ya descrito, y especialmente no eran usados con los profetas, salvo raras excepciones. Pero, ya que a veces eran usados y, en algunas ocasiones, con los profetas, es menester tenerlos en cuenta. Bueno será atender a las siguientes observaciones:

Primera, es preciso tomar nota de las distinciones básicas entre estos medios. Una revelación por medio de sueños hallaba al recipiente en un estado pasivo e inconsciente, y la realidad de lo soñado estaba envuelta en imágenes mentales incorpóreas. Al otro extremo, una revelación por medio de teofanía (especialmente cuando intervenía el Angel de Jehová), hallaba al recipiente en un estado activo y consciente, y el que se revelaba lo hacía bajo forma visible, corporal. Y entre ambas formas de revelación se encuentra la visión, la cual hallaba al recipiente en un estado activo y consciente (como en la teofanía), pero la realidad de lo visualizado estaba envuelta en imágenes mentales incorpóreas (como en el sueño).

Segunda, a causa de estas diferencias, las tres formas de revelación resultaban apropiadas para tres clases distintas de situaciones. Los sueños eran más apropiados para personas de poco a nulo discernimiento espiritual. Faraón de Egipto, Abimelec de Gerar, Nabucodonosor de Babilonia - todos ellos paganos-, recibieron revelaciones por medio de sueños. Nunca tales personas recibieron visiones o apariciones teofánicas. En el sueño, el recipiente quedaba neutralizado en su personalidad, al grado de un instrumento inerte al que puede ser impartida una información sin que sea capaz de responder de una forma inadecuada en razón de su paganismo.[12] Es cierto que Jacob tuvo un sueño en Betel (Gn. 28:12-15) y José los tuvo también siendo jovencito (Gn. 37:5-10), pero quizás ninguno de los dos había llegado a la madurez espiritual cuando tuvieron tal experiencia.

Por otra parte, una aparición por medio de teofanía estaba de ordinario reservada a personas de elevada madurez espiritual. Tal fue el caso de Abraham, de Josué, de Gedeón. de Manoa, de los tres amigos de Daniel en el horno encendido (Dan. 3:25), y de Daniel mismo (Dan. 6:22).[13] Tenían suficiente discernimiento espiritual, que les hacía recipientes adecuados de esta modalidad de contacto personal, cara a cara.

También usó Dios visiones con personas espiritualmente maduras. Tuvieron visiones Abraham (Gn. 15:1), Natán (1 Cr. 17:15), Ezequiel (1:1; 8:3) y Daniel (Dan. 8:1). Estas visiones continuaron en el Nuevo Testamento; por ejemplo, con Ananías (Hch. 9:10), Pedro (Hch. 10:3,17,19), y Pablo (Hch. 16:9). Parece ser que Dios usó las visiones con más frecuencia que los sueños y las teofanías.

Tercera, aunque no se dice explícitamente que ninguna de las tres formas antedichas de revelación fuesen obra del Espíritu de Dios, es lógico que lo fuesen, porque, como ya se dijo, estas actividades entran en el campo específico de la obra asignada a la Tercera Persona de la Deidad. Si lo hacía en el contacto directo de la revelación, es lógico que lo hiciese también en estas otras formas de un contacto menos directo. Podemos, pues, concluir que el Espíritu de Dios enviaba el sueño y la visión e intervenía en la aparición teofánica de la Segunda Persona de la Deidad.

---

[12]Geerhardus Vos, *Biblical Theology*, pp. 83-85.
[13]Parece que encontramos excepciones en Agar (Gn. 16:7-13; 21:17-19) y en Balaam (Nm 22:22-35), aunque el hecho mismo de que el Angel de Jehová se apareciese a ambos, podría indicar un grado de relación espiritual con Dios por parte de ellos, aunque no se nos haya revelado.

7

Falsas Profecías en Israel

Otra cuestión muy debatida en cuanto al profetismo del Antiguo Testamento concierne a los falsos profetas. Hasta ahora, nuestras discusiones se han centrado casi exclusivamente en los profetas verdaderos de Israel. Pero también hubo falsos profetas, a quienes se menciona muchas veces y de varias maneras. Por ejemplo, se tiene a la vista el falso profeta en Dt. 18:20, donde leemos: "El profeta que tenga la presunción de hablar palabra en mi nombre, a quien yo no le haya mandado hablar, o que hable en nombre de dioses ajenos, el tal profeta morirá". Los verdaderos profetas se refieren ellos mismos con frecuencia a estos falsos profetas. Dice Oseas "Es necio el profeta . . . en todos sus caminos el lazo del cazador" y los tales "llegaron hasta lo más bajo en su corrupción (9:7-9). Isaías escribe "El sacerdote y el profeta desvarían por el licor . . . desvarían en sus visiones, titubean en sus decisiones" (28:7). Miqueas les acusa de "hacer errar a mi pueblo" y de "adivinar por dinero" (3:5,11). Sofonías les llama "fanfarrones, hombres traicioneros" (3:4).

Jeremías se refiere a ellos en los tonos más duros. Dice en una ocasión "Desde el profeta hasta el sacerdote, todos son engañadores" (6:13); y más adelante, dedicándoles la mayor parte de un capítulo, añade "Porque tanto el profeta como el sacerdote son impíos . . . Profetizaban en nombre de Baal, e hicieron errar a mi pueblo de Israel . . . Cometían adulterios, y andaban en mentiras, y fortalecían las manos de los malhechores" (23:11ss.). También describe a Dios diciendo de ellos "No envié yo aquellos profetas, pero ellos corrían; yo no les hablé, mas ellos profetizaban . . . Yo he oído lo que aquellos profetas dijeron, profetizando mentiras en mi nombre . . . Por tanto, he aquí que yo estoy contra los profetas . . . que hurtan mis palabras cada uno de su prójimo" (23:21ss.). También Ezequiel habla duramente contra esta gente, diciendo "¡ Ay de los profetas insensatos, que andan en pos de su propio espíritu, y de cosas que no han visto! . . . Vieron vanidad y adivinación mentirosa" (13:3–6). También se refiere a Dios declarando "Y estará mi mano contra los profetas que ven vanidad y adivinan mentiras . . . por haber extraviado a mi pueblo, diciendo: Paz, no habiendo paz" (13:9,10).

La cuestión que se nos plantea es la siguiente: ¿Quiénes eran estos individuos a quienes los verdaderos profetas llamaban falsos? ¿Por qué se les llamaba así, y cuáles eran las señales que los identificaban? Más importante todavía, ¿cómo podía una persona del común del pueblo discernir entre un profeta verdadero y uno falso? ¿A qué prueba se les podía someter?

A. DOS PUNTOS DE VISTA ERRONEOS

1. Profetas del culto y profetas no del culto

Un punto de vista que no es tan popular hoy como lo fue hace pocos años, se refiere a un supuesto conflicto entre profetas del culto y profetas no del culto. H.H. Rowley describe este punto de vista como una "división entre los profetas allegados al culto y los verdaderos profetas, que identificaría a los primeros como adversarios de los segundos".[1] Esta opinión está basada en la creencia de que los profetas verdaderos vinieron a repudiar el sistema sacrificial del santuario y, por consiguiente, a considerar como falsos a todos los profetas que estaban asociados con tal sistema. Esta creencia se apoya en pasajes como el de Amós 5:21–22: "Odio y aborrezco vuestras solemnidades, y no me complazco en vuestras asambleas. Y si me ofrecéis vuestros holocaustos y vuestras ofrendas, no los recibiré". Son similares las expresiones de Oseas 6:6: "Porque quiero misericordia, y no sacrificios; y conocimiento de Dios más que holocaustos".[2] Conectada con este concepto está la idea de que el sistema ceremonial de Israel se derivaba en gran parte del cananeo, y por esta causa lo repudiaban los verdaderos profetas, opuestos siempre a cuanto procediese de Canaán. Las prácticas cananeas rebosaban inmoralidad, y los profetas querían que el pueblo de Israel la evitase. Como dice W. Robertson Smith, "Cuando los profetas condenan explícitamente el culto de sus contemporáneos, lo hacen por verlo conectado con inmoralidades".[3]

[1]H. H. Rowley, *The Unity of the Bible*, p. 37.
[2]Véase también Is. 1:11–14; Jer. 6:20; 7:21–23: Miq. 6:6–8.
[3]*The Old Testament in the Jewish Church*, p. 288. Véase también Johannes Pedersen, *Israel: Its Life and Culture*, III-IV, p. 299.

Pero este punto de vista está totalmente equivocado, y son pocos los eruditos que lo sostienen hoy.[4] Como ya se indicó en el capítulo 5, de la escuela escandinava surgió un punto de vista diametralmente opuesto, hasta defender que los profetas allegados al culto, no sólo eran aceptados en Israel, sino que eran considerados los profetas normales. Ya mostramos que también este concepto es equivocado, ya que los profetas de Israel no eran en modo alguno profetas cúlticos. La opinión más corriente actualmente está a medio camino entre ambos extremos, y es la más conforme al texto sagrado. Esta opinión ve en las críticas que los profetas hacían de los sacrificios, más que una oposición a los sacrificios en sí, una referencia a las incorrectas actitudes con que el pueblo los ofrecía. Para decirlo con palabras de Rowley, "Lo que los profetas decían es que la obediencia es más importante que el sacrificio y que, por falta de obediencia, el sacrificio carecía de valor".[5]

2. Profetas en trance contra profetas sin trance

Un punto de vista más extendido es el que se refiere a los experiencias de trance. Ya se dijo en el capítulo 3 que muchos exegetas sostienen que los profetas de Israel, especialmente los más antiguos, se movían en grupos y practicaban el éxtasis. Suponen éstos que los profetas anti- éxtasis surgieron gradualmente, ya sea de entre tales grupos, o bien en protesta contra ellos, y en su desdén por el uso del éxtasis, llegaron a llamar falsos a los profetas que continuaban haciendo uso de las experiencias de trance, mientras se llamaban a sí mismos profetas verdaderos, por cuanto no practicaban tales experiencias. Se pretende haber hallado el primer profeta de este nuevo tipo en el Miqueas de los días de Acab (1 R. 22:7–28). Como la fecha es relativamente tardía en la historia de Israel, muchos de los partidarios de esta idea han llegado a establecer una diferencia muy marcada entre los profetas antiguos y los posteriores. Afirman que éstos últimos continuaron en la línea de Miqueas, y en este grupo se hallan los profetas escritores.

El más relevante de los exegetas de esta opinión es Sigmund Mowinckel, quien mantiene una marcada distinción entre los que él llama profetas del "Espíritu" y profetas de la "Palabra".[6] Los profetas del "Espíritu" eran los antiguos que practicaban el éxtasis, y los profetas de la "Palabra" fueron principalmente los posteriores, los profetas escritores. Dice él: "La idea del espíritu de Yahweh en la práctica del éxtasis de los antiguos *nabhi'im*, refiere casi exclusivamente a la conducta y las actividades extáticas del

---

[4]V. Rowley, *The Unity of the Bible*, p. 33.
[5]Ibid., p. 39; véase H. Wheeler Robinson, *Redemption and Revelation*, p. 250.
[6]"The 'Spirit' and the 'Word' in the Pre-exilic Reforming Prophets", *Journal of Biblical Literature*, 53 (1934): 199–227.

nabhi'. Cuando el Espíritu tomaba posesión de él, le hacía entrar en trance".[7] Así que, para Mowinckel, casi todos los profetas antiguos eran profetas del éxtasis, mientras que los posteriores eran profetas de la "palabra". Por "palabra",entiende él un mensaje proposicional que estos profetas creían venido de Dios y que ellos proclamaban a continuación. Hace notar que, en lugar de decir "El Espíritu de Jehová vino sobre mí", los profetas escritores usaban las expresiones "Jehová me mostró" o "Vino a mí palabra de Jehová".[8] Y describe esta palabra de la manera siguiente: "Es una fuerza activa real, una potencia que Yahweh puede 'enviar' y hacer que'descienda sobre' el pueblo con efecto devastador . . . El profeta la siente dentro de sí mismo 'como un fuego ardiente metido en sus huesos', y se ve forzado a proclamarla (Jer. 20:9)".[9]

Al analizar esta posición, hemos de decir que Mowinckel está en lo cierto en mucho de lo que dice acerca de los profetas escritores. Cree que nada tenían que ver con el trance, el estado hipnótico o el salvaje frenesí de quienes practicaban el éxtasis, pero acepta la idea de que experimentaban una elevación de su espíritu, una fuerza que les impelía a proclamar la palabra. También está en lo cierto al referirse al "llamamiento profético" y considerarlo como algo que "no sólo se siente como algo real", sino también como "una *fuerza compulsiva* dentro de ellos, de la cual" no podían escapar.[10]

Sin embargo, se equivoca al hacer una distinción tan marcada entre "espíritu" y "palabra", y en tener por profetas en trance a los antiguos profetas. La discusión llevada a cabo acerca de este tema en el capítulo 3 mostró que los primeros profetas no experimentaron este fenómeno y que todos los profetas eran igualmente personas mentalmente sanas, que recibieron de Dios sus mensajes mediante revelación. Cuando las Sagradas Escrituras se leen sin prejuicios, aparece a primera vista que no hay tal distinción marcada entre los primeros profetas y los posteriores.

B. IDENTIFICACION DE LOS FALSOS PROFETAS

Después de ver que los anteriores puntos de vista no reflejan la enseñanza de la Escritura, debemos investigar ahora cuál es la verdadera posición bíblica. Es decir, ¿quién era falso profeta y cómo podía saber el pueblo que era falso?

1. Cuestiones preliminares

Antes de entrar en materia, es preciso clarificar algunas cuestiones preliminares. La primera tiene que ver con el origen del epíteto *falso*. Hay

[7]Ibid., p. 199.
[8]Ibid., p. 210.
[9]Ibid., pp. 212–213.
[10]Ibid., p. 211.

eruditos que han supuesto que, cuando gente en la Biblia habla de algunos profetas llamándoles falsos, lo hacen de mala fe e injustamente.[11] La idea es que este otro grupo de profetas así llamados podrían haber pensado igualmente que sus oponentes eran falsos y que ellos eran verdaderos. Es cierto que existía un fuerte antagonismo entre los dos grupos, como se ve claramente en Jeremías. En el capítulo 26, Jeremías nos dice que estos profetas que se le oponían, junto con los sacerdotes y otros, declaraban que, a causa de sus denuncias sobre Jerusalén, Jeremías debía morir. Ellos odiaban a Jeremías, y éste hablaba duramente contra ellos.

Pero la decisión sobre si un grupo llamado falso por los escritores bíblicos lo es o no en realidad, depende del punto de vista que una persona tenga acerca de las Escrituras. Si la Biblia se toma como Palabra de Dios autoritativa, entonces la designación de un grupo de profetas como verdaderos, y de otro grupo como falsos, es correcta. Como ya es evidente por lo dicho hasta ahora, mi punto de vista es que la Biblia es totalmente fidedigna e inerrante y, por consiguiente, no hay por qué titubear en llamar realmente falsos a estos profetas.

Otra cuestión es cuál de los dos grupos de profetas surgió antes, los falsos o los verdaderos. Muchos eruditos creen que los falsos surgieron primero. El punto de vista de estos eruditos ha sido analizado en otros contextos. Su idea es que los falsos profetas eran los profetas en trance, y que fue de entre ellos, o en protesta contra ellos, de donde salieron los que más tarde vinieron a ser llamados verdaderos. Pero ya vimos que esto es totalmente incorrecto.[12] Lo que la Biblia nos presenta es que los verdaderos profetas existieron primero, y que de este grupo surgieron los falsos profetas. En otras palabras, la profecía falsa fue un deterioro y corrupción de la verdadera.

Esto nos conduce a una tercera cuestión sobre el motivo para que surgieran estos falsos profetas ¿Por qué surgieron? ¿Por qué desertaron de las filas de los verdaderos?[13] Unos sugieren que, aunque la mayoría de los profetas no se vieron envueltos en actividades extáticas, hubo quienes lo hicieron debido a la presión de la influencia cananea. Al caer así en la observancia de prácticas extranjeras, vinieron a ser considerados por otros como falsos. Otros sugieren que, aunque ciertos profetas no recibieron de Dios un verdadero mensaje, creían haberlo recibido a causa de alguna experiencia extraordinaria, mientras que otros, sabiendo de que aquellos no habían recibido de Dios su mensaje, les llamaban falsos. Y todavía hay quienes sugieren que algunos profetas, ambicionando alta posición, distinguida reputación o ventajas económicas, se dedicaron a fomentar los antojos

[11]Para una discusión de esto, véase A. B. Davidson, *Old Testament Prophecy*, p. 307.
[12]Véase el capítulo 3.
[13]Véase Heinrich Ewald, *Commentary on the Prophets of the Old Testament*, I, pp. 15–25.

del pueblo y, en especial, de los reyes. Llegaron así a perder su dedicación a la verdadera palabra de Dios, y se pusieron a decir su propia cosecha lo que sabían que el rey u otras personas influyentes deseaban oír. Quizás haya algo de verdad en todas estas sugerencias. Aunque el típico profeta de Israel ciertamente no era un extático, pudo ser que unos pocos aspirantes a profetas fuesen influidos por la moda de Canaán y se entregasen a la práctica del éxtasis. Si lo hicieron, de seguro los verdaderos profetas los hubieron de considerar falsos. También es cierto que algunos profetas pudieron estar confundidos en su mente acerca de lo que realmente era o no palabra de Dios. Sabrían que los verdaderos profetas habían recibido revelaciones divinas y, mediante alguna clase de auto-estimulación emocional, pudieron llegar a creer que también ellos habían recibido un mensaje celestial. Por su parte, los verdaderos profetas, conociéndoles a ellos y el modo de comportarse, los tendrían, como es natural, por falsos. Y también es cierto que, de entre los verdaderos profetas, pudieron surgir desertores que prefiriesen agradar a los reyes y disfrutar de las comodidades de la corte, antes que soportar los rigores de una vida de auténtico profeta.

Sin embargo, como dice Edward J. Young, "La verdadera razón de la existencia de la falsa profecía . . . ha de hallarse, no en tales circunstancias externas, sino más bien en la condición perversa del corazón humano".[14] Cualquiera de las tres sugerencias citadas pudo haber intervenido como factor secundario, pero la causa básica de la falsa profecía era el pecado y la rebeldía de quienes estaban implicados en ella. La historia nos ha mostrado siempre personas que pretendían ser auténticos proclamadores de la palabra de Dios, pero no lo eran; eran falsos; no tenían la verdad, por mucho que declararan tenerla. Lo mismo es cierto hoy de los que predican un evangelio diferente, como lo era en tiempos de Pablo, cuando hablaba de los que "quieren pervertir el evangelio de Cristo", y añadía que los tales debían ser anatema (Gá. 1:6–9).

2. Miqueas y los falsos profetas de Acab

Miqueas hijo de Imlá ha sido llamado a menudo el primero que surgió como verdadero profeta frente a falsos profetas. Los falsos profetas eran, en este caso, los cuatrocientos que Acab tenía y a los que solía pedir consejo. Como el episodio está registrado en detalle, y Miqueas ocupó un puesto relevante en la historia de la verdadera profecía y de la falsa, es conveniente estudiar el hecho, para ver la luz que puede arrojar sobre nuestra cuestión básica.

El contexto del relato se halla en el deseo que tenía Acab, rey de Israel, de que el rey de Judá, Josafat, le acompañase en la batalla que iba a librar

14*My Servants the Prophets*, p. 151.

contra los sirios en Ramot de Galaad (1 R. 22). Pero antes que Josafat diese su consentimiento, pidió que se inquiriese la voluntad de Dios, y Acab convocó para ello a sur grupo de cuatrocientos profetas. Estos le animaron a entablar batalla, puesto que Dios iba a darle la victoria. De esta manera mostraron seguir el ejemplo de los falsos profetas, que siempre le daban al rey el mensaje que éste deseaba. Pero Josafat no quedó satisfecho con esto, percatándose, sin duda, de la clase de profetas que estos cuatrocientos eran, y preguntó si había aún allí "algún profeta de Jehová", para consultarle a él (22:7). Acab respondió que sí que había uno, a saber, Miqueas, pero añadió: "Mas yo le aborrezco, porque nunca me profetiza bien, sino solamente mal" (v. 8). Con todo, Miqueas fue llamado para complacer al rey de Judá.

El mensajero enviado para traer a Miqueas le urgió a que hablase lo que deseaba el rey, pero Miqueas respondió, "Vive Jehová, que lo que Jehová me hable, eso diré" (v. 14). Al llegar a donde estaban los dos reyes, éstas fueron sus palabras: "Yo vi a todo Israel esparcido por los montes, como ovejas que no tienen pastor" (v. 17). Además, declaró que la razón por la cual los cuatrocientos habían predicho la victoria era porque Dios había puesto en sus bocas un espíritu de mentira para engañar al rey. Al oír estas palabras, Acab, en vez de responder adecuadamente, se puso furioso y ordenó echar a Miqueas en la cárcel, hasta que el ejército de Israel volviese a salvo de la batalla. A lo que replicó Miqueas: "Si llegas a volver en paz, Jehová no ha hablado por mí" (v. 28). Así que Acab se decidió a marchar a la batalla, a pesar de la advertencia de Miqueas, y Miqueas prefirió ir a la cárcel antes que cambiar el mensaje que Dios le había dado para que lo proclamara, estando seguro de que tal mensaje venía de Dios.

Varios aspectos se aclaran con este episodio. Uno es que los falsos profetas existían, y en gran número, al menos en Israel. Recuérdese que el reino del norte estaba en rebelión contra Dios, al no aceptar como centro del culto al templo de Jerusalén; por eso, los falsos profetas éran sin duda, más numerosos en Israel que en Judá. Otro aspecto es que estos falsos profetas formentaban el deseo del rey; sabían que Acab deseaba ir a Ramot de Galaad a luchar y le animaban a hacerlo, prometiéndole victoria. Y un tercer punto es que estos profetas eran engañados por un agente exterior que les inducía a profetizar falsedades, pues se dice explícitamente que Dios permitió que un "espíritu de mentira" fuese a ellos y les engañase. Parece ser, pues, que poderes sobrenaturales de maldad estaban a veces implicados en las falsas profecías de tales individuos.[15] No obstante, lo ordinario era que los falsos profetas se sacasen de su propio interior lo que decían, según indica el texto sagrado (V. por ej., Is. 9:14ss.; Ez. 13:7,9).

---

[15]Este "espíritu de mentira" era, con la mayor certeza, un demonio al que Dios permitió que les engañase.

El episodio referido también revela algunos puntos acerca de los verdaderos profetas. Uno es que los verdaderos profetas eran muy escasos en Israel en tiempo de Acab. Aunque tenía cuatrocientos falsos profetas, sólo pudo pensar en un profeta verdadero que estuviese al alcance de la mano. Otro es que el verdadero profeta estaba dispuesto a permanecer solo contra la enorme mayoría. Así Miqueas, aunque solitario y recibiendo la oposición de cuatrocientos, proclamó la palabra de Dios conforme la conocía, a pesar de una oposición tan fuerte. Y un tercer punto es que estaba dispuesto a obrar así, aun cuando ello supusiera el sufrimiento como resultado de ello. A continuación de las palabras que dirigió a Acab, éste le mandó encarcelar, pero Miqueas prefirió ir a la prisión antes que cambiar la profecía que había declarado.

3. Consideración de la identidad

a. DOS CLASIFICACIONES

Los falsos profetas pueden ser clasificados bajo dos epígrafes: los que en realidad no fueron llamados profetas de Dios, ni ellos reclamaron para sí este epíteto, y los que lo reclamaron.[16] El primer grupo es tenido en cuenta en Dt. 13:1-3, donde leemos: "Cuando se levante en medio de ti algún profeta . . . y entonces te dice: Vamos en pos de otros dioses que tú no conoces, y sirvámosles; no darás oídos a las palabras de tal profeta". De ellos, también, escribe Jeremías: "Profetizaban en nombre de Baal, e hicieron errar a mi pueblo de Israel" (23:13). A tales profetas lanzó el reto el profeta Elías en el Monte Carmelo (1 R. 18); y profetas de Baal eran aquellos a quienes mató Jehú en al templo mismo de Baal (2 R. 10).

No nos vamos a ocupar de este grupo. Hoy resulta claro que eran profetas de otras deidades, no del Dios de Israel, y seguramente resultaba claro también para el pueblo a quien presumían de ministrar. Muy diferente es el case del segundo grupo, pues los profetas a él pertenecientes declaraban que servían al único Dios verdadero, como lo hacían los verdaderos profetas. Contra estos profetas era contra quienes primordialmente lanzaban sus invectivas los verdaderos profetas, pues era evidente que causaban confusión en la mente del pueblo. Quizás era muy difícil para algunas personas determinar exactamente quiénes eran verdaderos y quiénes falsos; en estos falsos profetas vamos a centrar nuestra discusión. ¿Qué es lo que los identificaba como falsos?

b. LA RESPUESTA FUNDAMENTAL

La respuesta fundamental consta de dos partes. La primera es que los verdaderos profetas recibían de Dios sus mensajes, mientras que los falsos

16V. Davidson, *Old Testament Prophecy*, p. 298.

no los recibían de Dios. Los falsos eran los que decían: "Así ha dicho el Señor Jehová, cuando Jehová no había hablado" (Ez. 22:28). Para aceptar esta diferenciación, es menester creer en la existencia de un Dios supremo, frente a otras llamadas deidades, y reconocer que este Dios pudo revelarse a los hombres en tiempos de la Biblia, y que así lo hizo. La cuestión no es, pues, si un profeta pensaba haber oído a Dios o qué circunstancias le habían impulsado a pensar así, sino si en realidad había recibido una comunicación celestial. Los profetas verdaderos habían recibido tal comunicación y, por tanto, tenían un mensaje de origen divino; Dios mismo le ostorgaba su garantía; mientras que los falsos profetas no disponían de tales señales de autenticidad. Quizás pensaban que las tenían y reclamaban tenerlas, pero, de hecho, no era así. Andaban "en pos de su propio espíritu", sin haber visto cosa alguna (Ez. 13:3).

La segunda parte es que los verdaderos profetas tenían un llamamiento especial de Dios para su ministerio, mientras que los falsos no lo tenían. El tema del llamamiento de los verdaderos profetas fue discutido en el capítulo l, donde se hizo notar que debían ser individuos de un coraje especial, a causa de la arriesgada tarea que tenían que llevar a cabo. Por eso, era un grupo de personas llamadas a este ministerio, en contraste con los sacerdotes que desempeñaban el suyo por herencia. Jeremías asegura que había sido destinado y llamado por Dios desde antes de nacer (1:5). Pero, respecto de los falsos profetas, describe a Dios diciendo: "No los envié, ni les mandé ni les hablé" (14:14; V. 29:8-9).

c. SEÑALES DISTINTIVAS

Aunque las dos señales antedichas eran fundamentales para distinguir a los verdaderos profetas de los falsos, ninguna de las dos podía ser examinada por el pueblo; tanto los profetas verdaderos como los falsos se atribuían la representación del Dios verdadero, y tanto los unos como los otros afirmaban haber sido llamados por Dios. De este modo, quedaba a merced del pueblo discernir quién era verídico en sus demandas, y quién no lo era. Esto significa que el pueblo necesitaba ciertas señales objetivas por las que guiarse para proceder a su identificación. Es, pues, importante considerar las señales que había. Entre estas señales, las siguientes fueron probablemente las que más ayudaron para distinguir a los unos de los otros:

1) *Empleo de la adivinación.* Una señal clara era si el profeta usaba o no la adivinación. Si la usaba, claramente indicaba ser falso; si no la usaba, había probabilidades de que fuese verdadero. Dt. 18:9-14 declara en detalle las diversas formas de adivinación practicadas por las naciones paganas, y Moisés conmina a los israelitas a que no recurran a ninguna de ellas, puesto que Dios había de levantar profetas a los que revelaría la información adecuada. Podría pensarse que, a la vista de tal amonestación,

no habría profeta que desease usar la adivinación, pero los hubo. Dice Jeremías, hablando de tales profetas: "Visión mentirosa, adivinación . . . os profetizan" (14:14). Y Miqueas afirma: "Y serán avergonzados los videntes, y se confundirán los adivinos" (Miq. 3:7; véase vers. 11 y Ez. 12:24). No hay modo de saber cuántos de los falsos profetas emplearon adivinación, pero, al menos, los que la emplearon pueden distinguirse por ello como falsos, ya que los verdaderos recibían su información solamente por revelación directa de Dios.

2) *Carácter del mensaje.* Una segunda señal, que pudo aplicarse a todos los profetas, tiene que ver con el carácter del mensaje que proclamaban. Los falsos profetas proferían mensajes que formentaban los gustos y antojos del pueblo. Esto pudo verse en los cuatrocientos que dieron a Acab su mensaje acerca de la batalla de Ramot de Galaad, pues le dijeron lo que deseaba oír. Miqueas, por el contrario, le dijo lo que no le gustaba escuchar. Esto en sí era ya una señal de que Miqueas era un verdadero profeta.

Jeremías se refirió en los siguientes términos al mensaje dado por los falsos profetas: "Y curaron la herida de la hija de mi pueblo a la ligera, diciendo: Paz, paz; cuando no hay paz". (8:11; véase Ez. 13:10). Decían que todo seguía bien y que el pueblo no tenía por qué temer, no siendo éste el caso. En otra ocasión, Jeremías expresó desde otro punto de vista su pensamiento, al decir a los falso profetas: "Profetas hubo antes de mí y antes de ti en tiempos pasados, que profetizaron guerra, desgracia y pestilencia contra muchas tierras y contra grandes reinos" (Jer. 28:8). La observación de Jeremías es que, mientras los falsos profetas de su tiempo hablaban de días de paz, los antiguos profetas –y se refiere aquí a los verdaderos– habían pronosticado guerras, desgracias y pestilencias. Así que una ulterior característica del falso profeta es que nunca hablaba del juicio de Dios, sino de paz y tranquilidad.

3) *Carácter del profeta.* No sólo era importante el mensaje del profeta, sino su propio carácter personal. También esto pudo ser una señal objetiva, aplicable a todos. En los primeros párrafos de este capítulo, se pasó lista a varias acusaciones que los verdaderos profetas hacían contra los falsos, acusaciones que pertenecen primero que todo a esta area. Les acusaban de engaños, mentiras, borracheras, pretensiones de ser lo que no eran y de hablar de parte de Dios, cuando Dios no les había enviado. Miqueas se refiere específicamente a que "adivinan por dinero" (3:11). Poco antes, se refiere también a ellos, diciendo que "claman: Paz, cuando tienen algo que comer, y al que no les da de comer, proclaman guerra contra él" (3:5). En otras palabras, los falsos profetas declaraban cosas agradables a quienes les pagaban, pero no a los que no les daban de comer. Los falsos profetas

pudieron intentar ocultar su verdadero carácter, pero sólo podrían lograrlo por algún tiempo, pues la gente, al fin y a la postre, llegaría a averiguarlo.

4) La disposición a afrontar dificultades. Una cuarta señal, ligada a la anterior como un aspecto de ella, es la disposición del profeta a sufrir y negarse a sí mismo por causa de su mensaje. Con esto mostraba su sinceridad y el grado de su compromiso. Los falsos profetas no estaban dispuestos a esto, pues anhelaban una vida cómoda, fruto de fomentar los antojos de algún rey. Pero los profetas verdaderos estaban dispuestos a soportar pérdidas considerables, con inclusión de la propia vida. Ya hemos citado un ejamplo clásico, el de Miqueas en los días de Acab. A pesar de la oposición contra él de parte de cuatrocientos falsos profetas, proclamó la palabra de Dios clara e inequívocamente. Y aun después de oír de labios de Acab que sería arrojado a la cárcel para ser mentenido "con pan de angustia y con agua de aflicción" (1 R. 22:27) hasta que Acab regresase en paz, replicó Miqueas valientemente: "Si llegas a volver en paz, Jehová no ha hablado por mí" (v. 28).

Otro gran modelo fue Jeremías, quien vivió y profetizó en unos días en que la ciudad de Jerusalén estaba sitiada por los babilonios. Había en Judá quienes animaban al pueblo a ser valientes y resistir al enemigo, pero la palabra de Dios a Jeremías era que el pueblo debía capitular. Este mensaje, por supuesto, era impopular, y Jeremías fue acusado de deslealtad. No debió de ser fácil continuar proclamando este mensaje, pero Jeremías lo hizo a pesar de la opinión general del pueblo y de la oposición de los falsos profetas. Fue encarcelado para hacerle callar, pero tan pronto como fue soltado, volvió a las andadas, diciendo: "Así dice Jehová: De cierto será entregada esta ciudad en manos del ejército del rey de Babilonia, y la tomará" (Jer. 38:3). Como resultado, se hicieron nuevos esfuerzos para lograr que volvieran a encarcelarle y, cuando Sedequías dio su permiso para ello, Jeremías fue echado en una cisterna donde se esperaba que muriese en breve tiempo; pero Dios no le dejó allí, sino que incitó a Ebed-mélec para conseguir que se le sacase de allí (Jer. 38:4-13). Jeremías, pues, estaba dispuesto a sufrir por la palabra de Dios la más extrema negación de sí mismo y los más duros tormentos. Aunque esta señal, sin duda, no se haya manifestado tan dramáticamente en todos los verdaderos profetas, el tenor general de su actitud, en consonancia con la de Jeremías, se echa de ver en todo su porte y en el desempeño de su ministerio.

5) Armonía del mensaje. Una quinta señal es que el mensaje de un profeta verdadero estaba en consonancia con la Ley de Dios y con los mensajes que otros profetas verdaderos estaban proclamando. La Ley había estado vigente desde el tiempo de Moisés, y los sacerdotes la habían estado enseñando, con mayor o menor fidelidad, a lo largo de los años. Por con-

118   LOS PROFETAS DE ISRAEL

siguiente, el pueblo conocería su contenido, al menos en términos generales. También, con toda seguridad, se habría ido acumulando en la mente del pueblo una cierta cantidad de material informativo a base de los mensajes do los profetas verdaderos. Esta información serviría de criterio para determinar si los ulteriores mensajes eran o no verídicos. Si eran consecuentes con lo enseñado anteriormente, podía esperarse que lo fueran; si no, con toda certeza podía asegurarse que eran falsos. De nuevo tenemos en Jeremías un caso interesante a este respecto. En Jer. 26, el profeta predice claramente la caída de Jerusalén. Se nos describe a los líderes del pueblo clamando al rey para que se diese muerte a Jeremías por hablar de esa manera. En madio de este clamor,

se levantaron algunos de los ancianos de la tierra y hablaron a toda la reunión del pueblo, diciendo: Miqueas de Moreset profetizó en tiempo de Ezequías, rey de Judá, y habló a todo el pueblo de Judá, diciendo: Así dice Jehová de los ejércitos: Sión será arada como un campo, y Jerusalén vendrá a ser montones de ruinas, y el monte de la casa como cumbres de bosque. ¿Acaso lo mataron Ezequías rey de Judá y todo Judá? ¿No temió a Jehová, y oró en presencia de Jehová, y Jehová se arrepintió del mal que había hablado contra ellos? Mientras qu nosotros estamos causando un gran mal contra nuestras almas (vv. 17-19).

Estas palabras indican que los ancianos de la tierra reconocían que lo que Jeremías decía estaba en armonía con lo que, muchos años antes, había profetizado Miqueas y que, por tanto, no debía hacerse ningún daño a Jeremías. Es interesante notar que, en esta ocasión, nada se hizo contra el profeta, debido, sin duda, a que su mensaje era consecuente con lo que había sido proclamado con anterioridad.

6) El cumplimiento de la profecía. Esta sexta señal sólo era aplicable en ciertos casos, dependiendo de si el profeta predecía sucesos futuros, y de si estos sucesos se cumplían durante el tiempo en que todavía vivía la generación que había escuchado la predicción. Que ésta era una verdadera señal, e importante a los ojos de Dios, lo prueba la referencia que a ella se hace en el significativo pasaje de Dt. 18:21-22: "Y si dices en tu corazón: ¿Cómo conoceremos la palabra que Jehová no ha hablado? Si el profeta habla en nombre de Jehová, y no se cumple lo que dijo, ni acontece, es palabra que Jehová no ha hablado; con presunción la habló el tal profeta; no tengas temor de él".

Sólo una parte relativamente pequeña de todo lo que los profetas hablaron, tenía que ver con la predicción, pero, cuando el caso se daba, existía una señal importante para discernir si el profeta era verdadero, en base a si se cumplía o no lo que el profeta había predicho. Como se dijo antes, Miqueas predijo que Israel sería como ovejas sin pastor, si Acab marchaba a la guerra contra los sirios. La predicción resultó verídica, puesto que Acab murió en la batalla, e Israel quedó sin rey hasta la coronación del sucesor.

En tiempo de Jeremías, el falso profeta Hananías predijo que los deportados a Babilonia iban a regresar dentro de dos años (Jer. 28:2-4). Esta predicción era totalmente contraria a la que Jeremías había hecho antes, al profetizar que la cautividad duraría setenta años (Jer. 25:11-12). Por ello, Jeremías reprendió a Hananías y predijo la muerte de éste, lo que sucedió en el séptimo mes de aquel mismo año (Jer. 28:15-17). De esta menera, quedó demostrado delante del pueblo que Jeremías era verdadero profeta, y que Hananías era falso.

7) *Autenticación por medio de milagros.* Una séptima señal también era limitada en su aplicación, pero dada la ocasión proveyó de evidencia: la realización de un milagro. Un estudio de los milagros en la Biblia muestra que ocurrían en grupos y para circunstancias específicas, ya fuese con motivo de alguna revelación adicional de Dios, o en tiempos de extraordinaria importancia dentro del programa de Dios. Tal ocurrió en tiempo de Moisés, cuando Israel surgía como nación. Fueron muchos los milagros realizados por mano de Moisés, como garantía de parte de Dios de que era verdadero profeta y líder escogido del pueblo de Israel. Dios le concedió el poder de realizar dos milagros para que los hiciese delante de Faraón: cambiar su vara en culebra, y la culebra de nuevo en vara, y volver leprosa su mano y hacerla después sana, sólo con meterla en su seno y sacarla de él. Más tarde vinieron las diez grandes plagas, y posteriormente el paso del Mar Rojo y los milagros llevados a cabo durante la peregrinación por el desierto. Josué[17] también recibió autenticación como líder y profeta al dividir las aguas del Jordán, al caerse los muros de Jericó, al prolongar el día para derrotar completamente a los enemigos, y al hacer caer sobre ellos grandes piedras (probablemente granizo de gran tamaño) desde el cielo.[18] Samuel hizo que tronara y lloviera en medio del período de sequía, para demostrar la validez de sus palabras a Israel (1 S. 12:16ss.). Son igualmente bien conocidos los milagros que Elías y Eliseo llevaron a cabo en su tiempo.

No obstante, la señal milagrosa no era prueba contundente de la autenticidad profética, puesto que falsos profetas pudieron también, en ocasiones, producir señales que sobrepujaban al poder natural del ser humano. Bien pudo ser Satanás quien les concedía tal poder. Con respecto a los últimos días, se nos dice: "Porque surgirán falso cristos y falsos profetas y harán señales y prodigios a fin de extraviar, de ser posible, a los elegidos" (Mr. 13:22). Respecto al anticristo y a su falso profeta, está escrito que

---

[17]Aunque Josué nunca es llamado profeta, sirvió como profeta, tanto al recibir mensajes de Dios como al comunicarlos al pueblo.

[18]Por supuesto, estos milagros tenían un objetivo más amplio que meramente aportar las credenciales divinas a Moisés o a Josué.

realizarán "con todo poder señales y prodigios mentirosos", y eso "por la actuación de Satanás" (2 Ts. 2:9). Conforme a esto, advirtió ya Moisés muy temprano al pueblo:

Cuando se levante en medio de ti algún profeta, o vidente en sueños, y te anuncie una señal o prodigio, y si se cumple la señal o prodigio que él te anunció, y entonces te dice: Vamos en pos de otros dioses que tú no conoces, y sirvámosles; no darás oídos a las palabras de tal profeta, ni al tal vidente en sueños (Dt. 13:1-3).

El pueblo podía, pues, conocer que cualquier profeta que tratase de inducirle a seguir a otros dioses era falso, incluso si tenía poder para hacer una señal o prodigio, puesto que sería evidente que la señal o el prodigio no habían sido realizados mediante el poder de Dios.

8) Discernimiento espiritual. La última señal que vamos a mencionar es de una clase diferente que las otras. Las otras tenían que ver con la clase de persona que era el profeta o con lo que él hacía mientras el pueblo le observaba. Esta última tiene que ver con la persona que estaba observando y con su condición interior. Las personas que son espirituales, que conocen a Dios y aman la verdad, están mejor capacitadas para discernir entre un verdadero profeta y uno falso. Cuando Jesús estaba en la tierra, habló de sus seguidores como de ovejas que conocen Su voz y no siguen a extraños, sino que huyen de ellos, porque no conocen la voz de los extraños (Jn. 10:4-5). Y, más tarde, escribió Pablo: "Pero el hombre natural no capta las cosas que son del Espíritu de Dios, porque para él son locura, y no las puede conocer, porque se han de discernir espiritualmente" (1 Co. 2:14). Si esto es verdad en tiempos del Nuevo Testamento, hubo de serlo también en tiempos del Antiguo Testamento, pues el pueblo de aquellos tiempos necesitaba capacidad para discernir, lo mismo que la necesitan las gentes de ahora. No cabe duda de que eran principalmente las personas alejadas de Dios las que tenían dificultad en discernir entre los verdaderos y los falsos profetas. Las que de veras siguiesen al Señor, podrían de ordinario reconocer rápidamente cuándo eran falsas las enseñanzas de alguien.

En conclusión, podemos decir que la lista de señales de un profeta verdadero, frente al falso, es sorprendentemente larga. No todas las señales podrían aplicarse en todos los casos, pero algunas sí. Por otra parte, todas las señales serían aplicables en algunos casos. Para las personas con sincero deseo de conocer la verdad, que eran ellas mismas verdaderas seguidoras de Dios, habría muy pocos motivos, si es que había alguno, para estar perplejo sobre si un profeta era verdadero o falso.

8

Una Vista Panorámica

Antes de meternos en la Parte Segunda de la presente obra, en la que serán considerados los diversos profetas en sus respectivos caracteres personales y en sus peculiares circunstancias de tiempo y lugar, será provechoso echar una mirada general a la historia de la que formaban parte. Unos cuantos temas básicos reclaman nuestra atención en primer lugar, antes de considerar el panorama histórico.

A. TEMAS GENERALES

1. Incremento en el número de profetas

El número de los profetas de Israel de una época determinada, fue creciendo con el paso de los años. Durante el primer período de los jueces, eran relativamente pocos. Hay eruditos que creen que no los hubo, lo cual no es cierto, como veremos más adalante; con todo, no había tantos como los hubo después. Entre los días de Samuel y los de los profetas escritores, hubo más, y de ellos tenemos una buena lista de nombres. Fue durante el período de los profetas escritores cuando los profetas fueron más numerosos y ejercieron mayor influencia.

La razón de este incremento se encuentra especialmente en la ampliación de la tarea que los profetas fueron llamados a desempeñar. Como ya hemos visto, al principio los profetas sólo sirvieron como recipientes de la revelación de Dios, a fin de que el pueblo acudiese a ellos, y no a los adivinos (Dt. 18:9-22). Si no hubiesen surgido otras responsabilidades accesorias, el número de los profetas nunca probablemente habría sido muy elevado, pues unos cuantos habrían bastado para un objetivo tan limitado. Pero ya vimos que la responsabilidad del profeta fue aumentando, ya que les fue necesario actuar como reformadores. El cometido de los sacerdotes había sido enseñar al pueblo y se esperaba, idealmente, que el pueblo obedeciera a lo que se le enseñaba, sin necesidad de ningún reformador que le urgiese a ello; pero el pueblo no lo hizo así y, de ahí, la necesidad de los profetas. Sin duda, Dios vio que los profetas eran la clase de personas mejor equipadas para llevar a cabo esta tarea de tipo religioso. Conforme la población iba en aumento, y el número y gravedad de sus pecados también se incrementaban, hubo necesidad de mayor número de profetas que se encargasen de este ministerio.

Debe tenerse en cuenta que, en cualquier período de la historia de Israel, vivieron más profetas que los que son mencionados en la Biblia. No hay un solo lugar en las Escrituras donde se nos dé una lista completa de profetas, ni había motivo para darnos tal lista. Sólo son mencionados los profetas que fueron protagonistas de algún episodio o a quienes fue encomendado algún mensaje especial. Los que no guardan relación con uno de estos dos aspectos, no son mencionados. Aquí está en lo cierto Lindblom cuando dice, "Los profetas cuyas revelaciones nos han sido transmitidas en los libros proféticos eran sólo una pequeña minoría de los que estaban actuando en Israel".[1]

2. Sus relaciones con los sacerdotes

Es menester clarificar la relación de los profetas con los sacerdotes, pues necesitamos entender esta relación para ver a los profetas en su propia perspectiva como personas que ejercían funciones de carácter religioso. Recordemos[2] que el ministerio de los sacerdotes era distinto del de los profetas, estos últimos no estaban estrechamente implicados, como sostiene la escuela escandinava, en el culto del santuario. Ambas clases tenían el mismo objetivo al exhortar al pueblo a obedecer a su Dios, pero, para llevar a cabo dicho objetivo, actuaban en áreas diferentes.

Los sacerdotes, en su área, actuaban de dos modos diferentes. El primero y mejor conocido era la supervisión del ceremonial del santuario, ofreciendo los sacrificios en representación del pueblo. Esta era una obra de índole principalmente intercesora, pues con ella trataban de presentar el pueblo como aceptable a los ojos de Dios, en base al sacrificio de las víctimas. El segundo quehacer, igualmente importante, era enseñar al pueblo

[1]J. Lindblom, *Prophecy in Ancient Israel*, p. 202.
[2]Véase cap. 5, pp.

la Ley de Dios (Lv. 10:11; Dt. 33:10). Dios había revelado la Ley, pero, a menos que el pueblo la conociese, de poco le podía aprovechar. Dios requería obediencia, pero era imposible obedecer la Ley si permanecia desconocida. La enseñanza de la Ley era, pues, el cometido peculiar de los sacerdotes. Les fueron asignadas cuarenta y ocho ciudades levíticas (Jo. 21:41), distribuidas equitativamente entre las tribus, a fin de que pudiesen estar cerca del pueblo y tener oportunidad para establecer los contactos necesarios. En los demás países de aquel tiempo, lo normal era que los sacerdotes viviesen cerca del santuario central. Pero el Dios verdadero quería que Sus sacerdotes y levitas viviesen entre el pueblo. También es significativo que Dios asignase a los sacerdotes y levitas mucho tiempo para este ministerio docente. David recibió la orden de dividirlos en 24 clases, y de que cada clase sirviese en el santuario central una semana por turno. Esto quiere decir que, de ordinario, sólo pasaban en el templo dos semanas al año, quedándoles así unas cincuenta semanas al año, en las que habían de permanecer en sus respectivas ciudades, dedicados al ministerio de la enseñanza.

Los profetas, por su parte, no vivían en ciudades asignadas de antemano. A veces, vivían en su ciudad natal y de allí se trasladaban para cumplir los encargos que se les asignaban. Nunca se les ve en una situación local como clase docente institucionalizada, sino como moviéndose entre el pueblo para urgirle a someterse a los requerimientos de Dios. Esto significa que el quehacer de los profetas como reformadores presuponía el de los sacerdotes como instructores. Los sacerdotes se dirigían a la mente del pueblo, informando de lo que la Ley decía; los profetas edificaban sobre dicha información y se dirigían al corazón del pueblo, urgiéndole a obedecer lo que se les había enseñado. Es cierto que existían ciertas áreas de información no cubiertas por la Ley, en las que los profetas debían hacer oír su mensaje; en ellas, había un aspecto de instrucción inicial, aunque tampoco ésta se impartía en forma de clase escolar. Estas áreas incluían especialmente temas de predicción que podrían comportar amenazas de futuros castigos o promesas de exaltación y honor en un futuro lejano. A veces, estaban implicadas predicciones mesiánicas, referentes al advenimiento de Cristo, ya en Su primera venida, ya en Su segunda.

Había también diferencia entre el número de los sacerdotes y el de los profetas. Ya hemos visto que los profetas eran numerosos, pero los sacerdotes lo eran mucho más, puesto que lo eran por ser descendientes de Leví. Todo el que descendía del cuarto hijo de Jacob era ya, por esto mismo, levita; y si, por la misma línea, era descendiente de Aarón, era sacerdote. Esto significa que todos los varones de una sola tribu de Israel eran sacerdotes o levitas, y por eso era tan elevado su número. De paso, puede observarse que la razón para tener tal número no se debía a necesidades de la actividad ceremonial en el santuario, puesto que tuvieron que ser divididos en 24 clases a fin de que no fuesen demasiados para servir a un tiempo, sino más bien a su ministerio de enseñanza. Dios quería que el pueblo conociese la Ley y, por tanto, que hubiese suficientes maestros disponibles para enseñarla. En cambio, los profetas nunca se aproximaron a tal número. Es probable que, en algunos períodos de la historia de Israel, hubiese varias docenas de profetas a la vez, pero esas cifras habrían resultado muy bajas en comparación con el gran número de sacerdotes actuantes en las mismas fechas.

3. Relación entre los primeros profetas y los posteriores profetas escritores

Un punto de vista que estaba en boga unos pocos años atrás, más que hoy en día, es que se produjo un cambio importante en la profecía de Israel cuando comenzaron su obra los profetas escritores.[3] La idea es que los primeros profetas eran de carácter extático, como ya se les describió en el capítulo 3,[4] mientras que los posteriores eran de sana cabeza, que llegaron a ser guías y maestros en las áreas de pensamiento que pertenecen a los conceptos morales y religiosos. Por ejemplo, Moisés Buttenwieser escribía en 1914, "La inspiración de los grandes profetas literarios no tiene nada en común con el éxtasis de los profetas de tipo más antiguo".[5] Este es un punto de vista que discusiones anteriores mostraron estar equivocado. En realidad, el profetismo en Israel fue un movimiento rectilíneo con básicas semejanzas a lo largo de toda la historia, semejanzas que se hallan en un deseo común de reformar al pueblo e inducirle a la obediencia de la Ley de Moisés conforme era enseñada por los sacerdotes.[6]

Aunque tanto el mensaje como el objetivo básicos no cambiaron, sí que hubo alguna variación en los métodos seguidos. Hubo diferencia en el modo de referirse al pecado. Los profetas primeros se refirieron especialmente a

[3]Pero, para una afirmación relativamente reciente, véase Isaac Mattuck, *The Thought of the Prophets*, pp. 19, 21, 31–33.
[4]V. también el punto de vista de Mowinckel, cap. 7, pp.
[5]*The Prophets of Israel from the Eighth to the Fifth Century*, p. 138. John Skinner hablaba, en 1922 (*Prophecy and Religion*, p. 5), de "el antiguo *nabi'ism* del período desde Samuel a Eliseo" y "el nuevo tipo, inaugurado por Amós", y C. Sauerbrei, en 1947 ("The Holy Man in Israel: A Study in the Development of Prophecy", *Journal of Near Eastern Studies*, 6 [1947]: 209), escribía que la diferencia era tan grande, que los últimos profetas debieron de desarrollarse separadamente de los antiguos "extáticos". Por otra parte, John Bright, en un libro de fecha más reciente (*History of Israel*, p. 247), dice que es menester enfatizar las semejanzas entre los profetas, puesto que "todo el mensaje profético combativo está basado y arraigado en la tradición del período mosaico".
[6]Theodore H. Robinson, en 1923 (*Prophecy and the Prophets in Ancient Israel*, pp. 36–46), también sostuvo la similaridad fundamental de los profetas, pero lo hizo sobre la base de que todos eran extáticos. Este punto de vista ha sido secundado más recientemente por Lindblom, *Prophecy in Ancient Israel*, pp. 105–106. Este punto de vista debe ser rechazado de plano, tanto como el que sostiene que hubo una marcada diferencia entre los dos grupos.

los pecados de personas individuales, como fue el caso de Natán al reprender a David por el pecado con Betsabé y contra Urías, o el de Gad, más tarde, al reprenderle por censar al pueblo (2 S. 12:1-14; 24:10-25), mientras que los profetas posteriores se refirieron en general a los pecados del pueblo; no de los individuos, sino de la nación. De acuerdo con esta diferencia, los primeros profetas tomaban contacto especialmente con personas individuales, como en el caso de Natán con David, Elías con Acab (1 R. 21:17-24) o Hananí con Asá (2 Cr. 16:7-10).[7] Por el contrario, los posteriores profetas se dirigían a una amplia audiencia. Una tercera diferencia es que los primeros profetas dieron sus mensajes sólo de palabra, mientras que muchos de los posteriores los pusieron por escrito, y sus libros todavía permanecen.[8]

Las razones de estos cambios fueron, con la mayor probabilidad, el aumento de la población, el incremento del pecado en el pueblo, y la inminencia del castigo a causa de dicho pecado. En otras palabras, la necesidad del contacto del profeta con el pueblo se hizo más apremiante y, por tanto, no sólo aumentó el número de los profetas, sino que también debieron ser reajustados sus métodos a fin de llegar a un mayor número de personas a un mismo tiempo. Escribir los mensajes llenaba bien esta necesidad, ya que servía para reafirmar la proclamación oral, de forma que el pueblo pudiese leer lo que anteriormente había sido predicado.

Se ha hecho, a veces, la observación de que los profetas escritores eran más prominentes y capaces que los primeros. Sin embargo, resulta temerario emitir un juicio de esta especie. Podría ser que, en conjunto, los profetas escritores fuesen más capaces que los antiguos, pero si comenzamos a compararlos individualmente, no resulta necesariamente cierto. Por ejemplo, Samuel fue uno de los primeros profetas y, con todo, bien podría medirse con cualquiera de los que vinieron después.

Hay quienes afirman que, entre los profetas escritores, los profetas menores eran de menor estatura que los mayores, pero tampoco esto se sigue necesariamente. Es cierto que Isaías, Jeremías y Ezequiel fueron individuos relevantes y fueron usados poderosamente por Dios, pero también lo fueron Oseas, Amós, Miqueas y otros profetas menores. La distinción entre profetas mayores y menores no debe establecerse en términos de capacidad individual, sino por la largura de los libros que escribieron. Dios tuvo sus razones para inspirar a los unos a fin de que escribiesen libros más voluminosos que los de los otros. No obstante, eso no significa que lo que escribieron los profetas menores tuviese menor importancia, o que ellos como personas fuesen menos eficientes en su ministerio.

[7]Para una lista de los reyes contactados, véase cap. 5, p. 71.
[8]En cuanto a la demostración de que los profetas escribieron sus propios libros, véase el cap. 5, pp. 85-87.

B. RESUMEN HISTORICO

Vamos ahora a presentar un breve sumario de la historia de los profetas de Israel. La historia se divide claramente en períodos de tiempo bien definidos. Es preciso distinguir bien estos períodos, a fin de colocar a cada profeta convenientemente en su período respectivo para entenderle mejor a él y el mensaje que proclamó.

1. Profetas del período anterior a la monarquía

El primer período se cerró con el establecimiento de la monarquía bajo Saúl. Hasta ese tiempo, las condiciones políticas de las tribus habían sido enteramente diferentes y, en consecuencia, se había recesitado un tipo especial de mensaje profético. Algunos ervditos creen que Samuel fue el primero que realmente pudo ser llamado profeta. Por ejemplo, Lindblom dice que Abraham, Moisés, Miriam y Débora pueden llamarse profetas solamente en "sentido amplio, en referencia a que fueron investidos de un poder sobrenatural".[9] Sin embargo, no presenta ninguna prueba que evidencie su aserción, la cual parece más bien basada en el mero hecho de que la idea de que tales personas fuesen profetas no encaja bien en la historia de Israel conforme él la ve. Pero la Biblia les llama profetas, usando el mismo término *nabhi'*, que es igualmente aplicado a Samuel y a posteriores personas a las que Lindblom y otros designan con el mismo epíteto. No hay, pues, razón para negar tal designación a los primeros representantes.

En cuanto a Abraham, sin embargo, quien es llamado profeta en Gn. 20:7, es preciso hacer una distinción. Es cierto que fue profeta en el sentido de recibir revelaciones de parte de Dios y de comunicar a otros informaciones que él había recibido, pero vivió en una época anterior a la formación de Israel como nación. Fue el padre de los israelitas, pero Israel no llegó a ser una nación hasta el tiempo de Moisés. Si hablamos, pues, de los profetas de la nación de Israel, a duras penas podemos incluir entre ellos a Abraham.

El primer profeta de Israel es Moisés. El mismo se identifica como tal en el texto clásico de Dt. 18:15, donde dice "Profeta de en medio de ti, de tus hermanos, como yo, te levantará Jehová tu Dios". Y tras relatarnos su muerte, dice el texto sagrado: "Y nunca más se levantó profeta en Israel como Moisés, con quien trataba Jehová cara a cara" (Dt. 34:10). Moisés fue, por tanto, profeta, el primero en la historia de Israel, y modelo para todos los demás profetas. La hermana de Moisés, María (hebr. Miriam), es llamada profetisa (*nebhi'ah*, femenino de *nabhi'*). Qué la calificó para ser así designada no está claro, pero es evidente que algo habló de parte de Dios, a la manera de su hermano, y quizás en alguna ocasión recibió incluso

---

[9]*Prophecy in Ancient Israel*, p. 96, n. 71; véase pp. 99-100.

información de parte de Dios, aunque no se nos da de esto ninguna indicación. Parece que Josué debería ser incluido también, porque sirvió en calidad de profeta, aun cuando el texto sagrado no lo designe como *nabhi'*. En efecto, recibió comunicaciones divinas y las hizo saber al pueblo, y éste era el papel del profeta. Probablemente no se le aplicó el término por no reclamarlo ningún caso particular. También es incluido a veces en la lista Balaam, hijo de Beor, por ser llamado así en 2 P. 2:15,16. Pero él no era miembro de la nación de Israel, sino que fue llamado por el rey Balac de Moab para que viniese de las lejanas tierras de Mesopotamia a maldecir al pueblo de Israel. Por tanto, difícilmente puede ser incluido como profeta israelita.

El siguiente en la lista es Débora, que juzgó a Israel y es llamada profetisa (*nebhi'ah*) en Jueces 4:4. Es probable que recibiese, y comunicase, información de parte de Dios, incluso antes de llegar a ser juez; como también es probable que accediese al cargo precisamente por su anterior ministerio como profetisa. En tiempo de Gedeón, se menciona a cierto profeta, aunque no por su nombre, que vino para amonestar al pueblo en relación con el pecado de dar culto a los baales de los amorreos (Jue. 6:8-10). Samuel, por supuesto, es el profeta mejor conocido de este período, y como tal fue reconocido ya en su temprana edad por "todo Israel, desde Dan hasta Beerseba" (1 S. 3:20). Luego, a su vez, se convirtió en superintendente de un grupo de jóvenes profetas, residentes durante algún tiempo en Nayot cerca de Ramá, donde Sanuel tenía, por decirlo así, su cuartel general (1 S. 10:5-10; 19:18-20). Parece ser que habían sido miembros de una escuela de aprendizaje, probablemente fundada por Samuel mismo.

Estas son todas las personas de este periodo, designadas explícitamente como profetas. Con todo, algunas claves nos sugieren que hubo otros. La primera es que la predicción del propio Moisés de que Dios levantaría profetas como él, a quienes debía acudir el pueblo en busca de comunicaciones divinas, difícilmente se cumplió sólo con esos pocos.[10] En segundo lugar, el modo como se menciona a Débora como profetisa implica que vivían otros profetas o profetisas en su tiempo. Es extraño que se la describa como profetisa cuando el texto sagrado sólo nos la presenta actuando como juez, lo cual sugiere la idea de que era simplemente una de tantas profetisas que el pueblo conocía. Tercero, el profeta mencionado dentro del relato de Gedeón (Jue. 6:8ss.) entra en escena de una manera abrupta, lo que implica que este oficio era corriente en aquel tiempo, y uno de ellos fue enviado para comunicar el mensaje que se nos refiere. Cuarto, hay un versículo bien conocido del tiempo de Samuel, por el que vemos que el profeta, o vidente, era persona bien conocida. Dice así: "Antiguamente en Israel cualquiera

---

[10]A base de una fecha temprana para el éxodo, el período de tiempo comprendido se extendió por más de trescientos años.

que iba a consultar a Dios, decía así: Venid y vamos al vidente; porque al que hoy se llama profeta, entonces se le llamaba vidente" (1 S. 9:9). Como ya se dijo en otro lugar, este versículo muestra el cambio de nomenclatura en relación con las personas que ejercían este ministerio. Este cambio significa que se hablaba con frecuencia de los profetas y, por tanto, debieron de existir muchos de ellos. Y quinto, no hay razón para que se les mencione a todos ellos; por eso, no hay listas de todos los profetas en ningún período de la historia, sino que sólo se mencionan los implicados en algún episodio registrado en el texto sagrado.

En base a estas evidencias, podemos afirmar, sin temor a errar, que hubo profetas en cualquier fecha durante el período de los jueces y que probablemente había varios de ellos a fin de cumplir con el objetivo que Dios se había propuesto al inspirar a Moisés lo que dejó consignado en Deuteronomio 18. El pueblo necesitaba personas a quienes acudir con sus preguntas, de modo que no tuviesen que recurrir a las prácticas de adivinación.

Un tema central predominaba en los mensajes proclamados por estos profetas, del cual tenemos indicaciones tanto por las necesidades de aquel tiempo como por las expresiones que usan dos do los representantes de este período. La necesidad básica de aquel tiempo era resistir a la influencia cananea y especialmente al culto que los nativos de la tierra tributaban a Baal. Israel era atraído a imitar las costumbres de los cananeos por la civilización más avanzada de éstos, ya que los israelitas acababan de llegar de una larga peregrinación por el desierto. Una de sus necesidades más urgentes era la de aprender a cultivar la tierra y, para hacerlo apropiadamente, los cananeos creían que era necesario rendir culto a Baal, por cuanto era el dios de las tempestades y de la lluvia. Esto podía influir en el modo de pensar del pueblo de Israel y, por ello, era necesario que los profetas, así como también los sacerdotes, combatieran la influencia que fácilmente podía filtrarse.

Los dos profetas que proclamaron tal mensaje fueron Samuel y el anónimo individuo del tiempo de Gedeón.[11] Ambos mensajes muestran la misma preocupación. Samuel urgía al pueblo de este modo: "Si de todo vuestro corazón os volvéis a Jehová, quitad los dioses ajenos y a Astarot de entre vosotros, y preparad vuestro corazón a Jehová, y sólo a él servid, y os librará de la mano de los filisteos" (1 S. 7:3). Y el profeta del tiempo de Gedeón urgió primero al pueblo a recordar las veces que Dios le había liberado de sus enemigos, después les recordó el mandato de Dios de "no temer a los dioses de los amorreos" y, en tercer lugar, les reprendió por no haber obedecido. Los "dioses" a que él se refería eran los baales y Astarot, mencionados por Samuel.

---

[11]Los mensajes de estos dos son los únicos registrados en el texto sagrado.

2. Profetas del tiempo de la monarquía, anteriores a los escritores

Después de Samuel, una vez instaurada la monarquía, los profetas llegaron a ser más numerosos, y también ocuparon un puesto de mayor influencia entre el pueblo.

a. IDENTIFICACIÓN

La lista de los descritos como profetas con referencia a este segundo período es bastante más larga que la de los pertenecientes al período de los jueces. Al pasarles revista, bueno será fijarse en qué reinado ejercieron su ministerio. En tiempo de David, Natán (2 S. 7:2; 12:25) y Gad (2 S. 24:11); y el sacerdote Sadoc que es llamado "vidente" en una ocasión (2 S. 15:27); el mismo término se aplica al levita Hemán (1 Cr. 25:5);[12] en tiempo de Jeroboam, Ahías (1 R. 11:29; 14:2-18), un "varón de Dios", que habló contra el altar de Jeroboam (1 R. 13:1-10), y "un viejo profeta" de Betel, que tendió una trampa al "varón de Dios" (1 R. 13:11-32); en el reinado de Roboam, Semaías (2 Cr. 11:2-4; 12:5-15), e Iddó (2 Cr. 9:29; 13:22);[13] en el reinado de Asá, Azarías (2 Cr. 15:1-8), y Hananí (2 Cr. 16:7); en el reinado de Basá, Jehú hijo de Hananí (1 R. 16:1-12); en el reinado de Josafat, Jahaziel (2 Cr. 20:14) y Eliezer (2 Cr. 20:37); en el reinado de Acab, Elías (1 R. caps. 17-19), Eliseo (1 R. 19:19-21),[14] uno simplemente llamado "el profeta" (1 R. 20:13-28) y Miqueas (1 R. 22:8-28); en el reinado de Joás de Judá, Zacarías (2 Cr. 24:20); y en el reinado de Amasías, "un profeta" (2 Cr. 25:15).[15]

Veinte son los profetas que hallamos en esta lista. El tiempo en que ejercieron su ministerio va desde el establecimiento de la monarquía hasta el reinado de Jeroboam II, aproximadamente dos siglos y medio.[16] ¿Hubo en este período más profetas de los mencionados en esta lista? Seguramente que sí, ya que explícitamente se nos dice que, en Betel, Jericó y Gilgal, vivían grupos de profetas, muy probablemente en etapa de adiestramiento. Parece ser que estos grupos estaban bajo la supervisión, si no bajo la instrucción, de Elías y, después, de Eliseo. Bien podría ser que Elías continuase con la idea de escuela de adiestramiento que Samuel antaño comenzara.

[12]También Samuel era levita (1 Cr. 6:27,28,33,34) y, al mismo tiempo, profeta. No había nada que prohibiera al que servía en el oficio sacerdotal servir también en el profético.
[13]Iddó también estaba activo ya dede el reinado de Salomón.
[14]El ministerio de Eliseo continuó en los reinados de Ocazías, Joram, Jehú, Joacaz y Joás (2 R. caps. 2-13).
[15]El próximo profeta mencionado en el Antiguo Testamento es Jonás, uno de los profetas escritores, en el reinado de Jeroboam II (2 R. 14:25). No obstante, tanto Abdías como Joel precedieron probablemente a Jonás; véase el cap. 16, pp. 271-282.
[16]Desde la segunda mitad del siglo undécimo hasta la primera mitad del octavo.

Se nos dice que unos 50 profetas jóvenes se pararon a observar cuando Elías y Eliseo pasaron el Jordán, justamente antes de que Elías fuese arrebatado (2 R. 2:7), y poco después se nos da a entender que vivían unos cien en Gilgal (2 R. 4:38,43). Parece ser que estos grupos se hicieron tan numerosos, que fue menester construir nuevos edificios donde residiesen (2 R. 6:1-2).[17] Hay también claves incidentales que nos muestran que había más profetas que los mencionados. Por ejemplo, si en Betel pudo vivir un "viejo profeta" cuando el "varón de Dios" denunció el altar allí existente, es probable que en otras ciudades hubiese también otros profetas residentes (1 R. 13:11-32). Nótese también que, en el reinado de Joás, tras la muerte del sumo sacerdote Joyadá, se nos dice que "profetas" (en plural) fueron enviados para reprender a los desleales príncipes de aquel tiempo (2 Cr. 24:19). Sin embargo, sólo un profeta es mencionado por su nombre, Zacarías. Con lo que, además, tenemos otra prueba de que no debemos esperar que todos ellos se mencionen.

b. MENSAJE

Este período nos brinda más información sobre el mensaje de sus profetas, y resulta interesante observar que sus mensajes son completamente diferentes de los del período de los jueces en que la influencia cananea constituía la preocupación principal. En efecto, el problema que esta influencia constitutía había sido ya resuelto con el advenimiento de la monarquía, especialmente bajo el reinado de David, y el interés profético apuntaba en una dircección diferente Cuatro eran las principales áreas en que este interés se centraba.

1) *Reforma social.* Estaba primero el área general de la reforma social, algo que los profetas tardíos tomaron en cuenta con mayor empeño. Dos anuncios proféticos de este tipo fueron hechos en tiempo de David e implicaron al propio monarca. Fue Natán quien pronunció el primero al reprender al rey por sus pecado con Betsabé y su posterior crimen en deshacerse de Urías, el marido de Betsabé (2 S. 12:1-14). Gad pronunció el segundo cuando reprendió al rey por censar al pueblo (2 S. 24:10-14). Un tercero fue comunicado mediante Elías a Acab, por la injusticia que éste cometió al apoderarse de la viña de Nabot (1 R. 21:17-26).[18] Y el cuarto, cuando Eliezer reprendió a Josafat por coligarse éste con Ocozías, rey de Israel, en una aventura marítima (2 Cr. 20:37).

---

[17]Para una discusión sobre este tema, véase G. F. Oehler, *Theology of the Old Testament*, pp. 392-393.

[18]Aunque fue Jezabel la que instigó a cometer el crimen, Acab era el rey y, por tanto, el responsable de la acción.

2) *Infidelidad para con Dios.* Hubo cuatro ocasiones en que los profetas amonestaron a los reyes por desobedecer las demandas de Dios. Semaías lo hizo con Roboam. advirtiéndole que. a causa de su desobediencia, Dios le había "dejado" en manos de Sisac. rey de Egipto. que ya había invadido la tierra. Roboam y sus príncipes se humillaron entonces y. como resultado de su arrepentimiento. se nos dice que Dios rabajó el castigo que había anunciado (2 Cr. 12:1-8). Azarías hizo lo mismo con Asá. y también encontró en él un corazón arrepentido. ya que el rey "quitó los ídolos abominables de toda la tierra . . . y reparó el altar de Jehová" (2 Cr. 15:1-8). Menos éxito tuvo posteriormente Hananí con el mismo rey. pues Asá respondió a la reprimenda echando en la cárcel al profeta. El pecado de Asá. en esta ocasión. fue confiar en sus propias fuerzas más bien que en la mano liberadora de Dios (2 Cr. 16:7-10). Zacarías lo pasó todavía peor en tiempo de Joás, cuando reprendió al pueblo por transgredir los "mandamientos de Jehová", ya que entonces "conspiraron contra él. y por mandato del rey lo apedrearon hasta matarlo" (2 Cr. 24:17-21).

Los cuatro casos precedentes muestran el deseo de estos profetas de que los reyes desempeñasen su oficio de un modo agradable a Dios. Los reyes implicados, siendo todos ellos de Judá. donde continuaba vigente la verdadera Ley, debían saber cómo gobernar adecuadamente. Dichos profetas creían que las bendiciones de Dios dependían de que eso se llevase a efecto y por eso reprendían a los reyes. Dos de ellos sufrieron terriblemente por hacer tales represiones.

3) *Culto falso en Dan y en Betel.* Un tercer punto fue el referente a los centros de falsa religión situados en Dan y Betel. en el reino del norte. Fue en estos centros donde Jeroboam había instituido un culto a Dios, sucedáneo del de Jerusalén, para impedir que el pueblo fuese al santuario central a adorar. La primera reprimenda por esta apostasía vino mediante un profeta llegado del reino del sur, al que se denomina simplemente como "varón de Dios".[19] Este se dirigió personalmente a Jeroboam para anunciarle que un futuro rey, Josías, ofrecería un día sobre el altar de Betel los huesos de los sacerdotes que allí oficiaban.[20] Al extender el rey su mano en son de protesta, halló que la mano se le había secado al instante, y entonces suplicó al profeta que orase pro su recuperación (1 R. 13:1-6). La segunda reprimenda también tuvo que ver con Jeroboam. Esta vez le vino por medio de Ahías, quien le había predicho anteriormente que había de reinar (1 R. 11:9-38). Pero en la presente ocasión le comunicó por medio de la propia esposa del rey, que Dios había rechazado ahora a su familia y que ninguno de su descendencia ocuparía el trono. La razón era que Jeroboam había

---

[19]Es digno de atención el que tuviese que ser enviado un profeta desde Judá. Está claro que los verdaderos profetas eran muy pocos en Israel por ese tiempo.
[20]Véase cap. 6, p.102, No. 10.

hecho lo malo más que cuantos le habían precedido, en especial con respecto al culto falso que había instituido (1 R. 14:5-16). Esta predicción se cumplió cuando Nadab, el hijo de Jeroboam, fue asesinado siendo ya rey. Después Basá, el asesino y sucesor de Nadab, recibió también reprensión, al anunciarle Jehú que a la dinastía de Basá le esperaba un final similar, pues continuaba andando "en el camino de Jeroboam" (1 R. 16:1-12). Y la cuarta reprimenda fue la que recibió Acab mediante el bien conocido mensaje de Miqueas. El profeta no se refirió explícitamente al falso culto, pero lo in dicó con toda claridad al enfrentarse con los cuatrocientos profetas implicados en él (1 R. 22:8-28).

4) *Culto a los falsos dioses.* La cuarta área concierne no sólo al falso culto de Dios, sino al culto de los falsos dioses. Tanto Judá como Israel estuvieron implicados en esta abominación.

La primera represión fue hecha con referencia a Salomón. Fue Ahías el encargado de hacerla en el tiempo en que predijo a Jeroboam que había de reinar sobre diez de las tribus. Ahías dio como razón el hecho de que Salomón había dejado a Dios y "adorado a Astarté diosa de los sidonios, a Quemós dios de Moab, y a Moloc dios de los hijos de Amón" (1 R. 11:29-38). Una segunda represión en Judá fue hecha siglo y medio después, cuando "un profeta" reprendió a Amasías por una razón similar. Había regresado recientemente Amasías de una victoria sobre los edomitas y trajo consigo algunos de los "dioses" de ellos "y los puso ante sí por dioses". El profeta le hizo la penetrante pregunta: "¿Por qué has buscado los dioses de otra nación, que no libraron a su pueblo de tus manos?" (2 Cr. 25:15).

En Israel, los motivos de estas reprensiones tenían que ver con el culto a Baal, introducido por Jezabel. Es bien conocido el caso de Elías en el Monte Carmelo, cuando solicitó y recibió el asentimiento del pueblo de que el verdadero Dios era el Dios de Israel, no Baal. Eliseo, posteriormente, no tuvo tanto que decir a este respecto, pero al menos en dos ocasiones sus indicaciones en relación con el culto de Baal fueron lo suficientemente claras. La una tuvo lugar al sur de Moab, cuando tres reyes recurrieron a Eliseo en una necesidad extrema de agua. Uno de ellos era Joram, hijo de Acab, y a él le dijo Eliseo estas palabras muy significativas: "Ve a los profetas de tu padre, y a los profetas de tu madre". En otras palabras, si Joram había tenido hasta entonces en gran estima a los profetas de Baal, ¿por qué no recurría a ellos ahora? (2 R. 3:9-14)[21] La otra ocurrió al ungir a Jehú como sucesor de Joram. Una de las acciones de Jehú en su sangrienta purga de la casa de Acab, fue la matanza de los profetas de Baal. Como Eliseo había

---

[21]Es posible que Joram tuviese consigo algunos de dichos profetas, Si fue así, Eliseo se refería a ellos; si no, le estaba reprochando no haberlos traído precisamente para una emergencia como aquella.

ordenado ungirle, dando instrucciones para destruir la casa de Acab, es muy probable que incluyese también la orden de acabar con los profetas de Baal (2 R. 9:1-10; 10:19-28).

3. Los profetas escritores

Nuestro interés se centra ahora en los profetas escritores, que son los mejor conocidos. Su predicación y sus escritos forman clase aparte para la época en que vivieron. Estos hombres poseían ánimo esforzado, junto con una mente clara y un gran corazón. La gloria de su mensaje sólo fue igualada por el coraje con que lo comunicaron. En cuanto a su identificación, no hace falta repetir sus nombres, puesto que son bien conocidos por razón de los libros que escribieron. Lo que sí es, con todo, de importancia es clasificarlos dentro de la época en que pusieron por escrito sus mensajes, ya que venían en grupos y no aparecían simétricamente espaciados. Y para comprenderlos en sus mutuas relaciones, es imperativo considerarlos en sus relaciones con los de sus propios grupos. En cuanto a sus mensajes, no sería adecuado analizarlos aquí, pues son demasiado extensos, llenando libros enteros que ellos mismos escribieron, pero se les tendrá en cuenta en la Parte Segunda de este libro, para que nos muestren qué clase de personas eran los autores que los escribieron.

Antes de clasificarlos en grupos, bien estará hacer notar que, en este período, hubo muchos más profetas de los que son nombrados. Nuestro interés sólo se centra en los profetas escritores, pues son los únicos de quienes tenemos noticias, aunque de nuevo tenemos numerosas claves que nos indican la existencia de otros muchos.

Con respecto al reinado de Manasés, se nos dice que Dios "habló por medio de sus siervos los profetas" (2 R. 21:10), y de sólo Nahúm sabemos que pudiese comenzar a profetizar en los últimos días de Manasés. Jeremías menciona a Urías, hijo de Semaías, como profeta de su tiempo (Jer. 26:20-23), pero este Urías no dejó nada escrito. También dice Jeremías que Dios había enviado a Sus siervos, los profetas "día tras día, sin cesar", desde el tiempo del éxodo de Egipto hasta sus días (7:25; 11:7), y las frases sugieren un número mayor de profetas que los que se mencionan por su nombre. Se menciona a Huldá como profetisa en tiempo de Josías (2 R. 22:14), e Isaías designa a su esposa de la misma manera (8:3).

a. PROFETAS DEL SIGLO IX: ABDÍAS Y JOEL

Aunque Amós (siglo VIII) ha sido llamado con frecuencia el primero de los profetas escritores,[22] hay razón para creer que al menos dos prefetas

---

[22]Así lo llama Lindblom, *Prophecy in Ancient Israel*, p. 105; y también R. B. Y. Scott, *The Relevance of the Prophets*, p. 72.

escritores, Abdías y Joel, ejercieron ya el ministerio en el siglo IX. La argumentación en favor de este punto de vista será presentada en la Parte Segunda, cuando estudiaremos a cada profeta por separado. Probablemente fue Abdías el primero, y vivió en tiempo de Joram, a quien su padre Josafat había casado con la perversa Atalía de Israel (1 R. 22:44; 2 Cr. 18:1; 21:6; 22:3,4,10). A la influencia de Atalía se debió probablemente que Joram matase a todos sus hermanos en un esfuerzo por salvaguardar su trono (2 Cr. 21:4). Y ella misma mató a todos sus nietos posteriormente, a fin de quedarse con el trono (2 Cr. 22:10). El ministerio de Abdías llegó, en una época muy turbulenta. Es de interés notar que, a pesar de eso, Dios no le urgió a escribir sobre su propio país, sino más bien sobre Edom y el sur de Edom. Predijo la caída de Edom, a causa de la altivez con que se había comportado contra el pueblo de Dios (Abd. vv. 11–14).

A Joel se le sitúa, con la mayor probabilidad, en el reinado de Joás, que había sido ungido rey a los siete años de edad. A Joram sucedió su hijo Ocozías, quien reinó un año y, al ser asesinado, Atalía se hizo con el trono y reinó durante seis años, hasta que, bajo la dirección del piadoso sumo sacerdote Joyadá, fue elevado al trono el joven Joás y dieron muerte a Atalía. Durante los muchos años en que Joás fue creciendo hasta que pudo tener en sus manos las riendas del gobierno, Joyadá fue el verdadero gobernante de la nación. Es lo más probable que fuese durante esos años en que Joyadá condicía los asuntos del país de una manera agradable a Dios, cuando Joel ejerció su ministerio profético.

b. PROFETAS DEL SIGLO VIII: AMOS,
OSEAS, ISAIAS, MIQUEAS Y JONAS.

Cuatro de los profetas del siglo VIII fijan ellos mismos la fecha de su ministerio, de forma que no quedan dudas en cuanto al tiempo en que sirvieron. Amós se presenta a sí mismo profetizando durante el reinado de Jeroboam II de Israel y de Uzías en Judá (1:1), lo que indica la fecha aproximada entre el 767 A. de C. (en que Uzías empezó a reinar solo) y el 753 A. de C. (fecha de la muerte de Jeroboam).

Oseas afirma que su ministerio se llevó a cabo durante los reinados de Uzías, Jotam, Acaz y Ezequías de Judá, y de Jeroboam II de Israel. De ahí que el comienzo de su ministerio debió ser entre el 767. A. de C. y el 753 A. de C., continuando hasta el 715 A. de C. (por lo menos), en que Ezequías asumió solo el gobierno de Judá.

Isaías menciona a Uzías, Jotam, Acaz y Ezequías como reyes que gobernaron durante el tiempo de su ministerio profético, sin mencionar a ninguno de los reyes de Israel. La razón de esto es que Isaías fue llamado a profetizar para Judá y no para Israel, a diferencia de Amós y Oseas. El mismo dice que fue llamado a profetizar el año en que murió Uzías, lo que ocurrió el año 740 A. de C. También se refiere a la muerte del emperador de Asiria

Senaquerib (37:38), la cual sucedió el año 681 A. de C., con lo que parace ser que ejerció su ministerio durante el largo período de aproximadamente sesenta años. Este fue con la mayor probabilidad el período más largo de servicio de un profeta. También Miqueas fecha sus profecías únicamente con referencia a reinados de reyes de Judá, porque también él fue enviado como profeta a Judá. Así menciona a Jotam, Acaz y Ezequías. Parece ser que comenzó su ministerio algún tiempo después de Isaías y lo acabó antes. Como Jotam cesó de gobernar el 731 A. de C., y Ezequías comenzó su reinado solo en el 715 A. de C., por lo menos entre esas dos fechas estuvo Miqueas activo.

El quinto en la lista, Jonás, no pone fecha a su libro del mismo modo que los anteriores. Una razón, sin duda, es que su profecía no concierne a Israel ni a Judá, sino a Nínive. Como se hará notar en la Parte Segunda, dos son principalmente las fechas que los expertos sugieren para Jonás, de las cuales preferimos la que lo sitúa, más o menos, en el tiempo en que Amós ejerció su ministerio; aproximadamente, el 760 A. de C. En 2 R. 14:25, se dice que Jonás profetizó a Jeroboam II, y esto le coloca en la primera mitad del siglo VIII. El mismo pasaje indica que sirvió como profeta de Israel — lo mismo que de Nínive — pues se afirma que predijo la restauración que Jeroboam había de hacer de los límites de Israel con Hamat y, por el sur, con el Mar Muerto.

Aunque es probable que Jonás profetizara primariamente en la primera mitad del siglo VIII, los otros cuatro profetas de este grupo ejercieron su ministerio después del 760, y tres de ellos — Oseas, Isaías y Miqueas — después del 740. Así, tenemos un conjunto aquí de cuatro profetas, dos para Israel y dos para Judá, que están agrupados en medio y al final del siglo VIII.

c. PROFETAS DEL SIGLO VII: NAHUM, JEREMIAS, SOFONIAS Y HABACUC

Nahúm no nos da específicamente la fecha de su ministerio, pero ha de situársele entre la destrucción de Tebas en Egipto (663 A. de C.; no hay otro Tebas), como se indica en 3:8, y la de Nínive (612 A. de C.), cuya destrucción es el tema de su libro. Siendo tal el tema, es lo más probable que la profecía de Nahúm acerca de dicha destrucción no fuese muy anterior a ella, lo que hace suponer que Nahúm comenzó su obra hacia el 630 A. de C.

Jeremías fecha su libro en el comienzo del año décimotercero de Josías, es decir, el 627 A. de C., puesto que Josías comenzó a reinar en 640. Como Jeremías continuó su ministerio hasta el tiempo del cautiverio de Judá, profetizó durante los reinados de Josías, Joacaz, Joyaquim (o Joacim), Joaquín y Sedequías, y luego hasta el momento en que se lo llevó a Egipto la gente que se había quedado en Jerusalén después de la caída de la ciudad (Jer.

43:1-7). También predicó en Egipto a esta gente (Jer. 43:8 — 44:30), pero no se nos indica por cuánto tiempo ejerció este ministerio hasta su muerte. Los babilonios tomaron la ciudad de Jerusalén en el 586 A. de C. Es, pues, probable que viviese hasta, por lo menos, el 580. Esto significa que profetizó durante unos 47 años.

También Sofonías fecha su libro en tiempo de Josías (1:1), el cual reinó 31 años. Sofonías profetizó probablemente al comienzo de dicho reinado, por lo menos antes del 621 A. de C., ya que menciona los cultos extranjeros como todavía existentes (1:4), y Josías los había abolido por ese tiempo. Bien podría ser que Sofonías, juntamente con Nahúm y Jeremías, hubiese influido en Josías para que llevara a cabo tales reformas.

Habacuc no precisa con exactitud la fecha de su profecía. Con todo, se echa de ver por el primer capítulo (vv. 5 y 6), que no había ocurrido todavía la invasión babilónica, puesto que se la predice allí. Esto significa que profetizó, por lo menos, antes del 605 A. de C., en que Nabucodonosor vino por primera vez contra Jerusalén. Quizás la fecha más probable para el comienzo de su ministerio fuese hacia el final del reinado de Josías, como en al 609, continuando desde entonces hasta el reinado de Joyaquim o Joacim.

Como puede verse, de nuevo tenemos un grupo bien definido de profetas. Ninguno de ellos data de la primera mitad del siglo VII, sino todos ellos de la segunda, en realidad de la última parte de esa segunda mitad. Aparecieron justamente antes de la cautividad de Babilonia y, según explicaremos en la Parte Segunda, en este importante acontecimiento es muy probable que se halle la razón de que apareciesen formando un grupo.

d. PROFETAS DEL EXILIO: DANIEL Y EZEQUIEL

Aunque Daniel no fue llamado al ministerio profético, siendo administrador del palacio de Babilonia, se le incluye con toda propiedad entre los profetas a causa de las visiones predictivas que Dios le concedió.[23] La fecha de Daniel se conoce con precisión. Fue llevado cautivo a Babilonia, junto con sus tres amigos, Ananías, Misael y Azarías, en el verano del 605 A. de C. -el tercer año de Joacim (1:1), que acabó en octubre de ese mismo año. Continuó hasta después de que Ciro capturó Babilonia en 539 A. de C. y, por lo menos, hasta tres años después de tal acontecimiento (10:1). Así que su estancia en Babilonia se prolongó por cerca de setenta años.

Ezequiel fue tomado cautivo el 597 A. de C. (V. 33:21; 40:1; 2 R. 24:11-16), que fue el tiempo en que fue llevado a Babilonia el rey Joaquín. Allí continuó hasta, por lo menos, el año 27°. de la cautividad (29:17), esto es, el 571 A. de C., mientras todavía reinaba Nabucodonosor. Quizás vivió

---

[23]Sin embargo, ha de tenerse en cuenta que la Biblia Hebrea sitúa su libro entre los Escritos (Kethubhim), y no entre los Profetas.

más tiempo, pero menos, sin duda, que el anciano Daniel. Mientras que Daniel servía en el palacio, Ezequiel ministraba como profeta entre los cautivos de Judá.

e. PROFETAS POSTEXÍLICOS: HAGEO, ZACARIAS Y MALAQUIAS

Hageo y Zacarias pueden considerarse juntos porque ambos indican que comenzaron a profetizar en el segundo año de Darío (520 A. de C.; véase 1:1 de sus libros respectivos). Toda la profecía de Hageo pertenece a ese año, mientras que Zacarías tuvo revelaciones de Dios en ese tiempo y también posteriormente. El tema primordial de ambos es la necesidad de reedificar el templo. El pueblo había comenzado esta tarea tras el primer regreso de los cautivos en 538/537 A. de C., pero se habían desanimado y cesó la obra, quedando echados sólo los cimientos por dieciséis o diecisiete años, con gran deshonra para Dios a los ojos de los pueblos limítrofes. Por fin, Hageo y Zacarías recibieron instrucciones en el año 520 a fin de animar al pueblo a comenzar de nuevo la obra, y el ministerio de ellos fue efectivo, ya que el pueblo obedeció las órdenes y el año 515 quedó terminada la obra.

Mucho más difícil resulta hallar la fecha de Malaquías, pero es evidente que fue posterior a las de Hageo y Zacarías. Por ejemplo, nos dice que durante su tiempo era un gobernador persa quien ejercía la autoridad en Jerusalén (1:8). Menciona las ceremonias religiosas que se celebraban en el templo (1:7-10; 3:8), lo que indica que el templo ya estaba reconstruido en esa fecha. También reprende al pueblo por prácticas pecaminosas, similares a los mencionadas por Esdras y Nehemías en la época de éstos; todo lo cual sugiere unas fechas aproximadas a las de Esdras y Nehemías. Comoquiera que ninguno de estos dos menciona a Malaquías, es muy probable que ejerciera su ministerio unos pocos años después de que se escribieran los libros de ambos, lo cual significa que actuó durante la última parte del siglo V.

Volviendo la vista hacia el grupo total de profetas escritores, notamos que el orden general en que aparecen los escritos de los profetas menores nos da una indicación del tiempo en que ejercieron su ministerio. Los primeros profetas menores fueron todos del siglo IX o del VIII -Oseas, Joel, Amós, Abdías, Jonás y Miqueas. No se incluye entre ellos a Isaías, por ser uno de los profetas mayores. Los tres siguientes -Nahúm, Habacuc y Sofonías-, pertenecen al siglo VII. No se incluye a Jeremías, porque es otro de los profetas mayores. Los tres últimos —Hageo, Zacarías y Malaquías—, son profetas de después del cautiverio de Babilonia. Los dos profetas del exilio—Daniel y Ezequiel—, no se incluyen, por ser asimismo profetas mayores. De esta manera, el recordar el orden en que los profetas menores aparecen en la Biblia, nos ayuda también a guardar en la memoria el tiempo en que cada uno ejerció su ministerio.

Parte Segunda

LOS PROFETAS

Sección Primera

LOS
PROFETAS ANTERIORES
A LA MONARQUIA

DIAGRAMA HISTORICO I

Timeline scale: 1450 — 1400 — 1350 — 1300 — 1250 — 1200 — 1150 — 1100 — 1050

1446	viaje por el desierto
1406	1390? conquista
ancianos 1375?	
1367 Otoniel	
moabitas 1327	
1308 Ehud	
cananitas 1229	periodo de los jueces
Débora 1209	
madianitas 1169 1162	
Abimelec 1122 Gedeón	
Tola y Jair 1119 1096	
amonitas 1078	
Jefte 1072 1055	
Samsón	

MOISES — JOSUE 1406 — 1390?

MIRIAM 1407

DEBORA 1209 † 1170? 1169 PROFETA ANONIMO 1152?

1075 SAMUEL

9

Tres de los
Primeros Profetas

Entramos ya al estudio de los profetas mismos. Hasta ahora, nuestro interés se había centrado en el movimiento llamado profetismo. Sin embargo, los profetas eran los individuos que constituían ese movimiento y estaban involucrados en las actividades y funciones hasta ahora estudiadas. Ahora vamos a pasar al estudio de sus personas, de sus capacidades, metas y aspiraciones.

Es menester percatarse de que este estudio se extiende a todos los profetas de Israel, y no sólo a los profetas escritores. Se dará mayor espacio al estudio de los profetas escritores, por cuanto ciertamente eran grandes siervos de Dios y demandan mayor atención. Sin embargo, hubo otros profetas antes que ellos, y Dios los usó poderosamente. La información acerca de los primeros profetas no escritores se encuentra primordialmente en los libros históricos del Antiguo Testamento. La que tenemos sobre los profetas escritores se halla casi enteramente en los libros que escribieron.

Los profetas anteriores a la monarquía, a los que nos hemos referido en el capítulo 8, eran los siguientes: Moisés, María, Josué, Débora, un profeta anónimo del tiempo de Gedeón, Samuel y una compañía de profetas discípulos de Samuel. En el presente capítulo, trataremos únicamente de tres de ellos: María, Débora y el profeta anónimo. De Moisés y de Josué no nos vamos a ocupar de ningun en modo, porque ambos fueron primordialmente administradores más bien que profetas; su gran cometido fue guiar al pueblo de Israel en su translado de Egipto a Canaán y en la conquista de la Tierra Prometida respectivamente. De ahí que sus vidas sean sufi-

cientemente bien conocidas y no necesiten que las estudiemos aquí. Samuel
y el grupo de profetas que él entrenó serán el tema del capítulo siguiente.

Para proveer del transfondo que nos ayude a estudiar a María, Débora
y el anónimo profeta, será conveniente percatarse del momento histórico en
que jagaron su papel respectivo. La historia comienza con el nacimiento de
Moisés en Egipto. A causa de un edicto del rey, por el que se preceptuaba
matar a todos los recién nacidos varones de Israel, Moisés fue colocado en
el Nilo, en una arquilla de juncos, cuando contaba tres meses de edad. Su
hermana -sin duda, la María de nuestro estudio-, "se puso a lo lejos, para
ver lo que le acontecería" (Ex. 2:4). El bebé no tardó en ser encontrado por
la hija del Faraón, que vino a bañarse en el río, y la hermana de Moisés le
sugirió buscarle una nodriza que se cuidase del niño hasta el destete. La
nodriza en que la hermana de Moisés pensaba no era otra que su propia
madre. Así es como regresó Moisés a su casa, hasta que llegó el tiempo en
que hubo de ser llevado al palacio para estar bajo el cuidado de la hija del
rey, la cual lo adoptó por hijo. Allí permaneció Moisés hasta la edad de 40
años, y entonces huyó de la corte y se refugió en Madián, donde estuvo
hasta la edad de 80 años, cuando Dios le llamó a que sacase a los israelitas
de la esclavitud de Egipto y los condujese a la Tierra Prometida.

Cuando llegó el día de la partida de Egipto, María se encontraba entre
los que salieron hacia Canaán. Aunque no se la menciona con mucha frecuencia en el relato de la subsiguiente peregrinación por el desierto, lo que
nos dice el texto sagrado es una indicación suficiente del importante papel
que desempeñó en ayuda a su hermano menor, Moisés. Ya desde el comienzo
del viaje, desplegó tal actividad, como lo vemos en el episodio del paso del
Mar Rojo (Ex. 15:20-21). La muerte le llegó al comienzo del cuadragésimo
año de la peregrinación por el desierto, cuando Israel se hallaba acampado
en Cadés-Barnea (Nm. 20:1).

Los otros dos profetas, Débora y el anónimo, vivieron en época muy
posterior, en el tiempo comúnmente llamado de los Jueces. Después de la
muerte de María, los israelitas avanzaron hacia Canaán rodeando la parte
oriental del Mar Muerto y cruzando el Jordán para entrar en la tierra. Precisamente antes de cruzar el río, Dios efectuó un cambio de líder, llamando
a Moisés a Su presencia e instalando a Josué en su lugar. Josué prestó sus
servicios en la conquista de la tierra y en su distribución por suertes a las
distintas tribus. Muerto Josué, comenzó el período de los jueces.

Este período ha sido a veces considerado como de mínima importancia
en la historia de Israel, pero en realidad fue un tiempo de suma relevancia
en el programa que Dios tenía para Su pueblo, ya que comportó oportunidades muy señaladas para que Dios derramara Sus bendiciones. Dios había
prometido ya a Abraham la tierra de Canaán como el lugar en que había
de residir su posteridad, y es lógico suponer que los siglos que pasaron
entre la promesa y la conquista fueron la trama en que Dios estuvo pre-

parando tanto al pueblo como a la tierra para el día en que Israel entrase
a tomar posesión del país. La razón por la cual Dios escogió un pueblo para
Sí es que no había ningún otro pueblo en todo el mundo en que se adorase
al Dios verdadero. Dios había hecho el mundo y había sacado a la existencia
a las naciones, pero las naciones no le reconocieron. Deseaba tener un
pueblo que le reconociese y adorase, y lo escogió de entre los descendientes
de Abraham.

De aquí se sigue que, al entrar las doce tribus en la tierra de Canaán,
les esperase allí un gran potencial de bendiciones divinas. Aun cuando no
existían indicaciones directas, podía intuirse que Dios deseaba la prosperidad para Su pueblo. Para que este pueblo fuese en el mundo una buena
"propaganda" para el Dios verdadero, era menester que pudiese suscitar la
admiración de los demás pueblos. Su economía tenía que ser fuerte; sus
ejércitos, victoriosos. No es menester hacer conjeturas, pues Dios mismo
les dio seguridades al decirles que, si guardaban Sus mandamientos, El "les
exaltaría sobre todas las naciones de la tierra" (Dt. 28:1). Y aún les dijo
más: "Te abrirá Jehová su buen tesoro, el cielo, para enviar la lluvia a tu
tierra en su tiempo, y para bendecir toda obra de tus manos . . . Te pondrá
Jehová por cabeza, y no por cola; y estarás encima solamente, y no estarás
debajo" (28:12,13). La única condición que Dios ponía para pozar de estas
bendiciones era que el pueblo obedeciera sus mandamienros.

Uno de los factores que aseguraban a Israel las bendiciones divinas fue
que Dios proveyó a las tribus de un gobierno verdaderamente teocrático.
Nunca jamás había existido tal forma de gobierno, a pesar de que la teo-
cracia es la más elevada de entre las posibles formas de gobierno. Dios
mismo era el rey, y el pueblo tenía que rendirle a El solo pleitesía, sin la
mediación de gobernantes terrenos. Dios había dado Su Ley a Moisés, de
forma que el pueblo tuviese su constitución, y había instituido el sacerdocio
para instruir al pueblo en dicha Ley, con lo que el pueblo no tenía excusa
para desconocerla. Si el pueblo hubiese observado lo que Dios esperaba de
él, esta forma teocrática de gobierno no sólo habría procurado a Dios gran
gloria, sino que habría proporcionado al pueblo los mayores beneficios. Uno
de ellos habría sido la exención de impuestos civiles, puesto que no había
un gobierno al que sostener.

El tiempo de Josué, caracterizado por grandes beneficios y prodigios
maravillosos, mostrados en las derrotas espectaculares de los cananeos,
proveyeron un excelente telón de fondo para el comienzo de este período.
A la muerte de Josué, el pueblo de Israel gozaba de una elevada reputación
en toda la región. Los cananeos habían aprendido a temerle, y aun los
pueblos situados a considerable distancia debieron quedar impresionados
por la facilidad con que Israel había llevado a cabo la conquista, tras enfrentarse con un enemigo tan fuerte. Era un estupendo y prometedor

comienzo de las grandes bendiciones que Dios tenía en reserva para el período de los jueces.[1] Sin embargo, conforme este período fue avanzando, este estupendo potencial de bendiciones nunca llegó a convertirse en una realidad. La elevada reputación que Israel había adquirido durante el tiempo de Josué se fue desvaneciendo. Israel no se desarrolló como un pueblo próspero, sino que, por el contrario, fue considerado como un estado fácil de ser conquistado y saqueado. Los pueblos de Mesopotamia, Moab, Canaán, Madián, Amón y Filistea, todos ellos, por turno, hicieron la guerra las tribus y les impusieron servidumbre. La razón de este calamitoso proceso fue que el pueblo no observó la única condición que Dios le había impuesto; no guardaron los mandamientos de Jehová. Los obedecieron bastante bien mientras vivieron Josué y los ancianos de us tiempo, pero, tan pronto como éstos murieron, "los hijos de Israel hicieron lo malo ante los ojos de Jehová, y sirvieron a los baales. Dejaron a Jehová el Dios de sus padres, que los había sacado de la tierra de Egipto, y se fueron tras otros dioses" (Jue. 2:11-12).

Una de las medidas que Dios tomó para contrarrestar este hundimiento en el pecado, fue el establecimiento de los jueces, a fin de que sirviesen de intermediarios temporales entre El y el pueblo. Es por causa de esto por lo que el tiempo de estos líderes es llamado el período de los jueces. Otra medida fue el uso de profetas (Dt. 18:15-22). Moisés había dicho que el cometido de estas personas sería recibir revelaciones de Dios, que ellos transmitirían al pueblo en respuesta a las preguntas de la gente, cosa que los profetas llevaron a cabo. Sin embargo, a causa del trágico incremento del pecado, es lógico suponer que el campo de su ministerio se amplió a la predicación de una reforma. Este fue el cometido principal de los profetas posteriores, pero es probable que ocupase también un considerable espacio de tiempo en el ministerio de los profetas anteriores. Los israelitas estaban siguiendo a los falsos dioses de los cananeos, y era menester redargüirles de su pecado y urgirles a que volviesen al camino que Dios deseaba.

A. MARIA

1. Su obra

La naturaleza de la obra de María como profetisa se nos declara especialmente en Ex. 15:20-21. Aquí se le aplica el término *profetisa* (*nebhi'ah*), y se la describe a la cabeza de las mujeres, con un pandero en su mano. Israel acababa de pasar el Mar Rojo y había motivo para entonar alabanzas a Dios. Los primeros 18 versículos del capítulo nos transcriben

[1]Para una amplición de estos conceptos, véase mi libro *Distressing Days of the Judges*, especialmente los capítulos 3 y 6.

el canto de alabanza que Moisés y los varones de Israel entonaron a Jehová. Enseguida, nos dice el vers. 20 que "María la profetisa, hermana de Aarón, tomó un pandero en su mano, y todas las mujeres salieron en pos de ella con panderos y danzas". El cántico que María usaba de estribillo para responderles era: "Cantad a Jehová, porque en extremo ha triunfado gloriosamente; Ha echado en el mar al caballo y al jinete". (v. 21). Esta era precisamente la primera estrofa del cántico que Moisés y los hombres habían entonado (v. 1).

Como éste es el único pasaje en que a María se la llama profetisa, es probable que se caracterizase por esta función, como indica el artículo "la" en el hebreo (*hannebhi'ah*). Siendo así, su función primordial era el liderato entre las mujeres israelitas. Moisés era el líder establecido por Dios para el pueblo, pero es natural que tratase principalmente con los varones, quienes eran considerados las cabezas de familia. Sin embargo, Dios no quiso que las mujeres quedasen excluidas y, por eso, escogió a María para que les instruyese y guiase.

2. Su persona

Ya hemos dicho que María era hermana mayor de Moisés. Sin duda, su madre la consideró ya suficientemente responsable cuando era una niña, ya que le encargó la vigilancia de Moisés, mientras éste, de tres meses de edad, estaba en el Nilo en su arquilla de juncos. Según Flavio Josefo, se casó con Hur y así fue abuela del arquitecto Bezaleel, que tuvo a su cargo la construcción del tabernáculo.[2] Se recordará que Hur, junto con Aarón, estuvo manteniendo en alto uno de los brazos de Moisés en la batalla contra los amalecitas (Ex. 17:10), y más tarde quedó, también con Aarón, encargado de la superintendencia del campamento, cuando Moisés y Josué subieron al Monte Sinaí, al tiempo que Moisés se disponía a recibir la Ley de las manos de Dios (Ex. 24:14). Después de esto, ya no se vuelve a mencionar a Hur, por lo que es probable que muriese poco después, ya que en estas dos ocasiones había sido un hombre importante.

a. UNA PERSONA IMPORTANTE

En su propio feudo, María fue persona importante. El hecho de que guiase a las mujeres en el episodio mencionado, muestra su importancia con respecto a ellas, y el modo como Moisés se refirió a ella, después de muerta, muestra que el pueblo la consideraba como a líder (Dt. 24:9). Más significativa todavía es la forma en que Dios mismo, por boca de Miqueas, se refirió a ella muchos años después con las siguientes palabras dirigidas al pueblo de Israel: "Envié delante de ti a Moisés, a Aarón y a María" (Miq.

---

[2]*Antigüedades* III. 2.4; 6.1; IV. 4.6.

6:4). Es bien conocido el liderato de Moisés y de Aarón, pero es significativo que la nombrase junto a ellos. Su importancia es confirmada por el modo como el pueblo actuó después que ella y su hermano Aarón se rebelaron contra el liderato de Moisés y, como consecuencia de ello, quedó cubierta de lepra. Dios la curó de la lepra, no sin que ella pasara antes siete días fuera del campamento. En aquella ocasión, se nos dice que, durante aquellos siete días, "el pueblo no pasó adelante hasta que se reunió María con ellos". (Nm. 12:15). No cabe duda de que una persona ordinaria habría sido dejada allí, rezagada por la lepra, pero, tratándose de María, todo el campamento esperó hasta que se recobrase y pudiese acompañar al pueblo.

Sin embargo, María ocupaba un lugar de menor importancia que Moisés. Esto está claro por la historia en general y, especialmente, desde el tiempo en que se rebeló contra Moisés (Nm. 12:1-16). Ella y Aarón intentaron asumir el mismo rango que Moisés, cuando dijeron: "¿Solamente por Moisés ha hablado Jehová? ¿No ha hablado también por nosotros?" (12:2).

El contexto posterior nos muestra que María ocupaba un lugar inferior al de un profeta, ya que la reprensión que Dios le dirigió a ella, así como a su hermano Aarón, incluía algo tan notable como lo siguiente: "Oíd ahora mis palabras: Cuando haya entre vosotros profeta de Jehová, le apareceré en visión, en sueños hablaré con él. No así a mi siervo Moisés . . . Boca a boca hablaré con él, y claramente y no por figuras; y verá la apariencia de Jehová" (12:6-8). En otras palabras, a diferencia de Moisés, con quien Dios hablaba boca a boca y sin el uso de recursos intermediarios, Dios se comunicaría con María y Aarón (especialmente con María, puesto que a ella sola se la llama profetisa), sólo en visión o sueños. Como profetisa, pues, María recibió revelaciones, pero éstas le vinieron por medio de visiones y sueños, no por comunicación "boca a boca".

b. LA DEBILIDAD DE LOS CELOS

El episodio en que María y Aarón se rebelaron contra Moisés, muestra también que María era propensa a tener celos. Al ocupar un lugar de menor importancia que su hermano más joven, parece claro que anheló ocupar una posición del mismo rango que él y la trató de conseguir. También está claro que fue ella, no Aarón, quien encabezó la rebelión, puesto que sólo ella fue castigada con la lepra. Parece ser que ella sugirió la idea y persuadió a Aarón para que la secundara. Esto nos dice también algo acerca de Aarón, pues de la misma manera que, en un episodio anterior, se dobregó ante los caprichos del pueblo para que les fabricase el becerro de oro, también ahora se dejó persuadir por María para rebelarse contra Moisés.

Lo que motivó los celos de María fue que hace poco Moisés se había casado con una mujer cusita (etíope). Parece ser que Séfora, su primera mujer, había muerto, y quizás María, siendo la mayor de los hermanos, había desempeñado cerca de Moisés el papel de una especie de consejera femenina durante el tiempo que medió entre la muerte de Séfora y el nuevo casamiento de Moisés. Podía esperarse que la nueva esposa tomase el puesto que María estaba ocupando, y parece ser que a ella no le agradó esto y se puso celosa. El resultado fue persuadir a Aarón a que la acompañase para querellarse contra Moisés. El desagrado notorio de Dios ante la actitud de ella se mostró por la fuerte reprimenda que pronunció contra ellos y, después, por el castigo de la lepra, la cual era considerada como un símbolo de la muerte y empleada como medida disciplinar sólo en los casos en que se había cometido un pecado muy grave. Son significativos a este respecto los términos en que Aarón se dirigió a Moisés para interceder por ella: "No quede ella ahora como el que nace muerto, que al salir del vientre de su madre, tiene ya medio consumida su carne" (12:12).

Pero esta debilidad de María por los celos no nos debe oscurecer el hecho de que, en fin de cuentas, ella era una persona relevante en el campamento de Israel. Parece ser que se la consideró de un rango casi paralelo en importancia al de su hermano Aarón, por ser líder de las mujeres israelitas, a quien ellas acudían en busca de consejo y guía de parte de Dios mediante revelación. Debió de ser una persona con verdadero temor de Dios, para que Él le encomendase un cargo de tal importancia.

B. DEBORA

1. Su obra

Débora vivió durante el período de los jueces, muchos años después que María. En realidad, ella misma fue juez, la cuarta en esta ilustre línea;[3] y es mejor conocida como juez que como profetisa, sirviendo en tiempos de la opresión de Israel bajo los cananeos. Ella fue quien escogió a Barac para que se pusiese a la cabeza de los que habían de luchar contra tales enemigos (Jue. 4:4–10). Antes de la batalla y, sin duda, también después, ejerció el oficio de juez debajo de una palmera situada entre Ramá y Betel, en el monte de Efraín. Jue. 4:5 nos dice que "los hijos de Israel subían a ella a juicio". La idea parece ser que, en dicho lugar –que sería bien conocido de las gentes de aquella región–, Débora daba consejos y advertencias y pronunciaban decisiones judiciales en casos de desavenencia entre personas del pueblo.

El verbo *juzgar* (*shaphat*), aplicado a los llamados jueces, significaba algo más que ejercer un mero arbitraje, pues comportaba el sentido básico de liderato y es posible que incluyese, o no, el arbitraje como una parte importante de su trabajo.[4] En el caso de Débora, parece sobreentenderse

[3]Los tres primeros habían sido Otoniel, Eúd y Samgar (Jue. 3:9–31).
[4]Para una discusión del tema, véase mi libro *Distressing Days of the Judges*, pp. 4–6.

que su actividad como juez incluía principalmente el arbitraje, en el sentido de que el liderato ocupaba un lugar secundario para ella, lo cual era quizás debido a su condición de mujer. Nótese que, cuando surgió la necesidad de un líder militar par la batalla contra los cananeos, ella llamó a Barac.

La naturaleza de la actividad de Débora como profetisa es objeto de mera conjetura y, al parecer, la comenzó a ejercitar antes de actuar como juez (Jue. 4:4). Posiblemente, fue un factor principal para su elevación al oficio de juez. El ser llamada profetisa sugiere que comunicaba al pueblo mensajes que Dios le había dado y, con estes precedentes, fue llevada a prestar los consejos y las decisiones judiciales a que nos hemos referido anteriormente.

Aunque el texto sagrado no menciona ninguna revelación, ningún mensaje que hubiese recibido o comunicado, podemos estar seguros de que era una persona piadosa y bien equipada para el ministerio profético, de lo cual aportaremos en breve las pruebas pertinentes. Podemos, pues, afirmar que su actividad como profetisa consistía en desempeñar las dos funciones que hemos advertido en otros profetas: recibir mensajes de parte de Dios en respuesta a las preguntas del pueblo, y declarar la palabra de Dios en orden a la reforma de costumbres de la gente. Por el carácter que manifestó, podemos deducir que tenía un verdadero interés en que los israelitas reformaran sus vidas y se volviesen a los caminos de Dios, deseosa de que el pueblo obedeciese a Dios y pudiese así disfrutar de una vida rica en bendiciones.

2. Su persona

a. SU ESTADO ESPIRITUAL

Que Débora poseía un alto grado de madurez espiritual, es totalmente incuestionable. Una prueba de esto es que a ella, como a María, le fue concedido el privilegio de ser profetisa; no fueron muchas las mujeres que gozaron de tal distinción. Otra prueba es la forma en que se dirigió a Barac para animarle a marchar contra los cananeos: lo hizo en nombre de Dios, diciendo: "¿No te ha mandado Jehová Dios de Israel . . . ?" (Jue. 4:6). Es evidente que Dios le había encomendado llevar a cabo tal nombramiento, como ella misma estaba dispuesta a reconocer. Más aún, cuando le dio nuevos ánimos a Barac poco antes de comenzar la batalla, lo hizo con entera confianza en que Dios había de entregar a los enemigos en manos de Barac, y afirmó: "¿No ha salido Jehová delante de ti?" (4:14). Es cierto que intervino el valor de las tropas, pero Débora le recordó a Barac que la victoria dependía de la bendición de Dios, no del número de los soldados.

Este recordatorio estaba muy en su punto, porque, a decir verdad, las dos partes de la contienda eran muy desiguales en pertrechos. El enemigo, al mando de Sísara, disponía probablemente de igual o mayor número de tropas que Barac, pero poseía además novecientos carros herrados (4:3), con la ventaja a su favor de estar su ejército situado en la llanura de Esdrelón, donde los carros herrados podían maniobrar cómodamente; al extremo oriental de esta llanura, tenía Sísara su cuartel general.[5] Debemos, pues, concluir que tanto Débora como Barac mostraron una inusitada confianza en Dios el estar dispuestos a entrar en batalla con el enemigo en aquel preciso lugar. A punto de comenzar la batalla, Débora quiso recordar a Barac que era Dios quien marcaba la diferencia, no el número de los soldados ni de los carros.

Después, al escribir su cántico en Jueces 5, Débora mostró una vez más su personal dedicación a Dios, evidenciada por la forma en que atribuyó a Jehová toda la gloria por la victoria conseguida; no se apropió a sí misma de ningún mérito, ni se lo atribuyó a Barac. Por ejemplo, escribió así en Jue. 5:3 "Cantaré salmos a Jehová, el Dios de Israel"; y en el v. 13: "Jehová me hizo imponerme a los poderosos". Está claro que Débora centró en Dios sus pensamientos y procuró exaltarle en su vida y en su obra.

b. SU COMPASIÓN

Otra de las características que se advierten en Débora es su compasión. En su cántico de Jueces 5, afirma que había visto la necesidad de Israel, y que había respondido a esta necesidad acudiendo en ayuda de las tribus del norte. Es probable que se enterase de esta necesidad por informes de las personas que venían a ella de aquella región, en la que los cananeos estaban oprimiendo al pueblo. Una vez que se enteró de la necesidad, no dudó en dedicarse a remediarla.

Débora hace ver que la necesidad era grande. Según el v. 6 de su cántico, aunque Samgar, un juez anterior (Jue. 3:31), había liberado a Israel recientemente, matando a seiscientos filisteos, todavía los israelitas tenían miedo de viajar por las vías principales, y los que por necesidad emprendían un viaje, lo hacían por rutas secundarias. En otras palabras, el pueblo evitaba todo posible encuentro con los opresores cananeos. Como consecuencia, la gente que vivía en las aldeas (lit. a campo abierto), donde no estaban protegidos por las montañas, abandonaron su residencia, según dice el v. 7, huyendo, al parecer, a las áreas montañosas en busca de seguridad. Además, según el v. 8, las armas eran tan escasas (debido, sin duda, a que los cananeos habían desarmado al pueblo), que no se veía "escudo o lanza entre cuarenta mil en Israel". Por eso, dice Débora, "me levanté como madre en Israel" (v. 7). Es decir, asumió una posición en que pudiese velar por el pueblo con cuidado maternal, ejerciendo el oficio de

---

[5]En Haroset-goim (Jue. 4:2), donde está probablemente situada la moderna Tell El-Harbej, un lugar de seis hectáreas en la ribera sur del río Cisón, al pie del Monte Carmelo.

juez. Invitaba a la gente a venir a ella con sus cuitas y problemas, y les animaba y ayudaba administrando justicia entre ellos. No se hacía el sordo a sus necesidades, sino que mostraba compasión por ellos.

c. SU CAPACIDAD

Además de compasión, Débora poseía capacidad para el liderato en el desempeño de su cargo. No precisamente cualquiera podía asumir el puesto de "madre en Israel". Tras haber servido al pueblo en calidad de profetisa, había llegado a reconocer el otro don que Dios le había otorgado de guía y consejera, y había estado dispuesta a desempeñar también este cargo. Al asumirlo, parece ser que la gente que acudía a ella era muy numerosa. La forma misma en que Barac le respondió (Jue. 4:8), muestra el gran respeto en que la tenía. También es de notar que fueron numerosas las tribus que se mostraron dispuestas a marchar contra los cananeos, como ella declara en su cántico (5:14-18), y una razón muy poderosa sería quizás la deuda que el pueblo sentía con ella por la ayuda que les había prestado.

Débora desplegó también notable habilidad literaria, como se ve por el cántico que compuso a raíz de la victoria de Barac sobre Sísara y que es una pieza literaria brillante, escrita bajo la inspiración de Dios. Con fino sentido dramático, Débora presenta una serie de escenas o secuencias separadas. El lenguaje es fuerte y expresivo. Robert H. Pfeiffer lo llama "la pieza maestra de la poesía hebrea" y afirma que "merece un lugar de honor entre los mejores poemas épicos que se hayan escrito".[6]

Del v. 1 podría alguien deducir que Barac ayudó a Débora a componer el poema ("cantó Débora con Barac"), pero esta frase sólo significa que ambos cantaron el cántico, no que lo compusieran juntos. Por el v. 3, se ve que fue ella sola la que lo compuso, pues usa la primera persona del singular refiriéndos a sí misma; lo mismo hace en el v. 7, en el que se menciona a sí misma en solitario. A mayor abundamiento, dice en el v. 12 "Despierta, despierta, Débora; despierta, despierta, entona cántico".

d. SU MAGNANIMIDAD

Débora mostró también un espíritu magnánimo, pues estuvo dispuesta a renunciar a su comodidad en aras del bien del pueblo, como lo revela su disposición a acceder a la petición de ayuda que Barac le hizo. De hecho, Barac no sólo le hizo una petición, sino que expresó una condición *sine qua non* al decirle: "Si tú vienes conmigo, yo iré; pero si no vienes conmigo, no iré" (4:8). Débora podía haber rehusado cumplir este requerimiento de Barac, proque, después de todo, ella era una mujer con un importante cometido que desempeñar, y él era un hombre que debía estar capacitado para encargarse de la tarea que ella le había ordenado de parte de Dios.

---

[6]*Introduction to the Old Testament*, p. 326.

Ella tenía todo el derecho a rehusar acompañarle, pero accedió olvidándose de su derecho, con tal de que se llevase a cabo la obra de Dios, y el pueblo saliese beneficiado.

C. UN PROFETA

La tercera persona que nos queda por considerar en este capítulo, no se halla registrada por su nombre, algo que ocurre también respecto de otros profetas del Antiguo Testamento, como veremos en su lugar. Por qué se dignó Dios darnos los nombres de unos y no de otros, no siempre aparece claro. A veces, éstos cuyos nombres no figuran fueron llamados a desempeñar funciones importantes. Y éste es precisamente el caso del personaje que se cita aquí como "un profeta": tuvo a su cargo una tarea importante.

1. Su obra

Este personaje entra en escena en tiempo de Gedeón. De hecho, su intervención tiene lugar antes del llamamiento de Gedeón (Jue. 6:7-10). Fue ocasionada por la curata de las opresiones que los Israelitas experimentaron durante este período. La primera la sufrieron a manos de Mesopotamia; la segunda, de Moab; la tercera, de Canaán, como acabamos de ver en conexión con el relato de Débora; y la cuarta, ahora, de Madián. La opresión madianita fue una de las más humillantes que experimentaron los israelitas. Los madianitas no invadían el país de Israel para mantenerlo sujeto a una continua ocupación, como hacían los demás opresores, sino que venían una sola vez al año, en el tiempo de la recolección, para apoderarse de la cosecha de los israelitas. Es probable que dejasen un retén allí durante los meses de intervalo, pero el grupo principal venía únicamente a devorar la tierra hasta que se agotaba el fruto de la recolección, y entonces regresaban a su país; eran un tipo de gente nómada, dada a la piratería, y llevaban a cabo su bandidaje en Israel en el tiempo de la cosecha.

Cuando este profeta fue llamado a transmitir su mensaje, los madianitas habían venido ya en esta forma por seis años consecutivos, y era inminente su séptima llegada. Durante los años anteriores, los israelitas, ante el temor de la invasión anual, habían procurado esconder su cosecha en fosos, cuevas y lugares fuertes en las montañas (6:2), sin intertar luchar contra el invasor para proteger los frutos, ya que los piratas venían cuando les placía, se apoderaban de lo que querían, permanecían el tiempo que deseaban y se marchaban cuando les agradaba. De seguro que si hubo alguna situación de abyecta debilidad por parte de Israel en el período de los jueces, lo fue ésta.

El motivo de esta condición humillante fue el mismo que en las anteriores aflicciones. El pueblo continuaba pecando, y Dios permitía esa condición como un medio de disciplina para que Su pueblo se volviera hacia El. Así que la tarea de este profeta resulta fácil de averiguar: tenía que llamar la atención al pueblo respecto de esta situación, y urgirle a renovar su pacto de lealtad a Dios; sólo así podrían disfrutar de las bendiciones divinas y no seguir experimentando este sufrimiento.

Como enseguida fue llamado Gedeón a servir de liberatador de Israel (Jue. 6:11ss.), la obra de este profeta habría de caracterizarse como una anticipada preparación para el servicio que Gadeón iba a llevar a cabo. En otras palabras, Dios deseaba que alguien precediese a Gedeón y preparase los corazones del pueblo para el mensaje que iba a comunicar y la liberación que iba a efectuar. Así, este profeta fue una especie de precursor, que preparó el camino para otro.

2. La persona

Comoquiera que es muy poco lo que se nos dice de su persona, no es mucho lo que puede concluirse en relación a su carácter, pero prodemos deducir algunos aspectos a base del mensaje que proclamó.

a. SU ESTADO ESPIRITUAL

Sin duda, debió de ser una persona de alto nivel espiritual, como se sigue del hecho de que Dios le escogiese como el profeta que había de llegar en este tiempo al área de Ofrá para pronunciar la represión por el pecado. Como se indica en la historia de Gedeón que, a continuación nos refiere el texto sagrado, en Ofrá se habían entregado de lleno al culto de Baal. De hecho, la primera tarea asignada a Gedeón, antes de salir a luchar contra los madianitas, fue derribar el altar de Baal que su propio padre tenía y cortar el mástil de Aserá que estaba junto al altar (6:25-28). Así lo hizo Gedeón y, como resultado, la gente de Ofrá quería matarle. Cosa trágica es que el pueblo de Dios, los israelitas, se hubiesen extraviado en su culto hasta el punto de querer dar muerte al hombre que había demolido un falso y pagano centro de culto. El hecho de que este profeta fuese seleccionado para venir a tal lugar y predicar el mensaje divino, indica que Dios vio en él un siervo auténtico y responsable. Ya hemos hecho notar que en cualquier época del período de los jueces, había numerosos profetas al alcance del pueblo. Si Dios escogió a éste para una tarea tan importante, podemos pensar que era un relevante siervo de Dios, en quien el Señor sabía que podía confiar.

Una segunda indicación la hallamos en el carácter del mensaje que el profeta proclamó. Está centrado en Dios de punta a cabo. Comienza con las palabras "Así ha dicho Jehová Dios de Israel", y continúa diciendo cómo dios sacó a los israelitas de la esclavitud de Egipto, hasta introducirlos en la Tierra Prometida. Y concluye dirigiendo al pueblo las palabras de Dios, "Yo soy Jehová vuestro Dios; no temáis a los dioses de los amorreos, en cuya tierra habitáis". El profeta no habló de sí mismo, ni siquiera hizo mención explícita de los pecados del pueblo; todo su énfasis estuvo enfocado hacia la existencia del Dios de Israel y a lo que este Dios había hecho por Su pueblo. Un mensaje tan centrado en Dios da a entender que los pensamientos del profeta estaban centrados en Dios, lo cual a su vez significa que era una persona espiritualmente madura.

b. SU ORIENTACION HISTORICA

El tipo de mensaje transmitido indicaba que el profeta estaba bien orientado históricamente en su modo de pensar. El eje de su mensaje era que, puesto que Dios había hecho tanto por el pueblo en el pasado, ahora debían seguirle. En otras palabras, las bendiciones que el pueblo había disfrutado en el pasado, deberían contribuir primordialmente a caracterizar su conducta presente. Dios había otorgado a Israel una maravillosa liberación, sacándole de Egipto, y después había expulsado de Canaán a los habitantes de aquella tierra, a fin de que tuviesen un hermoso lugar donde residir; por consiguiente, el pueblo debería prestar atención a las demandas de Dios, en vez de retirarle la lealtad par seguir al falso dios de Canaán, Baal. Es cierto que el profeta estaba comunicando un mensaje que Dios le había revelado de antemano, pero también es cierto que Dios usa la mente y las aptitudes del hombre en el tipo de mensaje que transmite.

c. SU VALENTIA

Todavía encontramos una tercera característica de este profeta: su valentía. Se detecta fácilmente por el hecho de que estaba presto a responder al llamamiento de Dios para que fuese a Ofrá y proclamase un mensaje de tal género. Si, más tarde, la gente de Ofrá quería quitarle a Gedeón la vida por haber destruido el altar de Baal, se puede asegurar que no estuvieron preparados para recibir el mensaje que fuera encomendado a este profeta para proclamarlo. Otros profetas podrían haber objetado que el cometido era demasiado peligroso o que podrían sufrir algún daño, pero este hombre se fue allá y obedeció las instrucciones de Dios.

¹Para una amplición de estos conceptos, véase mi libro *Distressing Days of the Judges*, especialmente los capítulos 3 y 6.

²*Antigüedades* III. 2.4; 6.1; IV. 4.6.

³Los tres primeros habían sido Otoniel, Eúd y Samgar (Jue. 3:9-31).

⁴Para una discusión del tema, véase mi libro *Distressing Days of the Judges*, pp. 4-6.

⁵En Haroset-goim (Jue. 4:2), donde está probablemente situada la moderna Tell El-Harbej, un lugar de seis hectáreas en la ribera sur del río Cisón, al pie del Monte Carmelo.

⁶*Introduction to the Old Testament*, p. 326.

10

Samuel

Nuestra atención se vuelve ahora hacia Samuel, verdaderamente un gran hombre del Antiguo Testamento. Samuel vivió hacia el final del período de los jueces y, de hecho, fue el encargado de inaugurar el tiempo de la monarquía ungiendo a los dos primeros reyes, Saúl y David. Su historia se encuentra en los primeros 25 capítulos de 1 Samuel.

Dos veces se le llama "profeta" (*nabhi'*) (1 S. 3:20; 2 Cr. 35:18), y varias veces "vidente" (*ro'eh*) (1 S. 9:11,18,19; 1 Cr. 9:22; 26:28; 29:29). Sin embargo, como ya se indicó en el capítulo 4, los términos *ro'eh* y *nabhi'* se usaban para designar el mismo oficio; la diferencia estaba en la popularidad de una determinada terminología, más bien que en una diferencia de oficios. Por tanto, sea cualquiera el término con que se le designe, lo cierto es que desempeñó el oficio que es objeto de nuestro estudio.

Los días de Samuel se caracterizaron por los gravísimos pecados que el pueblo cometía. Ya hicimos notar que el pecado abundó en la primera parte del período de los jueces, y por ese motivo cayeron las opresiones sobre el pueblo; pero estas opresiones no le hicieron al pueblo cambiar, sino que, por el contrario, hay indicaciones de que el pecado aumentó en persistencia y gravedad. El aumento del pecado estuvo siempre íntimamente conectado con el aumento del culto a Baal. En el tiempo de Gedeón, el culto a Baal había adquirido tales proporciones en Israel, que el pueblo estaba decidido a quitarle la vida a Gedeón, por haber destruido el altar de Baal y el mástil de Aserá. Después, en tiempos de Jefté, no sólo Baal, sino los dioses de varios otros países eran adorados.[1] Con relación a este tiempo, dice Jue. 10:6 "Pero los hijos de Israel volvieron a hacer lo malo ante los ojos de Jehová, y sirvieron a los baales y a Astarot, a los dioses de Siria, a los dioses de Sidón, a los dioses de Moab, a los dioses de los hijos de Amón y a los dioses de los filisteos; y dejaron a Jehová, y no le servían". Por consiguiente, el pecado se multiplicaba y agravaba muy seriamente en tiempos de Jefté; y Samuel entró en escena poco después.

Además de esta condición general de perversidad, se había desarrollado en el mismo santuario central un pecado de especial gravedad. Samuel era coetáneo de Elí, cuyos impíos hijos, Ofní y Fineés, actuaban como sacerdotes y de tal manera habían corrompido el sistema sacrificial, que el pueblo no quería ya venir a presentar sus sacrificios. Ambos se apoderaban ilegalmente de carne de los animales traídos para el sacrificio (1 S. 2:12-17), y fornicaban con las mujeres que servían al tabernáculo (2:22). Pronto corrió a lo largo y a lo ancho del país la noticia de tales acciones, y el pueblo ya no sólo se negaba a venir al tabernáculo, sino que era incitado a cometer los mismos pecados. En vez de ser modelos para bien, los sacerdotes se habían convertido en paradigmas de iniquidad.

Por si fuera poco esta extensión y gravedad del pecado en el país, Israel se caracterizaba en tiempos de Samuel por una profunda depresión, y hasta desesperación, en términos del estado de ánimo del pueblo. Esto se debía, en primer lugar, a la continua opresión que los filisteos les estaban imponiendo, opresión que duró cuarenta años (Jue. 13:1), siendo así la más larga de todas. En segundo lugar, se debía también al desastre sufrido en la batalla entablada con los filisteos en Afec, poco antes de que asumiera Samuel su oficio de juez.

Con dicha batalla, esperaban los israelitas poner fin a la opresión filistea, pero no tuvieron éxito, sino que sufrieron dos veces severas pédidas; la primera vez, murieron cuatro mil hombres de las tropas de Israel; la segunda, murieron treinta mil; entre ellos, los dos sacerdotes, Ofní y Fineés y, lo que es más grave, el arca de la alianza cayó en poder de los filisteos. Después de la primera derrota, los israelitas habían llevado el arca al campo de batalla. Esto fue un pecado muy grave a los ojos de Dios, quien no pudo permitir que Israel venciese en tales condiciones. En consecuencia, se perdió la batalla, y los filisteos apresaron el arca y se la llevaron a su tierra. Cuando las noticias de la catastrofe llegaron a Siló, donde vivía Elí, él sufrió tal sobresalto que cayó de espaldas y se fracturó la cerviz. Muertos en el campo de batalla los dos sacerdotes que actuaban en el santuario, y fallecido ahora Elí tras quebrarse el cuello, toda la carga del liderato de Israel cayó sobre los hombros de Samuel, quien ya estaba ahora en edad conveniente para asumirlo.

---

[1]Hacia el 1100 A.de C., trescientos años después de la conquista (Jue. 11:26).

Para colmar de oscuridad aquellos negros días, existía de parte de los israelitas cierta tendencia a unir sus fuerzas con las de los cananeos. El peligro de la influencia cananea siempre estaba presente, pero nunca lo fue mayor que en esta época crucial. El motivo para una coalición de esa índole era que los filisteos eran tan enemigos de los cananeos como de los israelitas. Poseyendo entonces los filisteos tanta fuerza, surgió en los otros dos grupos una inclinación natural a unirse contra el enemigo común. Cuando los israelitas se enteraron de que su preciosa arca había sido capturada, y de que habían caído muertos todos los líderes del santuario, es lógico que sus pensamientos se volviesen a intentar un esfuerzo conjunto. Con todo, esta era la peor cosa que podían hacer a los ojos de Dios, y Samuel, siendo un verdadero hombre de Dios, lo sabía. Era, pues, preciso actuar rápida y eficazmente, si es que las tribus habían de mantener sus características distintivas.

A. SAMUEL

1. Su obra

Para representarnos la naturaleza de la obra de Samuel, al asumir él el liderato tras el desastre de Afec, tenemos que basarnos en deducciones más bien que en afirmaciones expresas de la Escritura, puesto que la Biblia, en vez de ocuparse a renglón seguido de esta actividad de Samuel, sigue hablando del arca capturada por los filisteos en los capítulos 5 y 6 de 1 Samuel, capítulos en los que podría esperarse que apareciesen detalles de la obra inicial de Samuel. Esto nos da a entender la importancia que Dios daba al arca.

La providencia divina tenía motivos para permitir a los filisteos capturar el arca, por el gran pecado que Israel había cometido al llevarla al campo de batalla. Sin embargo, una vez que los filisteos se apoderaron del arca, como eran paganos creyeron que semejante hecho era indicio de que sus dioses eran más grandes y poderosos que el Dios de Israel. Pero dios no estaba dispuesto a tolerarlo, de manera que tomó las medidas para necesarias para proteger Su honor, con el resultado de que, siete meses después de haber capturado el arca, los filisteos no tenían otro deseo que deshacerse de ella. Los capítulos citados refieren en detalle toda la historia de lo sucedido con el arca.

Con todo, lo poco que la Escritura nos dice de las primeras actuaciones de Samuel en su calidad de juez, no han de tomarse en el sentido de que permaneciese inactivo. A base de lógicas deducciones, podemos percatarnos de que, en efecto, Samuel estuvo sumamente ocupado. Podemos deducirlo de la seria condición en que se hallaba Israel, según hemos indicado. Alguien tenía que hacer algo para salvar la situación. También llegamos a la misma conclusión al darnos cuenta de que, veinte años después, todo el conjunto de circunstancias era enteramente diferente. Conforme a 1 Samuel 7, para tal fecha, el pueblo se había vuelto a Dios en grado suficiente como para que Samuel atisbase una oportunidad de reavivamiento al convocar al pueblo en Mizpá, y efectivamente el pueblo confesó su pecado ante Jehová y se comprometió a renovar la lealtad a su Dios. Antes de que declinase el día, los filisteos, que habían llegado con la confianza de infligir a los israelitas una nueva derrota, fueron completamente derrotados ellos mismos, al intervenir Dios con una oportuna tormenta (1 S. 7:10).²

Algo había ocurrido para que se registrase de parte del pueblo un cambio tan grande de actitud, pues un cambio de tal calibre no surge por sí solo. Alguien tuvo que hacerse cargo de la situación y actuar con toda diligencia y habilidad; había un hombre capaz de ello, y ese hombre era Samuel. Podemos, por tanto, estar seguros de que Dios usó poderosamente a Samuel durante esos veinte años.

Una de las primeras actividades de Samuel hubo de ser el traslado del tabernáculo de Siló a Nob. Sabemos que el tabernáculo fue trasladado a Nob algún tiempo después de la derrota de Afec, puesto que estaba allí cuando, más tarde, Saúl mandó matar cruelmente a ochenta y cinco sacerdotes (1 S. 21:1; 22:16-19). Lo más probable es que el traslado se llevase a cabo inmediatamente después de la batalla de Afec, porque para estas fechas podía esperarse que los filisteos marchasen sobre Siló y se apoderasen asimismo del tabernáculo.³ Alguien, pues, debió de efectuar el traslado, y la persona más indicada para ello era Samuel. El estaba en Siló por aquellas fechas y tenía el interés, la visión y la autoridad, por todos reconocida, para dar las órdenes pertinentes. Es posible que ésta fuese su primera actividad como nuevo líder de Israel. De hecho, ésta pudo haber sido para la gente que vivía en Siló—y más tarde para los demás que se enterarían de ello—la primera indicación de que Samuel estaba dispuesto a asumir el puesto de nuevo líder.⁴

²Hay tres indicaciones de que esta batalla se libró en la estación seca del año. Primera, parece evidente que Samuel había de fijar una fecha en que no cayese lluvia, a fin de llevar a cabo el reavivamiento, ya que mucha gente tenía que viajar desde largas distancias. Segunda, a la vista de 2 Cr. 35:18, es lo más probable que se celebrase la Pascua en aquel tiempo, cuando la estación seca precisamente había comenzado, ya que el catorce de Nisán caía en la primera parte de abril. Y tercera, la tormenta ocurrida debió de ser algo inusitado, a juzgar por la confusión de los filisteos, que no esperarían tal cosa en la estación seca.
³Las investigaciones arqueológicas muestran, al paracer, que los filisteos destruyeron Siló por entonces. Esta fue la creencia común hace unos pocos años, y después comenzó a dudarse de tales evidencias; pero, recientemente, los eruditos han llegado a ponerse de acuerdo en que las evidencias son válidas, después de todo. Para una discusión sobre el tema, véase Herschel Shanks, "¿Did the Philistines Destroy the Israelite Sanctuary at Shiloh?—The Archaeological Evidence", *The Biblical Archaeology Review*, 1 (June, 1975): 3-5.
⁴Se puede dar por sentado que muy pocos, si es que hubo alguno, se opusieron. Samuel había alcanzado ya una buena reputación (1 S. 3:20) y la mayoría de la gente estaría muy contenta de que él se prestase a tomar el liderato en este tiempo de extrema necesidad.

Podemos suponer que el principal esfuerzo de Samuel se centrase en estimular a secerdotes y levitas a desempeñar el oficio que Dios les había asignado. Los sacerdotes y levitas disponían de un personal suficientemente numeroso y habían mantenido con el pueblo el contacto necesario para que se llevase a cabo el cambio a que nos hemos referido, pero antes que esto sucediera, hubo que estimularles a cumplir con su cometido. Esto significaría el mantener contacto con ellos en las respectivas cuarenta y ocho cuidades. Samuel tuvo que realizar un enorme esfuerzo para viajar de ciudad en cuidad a fin de establecer tantos contactos.

Las instrucciones de Samuel a los sacerdotes y levitas incluirían asuntos como éstos: informarles que el tabernáculo había sido transladado para su seguridad a Nob y que el antiguo programa de servicio sacerdotal, aprobado por Dios, había de entrar de nuevo en funciones; indicarles que había asumido él el liderato como juez y que deseaba un cambio radical de conducta en todo el país con respecto al pecado, para lo cual habían de prestar los sacerdotes y levitas su plena cooperación; exhortarles a que se ocupasen con diligencia en las tareas que Dios les había señalado de instruir y guiar al pueblo con respecto a la Ley (Lv. 10:11; Dt. 33:10); intimarles a dar los pasos oportunos para animar al pueblo en orden a que se eliminase la influencia cananea en el culto a Baal (1 S. 7:3-4); y ordenarles que hiciesen todo lo posible para acabar con la peligrosa tendencia a coligarse con los cananeos, la cual conduciría a que esos vecinos paganos incrementasen su influencia sobre los israelitas.

Junto con esta actividad agobiante, Samuel tendría que actuar también como juez en ejercicio, como se nos dice efectivamente que lo hizo (1 S. 7:15), y podemos imaginárnosle comprometido en una actividad similar a la de los jueces que le habían precedido. Siendo él el nuevo líder, es natural que el pueblo fuese a él para recibir instrucciones y consejos. Uno de sus cometidos sería hacer que el sumo sacerdocio comenzase de nuevo a entrar en funciones, ya que Elí había muerto y era preciso buscarle un sustituto. El elegido debió de ser Ahitub, hijo de Fineés (1 S. 14:3), puesto que Ahimélec, el hijo de Ahitub, aparece ejerciendo el oficio en tiempos de Saúl (1 S. 21-22).[5] En todos estos asuntos, es seguro que intervendría Samuel como el hombre fuerte de su tiempo, en quien el pueblo podría confiar como líder responsable.

Además de estos quehaceres, todavía le quedaba a Samuel cumplir con su ministerio profético, lo cual comportaría recibir revelaciones de Dios en respuesta a las preguntas del pueblo y predicar al pueblo mensajes de

---

[5]Es digno de notarse que Samuel hizo que continuase la línea de Elí en este oficio, aun cuando Dios había dicho anteriormente que se iba a acabar (1 S. 2:27-36). Con todo, no hay indicación alguna de que Dios desaprobase esta acción de Samuel. Al parecer, Dios tenía intención de efectuar dicho cambio en los días de Salomón, cuando fue depuesto Abiatar y fue instalado Sadoc en su lugar (1 R. 2:27,35).

reforma. Es incuestionable la conclusión de que Samuel vino a ser un hombre muy atareado.[6]

2. Su persona

a. SU PREPARACION PARA EL MINISTERIO

La preparación para un trabajo determinado siempre reviste gran importancia; la persona debe estar calificada para la tarea que ha de llevar a cabo. La preparación de Samuel estuvo a cargo de Dios mismo y fue única en su género; el Señor le equipó del modo necesario para que desempeñase con acierto las apremiantes funciones que acabamos de describir. La preparación de Samuel se llevó a cabo en el tabernáculo; allí fue educado y allí tuvo experiencias que le proporcionaron el trasfondo de una información inapreciable. Lo normal era que los niños se educasen en sus casas respectivas, haciendo de maestros los padres, pero la situación de Samuel era distinta por causa de su madre, Ana, la cual había sido estéril, y en su oración a Dios para que le otorgase un hijo, ella le había prometido que, si le nacía un varón, lo había de ofrecer para que sirviese en el santuario. A su tiempo, nació Samuel, y Ana cumplió su voto llevándole al tabernáculo tan pronto como el niño fue destetado.[7]

Esto significa que alguien en el tabernáculo debía asumir la responsabilidad de educar a Samuel, y la persona más indicada para ello era el sumo sacerdote, Elí. Este conocía desde el principio el voto de Ana, y el niño le fue presentado a él personalmente cuando lo trajeron al tabernáculo a su debido tiempo (1 S. 1:25-28). También nos da a entender el texto sagrado que vino a desarrollarse una estrecha vinculación entre el anciano y el joven, tal como podía esperarse, si Elí había asumido personalmente la responsabilidad de educar a Samuel (V. 1 S. 3:4-9). Esto representaba un reto para Elí, tras el fracaso que había tenido con sus propios hijos años atrás, y quizás se esforzaría por enmendar ahora el entuerto. La vida de Samuel nos da testimonio de que, en este caso, Elí resultó mejor que un buen padre y un buen maestro. Habiendo sido sumo sacerdote durante muchos años y ya bien encanecido, poseería Elí un buen acopio de conocimientos acerca de la Ley y de las actividades ceremoniales, para impartirlos al niño. Es muy probable que ninguna otra persona en todo el país estuviese tan capacitada como Elí para tomar a su cargo la educación de Samuel.

Además, el mismo hecho de ser educado en el santuario central, le proporcionaba a Samuel la ventaja de adquirir información de primera mano sobre la actividad ceremonial, pues crecía al compás de la cotidiana

---

[6]En breve mencionaremos todavía otra actividad a su cargo, a saber, el comenzar y organizar un programa de instrucción para futuros profetas.

[7]Los niños hebreos no eran destetados en edad muy temprana; 2 Mac. 7:27 habla de tres años de edad.

experiencia de ver la presentación de sacrificios y ofrendas en el tabernáculo. No tuvo que aprender esto meramente por información de otros, sino que pudo verlo con sus propios ojos. Tanto el lugar como el mismo culto sacrificial tuvieron que causarle una gran impresión. Otra importante ventaja para Samuel sería tener acceso a las copias de la Ley para sus estudios. Podemos suponer que, por este tiempo, habría algunas pocas copias de los escritos originales de Moisés -todas ellas, transcritas laboriosamente a mano-, pero serían consideradas tan preciosas, que es muy probable que nunca se permitiese sacarlas del tabernáculo; pero aquí, todos los sacerdotes y levitas tenían igualmente acceso a ellas, cuando venían por turno a desempeñar su ministerio. Con todo, Samuel, al vivir junto al mismo tabernáculo, tendría continuo acceso a ellas para leerlas y estudiarlas, siempre que lo desease. Es muy probable que su maestro, Elí, le señalase algunas funciones de las prescritas en la Ley. El beneficio sería así doble: por una parte, obtener la más refinada educación en la Ley, que era posible en su tiempo; por otra, llegó a estimar en forma muy especial la importancia que revisten los requerimientos divinos. Como Samuel poseía una gran capacidad congénita para aprender —según lo evidencia su biografía en el texto sagrado— podemos concluir que Samuel salió tan bien preparado cual ningún otro en su tiempo, para el desempeño de las funciones que Dios pensaba encomendarle.

El hecho de vivir junto al tabernáculo le proporcionaba también a Samuel una información de primera mano acerca de las condiciones pecaminosas que imperaban en el país, ya que el tabernáculo era el lugar por el que pasaría con regularidad dicha información, siendo el centro religioso del país; los mismos sacerdotes y levitas llevarían allá tal información. Además de todo esto, Samuel pudo observar el terrible pecado que cometían Ofní y Fineés. Cuando estos dos perversos se hicieron con el liderato, es probable que incluso trataran de influir en el jovencito, esperando que cooperase y hasta posiblemente les ayudase en sus nefandas actividades. En tal caso, Elí sería la gran influencia de parte de Dios, para contrarrestar la otra de sus propios hijos, y conduciría con sus consejos a Samuel por los senderos de justicia. Samuel no se puso del lado de Ofní y Fineés, sino que siguió las instrucciones de Elí y la voluntad de Dios.

En adición a sus estudios, Samuel fue asumiendo ciertas funciones conforme iba creciendo en edad, pues se nos dice que "ministraba en la presencia de Jehová" (1 S. 2:18; 3:1). Es probable que estos textos se refieran al desempeño de ciertos quehaceres en conexión con el tabernáculo, como barrer, preparar leña para el altar y tener a mano el agua suficiente para beber y para realizar las purificaciones. También se nos indica que abría "las puertas de la casa de Jehová" por las mañanas.[8] Esto se menciona

---

[8] Estas "puertas" eran, sin duda, las cortinas que daban acceso al atrio del tabernáculo (Ex. 27:16). Es evidente que las cortinas se corrían por la noche y se descorrían a la mañana siguiente.

en conexión con el episodio en que Dios se reveló por primera vez a Samuel y le comunicó la desgracia que esperaba a la casa de Elí (1 S. 3:15).

Su dormitorio estaba junto al tabernáculo, cerca de la habitación de Elí, ya que se nos dice que, cuando Dios se le apareció por primera vez, "estaba durmiendo en el templo de Jehová, donde estaba el arca de Dios", y desde allí pudo llegar rápidamente a la habitación de Elí (1 S. 3:3-5).⁹ En cuanto a su ropa, vemos que iba "vestido de un efod de lino" (1 S. 2:18); según parece, al estilo de los sacerdotes (1 S. 22:18), aunque su efod (como el de los sacerdotes ordinarios) no estaba hecho del mismo material ricamente adornado con que se vestía el sumo sacerdote (Ex. 28:6).¹⁰ El término *vestido* (*hagur*) es muy apropiado, pues la parte frontal y la posterior del efod estaban estrechamente ceñidas al cuerpo mediante un cinturón en una faja. Podemos, pues, imaginarnos al jovencito Samuel ir de un lado a otro del tabernáculo, bien ocupado en sus funciones, y vestido de lino blanco como los sacerdotes corrientes.

b. SU ESTADO ESPIRITUAL

Hay abundantes pruebas de que Samuel fue un varón de elevada estatura espiritual. En unos días en que el pecado era cosa general y desenfrenada entre el pueblo de Israel, su figura reflejó como un faro la pura luz de Dios. Esto se sigue de la magna obra que llevó a cabo, como ya hemos considerado, y de otros aspectos que vamos a examinar a continuación.

Desde su más temprana edad, Samuel se decidió a obrar rectamente, frente a la nefasta influencia que ejercían en el tabernáculo Ofní y Fineés. Siendo éstos de mayor edad que Samuel, tenderían a inclinarle a la maldad y apartarle de las buenas instrucciones que Elí le impartía. Samuel era un niño normal y tendría emociones internas normales, prestas a despertar ante el atractivo de las cosas que ellos le dirían. Con todo, resulta claro que no dio su consentimiento a los impulsos del instinto, sino que estaba decidido a seguir el camino de la verdad y de la justicia, conforme lo había aprendido de Elí. Esta decisión a favor de lo recto hubo de ser, ya desde sus primeros años, una experiencia de las que forjan el carácter de la persona.

Otra experiencia importante fue la revelación que Dios le hizo en aquella

⁹Probablemente, tanto Samuel como Elí dormían en el atrio del tabernáculo. La referencia a "la lámpara de Dios" (1 S. 3:3) que aún no había sido apagada, tiene por objeto indicar el tiempo de la aparición. Esta "lámpara de Dios" era seguramente el candelabro de oro del Lugar Santo, la cual ardía durante toda la noche hasta que se le acababa el aceite (con el que volvía a llenarse cada mañana — Ex. 27:20,21; 30:7-8). La idea es que la revelación de Dios le fue otorgada a Samuel en las horas primeras de la mañana, antes de que se consumiese todo el aceite.

¹⁰El efod de los sacerdotes ordinarios estaba hecho de "lino" (heb. *bad*), mientras que el del sumo sacerdote era de oro, azul, púrpura, carmesí y lino trenzado (heb. *shesh* — Ex. 28:6).

memorable noche. Samuel tendría entonces unos doce años,[11] y el acontecimiento dejaría en él una marcada huella. Dios vino a él y, al principio, sólo le llamó por su nombre. El niño pensó únicamente en Elí y corrió a preguntarle qué deseaba. Esto occurrió tres veces y, a la tercera, Elí se dio cuenta de que era Dios quien estaba llamando a Samuel, y entonces le dijo que, si volvía a escuchar la voz, respondiese: "Habla, Jehová, porque tu siervo oye". Así lo hizo Samuel, y Dios le reveló que no permitiría a la casa de Elí continuar en el sumo sacerdocio por más tiempo.

No es fácil decir cuánto pudo dormir Samuel en el resto de aquella noche, aunque quizás durmió mejor que Elí. A la mañana siguiente, Elí urgió a Samuel, todavía tan joven e inexperto, a decirle con toda exactitud todo cuanto Dios le había revelado, temiendo sin duda que la revelación tenía que ver con él mismo. Debió de resultar muy duro para el niño tener que hacerlo así — comunicar tal clase de mensaje al anciano y honorable sumo sacerdote — pero lo hizo. Esta experiencia hubo de contribuir grandemente a dar madurez a su carácter.

Una prueba más del estado espiritual de Samuel es que, en conexión directa con su ministerio profético, Dios volvió a aparecerse a Samuel. Leemos en 1 S. 3:21 "Y Jehová volvió a aparecérsele en Siló; porque Jehová manifestaba en Siló su palabra a Samuel". Y, más adelante, en 4:1, "Y la palabra de Samuel se extendió por todo Israel". En. 3:20, hallamos estas palabras tan significativas "Y todo Israel, desde Dan hasta Beerseba, conoció que Samuel era fiel profeta de Jehová". Es evidente que Dios usó a Samuel, como profeta, desde su temprana edad. Parece ser que Dios siguió apareciéndosele como lo había hecho en la noche de la tremenda revelación, y le comunicaría información sobre los planes que tenía para Israel en aquel tiempo de pecado y calamidad. Samuel tendría que ir comunicando esta información por los distintos núcleos de población, con lo que llegó a ser conocido como fiel profeta desde el extremo norte del país hasta el extremo sur. Dios no habría usado a tal persona, mucho menos siendo aún tan joven, si esta persona no hubiese alcanzado una notable madurez espiritual.

Otra ocasión posterior, de gran importancia, fue el espléndido reavivamiento llevado a cabo en Mizpá a instancias de Samuel (1 S. 7:3–6). Como ya dijimos, esto tuvo lugar veinte años después de la desastrosa batalla de Afec (1 S. 7:2).[12] En este tiempo, el pueblo acudió a Mizpá en

---

[11]Josefo (Antigüedades V.10.4) le asigna esta edad, lo cual se compagina muy bien con el relato del texto sagrado.

[12]Los "veinte años" mencionados en 1 S. 7:2 se refieren al lapso de tiempo entre la devolución del arca a Israel por parte de los filisteos (1 S. 6:21 — 7:1) y el reavivamiento de Mizpá (1 S. 7:5–6). No se refiere, como con frecuencia se ha malentendido, al tiempo en que el arca estuvo en Quiryat-jearim. El arca permaneció en Quiryat-jearim hasta que David la trasladó a Jerusalén, lo cual ocurrió setenta años más tarde (1074–1004 A. de C.). Esto se hace evidente comparando 1 S. 7:1 "en el collado", con 2 S. 6:1–3 "en la colina" (v. 3), y teniendo también en cuenta que "Baalá" (v. 2), es simplemente otro nombre para designar a Quiryat-jearim, como puede verse por Jos. 15:60; 18:14 (El "Guibeá" de 2 S. 6:3 debe traducirse "collado").

grandes multitudes, a fin de renovar sus promesas en la presencia de Dios.
Esto estaba en marcado contraste con la actitud que Israel había mostrado
veinte años antes, cuando abundaban por todas partes el pecado y la desesperación, y nadie estaba entonces interesado en un reavivamiento, sino
solamente en proseguir por el camino de la maldad. Esto demuestra que
alguien con un mensaje espiritual de alta calidad había estado urgiéndoles
a cambiar y había tenido la suficiente influencia para que tal cambio se
llevase a cabo. Esta persona, por supuesto, fue Samuel como líder espiritual
y profeta de Dios entre el pueblo.

c. SU CAPACIDAD

Como Moisés y Josué antes que él, Samuel debió de ser un hombre de
notable capacidad para el liderazgo. Ya lo demostró cuando era un jovencito,
de acuerdo con lo que leemos en 1 S. 3:20, citado poco ha. Como ya se
indicó, esto debió de ocurrir en su edad temprana, como resultado de las
revelaciones recibidas de parte de Dios, y luego transmitidas al pueblo en
diferentes partes del país. Sin duda, era un hombre dotado de gran poder
de persuasión para urgir al pueblo a escuchar con respeto su mensaje.

Pero la prueba más evidente de us capacidad como líder se halla en la
labor desarrollada durante los veinte años que intervinieron entre la derrota
de Afec y el reavivamiento de Mizpá, como está implícito en el texto sagrado.
El gran cambio registrado durante esos años requirió de parte de Samuel
una eficiencia extraordinaria, puesto que la gente no deja fácilmente sus
hábitos pecaminosos para emprender una conducta recta así como así. Esto
sólo se consigue cuando hay por medio fuertes corrientes de influencia y
personalidades dominantes que muestren el camino. Como ya indicamos,
no cabe duda de que Samuel comenzó por tomar contacto con los sacerdotes, ubicados en lugares estratégicos, y con los profetas, pero se necesitaba una personalidad dominante para persuadir a tales personas. Tendría
primero que llegar a convencerles de que las cosas habían cambiado en el
tabernáculo y de que todo sería diferente en el futuro, y animarles luego a
que llevasen este mensaje a los varios distritos. Además de esto, él en
persona tendría que hablar en muchas comunidades y tomar contacto con
numerosas gentes. Los ancianos de las distintas ciudades eran personas
clave con las que tendría que hablar, pero tampoco éstos habrían respondido
adecuadamente, a no ser que alguien dotado de gran poder de persuasión
viniese a ellos.

Una prueba adicional de la capacidad extraordinaria de Samuel la tenemos en el gran respeto que le mostró Saúl durante todo su reinado. Fue
Samuel quien ungió por rey a Saúl (1 S. 10:1) y desempeñó después un
papel importante en su coronación (1 S. 11:14-15). Más tarde, hubo de
llevar a cabo el desagradable cometido de comunicar por dos veces a Saúl
que él y su casa habían sido rechazados de continuar reinando en Israel

(1 S. 13:8–14; 15:28–29). Podría esperarse que, a causa de esto, Saúl hubiese abrigado ojeriza contra Samuel. Pero no sucedió así, como nos lo indica su visita a la medium de Endor para que le procurase una entrevista con Samuel, después que éste había muerto (1 S. 28:7–25). Si Samuel no hubiese sido una fuerte personalidad y un verdadero líder de Israel, de seguro que Saúl, el rey, no habría recurrido a él de esta manera. Este episodio dice mucho de la capacidad de Samuel y del gran respeto que Saúl le tenía.

Hay otra área en la que parece ser que Samuel no mostró tanta capacidad: en su papel de padre. Cuando Samuel ya iba siendo mayor, puso a sus hijos, Joel y Abías, por jueces en la región de Beerseba. Parece ser que Samuel era ya demasiado viejo para ejercer sus funciones en todo el territorio y buscó así quienes le ayudaran en su labor, pero los dos hijos no siguieron los caminos de su padre, sino que "se volvieron tras la avaricia, dejándose sobornar y pervirtiendo el derecho" (1 S. 8:2–3). Esta situación revela dos hechos sorprendentes con relación a Samuel. El primero es que no educó a sus hijos como debía, ya que éstos no seguían los caminos de su padre, sino que se entregaban a las prácticas pecaminosas que precisamente su padre había tratado de desarraigar do todo el país. Segundo, ello demuestra que Samuel no se enteraba del carácter de sus hijos, ya que, de otra manera, no les habría puesto por jueces en Beerseba; parece ser que lograron embaucar a su padre y tenerle ignorante de su malvada conducta.

Esto indica que Samuel no fue la clase de padre que debió ser. Quizás ello se debiera a que se ocupó con exceso en su quehacer de profeta y de juez, estando ausente de su casa por demasiado tiempo y descuidando así el dar a sus hijos la atención que requerían. Aquí hallamos una seria advertencia para todos los padres, pues es muy importante que cada padre dedique suficiente tiempo a su familia, a fin de garantizar que los hijos son criados de una forma que agrade a Dios. Es sorprendente que Samuel, como padre, cayese en el mismo defecto en que había caído Elí con respecto a sus hijos. Lo grave es que Samuel conocía de primera mano el defecto de Elí; podía esperarse que escarmentase en cabeza ajena y tratase de educar a sus hijos del modo más conveniente, pero no fue así, y ello nos advierte seriamente del peligro que existe de estar descuidando la propia familia sin percatarse de ello.

Un área en la que se ha atribuido impropiamente a Samuel una gran capacidad es la de la estrategia militar. La idea de que era hábil en el aspecto militar está basada en el supuesto liderato de Samuel en la victoria conseguida contra los filisteos en Mizpá (1 S. 7:7–14), pero es muy discutible que esta victoria se debiese, en algún grado importante, a la estrategia de Samuel. El se limitó a convocar al pueblo a reunirse en Mizpá con el propósito de obtener un reavivamiento y, al enterarse los filisteos de tal convocatoria, aprovecharon la ocasión para presentar batalla a la multitud allí congregada. Cuando el pueblo se dio cuenta del peligro, se llenó de temor y clamó en busca de ayuda.

Samuel intercedió por el pueblo, y Dios le oyó, puesto que "Jehová tronó aquel día con gran estruendo sobre los filisteos, y los atemorizó, y fueron vencidos delante de Israel" (7:10). Entonces, Israel persiguió a los filisteos, haciéndoles retroceder a su tierra y causando entre ellos gran estrago.

Es muy dudoso que los israelitas entablasen una verdadera batalla en esta ocasión, ya que habían venido a Mizpá no a guerrear, sino a renovar sus promesas a Dios, y es probable que llevasen muy pocas armas consigo. Está claro en el texto sagrado que la batalla fue librada y ganada casi exclusivamente por Dios mismo, quien obligó a los filisteos a huir; todo lo que los israelitas tuvieron que hacer fue perseguir a los enemigos en retirada y obligarles a volverse a su país. Siendo éste el caso, poca parte pudo tomar Samuel como estratega militar. Al fin y al cabo, él no había sido entrenado en la milicia, sino en las cosas de Dios y en lo que podía contribuir a hacer de él un líder capacitado para ser juez en Israel.

d. SU PERSONALIDAD

1) Fuerza y dominio. La primera cualidad que se echa de ver en el carácter personal de Samuel es que era un tipo de individuo fuerte y dominante. Lo hemos visto al examinar su capacidad de líder, para lo que se necesita una fuerte personalidad, con gran poder de persuasión para hacer que la gente escuche y actúe de acuerdo con lo que se le ordena.

2) Obediencia. A pesar de su carácter dominante, Samuel obedecía siempre a Dios, a quien reconocía como supremo soberano. Como hemos visto, ya era así de jovencito cuando se criaba junto al tabernáculo. Pudo haber sido tentado por Ofní y Fineés a seguir los malos caminos por los que ellos andaban, pero no los siguió, sino que decidió andar en los caminos de Dios.

La misma obediencia mostró después, cuando Israel le pidió que les constituyese un rey (1 S. 8:1-22). Vinieron a Samuel y, después de informarle de la mala conducta de los hijos de él, le dijeron que, en lugar de más jueces, deseaban tener un rey que les gobernara. Esto le sonó a Samuel como si le rechazaran a él y no mostraran ningún aprecio por la gran obra que había llevado a cabo durante los años anteriores. Llevó el asunto a la presencia de Dios, y Dios le dijo que accediese a lo que le pedían, indicándole que no era, en realidad, a él a quien rechazaban, sino a Sí mismo como su Dios y Rey; de hecho, esto es lo que habían venido haciendo todo el tiempo desde que salieron de Egipto. Al principio, Samuel tuvo que sorprenderse de la respuesta que Dios le daba, pues seguramente pensaba que Dios le enviaría al pueblo con una negativa a la petición hecha y, sin embargo, le ordenaba que hiciese precisamente lo contrario. No obstante, Samuel no opuso objeción alguna a lo que Dios le decía, sino que obedeció prontamente y comunicó al pueblo todo lo que Dios había respondido.

Otro aspecto en el que Samuel mostró una obediencia ejemplar fue al comunicar al rey Saúl por dos veces las palabras de rechazo de parte de Dios. No sería fácil para Samuel cumplir con este cometido, puesto que amaba de veras a Saúl. En efecto, a continuación del segundo rechazo de Saúl, leemos que "Samuel lloraba a Saúl", cuando ya no pudo verlo más en toda su vida (1 S. 15:35). Pero le fue necesario, en ambas ocasiones, comunicar al rey que Dios le rechazaba. La primera vez, Saúl había usurpado los poderes sacerdotales al atreverse a ofrecer un sacrificio, y esto constituía un serio pecado a los ojos de Dios. La segunda, Saúl tenía orden de matar a todos los amalecitas, pero no cumplió del todo el precepto, pues eximió algunos animales y al rey amalecita. Al desobedecer estrictas órdenes de Dios, de nuevo se hizo culpable de un serio pecado, por el que recibió un segundo rechazo. Samuel fue el encargado de comunicárselo, a pesar de que no debió de ser cosa fácil para él.

Otra ocasión en que se manifestó la ejemplar obediencia de Samuel fue cuando Dios le ordenó que fuese a Belén para ungir a David por rey (1 S. 16:1–13). Este era un encargo peligroso para él, porque Saúl, al haber recibido por segunda vez la noticia de su rechazo, es natural que vislumbrase la posibilidad de que le suplantase un rival. Samuel se daba cuenta de que, si Saúl llegaba a enterarse de que, en efecto, iba a ungir a ese rival, su propia vida estaba en peligro. No obstante, cuando Dios le dijo que fuese a Belén, fue allá y, por supuesto, Dios le protegió. Su en aquella ocasión obediencia se puso realmente a prueba.

3) Valentía. Samuel era también un hombre valiente, como se muestra de un modo especial en su disposición a ser el líder de Israel en los oscuros días que siguieron al desastre de Afec. Un hombre de menos bravura habría rehusado tomar el mando, con excusa de que la responsabilidad era demasiado grave. El panorama era, en verdad, negro, como ya vimos, pues el estado de ánimo del pueblo no podía estar más bajo de lo cual Samuel estaría perfectamente percatado, pues había estado junto al tabernáculo, que era el centro de las informaciones, y luego viajando a lo largo y ancho del país para llevar su mensaje profético. Quizás pudo en algún momento sentirse tentado a perder la esperanza de poner algún orden en tales condiciones; el hecho de que no cediese a tal tentación muestra que albergaba una gran fe en Dios y una gran valentía de ánimo. Aceptó el reto que la tarea le presentaba y llevó a cabo un cometido que parecía imposible.

Otra ocasión en que se mostró su valentía fue cuando los filisteos atacaron en Mizpá (1 S. 7:7–14). Habían pasado veinte años desde el desastre sufrido a manos de este enemigo en Afec. Samuel había quedado profundamente impresionado por la fuerza de los filisteos entonces, y seguramente estaría contento de que este enemigo no volviese a atacar durante los años siguientes.[13] Cuando se enteró, pues, de que venían otra vez, su primera reacción debió de ser de miedo y desesperanza, ya que el pueblo no estaba preparado para este ataque, estando allí sin intenciones guerreras y desprovistos de armamento, y no siendo él mismo un jefe militar. A pesar de todo, no huyó ni fue presa del pánico, sino que acudió con fe a Dios en demanda de ayuda. Dios respondió con una tremenda tormenta que puso en fuga a los filisteos y les hizo volverse a su país más que de prisa, y lo único que tuvieron que hacer los israelitas fue salir en persecución de ellos. La valentía de Samuel fue digna de admiración.

4) *Perseverancia y duro trabajo.* Una última cualidad que se echa de ver en Samuel es su perseverancia bajo un trabajo duro. La prueba de ello está, una vez más, en aquellos cruciales veinte años desde su promoción al liderato hasta el gran reavivamiento en Mizpá. Ya hemos hecho notar el enorme cambio efectuado en la actitud del pueblo, pero es menester darse cuenta de que sólo con gran labor y trabajo paciente y perseverante, pudo llevarse a cabo tal cambio. En realidad, veinte años no fue demasiado tiempo para realizar un cambio tan grande, pero para la persona sobre cuyos hombros pesaba la principal responsabilidad, esos veinte años debieron de parecerle muy largos, y podemos estar seguros de que Samuel encontraría fuerte oposición en algunos grupos. Personas que habían estado disfrutando de sus prácticas pecaminosas no serían fáciles recipientes del mensaje que Samuel proclamaba. No cabe duda que se encontraría con insultos y portazos en las narices. Incluso entre los sacerdotes y levitas de las distintas ciudades, habría quienes no estarían dispuestos a recibirle, por disfrutar también ellos de prácticas pecaminosas y de una vida relajada. Así que el hecho de que, a pesar de todo, se realizase un cambio tan notable en el corto espacio de veinte años, indica que Samuel mostró una extraordinaria fuerza de voluntad para llevar adelante su obra en medio de tantas dificultades. Era un hombre persistente y un trabajador duro; no queda otra conclusión, a la vista de los notables resultados obtenidos.

Todo esto significa que Samuel era una persona prominente. Resulta un estudio interesante analizar la forma en que Dios subviene a las necesidades a lo largo de la Historia. Muchas veces, cuando la situación es desesperada, hace que surja una persona de capacidad poco corriente, para que entre en acción y salve la situación. Esto es lo que ocurrió en los días de Samuel. Quizás no haya habido en la historia de Israel un día tan oscuro

---

[13]Es muy posible que fuese durante estos viente años cuando Dios usó a Sansón para amedrentar a los filisteos y hacer que éstos concentrasen su atención en él, en lugar de lanzar ulteriores ataques contra Israel. Para una discusión más amplia, véase mi libro *Distressing Days of the Judges*, pp. 303–304.

como aquel en que el arca fue capturada en la batalla de Afec. Samuel fue el hombre designado por Dios para la necesidad de aquella hora, y hay que otorgarle uno de los puestos más elevados en la historia sagrada.

B. "LA ESCUELA DE LOS PROFETAS"

Vamos a tratar ahora de un aspecto de la obra de Samuel que sólo ha sido mencionado de pasada, y es el de una "escuela de profetas", que evidentemente comenzó en el tiempo en que asumió el liderato de Israel. Aunque el término *escuela de profetas* no se halla en el texto sagrado, se menciona otro término, *compañía de profetas*, en dos pasajes significativos que tienen que ver con Samuel (1 S. 10:5-10; 19:20) y connotan un grupo que bien pudo haber constituido una especie de escuela. En ambos pasajes, las compañías eran claramente grupos que gozaban de la aprobación de Samuel; y en el segundo, se describe a Samuel sirviéndoles de líder. Se opina comúnmente que la compañía era la misma en ambos casos, y que los miembros eran alumnos de Samuel, de lo que encontramos casos similares en fechas posteriores, con alumnos que estudiaban bajo la instrucción de Elías y de Eliseo (2 R. 2:3-7, 15-18; 4:38; 6:1-2).

El interés de Samuel en tener tal grupo de estudiantes encaja bien dentro de la necesidad de aquel tiempo, ya que la tarea enfrente de Samuel, cuando asumió el liderato de Israel después de la batalla de Afec, era demasiado grande para un hombre solo. También era menester apresurarse. Cuanto antes se tomase contacto con los sacerdotes y levitas de las cuarenta y ocho ciudades, mejor, porque así ellos, a su vez, podían ocuparse de instruir al pueblo. Pero una sola persona habría necesitado muchas semanas para establecer tales contactos; además, no habría sido suficiente una sola visita, sino que sería necesario emprender de nuevo el recorrido a fin de prestar nuevos ánimos y comprobar cómo se estaban cumpliendo las primeras órdenes. Era, pues, aconsejable proveerse de ayudantes, y es evidente que para este objetivo, comenzó Samuel a formar esta especie de escuela informal.

Es probable que escogiese a sus alumnos de entre los jóvenes que estuviesen preocupados por la situación, quizás de entre los levitas como él.[14] Sabía que necesitaban preparación para su ministerio, y esto requería una escuela en la que es lógico que fuese él el maestro. Es indudable que esta tarea le ocuparía no poco de su valioso tiempo, pero parece que lo consideró como una medida prudente, a fin de que la obra en su conjunto pudiese llevarse a cabo en un período más breve. También es posible que

---

[14]El hecho de que, a veces, los levitas como Samuel (1 Cr. 6:28) parezcan ser de la tribu de Efraín (1 Cr. 6:66), significa simplemente que vivían en territorio de Efraín, aunque fuesen descendientes de Leví.

Samuel impartiese muchas de sus lecciones mientras caminaba de una ciudad a otra. Esto le ahorraría tiempo y, por otra parte, los jóvenes estudiantes podrían sacar mucho provecho de ver a Samuel desempeñando sus funciones. Más tarde, en tiempos de Elías y Eliseo, parece que unas escuelas similares estuvieron ubicadas en tres localidades, Gilgal, Betel y Jericó (2 R. 2:1-5; 4:38-41). Es probable que dispusiesen de uno o más edificios en esos lugares, y que, en 2 R. 6:1ss. se nos dice que fueron al Jordán a procurarse maderamen para un nuevo edificio. Fue en esta ocasión cuando a uno de esos jóvenes se le cayó al agua el hierro del hacha, y Eliseo lo hizo flotar mediante un milagro.

Hay un pasaje que nos da la clave para barruntar que también la escuela de Samuel disponía de un edificio como centro de instrucción: En 1 S. 19:18,19 se nos dice que David había huido a donde estaba Samuel con sus porfetas en "Nayot en Ramá". La palabra *nayoth* significa "habitaciones" o "edificios". Esto puede dar el sentido de que David se fue hacia Samuel, quien estaba en un edificio de dicha escuela, situado en Ramá, donde Samuel tenía su casa. Pero la fecha es muy tardía en la vida de Samuel, muchos años después de la instalación de Saúl como rey; por lo que el hecho de que Samuel pudiese disponer para entonces de algunos edificios donde tener la escuela, no significa que dispusiese de ellos desde el principio.

No hay modo de averiguar si la escuela comenzada por Samuel continuó existiendo y de ella surgieron después las escuelas en que enseñaron Elías y Eliseo, o no. Habían pasado aproximadamente dos siglos,[15] que es demasiado tiempo para que tales escuelas continuasen sin que se haga mención de ellas ni antes, ni después ni en el intervalo de esos dos siglos. Sin embargo, resulta interesante observar que, al menos, el área geográfica es aproximadamente la misma. Samuel vivía en Ramá y es lógico que pusiese el centro de enseñanza en esa ciudad, y también Elías y Eliseo tenían sus escuelas en la parte central del país, a saber, en Gilgal, Betel y Jericó, aunque es posible que se trate de una mera coincidencia, al no dar el texto sagrado ningún dato sobre la continuación de la escuela de Samuel.

También es digno de notarse que ambos períodos —tanto el de Samuel como el de Elías y Eliseo— fueron épocas en que se necesitaban mucho tales escuelas, necesidad que pudo haber dado nacimiento a estas escuelas. Ya hemos hablado de la necesidad que se sentía en tiempo de Samuel. La que se sentía en tiempos de Elías y Eliseo era debida al impío reinado de Acab y Jezabel. Bien conocida es la oposición de éstos a todo lo que tuviese algo que ver con la verdad del Dios de Israel, y los profetas verdaderos eran

---

[15]La fecha de Samuel es hacia el 1050 A.de C., mientras que la de Elías y Eliseo es hacia el 850 A.de C.

ciertamente pocos en número. Es, pues, posible que, para subvenir a una necesidad tan evidente, comenzasen Elías y Eliseo sus escuelas.

La escuela de tiempos de Samuel se menciona en dos pasajes, a los que ya aludimos en los capítulos 3 y 6. El primero es 1 Samuel 10, en el que se describe a Saúl encontrándose con los estudiantes cuando éstos descendían de un lugar alto, tocando instrumentos y cantando alabanzas a Dios. Saúl se unió a ellos, mostrando así un cambio de personalidad. El otro es 1 Samuel 19 y se refiere a un episodio ocurrido varios años después, cuando David se refugió en Ramá, junto a Samuel, huyendo de la cólera de Saúl. En esta ocasión, Samuel estaba presidiendo el grupo de profetas, quienes también ahora se hallaban entonando alabanzas al Señor. Fue entonces cuando vinieron tres grupos de mensajeros de Saúl, primero, y después el propio Saúl, para prender a David, pero, en lugar de eso, comenzaron a alabar a Dios.

Pueden advertirse algunos aspectos importantes en relación a estos profetas, si analizamos los dos pasajes citados. Primero, era un grupo lleno de gozo, entregado a entonar alabanzas a Dios, como podemos deducir del hecho de que, en ambos casos, les veamos ocupados en la misma actividad. En la primera ocasión, estaban simplemente bajando de un lugar alto, dirigiéndose, al parecer, a sus lugares de residencia, e iban cantando y tocando conforme caminaban. La segunda vez, estaban reunidos con Samuel y, probablemente, con David en Ramá; también estaban entonando alabanzas.

En segundo lugar, vemos que Samuel era el jefe de este grupo. Esto es también evidente en ambos casos. En el primero, aunque Samuel no iba con el grupo, sabía dónde estarían y a qué hora iban a descender del lugar alto, de modo que Saúl pudiese encontrarse con ellos en un punto determinado cuando regresase a casa. El hecho de estar tan familiarizado con las actividades del grupo sugiere que Samuel mismo era el que programaba tales actividades. En el segundo caso, se nos dice explícitamente que "Samuel estaba allí y los presidía" (1 S. 19:20), dando a entender que estaba supervisando el acto, lo cual se viene bien con la idea ya expresada de que había instituido esta escuela con el fin de entrenar jóvenes que pudiesen ayudarle.

Un tercer aspecto tiene que ver con la cronología. El intervalo entre los dos episodios fue como de unos treinta y cinco años, mostrándose así que las escuelas de Samuel perduraron al menos por todo ese tiempo. El primer episodio ocurrió la primera vez que se le dijo a Saúl que iba a ser rey, y puede fecharse en unos meses antes del comienzo de su reinado de cuarenta años, según Hch. 13:21. El segundo ocurrió poco después de ser ungido David, tras una de las ocasiones en que éste había estado tocando para Saúl, y también de los numerosos casos en que Saúl había intentado quitarle la vida. La fecha en que fue ungido David debió de ser unos veinticinco años después de comenzar Saúl su reinado. Llegamos a esta conclusión teniendo en cuenta que David tenía treinta años cuando llegó a ocupar el trono, lo que significa que nació diez años después que Saúl comenzase a reinar. Al ser ungido por Samuel, tenía probablemente (en vista de todas las circunstancias concurrentes) unos quince años. Para acomodar de forma conveniente los numerosos acontecimientos que sucedieron desde entonces hasta este momento en que Saúl quiso quitarle la vida, se necesitan probablemente de cinco a diez años. Esto significa que, entre ambos sucesos, transcurrieron no menos de treinta y cinco años. Es probable que las escuelas instituídas por Samuel no continuasen funcionando muchos años después de la muerte de Samuel, pero al menos estuvieron activas durante dicho período de tiempo.

Sección Segunda

PROFETAS DEL TIEMPO DE LA MONARQUIA

DIAGRAMA HISTORICO II

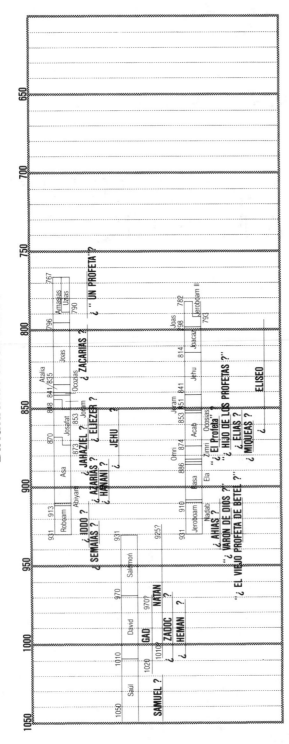

11

Los Reinados de David, Salomón y Jeroboam

Pasamos ahora a estudiar los profetas de tiempos de la monarquía que vivieron en una época anterior a la de los profetas escritores. Como ya se indicó en el capítulo 8, de este tiempo se nombran muchos más profetas que del tiempo de los jueces, y también es diferente el énfasis en los mensajes respectivos. En el presente capítulo, nos limitaremos a estudiar los profetas que ejercieron su ministerio durante los días de David, Salomón y Jeroboam. Es conveniente dar un breve resumen histórico para ver a estos profetas a la luz de las circunstancias en que actuaron.

La nueva monarquía no tuvo un buen comienzo bajo su primer rey, Saúl. El primer problema que hubo de afrontar fue la unificación de las doce tribus, que vivían completamente independientes; ésta no era una tarea fácil, y Saúl nunca llegó realmente a llevarla a cabo. Por algún tiempo, pareció que había hecho algunos progresos, pero después desobedeció a Dios y por segunda vez fue rechazado como rey (1 S. 15). En este punto, le abandonó el Espíritu Santo que le capacitaba (1 S. 16:14), y la situación se deterioró rápidamente. Saúl sufrió una grave pertubación emocional al venir sobre él un espíritu malo y comenzó a sentir celos de David, de quien sospechaba que había de ser su sucesor. Muchos de sus últimos años los gastó en perseguir a David, hasta que, al parecer, muchos de sus seguidores le perdieron el afecto. Finalmente, murió en la batalla del monte de Gilboa, ante la embestida de los filisteos, dejando al país en peores condiciones que cuando comenzó a reinar, puesto que ahora podían venir los filisteos y saquear la tierra, sembrando el terror entre la población.[1] También es digno de atención el que las relaciones de Saúl con el personal religioso de su tiempo no eran muy amistosas. El único profeta, Samuel, tuvo que decirle por dos veces que había sido rechazado de continuar gobernando (1 S. 13:13-14; 15:26). En cuanto a los sacerdotes, basta con recordar que Saúl mandó matar en Nob a ochenta y cinco de ellos, a causa de que Ahimélec, el sumo sacerdote, había prestado cierta ayuda a David (1 S. 22:17-19).

El gobierno de David aparece en fuerte contraste con el de Saúl. David asumió el mando cuando el reino estaba dividido y los filisteos dominaban la situación, y él unió al pueblo y construyó un reino que llegó a ser virtualmente un imperio. La biografía de David es una historia de admirables éxitos. Al principio, sólo reinó en la tribu meridional de Judá, con su cuartel general en Hebrón — el norte estaba todavía bajo el control de los filisteos. Las tribus del norte pusieron por rey a Isboset, el hijo menor de Saúl, en Mahanáyim, del lado oriental del Jordán,[2] pero fue asesinado dos años más tarde (2 S. 2:10; 4:5-7).

A los siete años de haber reinado David en Hebrón, vinieron a él las tribus del norte para que fuese rey de ellos también, a lo que accedió él. La primera tarea que tenían entonces frente a sí era derrotar a los filisteos, lo cual llevó a cabo en dos cortas batallas (2 S. 5:18-25). El pueblo se sorprendió, sin duda, de que pudiese resolver tan rápidamente el principal problema que les aquejaba, pero también es cierto que se sentían felices con David. Formó un ejército aguerrido y bien disciplinado y, cuando surgió algún conflicto (rara vez debido a ninguna acción ofensiva por parte de David), obtuvo con facilidad la victoria y ensanchó progresivamente los límites de Israel, llegando a extenderlos por el norte nada menos que hasta la región de Hamat, es decir, hasta las riberas del Eufrates, conforme a la promesa que había hecho Dios a Abraham muchos siglos antes (Gn. 15:18).

No siempre fue David irreprochable, como se ve especialmente en su pecado con Betsabé y el marido de ésta, Urías (2 S. 11:1-27). No sólo cometió adulterio con una mujer casada, sino que, enterado de que estaba encinta de él, se las arregló para que el marido muriese en el campo de batalla y casarse así con ella. Como resultado de este gran pecado, David tuvo continuos problemas en el seno de su familia. Uno de ellos, particularmente grave, fue el levantamiento provocado por su tercer hijo, Absalom,

---

[1]Es significativo que, como resultado de esta derrota, la nodriza de Mefibóset dejó caer al niño en Guibeá, la capital, que estaba muy lejos, al sur, del escenario de la batalla. La nodriza iba corriendo, presa del pánico, ante las noticias que llegaban de la catástrofe en el norte (2 S. 4:4).

[2]El hecho de que estableciese su capital en Mahanáyim significa que no se atrevió a ponerla en Guibeá o en cualquier otra de las ciudades al oeste del Jordán, debido al peligro filisteo.

para arrebatarle el trono. David tuvo que huir de Jerusalén antes de presentar batalla al joven y derrotarle.

En contraste con Saúl, David mantuvo cordiales relaciones con el personal religioso. Los dos profetas de su tiempo fueron Gad y Natán. Ambos fueron usados por Dios para amonestar a David, además de ser sus consejeros. En cuanto a los sacerdotes, David los organizó en 24 clases, para que ministrasen en el santuario central turnándose por semanas, pues había tantos sacerdotes y levitas, que les era imposible servir todos a un mismo tiempo. También trajo el arca desde Quiryat-jearim, —donde había estado desde que fue recapturada de los filisteos (1 S. 7:1)— a Jerusalén, donde la colocó en un tabernáculo provisional, hasta que se construyese un templo permanente.

El tercer rey, Salomón, fue muy diferente a su padre y gobernó de distinta manera que lo habían hecho tanto Saúl como David. Mientras que estos dos últimos procedían de una vida rural, donde la labor es dura y abundan las incomodidades, Salomón nació y fue criado en la corte y estuvo siempre rodeado de lujo y confort; además, tenía buen gusto para toda exquisitez artística y culinaria, con lo que su vida se caracterizó por un deseo de satisfacer sus gustos y en ello gastó enormes sumas. Tan es así, que la provisión alimenticia de un solo día, para él y su corte, consistía nada menos que en "treinta coros de flor de harina, sesenta coros de harina, diez bueyes gordos, veinte bueyes de pasto y cien ovejas; sin contar los ciervos, gacelas, corzos y aves gordas" (1 R. 4:22–23).

Además, Salomón no era hombre de guerra, sino de paz. No presentó batalla alguna en territorio extranjero como lo había hecho David.[3] En lugar de eso, edificó ciudades fuertemente defendidas (1 R. 9:17–19) y se hizo con numerosas unidades de carros para guarnecerlas. En sus últimos años, llevó una vida de desobediencia a Dios, debido sobre todo a la influencia que sobre él ejercieron sus muchas esposas extranjeras (1 R. 11:1–8), por lo que perdió la bendición de Dios y tuvo que sufrir graves dificultades tanto del interior como del exterior (1 R. 11:11–39). Al morir, había perdido gran parte del imperio que le había legado su ilustre padre.

En cuanto a las relaciones de Salomón con el personal religioso, se puede decir que fueron buenas y malas. Todo fue bien cuando construyó el templo e instituyó el programa de sacrificios que Dios había ordenado mediante Moisés. En este tiempo, Salomón se comportaba como es debido, y fue él quien presidió la ceremonia en la dedicación del templo, pronunciando una hermosa oración y un espléndido mensaje de admonición al pueblo (1 R. 8:12–53). Pero, al final desastroso de su vida, surgió un serio problema cuando el profeta Ahías le anunció a un joven trabajador de Salomón,

---

[3]Con la excepción de una campaña contra Hamat de Sobá, seguida de la construcción de Tamor (o Tadmor) —después, Palmira— al este de Hamat-Sobá (2 Cr. 8:3–4; véase 1 R. 9:18).

llamado Jeroboam, que llegaría ser el rey de una parte del reino, parte tan considerable que iba a incluir nada menos que diez de las doce tribus (1 R. 11:26-39). En efecto, Jeroboam llegó a ser, a su debido tiempo, el rey del nuevo reino septentrional de Israel. El hijo y sucesor de Salomón, Roboam, no accedió a las demandas del pueblo para que les rebajase los fuertes tributos que les había impuesto Salomón (1 R. 12:1-15). Habría sido una medida de prudencia por parte de Roboam acceder a tales demandas, pero siguió el consejo de los jovencitos acostumbrados a una vida cómoda, y rehusó complacer al pueblo. Como resultado de esta negativa, se produjo la secesión de las diez tribus y el establecimiento de un nuevo reino, Israel. Llamaron entonces a Jeroboam, que había marchado a Egipto huyendo de Salomón, para que fuese el primer rey de Israel, de acuerdo con la profecía de Ahías. Dios le había prometido grandes bendiciones, si se mantenía obediente a él después de ocupar el trono, pero Jeroboam olvidó las palabras admonitorias de Ahías y cayó en la desobediencia.

Uno de los más flagrantes pecados de Jeroboam fue establecer un culto sucedáneo en el reino del norte (1 R. 12:26-33). Pensó que, de no hacerlo, cuando el pueblo fuese a Jerusalén para adorar, se sentiría atraído a volverse a reunir con los de Judá. Así que estableció dos nuevos centros de adoración: uno en Dan, al norte; otro en Betel, al sur. Como símbolos del nuevo programa religioso, erigió en dichos centros sendas imágenes del becerro de oro, intentando con ellas adorar todavía al verdadero Dios, aunque de una forma abominable. También construyó una especie de templos ("casas sobre los lugares altos") en cada centro (probablemente, para albergar a la imagen con su altar), "e hizo sacerdotes de entre el pueblo, que no eran de los hijos de Leví", para que ministrasen allí (1 R. 12:31-33). Una razón para no usar varones de la tribu de Leví, como estaba mandado en la Ley, es que muchos levitas, quizá la mayoría, se habían marchado a Judá, al oponerse a tales innovaciones (2 Cr. 11:13-14).

Como resultado de éstos y de otros pecados, Jeroboam no pudo disfrutar de la bendición de Dios, y perdió gran parte del territorio que había recibido al subir al trono, fecha en que pasó a estar bajo su mando, con toda probabilidad, toda el área que Salomón había dominado, con excepción de lo retenido por Judá. En este caso, fueron importantes los territorios que se perdieron durante la época de los primeros reyes de Israel, especialmente durante el reinado de Jeroboam. Uno de estos territorios fue la región de Damasco, al norte. Ya se había perdido, en cierto grado, el control de esta región durante el reinado de Salomón, a causa de la fuerte oposición que había presentado un tal Rezón (1 R. 11:23-25), pero durante el reinado de Jeroboam se perdió la región misma.[4] Otra porción estaba en el sudoeste,

---

[4]Pruebas de ello, junto con un resumen amplio de la historia de Siria en aquel período, pueden verse en Merrill F. Unger, *Israel and the Aramaeans of Damascus*, pp. 38-57.

donde los filisteos volvían a mostrarse inquietos, reclamando el territorio que antaño perdieran. El hijo y sucesor de Jeroboam, Nadab, creyó necesario recapturarles la ciudad de Gibetón, pero sin éxito (1 R. 15:27). Al este, por lo menos Moab se perdió, pues una inscripción de la famosa Piedra de Moab registra la posterior reconquista de Moab a manos de Omrí, el sexto rey de Israel.[5] Jeroboam murió de muerte natural tras veintidós años de reinado. Fue un hombre capaz, pero, a causa de su pecado, perdió la bendición de Dios. Puso en marcha un nuevo estado, pero no acertó a imprimirle un vigor duradero, sino que dejó al país con semillas de descontento, cuyos brotes habían de ser una cadena de regicidios, con rápida sucesión de monarcas, y gobiernos extremadamente débiles.

Los profetas correspondientes al período de tiempo que acabamos de resumir, fueron Gad, Natán, Sadoc, Hemán, Ahías, un "varón de Dios" y un "viejo profeta en Betel", a quienes vamos a estudiar a continuación.

A. GAD

Gad ocupa el primer lugar en la lista. Vivió durante el tiempo de Saúl y de David, aunque en el texto sagrado no se le atribuye ninguna conexión con Saúl, sino sólo con David. Se le nombra por primera vez cuando habló con David, quien estaba entonces huyendo de Saúl (1 S. 22:5), y parece ser que se quedó con él de allí en adelante. De ahí que sólo nos ocupemos en este capítulo de los reinados que van de David a Jeroboam, no del de Saúl, ya que el único profeta que tuvo conexión con Saúl fue Samuel, y de éste ya nos hemos ocupado anteriormente.

1. Su obra

En 1 Cr. 21:9, se llama a Gad "vidente de David", lo que sugiere que su cometido primordial era asistir a David. Al llamar a Gad, en este importante contexto, "vidente",[6] no profeta, se nos indica que Dios lo usaba principalmente como instrumento para comunicar al rey ciertas revelaciones. No se nos dice la fecha en que vino a David por vez primera; la primera mención data del tiempo, temprano en la vida de David, en que éste se encontraba fugitivo en Moab (1 S. 22:5), pero la forma en que se habla de él implica que había estado ya con David por algún tiempo. Es probable que se uniese a él cuando se juntaron con David en la cueva de Adulam aquellos cuatrocientos hombres (1 S. 22:1–2). También es posible que hubiese sido uno de los alumnos de la escuela de Samuel.

[5]Para un examen y debate del texto, véase *Ancient Near Eastern Texts*, ed. James B. Pritchard, p. 320; también, *Documents from Old Testament Times*, ed. D. Winton Thomas, pp. 195–199.
[6]Véase lo dicho en el capítulo 4.

En los días de esta primera mención, David se había marchado de Judá al país oriental de Moab, y se había llevado consigo a sus padres, pues temía que Saúl les hiciese algún daño por causa suya. Pidió asilo para ellos al rey de Moab, y le fue concedido. Personalmente, David tomó posiciones en el lugar llamado "el fuerte" (*metsodah*), ubicado probablemente en la cima de uno de los picos de Moab, desde donde poder avistar cualquier acceso por el que intentase llegar a él un perseguidor.[7] Fue en esta ocasión cuando Gad le dio su primer consejo de que abandonase "el lugar fuerte" y se fuese a Judá (1 S. 22:5). No se nos da ninguna razón de este consejo, pero es de suponer que Gad había recibido alguna revelación de parte de Dios a este respecto. David siguió el consejo, y dejó probablemente a sus padres en Moab.

En 2 S. 24:11-19 (V. 1 Cr. 21:9-19), se nos refiere un contacto muy posterior entre Gad y David, con ocasión del grave pecado cometido por David al censar al pueblo. No se nos revela el motivo por el cual fue considerado tan grave este pecado, pero es muy significativo que incluso Joab, de carácter tan duro, no estuviese dispuesto a llevar a cabo la orden de David. Pero éste insistió y, cuando ya había sido hecho el censo, Dios envió a Gad para que fuese a David y le diese a escoger entre tres clases de castigos; uno era siete años de hambre en el país; otro, huir por tres meses delante de sus enemigos; y el tercero, tres días de peste en la tierra. David escogió esto último, resultando de ello la muerte de setenta mil hombres (2 S. 24:15).

Un área especial de la labor de Gad está aludida en 2 Cr. 29:25, donde se nos dice que el rey Ezequías puso levitas para el servicio del templo "según las disposiciones de David, de Gad vidente del rey y del profeta Natán". Es bien conocida la labor que David llevó a cabo en la organización de los ministerios de los sacerdotes y levitas, y a esta labor parece ser que se hace aquí referencia; la inclusión de los nombres de Gad y Natán muestra la ayuda que ellos prestaron al rey en dicha labor, probablemente con sus consejos y sugerencias para que todo se organizase del mejor modo posible.

2. Su persona

a. SU CONDICION ESPIRITUAL

Un detalle digno de notarse, que muestra la espiritualidad de Gad en alto grado, es que el texto sagrado le llama "vidente del rey" (2 Cr. 29:25). Este epíteto de *vidente* reviste gran importancia, por cuanto en el mismo verso, a Natán se le llama "el profeta". Parece ser, pues, que Gad era

---

[7] Aharoni cree que la referencia apunta al fuerte de Masada, justamente al oeste del Mar Muerto, cruzando desde Moab junto al Lisán (Yohanan Aharoni y Michael Avi-yonah, eds., *The Macmillan Bible Atlas*, mapa 92).

considerado más bien como "vidente", mientras que Natán lo era como "profeta". Y, puesto que "vidente" connota el que recibe una revelación, mientras que "profeta" indica el que habla en lugar de otro, eso sugiere que Gad era usado especialmente para comunicar al rey mensajes de revelación divina. Podemos, pues, inferir que Dios no habría usado a una persona para recibir revelaciones en tales circunstancias, a no ser que dicha persona fuese espiritualmente madura y capacitada para ejercer dignamente tal ministerio.

b. SU RESPETABILIDAD Y DON DE MANDO

Es evidente que Gad era un varón que se granjeaba el respeto de los demás. Por ejemplo, cuando aconsejó a David que se fuese de Moab a Judá, parece ser que el rey siguió su consejo al instante. Nos sorprende que Gad diese tal consejo, y seguramente que a David también le debió de sorprender, pero no cabe duda de que Gad habló en tono de fuerte autoridad, en vista de que David siguió sin titubeos el consejo. Y más tarde, cuando Gad le presentó las tres opciones de castigo, David obedeció de nuevo, como a fuente autorizada, a lo que Gad le decía. Y luego, cuando Gad le dijo que comprara la era de Arauna para ofrecer allí un sacrificio, también lo hizo David así. Si el rey respetaba de esta manera a Gad, es lógico que los demás le respetasen del mismo modo.

c. SU VALENTIA

Los casos arriba referidos muestran que Gad era una persona valiente. Cuando huía de Saúl, David había ganado ya gran reputación y, por tanto, es de suponer que Gad le respetase grandemente. En consecuencia, Gad mostró gran valentía al intimar a David que regresase a Judá cuando acababa justamente de llegar a Moab. David, respaldado por sus hombres en número de cuatrocientos, podía haber respondido con palabras de rechazo, humillando así al profeta delante de tantas personas. El hecho de que David obedeciese no quita fuerza a la valentía que Gad mostró hablando así al rey en tal situación. Lo mismo hay que decir con respecto al caso en que mandó a David que escogiese entre las tres clases de castigos. Para este tiempo, David era el rey, no sólo ungido, sino efectivo, de todo el país. De hecho, había reinado sin oposición durante bastantes años y era probablemente el gobernante más poderoso de su tiempo. Sin embargo, Gad no titubeó en irse hacia él con un mensaje tan desagradable.

d. HOMBRE DE BUEN JUICIO

Hay una clave que nos permite deducir el respeto que David tenía a Gad como a varón de juicio y discreción, y la hallamos en 2 Cr. 29:25, donde se indica que Gad ayudó a David en la organización de los levitas. También Natán contribuyó con su ayuda, lo cual muestra también a él le tenía el rey en gran estima. Podemos imaginarnos a David llamando a los dos cuando deseaba realizar dicha labor y haciendo que le prestasen sugerencias e incluso, quizás, que le formulasen proyectos y directrices. David no se habría comportado así, si no hubiese sentido un gran respeto por ambos.

e. CAPACIDAD LITERARIA

El hecho de que Gad escribiese un libro que incluía "los hechos del rey David" (1 Cr. 29:29), muestra que debió de poseer, en cierta medida, habilidad literaria.

B. NATAN

1. Su obra

Aunque Gad aparece como habiendo tenido contacto con David antes que Natán, se nos dice de éste mucho más que de Gad. No hay modo de saber cuándo tuvo lugar el primer contacto de Gad con David, pero el primero del que tenemos noticia se nos describe en dos diferentes porciones, 2 S. 7:2–17 y 1 Cr. 17:1–15, y tiene que ver con la respuesta que Dios, por medio de Natán, dio al deseo que David tenía de edificar el templo. El tiempo en que esto sucedió hubo de ser en una fecha relativamente temprana del reinado de David en Jerusalén, aunque no pudo ser en los primeros años, porque 2 S. 7:1 nos dice que ello aconteció "después que Jehová le había dado reposo de todos sus enemigos en derredor". Es, pues, evidente que las primeras batallas de David habían sido libradas antes de esta fecha.

David había traído el Arca a Jerusalén, y deseaba ahora construir un templo donde alojarla dignamente. El deseo no era malo y, cuando lo comunicó a Natán, la primera respuesta de éste fue que siguiese adelante con la idea. Pero, aquella noche, Dios reveló a Natán que David no debía ponerla por obra, y entonces Natán comunicó a David la palabra de Dios. La esencia del mensaje era que, en lugar de ser David quien edificase para Dios una casa material, Dios iba a edificar para David una casa permanente, es decir, una dinastía en el trono de Israel. También le hizo saber que la edificación del templo material sería llevada a cabo por el hijo de David que había de sucederle.

Un segundo contacto importante con el rey lo llevó a cabo Natán a continuación del pecado que cometió David al tomar a Betsabé, la mujer de Urías. Mientras paseaba por la azotea de su palacio, había visto David a Betsabé bañándose y había mandado llamarla para acostarse con ella. Al enterarse luego de que la había dejado encinta, hizo llamar a Urías, su marido, del frente de batalla para que pudiese estar con su mujer. Urías vino, pero no accedió a cohabitar con su mujer; entonces David hizo que le pusiesen en el sitio más peligroso de la batalla a fin de que muriese con toda seguridad. De este modo, pudo David tomar a Betsabé por esposa, tras cometer el doble crimen de adulterio y asesinato.

Por causa de esto, Dios entregó a Natán un mensaje de reprensión para David, pero lo hizo después que nació el hijo, es decir, con varios meses de intervalo. El núcleo del mensaje es que David había pecado muy gravemente en tal ocasión y sería castigado; primeramente, con la muerte del recién nacido infante; en segundo lugar, con problemas continuos en la familia de David. La historia subsiguiente muestra que el castigo fue llevado a cabo inexorablemente, con muchos pesares para David.

Un tercer contacto de Natán con David tuvo que ver con un aspecto del castigo infligido por Dios al rey. Esto sucedió cuando Adonías, el cuarto hijo de David, intentó arrebatarle el trono. Anteriormente lo había intentado Absalóm, el tercer hijo, y había fracasado.[8] Ahora Adonías intentó lo mismo, con el respaldo de Joab, jefe del ejército de David, y de Abiatar, uno de los dos sumos sacerdotes entonces vivos. Pero David había designado anteriormente a Salomón como sucesor suyo, aunque parece ser que no lo había divulgado. Natán lo sabía y, por eso, puso en marcha un plan para echar por tierra el intento de Adonías: persuadió a Betsabé, la madre de Salomón, a que fuese directamente a David y le notificase el intento de Adonías, y luego fue él mismo a la presencia del rey. David se convenció entonces de que era preciso actuar con rapidez y ordenó que ungiesen a Salomón en Guijón. Parece ser que Natán supervisó la ceremonia, la cual se llevó a cabo con todo éxito, con la ayuda de Sadoc, el otro sumo sacerdote, de Benayá el hijo de Joyadá, de los cereteos y de los peleteos.

En otros dos aspectos, actuó Natán de una manera similar a la de Gad. Prestó su ayuda en la tarea de aconsejar a David en la organización de los levitas (2 Cr. 29:25) y escribió un libro sobre "los hechos del rey David" (1 Cr. 29:29). Parece ser que este libro era más largo, pues incluía también "los hechos de Salomón" (2 Cr. 9:29).

2. Su persona

a. SU CONDICION ESPIRITUAL

Aunque parece ser que Natán no fue usado para recibir revelaciones en la medida en que Gad lo fue, hay razones para creer que no fue, por eso, menos maduro espiritualmente. Dios le usó primordialmente para comunicar mensajes. Dos de las veces en que lo hizo fueron de importancia poco

---

[8]Anteriormente, Absalom había matado al primogénito, Amón (2 S. 13); el segundo hijo, Quileab, parece ser que había muerto ya, quedando así Absalom como heredero del trono. Al morir Absalom, como resultado de su rebelión, vino a ser Adonías el primero en la línea de sucesión al trono.

común. La primera, como ya se hizo notar, fue cuando Dios negó a David el privilegio de construirle un templo, al mismo tiempo que le comunicaba su decisión de construirle a él una dinastía permanente. La importancia de tal declaración es obvia. La segunda tuvo que ver con la reprensión por el gravísimo pecado que había cometido David con Betsabé y con Urías. También éste fue un suceso crucial en la vida de David, y la declaración tuvo igualmente una importancia extraordinaria. Ambos episodios necesitaban un profeta a quien pudiesen ser encomendados mensajes de esta clase.

b. SU RESPETABILIDAD

Como Gad, también Natán imponía respeto cuando hablaba. Tres veces mantuvo importante contacto con David, y las tres implicaron un mensaje significativo. En todas ellas prestó atención David, sin revolverse en modo alguno contra el profeta ni mostrar otra actitud que no fuese la de respeto. Cuando Natán comunicó a David que no podía construir el templo, es seguro que el rey quedó desilusionado, pero no se revolvió contra el que le comunicaba el mensaje, aunque podía haberlo hecho. Igualmente, cuando Natán le reprendió por lo de Betsabé y Urías, David pudo haber respondido duramente, pero no lo hizo. En la ocasión del intento de Adonías de usurpar el trono, David podría haber reaccionado de una manera diferente, con todo, no mostró de ninguna manera falta de respeto hacia el profeta; al contrario, cuando se le persuadió a que actuase con rapidez para que fuese ungido Salomón, designó a Natán como superintendente de la ceremonia. El hecho de que no mencionase a Gad en esta ocasión, podría indicar que Natán ocupaba en el aprecio de David un lugar superior al de Gad.[9]

c. SU VALENTIA

Natán, como Gad, mostró gran valentía al comunicar sus mensajes a David. Como ya hemos dicho, los tres mensajes fueron importantes, pero especialmente los dos primeros, pues eran mensajes que podían afectar al rey de modo muy adverso, ya que no era fácil decirle al rey que no podía edificar el templo o que había pecado muy gravemente a los ojos de Dios. Natán pudo pensar en muchas otras tareas más agradables. Sin embargo, puesto que Dios le había ordenado comunicar esos mensajes, obedeció, a pesar de que el destinatario de tales mensajes era el propio rey.

Podría pensarse que Natán mostró menos valentía con respecto al tercer contacto, ya que esta vez lo inició por medio de Betsabé, en lugar de ir directamente al rey; pero no es menester tomar esto como falta de valentía por su parte; tanto más cuanto que, en este tercer caso, no había el mismo peligro que en los dos casos anteriores en los que mostró una valentía indudable. La razón por la que prefirió iniciar el contacto por medio de

---

[9]También podría indicar que Gad, más viejo que Natán, había muerto ya.

Betsabé fue, sin duda, su deseo du que el rey actuase con rapidez. Aparentemente creyó que si tanto Betsabé como él mismo communicaban el mensaje al rey, David se sentiría urgido a actuar más rápidamente que si sólo una persona venía a alertarle.

d. SU LEALTAD

No cabe duda de que también Gad era fiel a David, pero en Natán se observan aspectos singulares que muestran de modo especial su lealtad. Quizás el más notable fue su deseo de que la decisión de David de nombrar sucesor suyo a Salomón se llevase a cabo. Adonías quería el trono para sí, pero Natán sabía que David había designado a Salomón. El hecho de haber tenido que comunicar anteriormente a David dos mensajes adversos, uno de negativa y otro de represión, no significaba que Natán no amase verdaderamente al rey. Por eso, tan pronto como se enteró del intento de golpe de estado por parte de Adonías, no titubeó en darse prisa a comunicárselo al rey.

Para corroborar lo dicho, está el hecho de que Natán demostró una intimidad desusada en su conocimiento de los asuntos del rey. Por ejemplo, él sabía que Salomón había sido designado por David como su sucesor. Se deduce claramente del texto sagrado que tal cosa no era del dominio público. Igualmente, en lo que concierne a la reprensión que hizo al rey en el caso de su pecado con Betsabé, su mensaje tenía que ver con algo muy íntimo en la vida del rey. No cabe duda de que otras muchas personas conocían el pecado de David, pues una cosa como ésta no podía pasar desapercibida, pero para comunicar adecuadamente un mensaje de reprensión, se necesitaba alguien bien conocido del rey, una persona de su intimidad y conocedora de los asuntos de la casa real. Dios vio en Natán la persona apropiada para ello, y podemos asegurar sin temor a equivocarnos que David consideraba a Natán como íntimo amigo y confidente, lo cual parece advertirse en Natán con mayor evidencia que en Gad.

e. JUICIO Y DISCERNIMIENTO DE NATAN

En relación a este aspecto, se puede decir de Natán lo mismo que se dijo de Gad. Ambos fueron requeridos por David para que le ayudasen a organizar a los levitas y a darles instrucciones acerca de la tarea que habían de llevar a cabo (2 Cr. 29:25).

f. SU CAPACIDAD LITERARIA

En este aspecto, también como Gad, fue Natán un hombre dotado para la producción literaria, quizá más que el propio Gad, pues de éste se dice que escribió "los hechos del rey David", pero de Natán se nos dice que escribió los de David (1 Cr. 29:29), así como los de Salomón (2 Cr. 9:29), aunque la razón pudo ser simplemente que Natán sobrevivió a Gad; esto se corrobora por el hecho de que Gad aparece ya en contacto con David en los días en que éste era un fugitivo, mientras que de Natán no se hace mención hasta que David estaba bien asentado en su trono.

C. SADOC Y HEMAN

Otras dos personas del tiempo de David y Salomón son llamadas, por una sola vez, videntes. Una fue Sadoc, el sumo sacerdote; otra, Hemán, músico del templo.

1. Sadoc

El pasaje en que se aplica a Sadoc el epíteto de *vidente* se refiere al tiempo en que David huía de Jerusalén ante la rebelión de Absalom. Cuando el rey salía de la ciudad, le seguía Sadoc, acompañado de numerosos levitas que portaban el Arca del pacto. David se percató de ello, se volvió hacia Sadoc y le urgió a que regresara a la ciudad y se llevase consigo el Arca. Fue entonces cuando le dirigió las siguientes palabras: "¿No eres tú un vidente? Vuelve en paz a la ciudad, y con vosotros vuestros dos hijos: Ahimaas tu hijo, y Jonatán hijo de Abiatar" (2 S. 15:27). Parece ser que la idea de David era que Sadoc se quedase en Jerusalén para que pudiera allí enterarse de los planes de Absalom e informar de ellos a David, de forma que éste, en su huída, pudiese organizar mejor sus propios planes. Más tarde, también el consejero Husay se unió al rey (vv. 32-37), pero David le persuadió a que se volviese a Jerusalén para oponerse al consejo de Ahitófel y, de este modo, convencer a Absalom a que actuase de una forma que había de ser más beneficiosa para David.

Sin embargo, es posible que el término *vidente* (*ro'eh*) se aplique aquí a Sadoc sólo en el sentido de que, siendo sumo sacerdote, podía consultar los Urim y Tumim como instrumento de revelación. David pudo pensar que Sadoc era la persona indicada para ponerse en contacto con Dios por este medio, si surgía la necesidad de explorar la voluntad de Dios. Si es correcta esta interpretación del pasaje, David no veía en Sadoc propiamente un profeta, sino sólo la persona que podía obtener de algún modo un mensaje de parte de Dios.

2. Hemán

Muy diferente es el caso de Hemán, quien es llamado *vidente* (*hozeh*) en 1 Cr. 25:5. Puesto que no era sumo sacerdote como Sadoc, el sentido del término debe ser aquí un verdadero profeta que recibe mensajes de parte de Dios.

El epíteto se halla en un contexto en que los hijos de Asaf, de Hemán y de Jedutún aparecen enlistados como cantores en las ceremonias del culto. Es dentro de este contexto donde aparece la frase: "Todos éstos fueron hijos de Hemán, vidente del rey en las cosas de Dios, para exaltar su poder". La observación de que Hemán era "vidente del rey" no concierne para nada al contexto, sino que se usa simplemente para identificarle, lo cual indica que se le conocía como vidente del rey. Teniendo en cuenta el sentido de "vidente", como expusimos de modo especial en el capítulo 4, podemos pensar, por consiguiente, que Dios usaba a Hemán para comunicarle mensajes con destino a David, de forma parecida al ministerio del profeta Gad. Pero al no ser descrito Hemán como actuando en el desempeño de tal ministerio, mientras que Gad sí lo es, resulta probable que Dios no lo usase tanto como a Gad. Por otra parte, siendo músico, es posible que Dios revelase especialmente por medio él las instrucciones concernientes a las ceremonias del culto que incluían música.

D. AHIAS

Un profeta a quien se da mayor referencia es Ahías, llamado "silonita", por ser, sin duda, de la ciudad de Siló (1 R. 11:29). Aunque se le describe en contacto con Jeroboam, el primer rey del reino del norte, hay indicios de que también ejerció su ministerio durante gran parte del reinado de Salomón y de que quizá tuvo contactos también con éste, como haremos notar a su debido tiempo, aunque Dios no creyese conveniente, por alguna razón, dejar constancia de dichos contactos en Su Palabra. Por supuesto, fue Natán quien supervisó la ceremonia de la coronación de Salomón, y vivió después por tiempo suficiente como para escribir una historia de su reinado pero no se menciona ningún contacto, ni de Natán, ni de Ahías, con Salomón.

1. Su obra

El primer contacto de Ahías con Jeroboam occurrió en el reinado de Salomón, cuando le dijo al joven que habría de reinar sobre diez de las doce tribus (1 R. 11:29-39). Jeroboam estaba por entonces actuando como superintendente de una obra que Salomón proyectaba llevar a cabo en Jerusalén, cargo al que había sido promovido por su bien probada capacidad. Un día en que Salomón se hallaba fuera de la ciudad, Ahías halló a Jeroboam que salía de Jerusalén y, asiendo de la capa nueva que llevaba sobre sí, la rompió en doce pedazos, y tomando diez de ellos, los entregó a Jeroboam con las siguientes palabras: "Toma para ti diez pedazos, porque así dijo Jehová Dios de Israel: He aquí que yo rompo el reino de la mano de Salomón, y a ti te daré diez tribus" (1 R. 11:31). Le explicó también la razón de esta división del reino: el pueblo había comenzado a adorar a los dioses de Sidón, de Moab y de Amón y, de este modo, no andaban en los

190 PROFETAS DE ISRAEL

caminos de Dios para hacer lo que le era acepto. Añadió que no le sería quitado a Salomón lo restante del reino, en atención a la promesa hecha a David de que había de tener una dinastía permanente. Finalmente, le aseguró a Jeroboam que, si seguía a Dios sinceramente, como lo había hecho David, Dios le otorgaría una dinastía permanente, como la había prometido a David.

Un punto interesante en esta conversación es que Ahías habló de darle a Jeroboam diez de las doce tribus, y reservar sólo una para la dinastía de David (vv. 32,36). Anteriormente, había roto la capa en doce pedazos que representaban a las doce tribus; esto hace surgir la pregunta sobre el destino de la tribu restante, o de la doceava parte restante de la capa, que representaba a dicha tribu. La respuesta que la historia subsiguiente nos da es que dicha tribu era la de Benjamín, la cual se unió posteriormente a la de Judá, con lo que el reino del sur vino a constar de dos tribus principales. Las razones por las que Dios no quiso que Ahías mencionara en este lugar a las dos tribus son probablemente dos: primera, porque Judá era la más importante de las dos tribus; segunda, porque la tribu de Benjamín no se unió de inmediato a Judá. Por tanto, el reino del sur estuvo constituído en su comienzo por la tribu de Judá únicamente.

El segundo episodio en que intervino Ahías estuvo relacionado con el mensaje de rechazo que comunicó a Jeroboam hacia el final del reinado de éste (1 R. 14:2-18). Habían pasado probablemente más de veintidós años desde el primer encuentro, ya que fueron veintidós los años de su reinado (1 R. 14:20), y la primera profecía le fue comunicada mucho antes de que comenzase a reinar.

El hecho tuvo lugar cuando Jeroboam estaba apesadumbrado por la enfermedad de su hijo Abías y, por eso, ordenó a su esposa que fuese a preguntar a Ahías si el niño se pondría bien. Parece ser que Abías era el primogénito de Jeroboam y, siendo el heredero del trono, tenía Jeroboam mayor motivo para estar preocupado por él. Recordaba el rey que Ahías le había prometido anteriormente el trono a él y a su prole y esperaba ahora un mensaje de consuelo. No se nos dice si en los años que habían transcurrido, tuvo Ahías algún contacto con Jeroboam o no, aunque es probable que no lo hubiese, ya que Jeroboam persistía en su pecado y no le habría interesado recibir visitas de un hombre tan piadoso como Ahías. Quizá fue esta la razón por la que Jeroboam mandó a su esposa que se disfrazase a fin de que no la reconociese Ahías. Sin embargo, Dios le reveló a Ahías la llegada de la mujer antes de que ella viniese. Así que Ahías la reconoció y la saludó como "mujer de Jeroboam" (v. 6). Al comunicarle el mensaje de Dios para ella, no le mencionó al principio lo de su hijo Abías, sino que se refirió a las maldades que Jeroboam había cometido desde que subió al trono de Israel, y le dijo que Dios iba a retribuirle trayendo mal sobre su casa. Luego añadió que, cuando ella regresase a la ciudad, moriría el niño.

Además, le predijo que Dios levantaría un rey que había de destruir la dinastía de Jeroboam. Volvió, pues, la mujer a Tirsá, que era entonces la capital del reino y, tan pronto como puso ella los pies en el umbral de la casa, murió el niño, conforme lo había profetizado Ahías.

La labor de Ahías fue la misma en ambos episodios, es decir, actuó como profeta comunicando el mensaje de Dios. Pero, a diferencia de la primera vez, el mensaje de la segunda fue muy desagradable. En la primera, le anunció que iba a reinar; pero en esta otra, le predijo que le sería quitado el reino y que toda su casa sería destruida por un rey que le había de suceder.

Como ya dijimos, hay indicios de que Ahías ejerció también su ministerio en tiempo de Salomón. Uno es que se nos dice de él que era muy viejo cuando comunicó a Jeroboam el segundo mensaje (1 R. 14:4), lo cual sugiere que ya estaba entrado en años cuando dio el primer mensaje. Otro es que fue posiblemente él quien dio a Salomón dos mensajes registrados en el texto sagrado, aunque no se mencione su nombre; el primero se refería al templo que Salomón estaba edificando (1 R. 6:11-13); el segundo, al rechazo de Salomón como rey, debido a sus pecados (1 R. 11:11). No parece dudoso que ambos mensajes fuesen comunicados por medio de un profeta,[10] y bien pudo ser Ahías ese profeta. Respecto del segundo mensaje, hay una razón especial para atribuirle a Ahías el mensaje, ya que fue él quien, poco después, comunicó a Jeroboam el anuncio de que Dios iba a romper el reino de Salomón y darle a él diez de las doce tribus.

Otra labor de Ahías fue escribir una historia, como Gad y Natán. En 2 Cr. 9:29, leemos que los hechos de Salomón fueron escritos "en la profecía de Ahías silonita".

2. Su persona

a. SU CONDICION ESPIRITUAL

El alto nivel espiritual de Ahías se echa de ver por la importancia de los mensajes que Dios le encomendó. El primero de ellos comportaba dos hechos importantes con respecto a Israel: primero, el rechazo de la dinastía de Salomón como línea permanente para todo el territorio; segundo, la elección de Jeroboam de parte de Dios para que fuese el primer rey del nuevo reino del norte. El anuncio comprendía, pues, la división del reino

---

[10]Esto se muestra especialmente por dos razones diferentes. Primera, aunque en otras dos ocasiones se había aparecido Dios a Salomón por medio de sueños (1 R. 3:5; 9:2; 2 Cr. 7:12), lo que se da a entender directa o indirectamente, pero aquí no hay ninguna indicación de tal cosa. Segunda, lo normal es que Dios hablase a los reyes mediante profetas. Con David lo había hecho por medio de Gad y de Natán; y, en otras ocasiones en que no fue así, se nos dice específicamente que "David consultó a Jehová" (2 S. 2:1; 5:19; 21:1); probablemente, yendo al sumo sacerdote e inquiriendo por medio de los Urim y Tumim.

y la identidad del nuevo rey para las diez tribus del norte. Difícilmente podría encontrarse un mensaje tan importante como éste. El segundo mensaje comportaba el anuncio de algo no tan importante, pero vital todavía para el reino del norte, ya que se refería al trágico final de la dinastía de Jeroboam. Ambos mensajes eran de tal categoría que Dios no los habría encomendado a un profeta espiritualmente inmaduro.

La íntima comunión entre Dios y Ahías se echa también de ver en la revelación otorgada al profeta con respecto a la mujer de Jeroboam, que se había disfrazado para que Ahías no la reconociese. Dios no permitió que tuviera éxito tal tipo de engaño y le anunció de antemano al profeta la llegada de la mujer, lo cual es una indicación adicional de la madurez espiritual de Ahías, como receptor directo de esta clase de revelación personal.

b. SU VALENTIA

Ambos mensajes de Ahías muestran que era un valiente. Cuando transmitió el primer mensaje, pudo darse cuenta de que Salomón estaría muy descontento, lo cual podía conducir a Ahías a una situación peligrosa, ya que Salomón estaba en condiciones de hacerle daño. En el decurso de los acontecimientos, fue Jeroboam quien estuvo realmente en peligro y tuvo que huir a Egipto. Con todo eso, Ahías tuvo que percatarse de que Salomón podía tomar medidas contra él y, por consiguiente, hay que reconocer que demostró ser un valiente al dar el mensaje.

Lo mismo hay que decir con respecto al otro mensaje. El primero que dio a Jeroboam había sido muy agradable para el joven, pues le dijo que iba a ser rey; pero el segundo le disgustaría muchísimo. Por tanto, el mismo peligro que pudo haberle resultado a Ahías de parte de Salomón en el primer caso, le podía resultar ahora de parte de Jeroboam. A decir verdad, el peligro era mayor en este caso, porque la predicción iba directamente contra Jeroboam (a través de su esposa, quien le informaría de inmediato), y no había un tercero en quien pudiese el rey descargar su cólera.

c. SU RESPETABILIDAD

Como en el caso de Gad y Natán, también Ahías se hacía respetar cuando hablaba. Esto se evidencia en el primer contacto que tuvo con Jeroboam, no en que éste recibiese bien el mensaje, por supuesto, sino en la impresión que tal mensaje causaría en Salomón. Sin embargo, Salomón no se enfrentó a Ahías, ni dejó de creer lo que éste anunciaba, sino que trató de matar a Jeroboam, indicando así que daba crédito a lo anunciado por el profeta. En el segundo caso, la mujer recibió sin replicar el mensaje desagradable de Ahías, y lo mismo puede decirse de Jeroboam. Ninguno de ellos se enfrentó al profeta ni mostró en modo alguno incredulidad acerca de lo que Ahías había dicho, sino que todos recibieron sus palabras como autoritativas, simplemente porque veían en él al portavoz de Dios.

d. CAPACIDAD LITERARIA

Como Gad y Natán, también Ahías mostró habilidad literaria, pues se dice de él que escribió "los hechos de Salomón" (2 Cr. 9:29), así como lo hicieron Natán el profeta y el vidente Iddó.

E. "UN VARON DE DIOS"

Al profeta que vamos a considerar a continuación, no se le designa por su nombre en la Escritura, sino sólo como "un varón de Dios", y sólo en una ocasión se le menciona (1 R. 13:1–24), en estrecha conexión con el último profeta que vamos a considerar en este capítulo, y a quien se le llama "un viejo profeta" de Betel (13:11).

1. Su obra

Este "varón de Dios" fue enviado desde Judá hacia el norte, a Betel donde Jeroboam había erigido un falso altar. El rey mismo se hallaba allí cuando llegó el profeta; éste no se calló por la presencia del monarca, sino que clamó contra el altar: "Altar, altar; así ha dicho Jehová: He aquí que a la casa de David nacerá un hijo llamado Josías, el cual sacrificará sobre ti a los sacerdotes de los lugares altos que queman sobre ti incienso, y sobre ti quemarán huesos de hombres" (13:2). Jeroboam, enfurecido, mandó prenderle, pero, al extender la mano hacia los que debían cumplir su orden, "la mano que había extendido contra él, se le secó, y no la pudo enderezar" (v. 4), y el altar se rompió y se esparcieron las cenizas, conforme a las palabras que había pronunciado el varón de Dios.

Al contemplar ambos hechos sobrenaturales, Jeroboam cambió totalmente de actitud, y rogó al profeta que le socorriese, diciendo: "Te pido que ruegues ante la presencia de Jehová tu Dios, y ores por mí, para que mi mano me sea restaurada" (v. 6). Así lo hizo el varón de Dios, y Dios le sanó la mano a Jeroboam. El rey invitó entonces al profeta a ir a su casa para comer juntos, a lo que respondió el varón de Dios: "Aun cuando me dieras la mitad de tu casa, no iría contigo, ni comería pan ni bebería agua en este lugar" (v. 8). Y añadió que Dios le había prohibido comer pan y beber agua en Betel, ordenándole que regresase inmediatamente a Judá de donde había venido. Dicho esto, emprendió su camino de vuelta hacia el sur.

Hasta este momento, el profeta había actuado muy bien, pero luego sobrevino el cambio. Un "viejo profeta" que moraba en Betel, se enteró de su visita y fue en su seguimiento, alcanzándole cuando él se hallaba sentado debajo de una encina. Le dijo que también era profeta él mismo y que Dios le había ordenado salirle al encuentro para que se volviese a casa del viejo profeta, donde comería pan y bebería agua con él. Le estaba mintiendo, pero el joven no se percató de ello y, desobedeciendo la orden de Dios, regresó con el viejo a Betel. Cuando ambos estaban a la mesa, el viejo profeta reprendió al joven por volverse y le predijo que, cuando se pusiese en camino, había de morir (v. 22). Partió el joven y, conforme se iba, le halló un león en el camino y le mató. Su cuerpo quedó echado junto al camino y allí le halló posteriormente el viejo profeta y le enterró convenientemente.

2. Su persona

a. SU CONDICION ESPIRITUAL

Este profeta mostró ciertos rasgos de madurez, pero también mostró algunos de inmadurez. No se le puede situar al mismo nivel que a Gad, Natán o Ahías. En su favor está el hecho de que fue escogido por Dios para ir desde Judá al norte y clamar allí contra el altar de Betel. Sin duda, habría otros profetas en Judá; por tanto, el hecho de que Dios le escogiese a él, habla bien en su favor.

Otra evidencia adicional de su madurez espiritual es la predicción que Dios hizo por medio de él y el milagro que obró también por su medio. La predicción fue notable, pues anunció que Josías (quien vivió unos trescientos años más tarde) ofrecería un día sobre aquel altar los huesos de los sacerdotes del mismo altar.[11] Al mencionar por su nombre a Josías, hizo una de las más admirables profecías de la Biblia. También predijo que el altar se quebraría y se esparcirían sus cenizas, lo cual ocurrió estando él presente allí. El milagro tuvo que ver con el restablecimiento de la mano de Jeroboam, quien la había extendido lleno de furor, y Dios había hecho que se le secase. Por la oración del profeta, le fue restablecida su mano al rey, lo cual fue un milagro grande y evidente.

También ha de contársele a su favor el que, al principio, obedeció a Dios en lo de volverse a casa sin comer ni beber en la pecadora ciudad de Betel. También es de tenerse en cuenta la tentación que suponía el ser invitado a comer con el rey, y dice mucho en su favor el haber rehusado aceptar la invitación.

El único factor en su contra fue el haber desobedecido a Dios, luego que se puso en camino. Cuando el viejo profeta de Betel le salió al encuentro y le dijo una mentira, el joven se dejó persuadir con demasiada facilidad y contravino directamente la clara orden de Dios. Esto indica que no se dio cuenta de que Dios nunca se contradice a Sí mismo. Mal estuvo la trampa que le tendió el viejo profeta, pero ello no era excusa para comportarse

---

[11]La fecha de la predicción fue al final del siglo décimo, y Josías vivió al final del siglo séptimo.

como lo hizo. El resultado de tal desobediencia fue el severo castigo que recibió al hallar la muerte en las garras de un león.

b. SU VALENTIA

Con todo, es preciso reconocer la valentia de este hombre al ir a Betel y hablar como lo hizo contra el altar de Jeroboam. Ye se necesitaba suficiente bravura para dejar su casa y encaminarse a un país extraño para hablar contra uno de sus sagrados centros de culto. Podría pensarse que, cuando se fue, tendría esperanzas de hallar ciertas facilidades cuando llegase; pero se encontró con que el propio rey estaba presente, y nos podemos imaginar que le vendrían pensamientos de volverse a casa sin cumplir con su misión, lo cual habría sido natural. Sin embargo, no se volvió, sino que pronunció su mensaje sin tener en cuenta lo desagradable que le había de resultar al rey. Se necesitaba ser muy valiente para obrar así.

F. UN "VIEJO PROFETA" DE BETEL

El último profeta que vamos a considerar aquí, es el viejo profeta al que acabamos de referirnos. ¿Qué clase de persona era este viejo que engañó de tal manera a un hombre más joven que él? ¿O es que era y había sido un falso profeta? Iremos dando respuesta a estas preguntas en sus lugares correspondientes.

1. Su obra

También este viejo profeta aparece una sola vez en la Biblia. No se le conoce por su nombre ni se le vuelve a mencionar. Cuando se enteró de que el joven varón de Dios había hablado contra el altar de Betel, preguntó a sus hijos por qué camino se había marchado de regreso a Judá, y les ordenó ensillarle el asno para poder ir en su seguimiento. Le alcanzó y le persuadió a que regresase a Betel para comer con él allí. El texto no nos indica el motivo que le indujo a obrar así, sino que se limita a referirnos el hecho y la mentira que pronunció para persuadir al joven a regresar a Betel.

Sin embargo, cuando ambos regresaron a la casa del viejo profeta, vino a éste verdadera palabra de Dios con respecto al joven, y se la comunicó de la manera siguiente: "Así dijo Jehová: Por cuanto has sido rebelde al mandato de Jehová, y no guardaste el mandamiento que Jehová tu Dios te había prescrito, sino que volviste, y comiste pan y bebiste agua en el lugar donde Jehová te había dicho que no comieses pan ni bebieses agua, no entrará tu cuerpo en el sepulcro de tus padres" (13:21–22). Posteriormente, al enterarse por los viajeros que habían visto el cadáver del joven junto al camino y al león que estaba a su lado, el viejo profeta volvió a ordenar que le ensillaran un asno para ver de hallar el cuerpo. Lo halló, lo puso sobre su asno, se lo llevó a Betel y lo enterró en su propio sepulcro. Después, se volvió hacia sus hijos y les pidió que le enterrasen en el mismo sepulcro cuando muriese.

2. Su persona

a. ERA UN VERDADERO PROFETA

Comencemos por decir que este hombre era un verdadero profeta. Hay quienes han pensado que era falso por la forma en que se comportó, pero hay indicios claros de que era un profeta verdadero. Está el hecho de que, en medio del relato, Dios se le reveló realmente. Luego que trajo al joven a su casa, Dios le comunicó que reprendiese al joven, junto con la predicción de que iba a morir, lo cual se cumplió puntualmente. Un mensaje tal venía ciertamente de Dios, y Dios no daba tales mensajes por medio de falsos profetas. Además, el profeta mostró respeto hacia el joven, pues al enterarse de que había muerto, se fue a donde yacía su cuerpo, lo tomó, volvió con él a la ciudad y lo enterró en su propio sepulcro. Incluso llegó a decir a sus hijos que le enterrasen en el mismo sepulcro. Más aún, confirmó personalmente la declaración que había hecho el joven varón de Dios acerca de la futura destrucción del altar de Betel. Esto muestra que aprobaba la denuncia y creía que la destrucción sería llevada a cabo.

b. SU CONDICION ESPIRITUAL

Al mismo tiempo, está claro que la condición espiritual de este hombre dejaba algo que desear, pues engañó deliberadamente a un hombre más joven que él. Aunque no se nos da el motivo por el que obró así, se puede conjeturar por ello su carácter. Es evidente que, al vivir justamente en Betel donde Jeroboam había erigido el falso altar, este viejo profeta no había denunciado el altar como debió haberlo hecho, y hasta es probable que sintiese alguna vergüenza por ello. Así que, al enterarse de la valentía del joven en venir incluso desde Judá para cumplir tal misión, es probable que deseáse fortalecerse espiritualmente mediante el contacto con tal varón y, para ello, parece ser que creyó que era justificado el use de una mentira y se rebajó a pronunciarla con tal de ver cumplido el objetivo que deseaba.

No se nos revela hasta qué punto pudo este varón haber sido usado por Dios para bien en tiempos anteriores, pero podemos deducir que no fue jamás de mucha importancia, a la vista del comportamiento que mostró con el joven profeta. Con todo, debemos aceptar la posibilidad de que se produjese un cambio en la extensión de su ministerio al tiempo en que se produjo su silencio cuando Jeroboam instituyó allí el falso centro de adoración.

c. UN HOMBRE ACOSTUMBARDO A ENGAÑAR

El hecho de que este viejo profeta emplease la mentira para hacer volver al joven varón de Dios, nos indica que antaño se había comportado de la misma manera, porque no es frecuente que alguien se rebaje en su ancianidad a tal modo de proceder, a no ser que se haya habituado a ello anteriormente. El engaño es un grave pecado a los ojos de Dios, y ésta podría ser una de las razones por las que este viejo profeta no había sido usado más en otros tiempos.

Hay quienes opinan que Dios no consideró muy grave el pecado de este hombre, puesto que fue el joven quien fue castigado tan severamente. Es cierto que fue el joven quien fue muerto por el león, pero esto no significa que el viejo quadase sin castigo. Ya la experimentó en la vergüenza y el remordimiento por la forma en que había actuado en relación con el joven profeta, como lo da a entender el hecho de que se preocupase en ir a encontrar su cuerpo, llevárselo consigo, enterrarlo en su propio sepulcro y pedir que le enterrasen junto a él. Es muy probable que pasase el resto de sus días lleno de pesadumbre por su comportamiento con este buen joven a quien echó a perder en esta forma. También ha de tenerse en cuenta que la razón por la cual se nos refiere el castigo implacable que Dios impulso al joven varón, es que Dios estaba tratando particularmente con él, no con el viejo. Fue el joven quien marchó de Judá a Betel enviado por Dios, y fue él quien desobedeció la clara orden de Dios. Por eso fue él quien resultó disciplinado de esta manera tan trágica.

12

Los Reinados de Roboam, Abiyam, Asa, Josafat y Basa

En este capítulo vamos a considerar los profetas que cumplieron su misión durante los reinados de cinco reyes; los cuatro primeros, de Judá; el quinto, de Israel, Basá; aunque éste no fue el sucesor inmediato de Jeroboam en Israel, fue él quien destruyó la casa de Jeroboam y reinó después por espacio de veinticatro años (1 R. 15:33).

Gran parte de este período presenció continuas guerras entre las dos partes del dividido reino. El período comenzó en una atmósfera de conflicto, cuando las diez tribus del norte se separaron del reino gobernado por Roboam. Recordemos que, al comienzo del reinado de éste, dichas tribus le pidieron que viniese de Jerusalén a Siquem, donde le rogaron que rebajase los fuertes tributos que Salomón les había impuesto. Roboam pidió tres días de plazo para considerar el asunto y, después de consultar a sus consejeros, tanto a los más viejos como a los más jóvenes, siguió el consejo de estos últimos y denegó la petición que las diez tribus le habían hecho; más aún, les dijo que les imponía un yugo más pesado que el que su padre les había impuesto. Entonces, las diez tribus se separaron y constituyeron a Jeroboam como su primer rey. La primera reacción de Roboam fue reunir un ejército para volver a someterles, pero Dios le comunicó por medio de un profeta que desistiese de su empeño, puesto que la división del reino era cosa Suya.

Roboam subió al trono a la edad de cuarenta y un años y reinó diecisiete años (931–913 A. de C.). Anduvo en los perversos caminos que había seguido su padre en los últimos años de su reinado, ya que edificó lugares

199

altos, erigió imágenes y mástiles de Aserá, e incluso permitió a los sodomitas habitar en la tierra (1 R. 14:23-24). Tuvo conflictos militares con dos enemigos principales: Jeroboam de Israel y Sisac de Egipto. Con el primero cosechó algunos éxitos, pero con el segundó sufrió graves pérdidas, como castigo de Dios por su apostasía. Con Jeroboam estuvo casi en continuo conflicto (1 R. 14:30). No se nos indica la naturaleza de los encuentros militares, pero parece ser que se trataba de repetidas disputas fronterizas, especialmente en el área de Benjamín. Tanto Roboam como Jeroboam codiciaban, al parecer, el área de Benjamín como zona que sirviese de valla entre los dos reinos. Una evidencia de que, por fin, fue Roboam el ganador en estas disputas la tenemos en el hecho de que Benjamín acabó por unirse a Judá. Dos factores debieron de influir en este resultado: uno, de aspecto militar, al derrotar los guardas fronterizos de Roboam a los de Jeroboam; otro, psicológico, al persuadir a los benjaminitas a unirse al reino del sur.

Sisac, el rey de Egipto, era el fundador de la XXII dinastía y el que había concedido asilo a Jeroboam, cuando éste huía de Salomón. En el quinto año del reinado de Roboam, Sisac puso gran empeño en reafirmar la supremacía egipcia en Palestina. Dejó una lista de 150 cuidades que invadió en esta campaña,[1] muchas de ellas situadas en la parte sur de Judá, e incluso algunas en la parte sur de Edom. No se mencionan ciudades del centro de Judá; cosa extraña, puesto que el texto sagrado habla de los vastos tesoros que Sisac se llevó de la propia Jerusalén (1 R. 14:26; 2 Cr. 12:9). Es posible que Roboam entregase a Sisac estos tesoros como una especie de tributo, a fin de impedirle que destruyese el resto de Judá. Debe mencionarse que también el reino del norte sufrió el impacto del poder de Sisac, pues Meguido da testimonio de ello en un monumento de victoria que lleva el nombre de Sisac. El ejército egipcio llegó a cruzar el Jordán hasta Galaad, pues en la lista del egipcio figuran numerosas ciudades de esta región. Todo esto significa que Sisac cubrió en su campaña un amplia área, pero no hay indicaciones de que la conservase por mucho tiempo. No obstante, Roboam hubo de sufrir lo suyo.

El hijo y sucesor de Roboam fue Abiyam,[2] que reinó tres años (913-911 A. de C.), y anduvo en los caminos de su padre. También continuó la lucha que su padre tenía entablada con Jeroboam y, evidentemente, con mayor éxito. En una importante batalla (2 Cr. 13:3-19) en el área de Efraín, cerca

[1]Sobre el muro exterior del sur del Templo de Amón en Karnak, Sisac es representado golpeando a los asiáticos, y el dios Amón le presenta diez filas de cautivos, quienes simbolizan las ciudades que aparecen en la lista. Véase *The Ancient Near East in Pictures*, ed. James B. Pritchard, fig. 349. En cuanto a la interpretación, discusión y una bibliografía de publicaciones al respecto, véase J. Simons, *Handbook for the Study of Egyptian Topographical Lists Relating to Western Asia*, pp. 90-101, 178-186.
[2]Llamado Abías en 2 Cr. 13:1ss. Abiyam significa "padre del mar"; y Abías, "mi padre es Yahweh". Parece ser que era llamado indistintamente por ambos nombres.

del monte Zemaráim (probablemente, al este de Betel), Abiyam, a pesar de
contar con tropas menos numerosas, llegó a tomar control incluso de Betel,
el importante centro religioso meridional del reino de Israel, así como las
cercanas, aunque menos importantes, ciudades de Jesaná y Efrón.

Sin embargo, este avance no duró mucho, porque Asá,[3] su hijo y sucesor, pronto
fue puesto en aprieto por Basá, quien avanzó con una fuerza de ocupación
nada menos que hasta Ramá, a menos de siete kms. de Jerusalén.
Asá reinó cuarenta y un años (911-870 A. de C.) y fue el primero de
los reyes piadosos del reino del sur.[4] Echó fuera del país a los sodomitas
y a los ídolos, y depuso a su abuela del cargo de Gran Dama por haberse
hecho un ídolo de la diosa Aserá. En una ocasión, convocó una gran asamblea del pueblo, invitando incluso a los israelitas de las norteñas tribus de
Efraín, Manasés y Simeón, para renovar las promeasas pactadas con Dios
(2 Cr. 15:9-15). Con todo eso, no quitó los antiguos lugares altos.

Asá tuvo importantes encuentros en dos ocasiones con poderes extranjeros. El primero fue un conflicto con un ejército egipcio a cuyo mando
estaba Zera etíope (2 Cr. 14:9-15). La batalla se libró cerca de Maresá, al
sudoeste del país, y terminó con una clara victoria de Asá. La razón de una
victoria tan difícil fue que Asá había confiado en la ayuda de Jehová, y Dios
le dio fuerza para batir al enorme ejército enemigo. El segundo contacto fue
con Basá (o Baasá), rey de Israel, y el motivo fue económico más que militar
(2 Cr. 16:1-10). Basá había atravesado la frontera norte de Judá con el
propósito de fortificar Ramá, cercana a Jerusalén, y poder así imponer su
control sobre la ruta por la que las caravanas se dirigían a Jerusalén desde
el norte. Como revancha, Asá, confiando en sus propias fuerzas, en vez de
pedir ayuda a Dios, envió a buscarla de Ben-hadad de Siria, el cual, promovido recientemente a una posición de poder, se sintió feliz con la invitación, que le permitía, al mismo tiempo, poner a prueba contra Israel la
fuerza de sus tropas. Atacó, pues, Ben-hadad algunas ciudades norteñas de
Basá, con lo que el rey de Israel tuvo que desistir de su empeño y retirarse
de Ramá para proteger su propio reino. Cuando Asá se consideraba a sí
mismo muy sagaz por el éxito de esta maniobra, sufrió gran desilusión al
recibir del profeta Hananí palabras de represión, en vez de las laudatorias

---

[3]Comoquiera que Abiyam y Asá aparecen con madres y abuelas del mismo nombre
(1 R. 15:2,10; 2 Cr. 15:16), algunos eruditos creen que eran hermanos, en lugar de ser
padre e hijo según se dice en 1 R. 15:8 y 2 Cr. 14:1. Aunque Abiyam reinó sólo tres años,
tenía la suficiente edad para que se le atribuyan hijos (en verdad, según 2 Cr. 13:21, tuvo
22 hijos y 16 hijas de 14 mujeres). Es lo más probable que su madre Maacá y su abuela
Abisalom fuesen respectivamente la abuela y la bisabuela de Asá. A causa del corto reinado
de Abiyam, Maacá había continuado como reina madre y fue a ella a quien Asá desposeyó
de su alto rango por dar culto a un ídolo (1 R. 15:13; 2 Cr. 15:16). Para una discusión más
amplia, véase William F. Albright, *Archaeology and the Religion of Israel*, p. 158.

[4]Se nos dice que ocho reyes, de un total de diecinueve reyes de Judá, fueron buenos a
los ojos de Dios, en marcado contraste con los reyes de Israel, de los cuales ni uno solo de
un total de diecinueve es mencionado como que fuese bueno.

que él esperaba, pues el profeta le dijo que lo que había conseguido con sus procedimientos era someter el reino de Judá a un poder extranjero y preparar el terreno para un conflicto ulterior, en lugar de obtener los beneficios que Asá esperaba. Es evidente que Asá no actuó en esta segunda ocasión de la manera recomendable con que actuó en la primera.

Como ya se ha mencionado, Basá, el rey de Israel, era contemporáneo de Asá, y reinó veinticuatro años (909-886 A. de C.). Poco sabemos de su reinado, excepto que continuó el conflicto con el reino del sur. En realidad, el único episodio referente a él es el ya mencionado de su encuentro con Asá. En el plano religioso, Basá siguió los pasos de Jeroboam y de Nadab. Ahías había predicho a Jeroboam que la familia de éste sería destruida, lo cual no ocurrió durante el reinado del propio Jeroboam, pero sí en el de su hijo Nadab, quien, tras haber reinado únicamente dos años (910-909 A. de C.), fue asesinado por Basá. A causa de su apostasía, Basá fue amonestado por el profeta Jehú de que su familia había de correr la misma suerte que la de Jeroboam (1 R. 16:1-7).

En el reino de Judá, el hijo y sucesor de Asá fue Josafat, quien reinó veinticinco años (873-848 A. de C.). En lo religioso, Josafat fue el segundo rey bueno de Judá. Siguió a su padre en lo de barrer del país todo lo relacionado con el culto a Baal, y además quitó la mayor parte de los lugares altos.[5] También mandó a los levitas y a otros que enseñasen "el libro de la Ley" por todo Judá. Esta había sido desde el principio una tarea primordial de los sacerdotes y levitas, pero parece ser que ahora la tenían descuidada, y Josafat procuró corregir este defecto.

Una demostración de la fe que Josafat tenía en Dios, la tenemos en el ataque coligado que contra él hicieron Moab, Amón y Edom (2 Cr. 20:1-30). Al enterarse de la invasión, Josafat no se desesperó, sino que convocó a toda Jerusalén a un tiempo de ayuno y oración. Dios le concedió una memorable victoria, y su ejército se limitó meramente a recoger el botín del enemigo, y había tanto que recoger, que les llevó tres días la tarea. A decir verdad, Josafat disponía de un fuerte ejército compuesto de cinco divisiones, tres de Judá y dos de Benjamín. En algún momento, la fuerza de su ejército fue tal, que los filisteos y los árabes trataron de congraciarse con él llevándole valiosos presentes. Josafat dio también los pasos necesarios para mejorar los procedimientos jurídicos en el país, pues parece ser que el pueblo tendía a la laxitud en materias claramente expuestas en la Ley, y Josafat hizo que esto se corrigiese.

Es cosa clara que Josafat se alió con los reyes de Israel Acab y Ocozías (1 R. 22:44,48-49; 2 R. 3:4-27; 2 Cr. 18:1 — 19:3; 20:35-37). Esta alian-

---

[5]Tanto en 1 R. 22:43 como en 2 Cr. 20:33, se afirma que no fueron quitados los lugares altos, mientras que, in 2 Cr. 17:6, se dice que sí lo fueron. La solución más probable es que fueron quitados los más notorios, mientras que no lo fueron aquellos donde rendían culto muchas personas de las del vulgo (1 R. 22:44).

za favorecía probablemente a los dos países en el terreno económico y en el militar, pero en el terreno religioso comportó una gran pérdida para Judá, especialmente cuando Josafat casó a su hijo Joram con la hija de Acab, Atalía, quien siguió los pasos de su madre Jezabel. Josafat tuvo muchos motivos para sentir pesadumbre más tarde por este matrimonio. En tres ocasiones distintas sufrió seriamente Josafat a causa de tal alianza. La primera fue cuando ayudó a Acab en la batalla contra Benhadad en Ramot de Galaad y estuvo a punto de morir allí (1 R. 22:29-33; 2 Cr. 18:29-34). Más tarde, se alió con Ocozías, el hijo mayor de Acab, en la empresa de constuir naves junto a Ezión-guéber, en el golfo de Aquaba, pero todos los navíos se rompieron sin llegar a estrenarse (1 R. 22:48-49; 2 Cr. 20:35-37). También se alió con Joram, segundo hijo de Acab, en una ofensiva militar contra Moab para obligarle a pagar tributo a Israel, y estuvo a punto de perecer por falta de agua (2 R. 3:4-27). En cada uno de estos casos, estuvieron implicados profetas de Dios, como se hará notar en su lugar.

A. IDDÓ

El profeta Iddó es mencionado tres veces en el Antiguo Testamento (2 Cr. 9:29; 12:15; 13:22), y en ninguna de ellas se le describe como implicado en ningún acontecimiento, sino que las tres referencias le describen escribiendo libros. Esto significa que es poco lo que se sabe de él personalmente, pero la información que se nos da acerca de él con respecto a sus escritos, nos sugiere ciertos aspectos.

1. Su obra

Dos aspectos generales se nos revelan en relación con la obra de Iddó. El primero es que era escritor. Según 2 Cr. 9:29,[6] registró visiones "contra Jeroboam hijo de Nebat," que contenían información acerca de "los hechos de Salomón". En 12:15 se nos dice que escribió un libro de genealogías, que incluía detalles históricos sobre "las cosas de Roboam". Y en 13:22 se indica que escribió una historia (*midrash*, que significa "comentario") sobre los hechos y dichos de Abías o Abiyam.

Esto indica, en primer lugar, que vivió en los años en que Jeroboam reinó en el norte, y sus contemporáneos Roboam y Abiyam reinaron en el sur, es decir, Judá. También indica que mostró gran interés por la historia, tomando nota de las actuaciones de esos tres reyes, y registrándolas en los libros aludidos.

---

[6]Aquí se le llama *Ye'dó*, mientras que, en 12:15 y 13:22, vemos escrito *Iddó*. No obstante, es opinión unánime de los expositores que se trata de la misma persona.

Otro aspecto digno de notarse es el epíteto con que se desiga a Iddó en dos de los tres pasajes citados. En. 9:29 y 12:15 se le llama "el vidente" (*hozeh*) y en 13:22 "profeta". Puesto que el epíteto "vidente" se usa raramente en el Antiguo Testamento, debe tomarse como algo muy significativo el que se aplique dos veces a Iddó. Al parecer, Dios le usó, como antes a Gad, para la función específica de recibir revelaciones y comunicarlas a otros, como se deduce de la palabra "visiones" (en el original hebreo) contra Jeroboam, lo cual implica que Dios comunicó, mediante visiones, a Iddó mensajes que tenían que ver con Jeroboam y con el juicio que Dios iba a traer sobre él a causa de su pecado. No se nos dice que comunicase estas visiones a Jeroboam, pero es probable que lo hiciera.[7]

Comoquiera que los primeros escritos de Iddó contenían información desde el tiempo de Salomón, este hombre debió de ministrar durante unos veinte años o más. Escribió acerca de Roboam y de Abiyam, cuyos reinados totalizan juntos la suma de veinte años. Si tenemos en cuenta que escribió acerca de los "primeros" hechos de Salomón también, hemos de deducir que sirvió durante un período de tiempo relativamente largo.

2. **Su persona**

a. SU CONDICION ESPIRITUAL

Dos detalles indican que Iddó era hombre de madurez espiritual. Uno es el largo ministerio que Dios le otorgó. El hecho de haber escrito acerca de tantos reyes muestra que Dios le estuvo usando durante todos esos años. En otras palabras, no hubo tiempo en que su ministerio llegase a su fin por haber cometido algún pecado en su vida. El otro detalle es que fue usado para recibir revelaciones divinas y, como ya se hizo notar al hablar de Gad, sólo quienes estaban espiritualmente calificados para ello, eran usados en esta forma.

b. SUS CONOCIMIENTOS

El que Iddó escribiese tres relatos diferentes acerca de varios reyes, tanto de Israel como de Judá, muestra que era un erudito. No se puede escribir convenientemente de lo que no se sabe y, puesto que el material escrito de Iddó abarca información de los dos reinos, debió de estar enterado de lo que pasaba en ambos. Esto indica que se mantuvo activo en su tiempo,

---

[7]Nos parece incorrecta la opinión de que Iddó era aquel joven profeta que, según 1 R. 13, llevó el mensaje contra Jeroboam y, después, desobedeció. Dicho joven murió cuando volvía de Betel, y había llevado el mensaje, con toda probabilidad, en los comienzos del reinado de Jeroboam, poco después de haber sido erigido el falso altar. Iddó, en cambio, debió de vivir por muchos años más, ya que puso por escrito los hechos, tanto de Roboam como de Abiyam, reyes de Judá.

teniendo contactos con personas que podían suministrarle información acerca de los dos reinos y registrando por escrito la información que recibía.

c. CAPACIDAD LITERARIA

Parece ser que Iddó escribió más que ninguno de los profetas hasta aquí considerados. Por consiguiente, si a éstos atribuimos con razón habilidad literaria, no hemos de negársela a Iddó. De especial importancia es el detalle que nos suministra 2 Cr. 13:22, donde se nos dice que escribió una "historia" acerca de los hechos y dichos de Abiyam. La palabra para "historia" es *midrash*, que significa "comentario". Es de notar, además, que el texto sagrado refiere que escribió dicho comentario acerca de "los hechos, caminos y dichos" de Abiyam. No era, pues, una mera historia de Abiyam, sino un análisis crítico de lo que el rey hizo y dijo, para poder formarse una idea de su carácter personal. Esto indica que Iddó tenía especial interés en juicios de valor, y un notorio deseo de consignar por escrito sus penetrantes análisis.

B. SEMAIAS

Semaías era contemporáneo de Iddó, pero quizá no ejerció por tanto tiempo como él, puesto que los relatos acerca de él sólo tienen que ver con Roboam de Judá. Estos relatos son dos, y ambos son breves.

1. Su obra

El primer relato concierne a los primeros años de Roboam, cuando se separaron del reino las diez tribus. Tras el anuncio de esta secesión, Roboam regresó de Siquem a Jerusalén, con el propósito de reunir un ejército para marchar contra las tribus del norte y acabar con la rebelión. Ya había conseguido reunir 180.000 hombres de Judá y Benjamín, cuando le paró los pies Semaías, quien le ordenó de parte de Dios que desistiese de su intento, puesto que la secesión llevaba el sello de la aprobación de Dios. Un punto a favor de Roboam es el haber prestado atención a las palabras de Semaías y, a pesar del desencanto por el enorme esfuerzo realizado, desistir de su intento y dejar que el reino del norte se estableciera como mejor le pluguiese.

El segundo relato se sitúa en el quinto año del reinado de Roboam, cuando Sisac, rey de Egipto, vino contra el país a fin de recuperarlo para sí. Cuando Roboam se enteró de que Sisac venía, convocó a sus jefes en Jerusalén para ver cómo hacer frente al enemigo. Entonces vino a él Semaías y le comunicó de parte de Dios un desagradable mensaje: "Así ha dicho Jehová: Vosotros me habéis dejado, y yo también os he dejado en manos de Sisac" (2 Cr. 12;5). También ahora, tanto él como sus jefes, se humillaron, diciendo: "Justo es Jehová" (v. 6). A causa de esta actitud, Dios comunicó a Semaías un nuevo mensaje: "Se han humillado; no los destruiré; antes los salvaré en breve, y no se derramará mi ira contra Jerusalén por mano de Sisac" (v. 7).

El sentido de este mensaje parece ser que es el siguiente: Como resultado de esta autohumillación de Roboam y sus jefes, Dios no iba a enviar un castigo tan severo como el que habría infligido de no haber obrado ellos así. No puede significar que Judá hubiese de escapar enteramente de Sisac, puesto que, como ya hicimos notar anteriormente, Sisac vino y devastó muchas ciudades del país; pero ya advertimos que las ciudades del área de Jerusalén no aparecen en la lista de las que Sisac había devastado, y es muy probable que la disminución o prórroga del castigo divino comportase la liberación de estas ciudades céntricas de las manos del enemigo. Es cierto que 2 Cr. 12:9 indica que Sisac vino contra Jerusalén y "tomó los tesoros de la casa de Jehová, y los tesoros de la casa del rey", incluyendo "los escudos de oro que Salomón había hecho", pero, como también dijimos antes, es posible que Roboam otorgase al egipcio estas compensaciones monetarias como medio de impedir que destruyese a Jerusalén y las ciudades del centro de Judá. Podemos pensar que Dios inclinó el ánimo de Sisac para que aceptase el cambio, pues es ciertamente significativo que no enlistase como tomadas las ciudades del centro, cuando lo hizo con las del sur de Judá, las de Edom e Israel, e incluso algunas de Transjordania.

Otro aspecto adicional de Semaías es que también él se dedicó a escribir. 2 Cr. 12:15 habla de "los libros del profeta Semaías . . ." como otra fuente literaria de Crónicas.

Según esto, el quehacer de Semaías parece haber sido principalmente declarar la palabra de Dios, más bien que recibir Sus mensajes. Aunque es cierto que sus dos mensajes a Roboam habían sido recibidos de parte de Dios, el énfasis en ambos relatos se carga en la comunicación más que en la recepción, y en ambos lugares es llamado Semaías "profeta", no "vidente". Parece ser que el vidente durante este período era Iddó, mientras que Semaías era el profeta; una situación similar, en cierto grado, a la de Gad y Natán respectivamente en los días anteriores de David.

2. Su persona

a. SU CONDICION ESPIRITUAL

A la vista de los mensajes que Dios comunicó a Semaías, hay bastante evidencia para creer que era una persona espiritualmente madura. Ambos mensajes fueron de gran importancia para Roboam en la historia de Judá. El primero comportaba la prevención de una guerra civil entre Judá y el recientemente organizado reino de Israel; y ello era ciertamente de gran importancia. El segundo implicaba una prórroga parcial para Judá y librar a muchas de las ciudades de Judá de la devastación del egipcio Sisac. De entre los numerosos profetas que, sin duda, vivían en aquel tiempo, Dios escogió a Semaías para comunicar estos mensajes, y de ello se puede concluir que Dios lo consideró como profeta de alto nivel espiritual ante Sus ojos.

b. RESPETABILIDAD

Es digno de notarse el gran respeto que Roboam y sus jefes mostraron hacía Semaías en las dos ocasiones en que habló. En la primera, se había hecho un gran esfuerzo para reunir un ejército de 180.000 hombres; no hay duda de que se habían elaborado planes muy detallados y se habían almacenado provisiones copiosas para un ataque de tal magnitud contra la nación del norte; y no es fácil disuadir a una persona de sus planes cuando se ha hecho un esfuerzo tan enorme. Con todo, cuando vino Semaías y le dijo a Roboam que desistiera de su intento, éste obedeció y, al parecer, sin ningún titubeo. Es hasta sorprendente la forma en que se mostró dispuesto a acceder a la intimación que Semaías le hizo.

Lo mismo puede decirse en relación con la campaña de Sisac. Roboam estaba preocupado por ella y había convocado a sus líderes para ver las medidas que había que tomar a fin de contrarrestar aquel avance. Fue en este momento cuando llegó Semaías y pronunció su mensaje de represión, precisamente en un momento en que Roboam no estaba en condiciones de ánimo para recibir tal mensaje. Pudo haber contestado duramente, pero no lo hizo, sino que, por el contrario, él y sus jefes se humillaron delante de Dios y respetaron plenamente las palabras del profeta; entonces Dios dio su mensaje de disminución del castigo por medio de Semaías. Claramente, éste era un hombre que pronunciaba sus mensajes con autoridad, para que hasta el rey reaccionase de tal modo.

c. VALENTIA

Los dos mensajes que comunicó Semaías demandaban una valentía poco común. El que los pronunciase con autoridad no disminuye del hecho de que se necesitaba mucha valentía para darlos. Semaías podía haber considerado que ambos mensajes le resultarían desagradables al rey, y pudo haber tenido miedo de pronunciarlos, pero los comunicó, y ello dice mucho en su favor.

d. CAPACIDAD LITERARIA

También Semaías escribió un libro y, aunque no escribió tanto como su contemporáneo Iddó, mostró algún interés en este terreno y, sin duda, cierta habilidad literaria.

C. AZARIAS

Al entrar en el estudio del profeta Azarías, pasamos al reinado de Asá, el tercer rey de Judá. Como ya se dijo, Asá fue el primero de los reyes religiosamente buenos del reino del sur. Es lógico pensar que, bajo reyes de esta condición, era más agradable la vida para los verdaderos profetas. Azarías es mencionado sólo en un lugar, 2 Cr. 15:1-8. El vers. 8 nos presenta un problema, pues los siete primeros verss. refieren un mensaje comunicado por Azarías al rey Asá, y a continuación dice el v. 8: "Cuando Asá oyó estas palabras y la profecía de Oded el profeta, cobró ánimo . . ." Esto parece indicar que fue Oded, no Azarías, quien pronunció esta profecía; esto contrasta con el vers. 1, donde Oded es llamado el padre de Azarías. Es probable que, en la transcripción del original, se haya metido solapadamente algún error en el texto de que disponemos. Hay dos explicaciones posibles; la primera es que las palabras "de Oded el profeta" podrían ser una glosa insertada, de modo que el original diría: "Cuando oyó Asá las palabras y la profecía, cobró ánimo . . .". La segunda es que se omitió en la transcripción la frase "Azarías el hijo de"; de modo que el original diría: "Cuando oyó Asá las palabras y la profecía de *Azarías, el hijo de* Oded, el profeta, cobró ánimo . . .". Las palabras subrayadas aparecen en las versiones siríaca y Vulgata, así como en la Septuaginta, según se ve en el MSS Alejandrino. Sea cual sea la explicación correcta, quedan pocas dudas de que las palabras de los siete primeros versículos fueron pronunciadas por Azarías, y no por Oded, su padre.[8]

1. Su obra

El único caso del que nos consta que Azarías profetizó fue después de la victoria de Asá sobre Zera, un conquistador etíope venido de Egipto. Habían pasado unos treinta años desde el ataque de Sisac, si suponemos que la campaña de Zera tuvo lugar en el año quince del reinado de Asá, que es lo más probable.[9] Es de presumir que Zera atacase en un intento de conseguir lo que Sisac no había podido obtener en el caso anterior. Como Sisac, también Zera lanzó su ofensiva en el valle de Sefatá, junto a las ciudades de Maresá y Gerar. Asá buscó la ayuda de Dios y la recibió, pues Dios le otorgó la victoria sobre un ejército mucho más numeroso y que recogiese un inmenso botín.

Cuando regresaba del campo de batalla, se encontró Asá con Azarías, quien le comunicó el mensaje al que nos estamos refiriendo. Era un mensaje

---

[8]La tradición de que este Oded es el mismo Iddó que hemos mencionado anteriormente, admite alguna posibilidad, tanto por la similaridad de los nombres como por el hecho de que ambos vivieron por las mismas fechas.

[9]Véase E. R. Thiele, *The Mysterious Numbers of the Hebrew Kings*, pp. 57-62.

de ánimo, consuelo y amonestación; en él, se alababa a Asá por haber puesto en Dios su confianza, dando a entender que a Israel le había faltado por mucho tiempo tal confianza, pues la nación no había puesto sus ojos en el Dios verdadero, ni los sacerdotes habían cumplido con su deber de enseñar la Ley, ni el pueblo había obedecido la Ley como debía; como resultado, habían sufrido graves disgustos y las bendiciones de Dios habían quedado suspendidas. A la vista de todo esto, el profeta urgió al rey Asá con las siguientes palabras: "Esforzaos vosotros, y no desfallezcan vuestras manos, pues hay recompensa para vuestra obra".

2. Su persona

a. SU CONDICION ESPIRITUAL

Hay motivos para creer que también Azarías era un hombre de madurez espiritual. Con todo, las evidencias son de diferente clase que las que hemos visto en los profetas estudiados hasta ahora.

Es probable que Azarías no fuese un profeta "a tiempo completo". Se nos dice en 15:1 que "vino el Espíritu de Dios sobre Azarías," lo cual, conforme a lo discutido en el capítulo 6, es una indicación de que sólo ejercía su función de tiempo en tiempo. Los profetas de tiempo completo recibían continuo poder del Espíritu Santo, mientras que los que ejercían ocasionalmente dicho ministerio, eran investidos por el Espíritu Santo para cometidos especiales. Dando por correctos estos conceptos, debemos considerar a Azarías como un "laico" de su tiempo, con la suficiente espiritualidad como para que Dios lo usase en esta única ocasión para llevar a Asá unas palabras de aliento. Debió, pues, de ser un varón de íntima comunión con Dios, dispuesto para ser usado, y presto para aceptar el encargo que se le encomendase. El hecho de que viniese sobre él el Espíritu de Dios para capacitarle en esta ocasión, muestra también que era un vaso escogido para recibir tal poder a fin de cumplir una función específica.

Además, el mensaje que comunicó a Asá estaba centrado en la idea de obedecer a Dios. No es de pensar que tal mensaje fuese transmitido por medio de una persona de bajo nivel espiritual. Azarías le dio a entender al rey que, por no haber seguido la nación a Dios anteriormente (pensando, sin duda, en los últimos años de Salomón y en los días de Roboam y Abiyam), habían surgido problemas y dificultades; así que le convenía muchísimo a Asá continuar confiando en Dios, como lo había hecho en el caso de Zera.

b. RESPETABILIDAD

Aunque, al parecer, no fue Azarías un profeta de tiempo completo, es evidente que hablaba con autoridad. En el caso que nos ocupa. no sólo prestó atención el rey a lo que Azarías le decía, sino que, tan pronto como el profeta acabó de hablar, Asá se dispuso a poner por obra el consejo que se la había dado, pues leemos que "quitó los ídolos abominables de toda la tierra de Judá y de Benjamín, y de las ciudades que él había tomado en la parte montañosa de Efraín; y reparó el altar de Jehová que estaba delante del pórtico de Jehová" (15:8).

Además, convocó una gran asamblea, tanto de su propio país como de algunas de las tribus del norte, para ofrecer sacrificios, renovando así el pacto con Dios, pues "prometieron solemnemente que buscarían a Jehová el Dios de sus padres, de todo su corazón y de toda su alma" (v. 12).

D. HANANI

También el profeta Hananí sirvió durante el prolongado reinado de Asá. Sólo se nos refiere un episodio de su ministerio, aunque es mencionado como el padre de Jehú en otros cuatro lugares (1 R. 16:1,7; 2 Cr. 19:2; 20:34).

1. Su obra

El único episodio que de él se menciona tuvo lugar cuando hubo de reprender al rey Asá. Este había sufrido un grave quebranto económico de parte de Basá, rey de Israel. Basá había llegado al sur para ocupar Ramá, al norte de Jerusalén, y controlar así la ruta por las que las caravanas venían a Jerusalén desde el norte. Como revancha, Asá envió a pedir ayuda a Benhadad rey de Siria, rogándole que atacase al norte de Israel, a fin de que Basá tuviese que regresar para defender sus propias fronteras. El plan surtió efecto, al parecer, pues Basá desistió de su propósitos en Ramá, y entonces Asá pudo hacerse con el material de construcción que Basá había almacenado allí y usarlo para ensanchar dos de sus ciudades: Geba y Mizpá. Esto hizo que Asá se enorgulleciera de lo que él creía una pieza brillante de estrategia militar y, por tanto, sólo esperaba aplauso de todo el que se acercase a él. Llegó Hananí, pero no con aplausos, sino con una punzante represión por haber confiado Asá en su propio juicio, yendo a buscar ayuda en un rey extranjero, en lugar de confiar en Dios. En esto, había obrado con insensatez, pues se había puesto bajo obligación de servir a un rey extraño y, como resultado, había de estar en continua guerra. También le recordó al rey el tiempo anterior en que Asá había confiado en Dios y derrotado al etíope Zera. A continuación, añadió estas importantes palabras: "Porque los ojos de Jehová contemplan toda la tierra, para mostrar su poder a favor de los que tienen corazón perfecto para con él" (2 Cr. 16:9). La idea es que Dios habría ayudado esta vez a Asá contra su enemigo Basá, como lo había hecho contra Zera el etíope, si Asá solamente hubiese confiado en Dios ahora, como lo hizo entonces.

A la gente no le gusta escuchar reprensiones cuando esperan aplausos, y en este caso no le agradó a Asá la reprensión, sino que ordenó que echaran a Hananí en la cárcel. Parece mentira que un rey tan bueno como Asá actuase de este modo, cuando se había comportado tan ejemplarmente un año antes, más o menos, en el caso del encuentro con el egipcio.

2. Su persona

a. SU CONDICION ESPIRITUAL

Las pruebas de que Hananí era un varón espiritual son del mismo orden que las que adujimos en favor de Iddó y Gad. Se le identifica en tres distintos lugares como vidente (2 Cr. 16:7,10; 19:2), y nunca como profeta. Está, pues, claro que su ministerio principal consistió en recibir revelaciones de Dios y comunicarlas a otros. Como se hizo notar anteriormente, tal clase de persona era, sin duda, espiritualmente madura a los ojos de Dios.

También es de notar que el único mensaje, que sepamos, salido de los labios de Hananí está marcado por un énfasis teocéntrico. El error de Asá consistió en depender de su propia estrategia, en lugar de confiar en Dios, y Hananí le recordó que si hubiese confiado en Dios, El habría provisto para Asá en esta ocasión de la misma manera que lo había hecho anteriormente.

b. DISPUESTO A SUFRIR

Como resultado de su reprensión, Hananí fue echado por el rey en la cárcel. Hay que tener en cuenta que las cárceles de aquel tiempo no eran lugares limpios, sino infestados de sabandijas y muy malolientes. El pensamiento de tener que ser confinado en tal lugar era como para sublevarse. Podría objetarse que Hananí no sabía de antemano que se le iba a tratar de esa manera y que, por tanto, hablar de él como de alguien dispuesto a sufrir tal castigo, es algo que no tiene el respaldo del texto sagrado. Sin embargo, él debió de pensar en la posibilidad de dicho sufrimiento, pues ciertamente es siempre peligroso reprender a un rey que sólo espera alabanzas; no cabe duda de que tuvo que cruzar por su mente la posibilidad de un encarcelamiento.

c. SU IMPORTANCIA PERSONAL

Hay indicios de que Hananí era bien conocido en su tiempo, puesto que su hijo Jehú es identificado como "el hijo de Hananí" en cuatro de las cinco veces que se le menciona. Comoquiera que este grado de referencia paterna no es frecuente al hablar de los profetas, se debe concluir que Hananí hubo de ser una persona de excepcional importancia para que a Jehú se le conociese especialmente como a hijo suyo.

E. JEHU

Pasamos ahora a hablar de Jehú mismo, el hijo de Hananí. Jehú había tenido contacto con el rey Basá de Israel, enemigo de Asá, y con el rey Josafat de Judá, hijo y sucesor de Asá. Se le menciona con más frecuencia que a su padre, pero el hecho de que se le identifique tantas veces como el hijo de Hananí hace pensar que, como profeta, no era tan importante como su padre. Por otra parte, el que estos dos profetas estuviesen relacionados como padre e hijo, no debe llevarnos a la conclusión de que los hijos de los profetas seguían de ordinario el mismo ministerio que sus padres; en realidad, es poco frecuente el caso de un hijo que siguiese el mismo oficio que su padre. Otro aspecto que distingue a Jehú de la mayoría de los demás profetas es que ejerció su ministerio tanto en Israel como en Judá.

1. Su obra

El contacto de Jehú con Basá consistió en una reprensión muy similar a la que su padre le hizo a Asá. La reprensión se debió a la desobediencia de Basá, al seguir en los caminos de Jeroboam y Nadab, quienes le habían precedido. Dios había permitido a Basá destruir la casa de Jeroboam a causa del pecado de éste, pero Basá no se comportó mejor que él. Entonces Jehú se llegó a él y le lanzó una severa reprensión, diciéndole que Dios barrería la posteridad de Basá como había hecho con la de Jeroboam hijo de Nebat (1 R. 16:3). Esto debió de ocurrir en los primeros años del ministerio de Jehú, porque tuvo contactos con Josafat por lo menos treinta años después. Basá murió en el 886 A. de C., y el contacto con Josafat tuvo lugar después de la ayuda que prestó Josafat a Acab, cuya fecha más probable fue el año 853 A. de C.[10] Es evidente que Jehú ejerció el ministerio profético durante muchos años.

También el contacto de Jehú con Josafat consistió en una reprensión. Acababa Josafat de prestar ayuda al rey Acab de Israel, con quien había hecho alianza, en el conflicto que Acab mantuvo con los sirios de Damasco en Ramot de Galaad (2 Cr. 18:28-34; V. 1 R. 22:29-40). Desagradó a Dios con esto, y Jehú le salió al encuentro, cuando Josafat regresaba, con los palabras siguientes: "¿Al impío das ayuda, y amas a los que aborrecen a Jehová? Por esto ha caído contra ti la cólera de Jehová" (2 Cr. 19:2). Con todo, añadió que Dios reconcía en Josafat algunas cosas buenas, por cuanto había quitado de la tierra las imágenes de Aserá. El texto sagrado no nos dice si Basá o Josafat respondieron de alguna manera a las palabras de Jehú.

Al ser llamado Jehú profeta, y no vidente como su padre, y ser citado declarando la palabra de Dios en las dos ocasiones, se deduce que se di-

---

[10]Para una discusión sobre esta fecha, véase mi libro *Survey of Israel's History*, p. 312.

ferenciaba de su padre principalmente por ser un profeta que declara la palabra de Dios, más bien que un vidente que recibe la revelación de Dios.

2. Su persona

a. SU CONDICION ESPIRITUAL

Jehú demuestra madurez espiritual en haber sido encargado, en estas dos importantes ocasiones, de reprender a un rey. De todas las clases de mensajes que los profetas hubieron de comunicar, no hay duda de que los más difíciles y desagradables eran los de reprensión. A nadie le gusta recibir una reprensión. Para comunicar, pues, este tipo de mensaje, Dios no habría llamado a una persona espiritualmente inmadura.

b. SU VALENTIA

Jehú mostró su valentía en su disposición a pronunciar esas dos reprensiones; tanto más cuanto que su padre, Hananí, ya había sufrido encarcelamiento por haber reprendido a Asá. No hay, pues, duda de que Jehú estaba consciente de las consecuencias que su represión podrían acarrearle.

c. CAPACIDAD LITERARIA

Jehú era también un profeta que poseía habilidad literaria, pues se dice de él que escribió un libro que contenía "los hechos de Josafat" (2 Cr. 20:34). Siendo este libro la única fuente de información sobre la biografía de Josafat, se deduce que Jehú debió de vivir durante todo el reinado de aquél. Por tanto, su ministerio hubo de extenderse por muchos años, comenzando en los últimos años del reinado de Basá y siguiendo durante todos los veinticinco años (1 R. 22:42) de Josafat.

F. JAHAZIEL

Sólo una vez es mencionado Jahaziel en la Biblia (2 Cr. 20:14-17), y también durante el reinado de Josafat. A juzgar por la circunstancia y por la frase "sobre él vino el Espíritu de Jehová", hemos de incluirlo en la misma categoría que Azarías, del que hablamos anteriormente, es decir, en la de un profeta ocasional, quizá para comunicar este único mensaje. A decir verdad, no se le aplica el epíteto de profeta, pero el haber sido usado para comunicar un mensaje profético en una época tan crucial de la historia de Israel, le da derecho a ser incluido en tan ilustre grupo.

1. Su obra

Jahaziel desempeñó su función en tiempo de Josafat, cuando el reino de Judá estaba siendo invadido por un triple ejército, formado por tropas de

Moab, Amón y Edom (2 Cr. 20:1,10). Al enterarse de la invasión, Josafat convocó a un ayuno en Judá y se levantó a orar mientras el pueblo estaba reunido en Jerusalén. Invocó a Dios para que les ayudase en esta ocasión, pues no disponían de tropas suficientes para hacer frente a un ejército tan numeroso. Cuando terminó de orar, el Espíritu de Dios vino sobre Jahaziel, el cual dio respuesta de parte de Dios a la espléndida oración de Josafat, diciendo: "Jehová os dice así: No temáis ni os amedrentéis delante de esta multitud tan grande, porque no es vuestra la guerra, sino de Dios" (20:15). Y, tras añadir algunas instrucciones estratégicas, terminó con estas palabras alentadoras: "paraos, estad quietos, y ved la salvación de Jehová con vosotros . . ." (v. 17).

Con este mensaje de aliento, Josafat dispuso sus tropas para salir al encuentro del enemigo, colocando a los levitas en vanguardia para que entonasen cantos de alabanza, diciendo: "Glorificad a Jehová, porque Su misericordia es para siempre" (v. 21). Cuando dieron alcance a los tropas enemigas, hallaron que los tres grupos de invasores, tal vez por celos, se habían destruído mutuamente, y todo lo que las tropas de Josafat tuvieron que hacer fue apoderarse del botín abandonado. Este fue, verdaderamente, un día grande para el pueblo de Dios.

2. Su persona

a. SU CONDICION ESPIRITUAL

Como en Azarías, también en Jahaziel hay que suponer un alto nivel de espiritualidad para que, de entre una congregación tan numerosa, le escogiese Dios para comunicar la palabra de Dios a Josafat y al pueblo allí reunido. Dios no escoge a cualquiera para tal misión; hemos de suponer, pues, que Jahaziel era el vaso escogido por el Espíritu Santo para comunicar tal mensaje, por el que se recordaba al pueblo que la batalla no era de ellos, sino de Dios. Un mensaje tan centrado en Dios revela que el destinado a pronunciarlo tenía su pensamiento y su propia vida centrados en Dios.

b. HABILIDAD ORATORIA

Analizando el mensaje y las circunstancias, nos percatamos de la capacidad oratoria de Jahaziel. El pueblo reunido era muy numeroso, y cualquiera no se habría atrevido a levantarse para pronunciar este tipo de mensaje. Por tanto, debemos suponer que Jahaziel se sintió capacitado para expresarse en frases claras y rotundas. Es probable que, cuando estaba reunido con los demás del pueblo, no tuviese el más ligero barrunto de que Dios le iba a usar a él, pero Dios le consideró instrumento apto para transmitir el alentador mensaje.

G. ELIEZER

Otra persona que profetizó durante el reinado de Josafat fue Eliezer, al que sólo se menciona igualmente una vez (2 Cr. 20:37) y, por cierto, brevemente; así que es muy poco lo que se sabe acerca de él. Su ciudad nativa era Maresá, ubicada en la zona montañosa occidental de Judá.

1. Su obra

La ocasión en que se menciona a Eliezer data de la segunda vez que Josafat se alió con la casa de Omrí en una aventura conjunta. Ya hicimos notar más arriba que tenía concertado un pacto con la dinastía del norte y que, por tres veces, esto le condujo a situaciones peligrosas y desgraciadas. La presente alianza la hizo con Ocozías, primogénito de Acab, para un negocio marítimo. Ambos construían barcos en el puerto de Ezión-guéber, con el propósito de navegar aguas abajo del Mar Rojo para fines comerciales. Mientras se construían las naves, amonestó Eliezer a Josafat, diciendo: "Por cuanto has hecho compañía con Ocozías, Jehová destruirá tus obras" (2 Cr. 20:37). Las naves se rompieron, y ninguna pudo zarpar, de forma que la empresa comercial terminó en un completo desastre.

2. Su persona

a. SU CONDICION ESPIRITUAL

Aunque se sabe muy poco de la persona de Eliezer, existe una clave que nos muestra su alto nivel espiritual: el mensaje de reprensión que comunicó al rey Josafat, pues, como ya se ha hecho notar varias veces, difícilmente podía Dios encargar de tal mensaje a una persona que no tuviese una comunión íntima con Él.

b. SU VALENTIA

Eso mismo muestra que Eliezer era un hombre valiente. No cabe duda de que Josafat y Ocozías habían realizado un enorme esfuerzo, e invertido una considerable suma de dinero para una empresa de tal calibre; fue entonces cuando Eliezer pronunció su mensaje; ciertamente requería gran valor decirles que aquella empresa terminaría en un completo desastre.

13

El Reinado de Acab: Elías

En los aproximadamente doce años de intervalo entre los reinados de Basá y Acab, cuando gobernaron en Israel Elá, Zimrí y Omrí, no se menciona ningún profeta, pero en al reinado de Acab se levantó el gran profeta Elías. Aunque no fue un profeta escrito la Biblia le da un lugar prominente. Por eso, le dedicamos todo el presente capítulo.

Acab sucedió a su padre Omrí, de mano fuerte. Aunque el reinado de Omri fue corto, Israel no había tenido hasta su tiempo un rey tan capaz como él. Sin embargo, cometió un error que acarreó a Israel trágicas consecuencias en el plano religioso, y fue establecer una alianza con la Fenicia del norte, casando también a su hijo Acab con la princesa fenicia Jezabel. Tales compromisos matrimoniales eran corrientes en esa clase de alianzas y, de ordinario, cuando la princesa entraba en el palacio extranjero, raras veces se volvía a saber nada de ella; pero éste no fue el caso de la orgullosa y tenaz Jezabel, sino que se trajo consigo el culto de su país nativo a Baal-Melqart.[1] El culto a Baal, la deidad cananea, había sido practicado entre las tribus de Israel en los días que precedieron al establecimiento de la monarquía. Samuel se había opuesto a él vigorosamente, y a David le estaba reservado el éxito de barrerlo del país. Pero ahora retornaba con el culto a Baal-Melqart de Tiro.

La terca y dominante Jezabel no se contentó con que coexistieran el

---

[1]Este dios tirio se llamaba simplemente Melqart, pero se le llama también Baal en la Biblia por corresponder al concepto del dios cananeo Baal, de mayor antigüedad.

culto a Baal y el del Dios de Israel, sino que decidió acabar con la religión anterior para introducir la suya, dedicando a este plan un denodado esfuerzo, sin que Acab hiciese nada para detenerla. Estuvo a punto de ver cumplido su propósito, como lo indica la matanza que llevó a cabo entre los verdaderos profetas de Dios (1 R. 18:4); algo que una extranjera no se habría atrevido a perpetrar de no haber alcanzado las riendas del país en materia religiosa. El pecado de Jeroboam, al establecer el culto al becerro de oro, había sido lo suficientemente grave, pero esta introducción del culto a Baal era mucho más grave, pues implicaba una total sustitución de deidades, además de las degradantes y licenciosas observancias que incluían la prostitución religiosa.

Aun cuando Acab permitía esta tremenda apostasía, por otro lado era un gobernante capaz, que trataba de seguir las huellas de su padre, especialmente en su afán de construir. Excavaciones llevadas a cabo en Samaria, la capital del reino, han revelado un doble muro de fortificación que construyó en torno al atrio general del palacio que había edificado Omrí. Imponentes cimientos de una amplia estructura, ubicada cerca del palacio de Omrí, han sido identificados como "la casa de marfil" que Acab construyó (1 R. 22:39. V. Am. 3:15; 6:4). Los muros de esta estructura estaban recubiertos de mármol blanco, lo que les daba la apariencia de marfil sólido, y en una especie de almacén han sido halladas más de doscientas figuras y placas de marfil auténtico, así como pequeños anaqueles del mismo material.[2] También construyó Acab algunas ciudades para su pueblo (1 R. 22:39).

A. LA TAREA DE ELIAS

Fue durante el reinado de Acab y Jezabel, cuando fue llamado Elías a desempeñar su ministerio. La Biblia califica a tal reinado como el peor de los que le habían antecedido en la historia de Israel (1 R. 16:30), y quizá fue este el motivo por el que levantó Dios, por contrapartida, a uno de Sus más grandes profetas.

1. Su importancia excepcional

La Biblia atribuye a Elías un lugar único en tres aspectos. El primero, ser una de las dos personas que no tuvieron que pasar por la muerte. La otra fue Enoc, de quien se dice: "Caminó, pues, Enoc con Dios, y desapareció, porque le llevó Dios" (Gn. 5:24). También a Elías le honró Dios, proveyendo para él un carro de fuego, de modo que "Elías subió al cielo en un torbellino" (2 R. 2:11). El segundo, ser una de las dos personas que

---

[2]Véase Jack Finegan, *Light from the Ancient Past*, pp. 187–188, sobre este punto.

Dios permitió que se apareciesen junto a Jesús en el Monte de la Transfiguración, en presencia de tres de los discípulos (Mt. 17:1-13; Mr. 9:2-13; Lc. 9:28-36). La otra persona fue Moisés, cuya importancia no necesita explicación. El tercero, que, cuando Jesús preguntó a los discípulos qué opinaba la gente acerca de Él mismo, una de las respuestas fue "Elías" (Mt. 16:14), lo cual demuestra el alto concepto que el pueblo tenía de Elías, y también el recuerdo que en la gente suscitaba la profecía de Malaquías, por medio de quien había dicho Dios: "He aquí que yo os enviaré el profeta Elías, antes que venga el día grande y terrible de Jehová" (Mal. 4:5), con lo que Dios atribuía a Elías un papel preponderante.

2. Su predicción de hambre

La primera actividad de Elías, según 1 R. 17:1, fue predecir al rey Acab un período de hambre en el país, diciendo: "Vive Jehová Dios de Israel, en cuya presencia estoy, que no habrá lluvia ni rocío en estos años, sino por mi palabra". Es evidente, por Stg. 5:17, que Elías había orado antes para que tal hambre sucediera; el motivo fue su profundo pesar por la falsa religión que Jezabel había introducido en la tierra. Aunque Elías vivía al este del Jordán en Galaad (1 R. 17:1), es evidente que Jezabel había extendido su esfera de dominio hasta aquel lugar, y Elías estaba tan preocupado por ello, que lo puso en la presencia de Dios mediante una oración ferviente.[3] Parece ser que Dios había informado a Elías de que había escuchado su plegaria y le había ordenado transmitir el mensaje al rey, como le vemos haciendo al iniciarse el relato en 1 R. 17:1.

3. Elías se oculta junto al arroyo de Querit

Tras el anuncio dado al rey de que iba a sobrevenir un período de hambre, Elías tuvo que esconderse, y Dios acudió enseguida a decirle que lo hiciese junto al arroyo de Querit. Se cree que éste era uno de los torrentes que descendían hasta el valle del Jordán, formando a su paso escarpados desfiladeros,[4] con numerosas y oscuras cavernas que el profeta podía usar fácilmente para pasar completamente desapercibido. Mientras se encontraba allí, Acab trató de dar con él, buscándole no sólo a lo largo y ancho de su propio reino, sino incluso en otras naciones (1 R. 18:10). Fue probablemente después que esta intensa búsqueda cesó, cuando Dios ordenó a Elías que se trasladase de Querit al norte, a la ciudad de Sarepta.

---

[3]Dios había declarado, mucho antes, que el hambre sería la forma más severa de castigo que había de enviar, si el pueblo se negaba a seguir a Jehová (Dt. 11:17; 28:23; véase 1 R. 8:35).
[4]La tradición ha identificado este arroyo como el actual Wadi Kelt, pero éste fluye desde el oeste más bien que del este, y muchos opinan que es más probable que dicho arroyo fluyera desde el este.

Sarepta estaba situada entre Tiro y Sidón, a unos 13 kms. de Sidón por el norte, y a unos 19 de Tiro por el sur. Allí posó en casa de una viuda, y Dios les alimentó a ambos milagrosamente, suministrándoles de continuo harina en la tinaja y aceite en la vasija. Fue durante la estancia de Elías en casa de la viuda, cuando enfermó gravemente y murió el niño de ésta, y Dios realizó un gran milagro, por medio del profeta, para resucitar al muchacho (1 R. 17:17-24).

4. Elías desafía a los profetas de Baal

Cuando los tres años y medio de hambre (Lc. 4:25; Stg. 5:17) llegaban a su término, Dios le dijo a Elías que regresara a Israel, con el propósito de concertar un desafío que confirmase la lección que Dios había querido enseñar mediante el hambre. Con la ayuda titubeante de uno de los siervos de Acab (18:7-16), Elías estableció contacto con el rey y se concertó el desafío (18:17-20). Pidió a Acab que se presentasen en el Monte Carmelo los 450 profetas de Baal, junto con los 400 profetas de Aserá que comían de la mesa de Jezabel. También pidió que se reuniese en el monte gente de todo Israel, a fin de que pudiesen presenciar el resultado del reto. Fue necesario que Acab mismo convocase a los israelitas, porque, de no ser así, difícilmente se habrían atrevido los líderes a acudir, dado el control que sobre los asuntos religiosos ejercía Jezabel en todo el país. Acab hizo lo que Elías le pedía, y la razón de su pronta anuencia era que también él necesitaba la lluvia con urgencia perentoria. El reto estaba destinado a proveer un medio de demostrar ante todo el pueblo quién era el verdadero Dios de Israel, Baal o Jehová.

Es preciso percatarse de que ya se había estado desarrollando otra competencia desde que empezó el hambre, puesto que, si Baal, cuyo culto había sido introducido par Jezabel en el país, era realmente el dios de la lluvia y la tormenta, el anuncio por parte de uno de los profetas de Jehová de que no llovería, significaba un desafío a los sacerdotes de Baal a que hiciesen descender la lluvia mediante el poder de su dios. Pasados tres años y medio sin que esto ocurriese, el pueblo podía estar convencido de que Baal no poseía los poderes que se le atribuían y, por tanto, aumentaba la evidencia de que Baal no era lo que Jezabel había dicho. Por consiguiente, el nuevo reto que Dios proponía por medio de Elías, sería la manera apropiada de remachar la evidencia de que Israel debía seguir a Jehová, y no a Baal.

5. El resultado del desafío

Acab accedió a los deseos de Elías, de modo que, en la fecha concertada, tanto el pueblo de Israel como los profetas de Baal estaban presentes. Se nos dice que había 450 profetas de Baal (18:22), pero no se mencionan los 400 profetas de Aserá; quizás no le fue posible a Acab conseguir que este segundo grupo acudiera; también es posible que Jezabel pusiese suficientes objeciones a tal comparecencia. Con todo, los 450 suponían una cifra muy alta, y no cabe duda de que Elías se dio por satisfecho al ver que, al menos, éstos se hallaban presentes. La cifra de los espectadores tuvo que ser todavía mucho más alta, puesto que, más tarde, cuando Elías mandó prender a todos los profetas de Baal, resultó fácil el cumplimiento de tal orden. También hay que darse cuenta de que estos espectadores habían sido gente importante en el país, no personas del vulgo; Elías querría que fuesen personas de importancia, a fin de que, al volver a sus hogares, tuviesen la suficiente influencia para persuadir también a otros a seguir el culto del verdadero Dios. Esta es la razón por la que era necesaria una invitación personal de Acab, a fin de que las personas influyentes estuviesen dispuestas a venir.

Cuando todos estaban presentes, tomó Elías la palabra y comenzó a resumir la forma en que la competencia se iba a llevar a cabo. Los profetas de Baal tenían que invocar a su dios para que encendiese milagrosamente el fuego en un altar a Baal, y después Elías haría lo mismo en relación a un altar dedicado al Dios de Israel. El Dios que respondiese por medio del fuego, demostraría ser el Dios verdadero. Elías dijo también a los profetas de Baal que podían elegir el animal que deseasen para el sacrificio y actuar primero. Así que sacrificaron el animal y comenzaron a invocar a Baal para que enviase el fuego. Siguieron invocándole durante toda la mañana hasta el mediodía, y después, por la tarde, ante las burlas de Elías, fueron elevando la voz y hasta se cortaban con cuchillos, de forma que la sangre chorreaba sobre ellos. De nada sirvió todo ello, pues pasaba la tarde y Baal no respondía.

Cuando le tocó el turno a Elías, mandó al pueblo que se acercasen a un lugar donde había sido erigido un pequeño altar a Jehová. Como el altar estaba derruído, lo recompuso usando doce piedras en representación de las doce tribus de Israel. Aun así, resultaría de un tamaño insignificante en comparación con el que habían usado los cananeos.[5] Elías hizo también una zanja en torno al altar, y mandó que derramasen en ella doce cántaros de agua, con lo que se llenó de agua la zanja, demostrando así que no podía haber debajo ningún fuego oculto. Entonces el profeta elevó una breve oración, reseñada en sólo dos versículos (18:36-37), y Dios contestó con fuego; éste fue tan intenso, que consumió la leña, el sacrificio, las piedras del altar y el polvo, y hasta lamió totalmente el agua de la zanja. Sin duda, los más

---

[5]Con una fecha anterior a la de éste, fue encontrado en Meguidó un altar cananeo, que medía más de ocho metros de largo, y casi un metro y medio de alto, hecho con centenares de piedras unidas con barro. Es posible que este altar del Carmelo fuese menor, pero, aun así, era sin duda mucho mayor que el pequeño altar que Elías usó en esta ocasión.

cercanos al altar tendrían que echarse para atrás por el tremendo calor de tal llamarada.

Como resultado de esta prueba, el pueblo se puso inmediatamente a gritar: "¡Jehová es el Dios, Jehová es el Dios!" (v. 39); la demostración había sido contundente y sin ambages, y el pueblo entero estaba dispuesto a reconocerlo. Ya estarían preparados para ello con la ausencia de lluvia durante los anteriores tres años y medio, y ahora quedaban enteramente persuadidos con la presencia del fuego. Elías actuó entonces rápidamente, con objeto de que el reconocimiento del pueblo se mantuviese firme, haciendo prender a los sacerdotes de Baal, de forma que no escapase ninguno; a todos les hizo descender del Carmelo al arroyo de Cisón, donde los mandó degollar. Nótese que éste fue un hecho clave de aquel día, pues estos profetas eran los favoritos de Jezabel y, por tanto, todo el que interviniese en la matanza pondría en peligro su vida ante la cólera de la reina. Elías se percató de ello y, por eso, quiso que todos los presentes participasen en la acción, para mostrar así que se ponían del lado de él en el retorno al culto del verdadero Dios de Israel.

Aquella misma tarde, subió Elías de nuevo a la cima del Carmelo para pedir a Dios la lluvia. Se nos dice que allí se postró en tierra; probablemente, cerca del montón de cenizas, el lugar donde había respondido Dios tan maravillosamente antes, en aquella misma tarde. Después de haber orado, envió a un criado que le acompañaba, a un punto más alto, para mirar hacia el occidente por si veía la respuesta en forma de nube. Regresó el criado, diciendo que no había visto ninguna. No desistió Elías, sino que continuó orando una y otra vez, obteniendo de su criado respuesta negativa una y otra vez. Por fin, a la séptima vez, le dijo el criado que había visto una nube pequeña levantándose del mar, y Elías entendió que ésa era la respuesta. Acto seguido, mandó al criado que fuese a decirle a Acab que unciese su carro y descendiese rápidamente, porque iba a llover de recio. Parece ser que la lluvia comenzó antes que Acab se pusiese en camino, y Elías hizo entonces un esfuerzo extraordinario para adelantar al carruaje de Acab, y llegar a Jizreel antes que él, tras haber recorrido una distancia de más de dieciocho kms. Es posible que el torrente de Cisón se desbordase por lo copioso de la lluvia y que Elías tuviese que indicar al monarca una ruta más alta para que pudiese llegar a su casa sano y salvo.

6. Huyendo de Jezabel

Al llegar a Jizreel, mojado y exhausto, recibió un mensaje amenazante de Jezabel, la cual se había enterado por su marido de cuanto había sucedido en el Monte Carmelo. El mensaje decía como sigue: "Así me hagan los dioses, y aun me añadan, si mañana a estas horas yo no he puesto tu persona como la de uno de ellos" (19:2). "Ellos" eran los 450 profetas que

Elías había mandado matar. El profeta, tan fuerte en el episodio del Carmelo, se mostró ahora tan débil, que huyó de su casa aquella misma noche tan pronto como leyó el mensaje. Se nos dice que "se levantó y se fue para salvar su vida, y vino a Beerseba, que está en Judá, y dejó allí a su criado" (v. 3). Es evidente que apenas se paró ni siquiera a comer ni a dormir en su prisa por alejarse del peligro que el mensaje de Jezabel le anunciaba. Después, dejando al criado en Beerseba, al sur del país, siguió adelante solo y, sentado debajo de un enebro, pidió a Dios que le quitara la vida, diciendo: "Basta ya, oh Jehová, quítame la vida, pues no soy yo mejor que mis padres" (v. 4).

Pero Dios no accedió a la petición de Elías, sino que envió a Su ángel para que asistiese al profeta; despertó el ángel a Elías, y le dijo que comiese y bebiese de las provisiones que estaban a la cabecera de él: una torta cocida sobre ascuas, y una vasija con agua; sin duda, se trataba de una provisión milagrosa. Comió Elías y bebió, y volvió a dormirse. Después de algún tiempo, el ángel le despertó de nuevo y le ordenó que comiese y bebiese. Así lo hizo Elías y, con las fuerzas ya recobradas, se marchó más al sur y, atravesando el desierto del Sinaí, llegó hasta el Monte Horeb, donde siglos atrás los israelitas recibieron la ley.

7. Restauración

Hallando una cueva en la cual quedarse, pronto vino a Elías la voz de Dios con las palabras: "¿Qué haces aquí, Elías?" (v. 9). Esta pregunta tuvo que llegarle muy hondo al profeta. Lo que, en realidad, le estaba preguntando Dios es por qué estaba allí abajo en el Monte Horeb, cuando la gran prueba se había llevado a cabo en Israel, donde, en aquella tarde memorable, había alcanzado un grandioso éxito al hacer volver hacia Jehová los corazones de los líderes del pueblo. En otras palabras, Elías había huído innecesariamente, y ahora no se hallaba donde Dios quería que estuviera.

Elías trató de defenderse, replicando que, en su celo por Jehová, había hecho todo lo posible para mantener en alto la palabra de Dios, pero no había podido conseguirlo, y a duras penas se las había arreglado para escapar con vida bajo difíciles circunstancias. Ante esta respuesta, Dios le dijo que saliese de la cueva y observase lo que iba a ocurrir. Entonces, hizo Dios que se realizasen tres fenómenos aleccionadores. El primero fue la formación de un poderoso viento, capaz de quebrar en pedazos las rocas de la montaña. Luego, hizo que ocurriera un terremoto que sacudió el monte. Y en tercer lugar, encendió un fuego de magnitud parecida a la del viento y del terremoto. Después de estos tres alardes de fuerza, Dios hizo que Elías escuchase una voz queda, como un silbo apacible, en completo contraste con los tres fenómenos anteriores, ruidosos y devastadores. El texto sagrado nos dice que Dios no estaba "en" las tres acciones poderosas, implicando así que estaba en la voz queda y apacible.

Parece ser que, con tales fenómenos, Dios quiso enseñar a Elías tres lecciones; dos de ellas, incluídas en el alarde de los elementos fuertes; y la tercera, en el silbo apacible y delicado. La primera era que Elías no necesitabla haber huído de Jezabel aquella noche, porque Dios podía producir fenómenos tan poderosos como un gran viento, un fuerte terremoto o un fuego abrasador que la destruyesen completamente, de forma que no pudiese tocar al profeta de Dios. En otras palabras, Elías había mostrado falta de fe, al no reconocer el poder de Dios para protegerle, a pesar del mensaje amenazador.

La segunda era que el método de Dios para habérselas ahora con Jezabel no había de consistir en unas medidas tan drásticas como aquellos elementos destructivos. Es posible que Elías, mientras se encaminaba hacia el sur pasando por el desierto del Sinaí, pensase que el único modo de resolver el problema en Israel era que Jezabel pereciese, y hasta quizá pudo pensar en las formas en que eso podría llevarse a cabo. Dios le mostraba ahora que había tres modos de realizarlo con éxito. Conforme Dios iba haciendo que el viento soplara, el terremoto sacudiera y el fuego abrasara, bien podría ir Elías diciendo en su mente cada vez: "Sí, Señor, eso resultará estupendo". Pero lo que Dios estaba diciendo era: "No, Elías, ése no es el modo como hemos de hacerlo. No la destruiremos con el huracán, ni con el terremoto ni con el fuego, sino que actuaremos con una voz queda y apacible".

La tercera lección que le quedaba a Elías por aprender es que el método que Dios sigue en Sus actuaciones no es sólo, ni siquiera normalmente, por medios violentos y sensacionales, sino de modo sencillo e imperceptible, pero tenaz, simbolizado en el silbo apacible y silencioso. Hasta este momento, Elías había actuado solamente a lo grande y con procedimientos sensacionales, y parece ser que llegó a pensar que éste era el único método viable. Por eso, cuando el gran reto, con su gran éxito, no había terminado en una victoria total, Elías creyó que todo había sido un fracaso y que lo único que le quedaba era morirse. Dios le decía ahora que no había terminado ahí todo, que la batalla no estaba perdida, y que Elías no tenía por qué pensar que lo único que le quedaba era morirse, por el mero hecho de haber empleado sólo los métodos extraordinarios en su intento de hacer que el pueblo de Israel se volviese a Dios. Todavía le quedaba la normal y cotidiana actividad, el "silbo apacible y silencioso", cual los profetas acostumbraban, de ordinario, usar. Por tanto, Elías debía regresar ahora al país y emprender allí esta callada tarea, en contraste con sus anteriores actuaciones, y ver así lo que Dios era capaz de hacer de esta manera.

Por cuánto tiempo quedaron impresas estas lecciones en la mente de Elías, es difícil de conjeturar. Quizá pasó algún tiempo antes de que las digiriese por completo, pero que aprendió de ellas lo suficiente se nos da a entender por su disposición a regresar inmediatamente. Tenía que hacer ahora tres cosas (19:15–17): Ungir a Hazael por rey de Siria; a Jehú, por rey de Israel; y a Eliseo, por profeta que le había de suceder en el ministerio a él mismo. Los dos primeros encargos no los pudo llevar a cabo Elías personalmente, sino que los efectuó Eliseo después en su lugar (V. 2 R. 8:7-13; 9:1-10). El tercero lo llevó a cabo Elías tan pronto como regresó a la tierra.

8. Llamamiento de Eliseo

Vivía Eliseo en Abel-meholá, situada en el valle del Jordán, unos pocos kilómetros al sur del Mar de Galilea. Es probable que perteneciese a una familia bien acomodada, pues se nos dice que, cuando Elías le halló, lo hizo a un campo donde se estaba arando con doce yuntas, y él araba con la última. Elías se llegó a él y echó sobre él su manto. Es evidente que Eliseo captó enseguida el significado de esta acción, pues corrió en pos de Elías y le pidió permiso para despedirse de sus padres, antes de seguirle definitivamente. Otorgó Elías el permiso, y Eliseo hizo una fiesta, matando para el banquete los bueyes con los que había estado arando, y cociéndolos con la leña a que había reducido el arado y demás enseres de labranza. En esta fiesta, se despidió de los suyos y, a continuación, se fue con Elías. Parece ser que ambos ejercieron juntos el ministerio hasta el día de la partida de Elías, probablemente durante un período de unos diez años.[6]

9. Represión de Acab

Todos los relatos, hasta ahora considerados, acerca de Elías están registrados consecutivamente en 1 R. caps 17 — 19. Posteriormente, se nos refieren otros tres episodios en que él intervino. El primero de ellos tiene que ver con la represión que tuvo que dirigir a Acab por haberse apropiado indebidamente la viña de un tal Nabot.

La viña de Nabot caía cerca del palacio real en Jizreel. Acab la codiciaba y le pidió a Nabot que se la vendiese, pero éste rehusó, alegando que era parte de su patrimonio. Jezabel advirtió que Acab estaba triste y, tras hallar el motivo, se encargó de que se diese muerte a Nabot, enviando cartas a los principales de la ciudad y dándoles instrucciones para que pusiesen falsos testigos que culpasen a Nabot de blasfemia contra Dios y contra el rey. Así se hizo y, como consecuencia, Nabot murió apedreado. Cuando lo supo Jezabel, le dijo a su marido que ya podía reclamar la viña, puesto que Nabot había muerto.

Cuando descendió Acab para tomar posesión de la finca, le salió al encuentro Elías, a quien Dios había ordenado llevar al rey un mensaje de

---

[6]Aunque no se nos da esta cifra, es la más probable, a la vista de los sucesos que acontecieron mientras los dos vivieron juntos.

reprensión. Le dijo Elías a Acab que, por causa de lo que acababa de suceder, su casa quedaría completamente destruida como "la casa de Jeroboam hijo de Nebat, y como la casa de Basá hijo de Ahías" (1 R. 21:22). Le dijo, además, con respecto a Jezabel: "Los perros comerán a Jezabel en el muro de Jizreel" (v. 23).

Por efecto de este solemne mensaje, Acab se humilló de manera muy notable y se arrepintió ante Dios; por lo cual, Dios dio a Elías un nuevo mensaje para el rey, diciendo que, en vista del arrepentimiento de Acab, el mal que Dios había predicho no vendría en los días de Acab, sino en los de su hijo. Efectivamente, vino durante el reinado de Joram, segundo hijo de Acab (V. 2 R. 9:14−10:11).

10. Reprensión de Ocozías

El segundo episodio tiene que ver con la reprensión que Elías dirigió a Ocozías, primogénito y sucesor de Acab (2 R. 1:1-16). Ocozías había sufrido un accidente, cayéndose "por la celosía de una sala de la casa" (1:2).[7] Entonces envió mensajeros para consultar a Baal-zebub,[8] dios de la ciudad de Ecrón, sobre una posible recuperación de su enfermedad. El ángel de Jehová le dijo a Elías que saliese al encuentro de los mensajeros, que reprendiese al rey por haber pedido información a un dios falso, y que predijese la muerte de Ocozías. Así lo hizo Elías y, cuando Ocozías recibió el informe, reconociendo a Elías en la descripción que de él le hicieron los mensajeros, envió cincuenta hombres que trajesen a Elías a la capital. Elías hizo descender fuego del cielo sobre este grupo y sobre un segundo grupo enviado también por Ocozías, hasta que llegó un tercer grupo rogando humildemente que no se les quitase la vida. Entonces el profeta fue con ellos a ver al rey y, al llegar a él, se limitó a reiterarle el mensaje que había dado a los hombres que Ocozías le envió la primera vez, diciéndole que había obrado muy mal en acudir a una deidad extranjera, en lugar de consultar al verdadero Dios de Israel, y que iba a morir a consecuencia de las heridas recibidas. En breve, Ocozías murió, después de haber reinado solamente por menos de dos años.

11. La partida milagrosa de Elías

El último relato tiene que ver con la excepcional y honrosa partida de Elías al cielo, al que fue transportado sin ver muerte.

---

[7]El vocablo hebreo *sebakah*, traducido por "celosía", se traduce con frecuencia por "red", en conexión con la edificación del templo (1 R. 7:17, 18, 20, 41, 42). Probablemente, era algo parecido a una ventana enrejada, pero con orificios lo suficientemente grandes como para que el rey pudiera caerse por entre uno de ellos, quizás desde una altura considerable.
[8]*Baal-zebub* significa "Señor de las moscas". Se supone que el símbolo de este dios era una mosca, y tenía reputación de poseer un poder predictivo.

Dios le había comunicado a Elías de antemano que su partida sería excepcional. Parece claro que también se lo había comunicado a Eliseo y a los profetas que se hallaban en las escuelas de entrenamiento de Elías. No sabía éste que los demás estaban enterados de ello. Durante una última visita a dichas escuelas. Elías urgió tres veces a Eliseo. primero en Guilgal, y después en las escuelas de Betel y de Jericó. a que no le acompañase, pero Eliseo insistió. En cada escuela de entrenamiento. los profetas le dijeron a Eliseo que conocían la inminente marcha de Elías y se preguntaban si también él la conocía. Eliseo les dijo que sí y les pidió que no volviesen a hablar del asunto. no deseando. al parecer. que se enterase Elías de que otros lo sabían. Así que Eliseo continuó con Elías hasta que llegaron al Jordán.

Al llegar al río. golpeó Elías las aguas con su manto. y éstas se dividieron formando un sendero seco. Normalmente. la gente vadeaba el Jordán por lugares de agua somera. y así lo había hecho. sin duda. Elías en otras ocasiones. Pero la razón para dividir las aguas esta vez era. al parecer, para darles a Eliseo y a los cincuenta profetas que venían detrás de ellos una lección de fe. Al cruzar el Jordán, percatado Elías de que Eliseo estaba enterado de su partida. le preguntó qué deseaba como legado suyo antes de su marcha. Eliseo respondió que una porción doble del Espíritu que había morado en Elías: a lo que éste replicó que no podía otorgársela, pero que si Eliseo le veía cuando se marchase. sería una indicación de que Dios se la iba a otorgar. Eliseo estuvo con la vista muy atenta mientras Elías era arrebatado en el torbellino. y luego tomó el manto que se había desprendido de los hombros de Elías y lo puso sobre sí. De regreso al Jordán, golpeó las aguas con el manto y vio que se apartaban a un lado y a otro, con lo que se demostraba que había venido sobre él el mismo Espíritu que vino sobre Elías. Después emprendió su viaje de retorno al país, donde continuó la tarea que Elías le había dejado.[9]

B. LA PERSONA DE ELIAS

1. Su condición espiritual

Hay evidencias abundantes de que Elías fue un profeta de alto nivel espiritual. El primer indicio se halla en su vida de oración. Ya se dijo que oró a Dios para que enviase hambre sobre la tierra a causa de la apostasía del pueblo, y Dios respondió haciendo que no lloviera durante tres años y medio. A pesar de que Elías pidió algo poco común, Dios contestó a su oración. Una característica de la persona de oración es saber lo que significa pedir a Dios grandes cosas y tener la garantía de recibirlas, y Elías tuvo

---

[9]En cuanto a la importancia de este relato acerca del Espíritu, véase cap. 6, pp. 89–105.

esta característica. Lo mismo puede decirse de la petición que hizo a Dios posteriormente, de que enviase fuego del cielo en presencia del pueblo que estaba en el Monte Carmelo; y más tarde, cuando oró por la lluvia encontrándose solo en el mismo monte.

La madurez espiritual de Elías se echa de ver también en su aguda conciencia sobre la gravedad del pecado. Después de todo, ésta fue la razón por la que oró para que viniese el hambre sobre el país. Su principal preocupación no era el sufrimiento del pueblo, sino que el pueblo se arrepintiera de sus pecados. De seguro sabía que Dios había amonestado a su pueblo desde hacía mucho tiempo, de que emplearía el hambre como un último recurso, si el pueblo persistía en rebelarse contra Él (Dt. 11:17; 28:23). Elías oró para que fuese empleada esta severísima medida, porque estaba tan preocupado por el pecado que invadía el país. Esta fina conciencia de la gravedad del pecado es una clara señal de su alto nivel espiritual.

Un tercer indicio se halla en los muchos milagros que Dios le permitió realizar. Ya se hizo notar en otro lugar que no todos los profetas efectuaron milagros, lo cual, por otra parte, no significa que no fuesen espiritualmente maduros, sino simplemente que no era la voluntad de Dios que se realizasen milagros precisamente en aquel tiempo. Pero, cuando fue Su voluntad que los hubiese, es cierto que no los hizo mediante personas que no le fuesen espiritualmente aceptas y bien probadas, puesto que la realización de un milagro es una gran prueba de confianza por parte de Dios, pues alguien que no fuese un instrumento apropiado, podría fácilmente envanecerse del efecto conseguido. Elías, pues, fue considerado digno de ser usado en la realización de muchos milagros.

Otro indicio adicional es que Dios le confirmó en el desempeño de su ministerio, tras haber huido de Jezabel. Podría esperarse que Elías hubiese perdido todo derecho para continuar sirviendo así a Dios. El reavivamiento en el Monte Carmelo había sido estupendo, pero Elías lo había echado a perder al huir de la reina. Sin embargo, Dios no le apartó del ministerio, sino que le enseñó algunas lecciones en el Monte Horeb y le confirmó en el ministerio. Que esta confirmación fue auténtica y total, lo muestra el hecho de que, al final de la vida terrenal de Elías, Dios le considerase apto para recibir el honor especial de su arrebatamiento al cielo, no precisamente por las "grandes cosas" echadas a perder con su huída posterior, sino por los últimos años de su actividad normal y corriente, come "un silbo apacible y delicado". Si Dios quiso que Elías continuara en el mismo ministerio, fue seguramente porque vio en él un hombre de suficiente fortaleza espiritual como para seguir siendo usado con efectividad.

2. Un hombre de fe

Como signo de su madurez espiritual, Elías sobresalía como hombre de fe. También los demás profetas hasta ahora estudiados mostraron verdaderas pruebas de fe, pero Elías demostró su fe de modo más notable. La mostró en su oración para que Dios enviase el hambre, creyendo con toda certeza que Dios podía hacerlo y lo haría, y Dios efectivamente lo hizo. La mostró al decirle a Acab que no habría lluvia ni rocío sino por su palabra, lo cual daba a entender una enorme fe, pues no hay cosa tan difícil para un ser humano como el controlar los elementos de la naturaleza; con todo, Elías estaba seguro de que Dios detendría la lluvia hasta que él diese su palabra para que volviese a llover.

También la mostró, en tercer lugar, al creer que el hijito de la viuda de Sarepta volvería a la vida. Este es el primer caso que la Biblia registra de una resurrección, de modo que Elías no disponía de ningún precedente en que basar su fe. Para creer, pues, en dicha resurrección necesitó mayor fe que la que necesitó más tarde Eliseo cuando oró por la resurrección del hijo de la sunamita (2 R. 4:32–37), pues Eliseo contaba con el precedente de Elías, pero éste se hubo de basar simplemente en su creencia de que Dios obraría el milagro para no causar más problemas y perjuicios a la viuda de Sarepta.[10]

Gran fe mostró también Elías posteriormente, cuando pidió a Dios que enviase fuego sobre el altar del Monte Carmelo en presencia de todos cuantos se hallaban allí. Los profetas de Baal lo habían intentado antes durante muchas horas y habían fracasado completamente, y la expectativa del pueblo era enorme cuando le tocó el turno a Elías. Gran fe se necesitó de su parte para creer que Dios le respondería, después que los profetas de Baal habían fracasado tan miserablemente.

Quizá mostró todavía un alarde mayor de fe aquella misma tarde al orar posteriormente para que lloviera. En su regreso a la cima del Carmelo para elevar su oración, Elías se daría cuenta, sin duda, del rostro deprimido de Acab, y se dirigió a él con estas palabras: "Sube, come y bebe; porque ya se oye el rumor de una gran lluvia" (1 R. 18:41). En este momento, no se veía en el firmamento ni una sola nube, y habían pasado cuarenta y dos meses sin que descendiese una sola gota de lluvia. Elías sabía el deseo que tenía Acab de que lloviese y ahora, incluso antes de subir al monte a orar por la lluvia, se desvió de su camino para prometer al rey que estaba próxima.

No debe pasarse por alto el detalle de que le prometió "una gran lluvia". En otras palabras, le dijo a Acab que no sería una mera rociadura ni una lluvia corriente, sino tan copiosa como la necesitabe la reseca tierra del país. Elías no pudo basarse, al decir eso, en una revelación divina que le hubiese asegurado de antemano la caída de la lluvia aquella misma tarde, porque,

---

[10]Después de perder a su marido, parece ser que esta viuda se mantuvo firme ella sola contra una casi segura oposición de sus vecinos en la ciudad norteña de Sarepta, que era el centro del culto a Baal. En vista de la difícil situación en que se encontraba antes de la llegada de Elías, debió de pasar por grandes sufrimientos a causa de su firme fe en Dios.

de haber sido así, no habría tenido necesidad de orar para que cayese; y el caso es que, no sólo oró, sino que Dios esperó a que orase siete veces antes de responderle. Esta oración, así como su anterior oración para que no lloviese, es presentada en Stg. 5:17-18 como un ejemplo de oración eficaz, y de seguro que Santiago no la habría propuesto como un modelo, si tal oración no fuese una genuina demostración de fe.

3. Su valentía

Elías mostró también valentía en muchas ocasiones. Ya la mostró la primera vez que tuvo contacto con Acab, pues no hay duda de que sabía que no le iba a gustar a Acab escuchar un mensaje que anunciaba un hambre terrible sobre el país. Ninguna cosa temían los reyes tanto como las hambres, ya que éstas comportaban enormes sufrimientos para la gente. Gran valentía supuso por parte de Elías transmitir este tipo de mensaje, pero lo transmitió. También requirió gran valentía llegarse a Acab, mucho después, para reprenderle por haberse apropiado de la viña de Nabot. Seguramente que Elías se habría dado cuenta de que Acab estaba consciente de haber obrado culpablemente por la forma en que actuó, y cuando una persona se siente culpable de algo, es cuando menos dispuesta está para ser reprendido por ello. Pero Elías, por orden de Dios, llevó el mensaje a pesar del peligro que comportaba. Igualmente necesitó gran valentía para presentarse ante el rey Ocozías, el hijo de Acab, quien había enviado mensajeros a Baal-zebub de los filisteos. Elías les salió al encuentro y les hizo volver con un mensaje de represión para el rey. Ciertamente, Ocozías no tenía el ánimo bien dispuesto para recibir tal clase de comunicación, y no hay duda de que Elías lo sabía, pero transmitió el mensaje y, finalmente, se presentó él mismo ante el rey.

4. Su obediencia

Elías mostró su obediencia en muchas ocasiones. Una de ellas fue cuando se presentó ante Acab con el mensaje acerca del hambre. Ya había orado por este asunto, y es evidente que Dios le dijo que iba a acceder a su demanda y luego le ordenó que fuese a communicar a Acab lo que había de ocurrir. Al hacerlo así, a pesar de la presumible cólera por parte de Acab, demostró su obediencia a Dios.

Esta obediencia se mostró de un modo muy notable, cuando Elías se trasladó a Sarepta desde el arroyo de Querit. Esta vez, Elías había estado junto al arroyo de Querit por el espacio aproximado de un año y, durante todo ese tiempo, había permanecido completamente oculto a la vista de la gente. Ahora se le ordenaba marchar a donde habría gente, a una ciudad llamada Sarepta, donde tendría que residir en casa de una viuda en este tiempo de hambre. Sabía muy bien que, en tiempo de escasez, nadie sufría tanto como las viudas, puesto que no tenían quien ganase el pan con que alimentar a la familia. Debió, pues de extrañarle esta orden de parte de Dios y pudo haberle pedido alguna explicación antes de ponerse en marcha, pero no leemos que titubease, sino que "se levantó y se fue a Sarepta" (1 R. 17:10).

Podemos añadir que, si Elías lo hubiese requerido, Dios podría haberle garantizado ciertas seguridades, ya que, siendo Sarepta un puerto del Mediterráneo, sería visitada por muchos extranjeros y, por ello, habría pasado desapercibida la llegada de un forastero de Galaad, como lo era Elías. Además, Dios iba a suministrar continua provisión a Elías y a la viuda mediante un milagro–las vasijas de aceite y de harina no iban a menguar. Dios se encargaría, pues, de manera milagrosa, tanto de la mujer como de Elías.

Otro acto de obediencia ejemplar por parte de Elías fue regresar a Israel para servir en su ministerio, después de las instrucciones que recibió de Dios en el Monte Horeb. Recientemente, le había pedido a Dios que le quitara la vida, pensando que su tarea estaba cumplida, pero, cuando Dios le mostró que le quedaba mucho por hacer, regresó y aceptó el nuevo servicio para Dios, con lo que demostró su obediencia.

5. Su respetabilidad

Como otros profetas antes de él, Elías imponía su autoridad cuando hablada de parte de Dios. Es evidente que Acab prestó respeto a las palabras de Elías la primera vez que éste se presentó ante el rey para anunciarle el hambre inminente. Se nos dice que, a consecuencia de este mensaje, Acab buscó a Elías por todo el territorio de Israel e incluso en países extranjeros (18:10). Más tarde, en el Monte Carmelo, los 450 profetas de Baal, lo mismo que los numerosos espectadores, prestaron atención a las palabras de Elías, le permitieron dictar las condiciones de la confrontación y, sólo cuando Elías les dio la oportunidad, fueron los primeros en elegir el animal para el sacrificio. Al mediodía, ante las burlas de Elías, hicieron caso de sus palabras y comenzaron a elevar sus voces y hasta se sangraron con cuchillos en su esfuerzo por llamar la atención de su dios Baal.

Posteriormente, Acab escuchó la represión que Elías le dirigió por apoderarse de la viña de Nabot. En realidad, le prestó tanta atención, que se humilló y se arrepintió delante de Dios, hasta el punto de que Dios le otorgó cierta prórroga en relación con la catástrofe que le había predicho por medio de Elías. Todavía después, Ocozías, hijo de Acab, prestó atención a las palabras de Elías, puesto que, cuando los mensajeros que el rey envió a Baal-zebub fueron interceptados por Elías y regresaron con el mensaje que éste les había comunicado, comisionó a tres grupos de cincuenta hombres cada uno, para que fuesen en busca del profeta y lo trajesen a su presencia. Aunque el primer grupo fue consumido por el fuego bajado del cielo, envió otro y después un tercero. Por cierto, Ocozías tenía gran respeto a las palabras de Elías.

6. Su humana fragilidad

Junto con todas estas características tan recomendables, Elías era un vaso frágil como todo ser humano. Lo demostró de un modo especial cuando huyó después de recibir el amenazador mensaje de Jezabel. Tras haber actuado con tanta fortaleza y valentía en el Monte Carmelo, huyó por su vida cuando le llegó la communicación de la reina.

Un motivo probable de esta debilidad fue que se hallaba muy cansado, y el cansancio hace, de ordinario, que una persona se acobarde y tome decisiones imprudentes. Había tenido un dia muy apotador en el Carmelo y recién había corrido unos dieciocho kms. para guiar a Acab hasta Jizreel en medio de una copiosa lluvia. Si el mensaje le hubiese llegado a la mañana siguiente, después de algunas horas de descanso, es probable que la reacción de Elías hubiera sido muy distinta. Otra razón probable es que Elías no tenía ningún compañero de quien recibir consejo y ayuda. Es cierto que llevaba consigo, al paracer, a su criado, pero es posible que este criado le sirviese más de estorbo que de ayuda. Y dado que después, cuando Elías se halló en el Monte Horeb, Dios le dijo que se procurase la ayuda de Eliseo, es posible que con esto Dios quisiese indicarle que si hubiese tenido consigo un Eliseo aquella otra noche, éste le habría podido ayudar a tomar una decisión correcta. Una tercera razón podría ser que Elías fue sorprendido por el giro que tomaban los acontecimientos. Si hubiese tenido en cuenta que Jezabel no iba a resignarse sin revancha a la derrota que había sufrido en el Monte Carmelo, habría tenido en reserva algún otro plan para contrarrestar la nueva acción de la reina, pero los hechos demuestran que no disponía de tal plan. Con.una mejor estrategía, habría podido actuar con mayor prudencia.

Otra debilidad de Elías era su inclinación al desaliento. Un período de desaliento le sobrevino poco después de su pecado de huir de Jezabel. Al llegar al desierto que está al sur de Beerseba, quiso dejar su ministerio y le pidió a Dios que le quitara la vida. No era ésta la voluntad de Dios, sino que regresara a desempeñar su ministerio. Elías no se portó bien en esto y, al hacer dicha petición, mostró la fragilidad de sus razonamientos, pues la única razón que adujo es que no era mejor que sus padres. Al parecer, creyó poder realizar un verdadero avivamiento en Israel, algo que los profetas que le precedieron no habían podido llevar a cabo. Al no haber obtenido todo el éxito que esperaba, se sintió derrotado. Si lo pensó así, cometió un gran error, pues no debió creer que era más capaz que sus padres; así que este pecado adicional de orgullo contribuyó a conducirle al desaliento.

Después de poner al descubierto estas debilidades, no hemos de permitir que estos frágiles "sentimientos" (Stg. 5:17) obnubilen el reconocimiento que se merece el carácter sobresaliente de Elías. Es preciso atribuirle un lugar de primera fila entre los grandes profetas de Israel.

14

Los Reinados de Acab, Joas y Amasías

Los profetas que vamos a estudiar en este capítulo son cinco. Tres de ellos ejercieron su ministerio en Israel, al mismo tiempo que Elías, durante el reinado de Acab, y otros dos, posteriormente, en Judá durante los reinados de Joás y Amasías. En capítulo aparte, consideraremos a Eliseo, el último profeta que vamos a estudiar en esta sección, quien ejerció su ministerio en Israel desde el tiempo de Joram hasta el reinado de Joás, el de Israel.

Debe entenderse bien que entre estos profetas y los primeros profetas escritores hay una ligera superposición cronológica, puesto que, como veremos, tanto Abdías como Joel, que fueron los primeros profetas que escribieron, sirvieron, según la opinión más probable, durante los reinados de Joram, Ocozías, Atalía y los primeros años de Joás, todos ellos reyes de Judá. Esto significa que precedieron en el tiempo a los dos últimos profetas que vamos a considerar en el presente capítulo, los cuales ejercieron su ministerio en la última parte del reinado de Joás y en tiempo de Amasías.

De acuerdo con esto, en lo que respecta al trasfondo histórico, los acontecimientos pertenecientes a los reinados de Joram, Ocozías y Atalía serán estudiados cuando tratemos de Abdías y Joel; de modo que, en este capítulo, solo consideraremos los episodios de los últimos años de Joás y los del tiempo de Amasías. Por otra parte, en lo que tiene que ver con Acab, ya se ha dicho bastante en el capítulo precedente acerca de su reinado, por sus implicaciones con Elías. Sólo tendremos en cuenta los factores adicionales que guarden alguna relación especial con el ministerio de los tres profetas que vamos a estudiar ahora. Después de su ataque contra Israel durante el reinado de Basá (2 Cr. 16:1–9), los sirios de Damasco se abstuvieron de ulteriores contactos hasta los últimos años de Acab. El rey que había lanzado el ataque anterior se llamaba Ben-hadad, y también se llamaba Ben-hadad el que lanzó ulteriores ataques en los últimos días de Acab. Si se trate de la misma persona o de un sucesor del rey del mismo nombre, no es posible determinarlo.[1] El poder de Damasco había ido en aumento durante los años transcurridos, y ahora Ben-hadad había lanzado dos ataques distintos contra Israel. Casi con toda certeza, esto ocurrió después que Elías había regresado del Monte Horeb para reemprender su ministerio. Hallamos el relato en 1 Reyes 20.

Subió Ben-hadad contra Samaria, la capital del norte, junto con otros treinta y dos reyes y, tan pronto como llegó, reclamó de Acab la plata y el oro, y hasta las mujeres y los niños. Accedió Acab a esta demanda exorbitante, por miedo al poderío militar del gobernante extranjero. Entonces Ben-hadad dio un paso más e insistió en que se permitiera a sus criados registrar toda la capital del reino y llevarse cuanto quisiesen. A esta nueva demanda contestó Acab que no estaba dispuesto a acceder. Replicó Ben-hadad que, en ese caso, atacaría a la ciudad y la destruiría por completo; pero no pudo intimidar al rey de Israel y Dios se encargó de echar por tierra los planes de Ben-hadad, haciendo intervenir a uno de los profetas que vamos a considerar en este capítulo.

Al año siguiente, intentó Ben-hadad un nuevo ataque, viniendo de nuevo con un gran ejército. Pero, igual que el año anterior, Dios intervino a favor de Israel, usando de nuevo al profeta. Esta vez, Ben-hadad tuvo que rendirse ante Acab, aunque éste le dejó marchar con demasiada facilidad, con gran disgusto por parte de un segundo profeta a quien estudiaremos luego.

El motivo de esta indulgencia de Acab con el rey de Siria podría hallarse en la amenaza que suponía el poderío del gran Salmanasar III, rey de Asiria (859–824 A. de C.). Para que Ben-hadad pudiese venir en ayuda de Acab de otros gobernantes del Occidente, a fin de poder hacer frente a este común y más fuerte enemigo, mejor era no destruir el ejército del rey de Damasco. Consideraciones de orden cronológico nos indican que la bien conocida batalla de Qarqar, entre los reyes aliados (incluyendo a Acab y Ben-hadad), tuvo lugar poco tiempo después de este segundo ataque de Ben-hadad contra Israel.[2] Parece ser que como en el ajedrez la partida terminó en tablas, pues

[1]Véase Merrill F. Unger, *Israel and the Aramaeans of Damascus*, caps. 5 al 10.
[2]Fue el año 853 A.de C., cuando tanto Acab como Ben-hadad se unieron a una coalición norteña. para detener a Salmanasar en Qarqar junto al río Orontes. Para esta coalición, Acab contribuyó con 2.000 carros y 10.000 soldados; Ben-hadad, con 1.200 carros, 1.200 jinetes y 20.000 soldados. En cuanto al texto que Salmanasar dejó registrado, véase George Barton, *Archaeology and the Bible*, p. 458; *Ancient Near Eastern Texts*, ed. James B. Pritchard, pp. 278–279; o *Documents from Old Testament Times*, ed. D. Winton Thomas, pp. 46–49.

Salmanasar III se volvió a Asiria, y los aliados regresaron a sus países de origen; entre éstos, Acab y Ben-hadad.

Probablemente en ese mismo año,[3] Acab combatió de nuevo contra Benhadad, esta vez en Ramot de Galaad,[4] y allí murió Acab, para que se cumpliese así la profecía del intrépido Miqueas, un tercer profeta que vamos a considerar luego. Josafat, rey de Judá, se había coligado con Acab para esta batalla y estuvo a punto de perecer cuando los soldados enemigos lo tomaron por Acab equivocadamente. Acab se había disfrazado por miedo a la predicción de Miqueas, pero fue muerto a pesar de tal precaución.

Dejando ahora el reino del norte y trasladándonos al reino del sur, Judá, y avanzando también veinte años en el tiempo, llegamo a los días de los demás profetas que vamos a considerar en este capítulo. Subía entonces al trono de Judá (835 A.de C.) Joás, que tan sólo contaba siete años de edad. Fue constituído rey por el sumo sacerdote Joyadá, viéndose así libre el país del perverso reinado de Atalía (2 R. 11:4-16; 2 Cr. 23:1-15). Comoquiera que el nuevo rey era tan joven al ser coronado, el verdadero gobernante del país durante varios años fue Joyadá, y el buen informe que se nos da de Joás durante estos años hay que acreditárselo primordialmente a este piadoso sumo sacerdote.

Una necesidad perentoria después de las innovaciones apóstatas de Atalía, era la reforma religiosa. Todos los elementos de la falsa religión introducidos por ella, incluyendo el templo de Baal-Melqart, sus altares e imágenes, fueron destruídos. Se dio muerte a Matán, el sacerdote de Baal, y fueron restablecidos el personal y las ofrendas prescritos en la Ley de Moisés. De nuevo comenzó a observarse el culto al verdadero Dios, aunque algunos lugares altos continuaron todavía en uso.

Mientras continuó Joyadá como sumo sacerdote, permaneció Joás como fiel seguidor de Dios; pero cuando murió aquél, cambió el rey de actitud. Esto ocurrió algún tiempo después del año vigésimo tercero de Joás, porque fue por entonces cuando el rey dio orden de reparar el templo. Joyadá murió a la edad de 130 años (2 Cr. 24:15), en la última parte del reinado de Joás. Tras la partida de este gran hombre, comenzó el rey a prestar atención a los nuevos consejeros que sentían simpatía hacia el derrocado culto de Baal-Melqart (2 Cr. 24:17-18).

Como consecuencia del pecado que resultó de ello, Dios retiró sus bendiciones, y el pueblo experimentó una seria derrota a manos de Hazael, el nuevo rey de Damasco; éste comenzó por infligir a Israel un tremendo golpe por el norte, y luego avanzó hacia el sur, llegó hasta Gat en Filistea y sitió la ciudad. Después se fue a Jerusalén y sembró la destrucción por todo

---

[3]Véase E. R. Thiele, *Mysterious Numbers of the Hebrew Kings*, p. 66, nota 7, para una explicación de que ambas batallas ocurriesen el mismo año.
[4]Identificado como Tell-Ramith, unos cuarenta y cuatro kms. y medio al este del Jordán, y veinticuatro kms. al sur del Mar de Galilea. Véase Nelson Glueck, "Ramoth-gilead", *Bulletin of the American Schools of Oriental Research*, 92 (Dic. 1943): 10-16.

Judá, matando a mucha gente, incluyendo a los principales del pueblo (2 Cr. 24:23-24). Sólo mediante una cuantiosa suma[5] pudo Joás persuadir a Hazael a que no destruyese por completo a Jerusalén (2 R. 12:17-18). En castigo adicional por su apostasía, Joás fue asesinado a manos de unos conspiradores (2 R. 12:19-21; 2 Cr. 24:25-27). Hasta sus mismos criados tomaron parte en el asesinato, disgustados quizá por el cambio político-religioso que Joás había introducido tras la muerte de Joyadá. ¡Cuán amarga experiencia debió de ser para Joás morir de esta manera, especialmente si se contrasta con el regocijo producido por los primeros años de su reinado!

Sucedió a Joás su hijo Amasías (796-767 A.de C.; 2 R. 14:1-20; 2 Cr. 25). Amasías obtuvo la aprobación de Dios en su vida y en su reinado, como la había obtenido su padre Joás en los primeros años de su reinado. Una de las primeras acciones de Amasías fue castigar a los conspiradores que habían asesinado a su padre (2 R. 14:1-6).

Amasías tomó parte en dos batallas importantes. La primera fue librada contra Edom en el sur. Planeó ambiciosos proyectos para lograr el control de todo el país e incluso alquiló soldados del reino de Israel para que le ayudasen, pagando por ello cien talentos de plata. Pero reprendido por Dios a causa de esta acción, envió estas tropas a su país. En verdad, no necesitó de ellas para nada, puesto que, con sólo su propio ejército, obtuvo una completa victoria sobre Edom. Después de esta victoria, desagradó grandemente a Dios por traer a Judá imágenes de los dioses falsos de Edom y adorarlas.

La segunda batalla fue con Israel. Orgulloso y confiado en sí mismo a causa de la victoria contra Edom, Amasías retó al rey Joás de Israel. Este trató de disuadir a Amasías de su intento, pero el rey de Judá insistió y se trabó la batalla cerca de Bet-semes, al oeste de Jerusalén. Judá sufrió una completa derrota, y Joás avanzó entonces hasta Jerusalén, derribó seiscientos pies del muro de la ciudad y se apoderó de un copioso botín, haciendo además numerosos prisioneros. Es probable que, entre estos prisioneros, se contase el propio Amasías (2 R. 14:13). En este caso, la humillación que sufrió el rey de Judá fue de lo más vergonzoso. Es de suponer que fue mantenido bajo custodia en Israel mientras vivió Joás (2 R. 14:17), siéndole permitido volver a ocupar el trono de Judá tras la muerte de éste.[6]

Carecemos de ulterior información acerca de Amasías tras su regreso a Judá, excepto la triste referencia de que, al igual que su padre, fue víctima de una conspiración. Trató de salvar la vida huyendo a Laquís, pero le persiguieron hasta aquel lugar y allí le mataron. Su cadáver fue traído a Jerusalén para su sepelio.

[5] Descrita como todos los "sagrados tesoros" de sus padres y suyos propios, además de todo el oro depositado en el tesoro del templo y en el palacio.
[6] Véase Thiele, *Mysterious Numbers*, pp. 83-87.

A. "EL PROFETA"

El primer profeta al que se hace referencia en este período no es designado por su nombre, aun cuando por tres veces se hace mención específica de él. La primera vez se le llama "un profeta" o "cierto profeta" (*nabhi' ehadh* — 1 R. 20:13); después se le llama "el profeta" (*ha-nabhi'* — 20:22); y finalmente "varón de Dios" (*'ish ha-'elohim* — 20:28). Hay quien ha sugerido que se trata de Elías, puesto que esta persona vivió en tiempo de Elías; pero esto es improbable, ya que, en todos los demás casos en que se habla de Elías, siempre se le identifica por su nombre.

1. Su obra

Las tres referencias a este profeta ocurren en conexión con las dos ocasiones en que Ben-hadad de Damasco fue derrotado por Acab (1 R. 20:1–34). Dicho profeta jugó un papel importante en tales derrotas. Con respecto a la primera, el profeta se llegó a Acab después de la amenaza de Ben-hadad de atacar a la ciudad de Samaria. Toda esperanza parecía perdida, puesto que las tropas de Ben-hadad sobrepasaban enormemente en número a las de Acab, pero el profeta le dijo al rey de Israel: "Así ha dicho Jehová: ¿Has visto esta gran multitud? He aquí yo te la entregaré hoy en tu mano, para que conozcas que yo soy Jehová" (20:13). Añadió que la victoria sería obtenida principalmente "por mano de los siervos de los príncipes de las provincias" y que Acab debía ir a la cabeza en la batalla (20:14).

Alentado por este mensaje, salió Acab al frente de sus tropas, llevando en vanguardia a los siervos de los principes de las provincias y cayó sobre el rey enemigo cuando se hallaba éste "bebiendo y embriagándose en las tiendas" (v. 16). Se libró la batalla y las tropas de Israel consiguieron una completa victoria poniendo en fuga a los sirios. Después de esta victoria, se llegó de nuevo el profeta al rey de Israel para decirle que fortaleciese su ejército y se mantuviese alerta, porque a la vuelta de un año, el rey de Siria vendría de nuevo contra él.

Entretanto, los consejeros de Ben-hadad le dijeron que el Dios de Israel era un dios del monte, pero no del llano, y que si atacaban al ejército de Israel en la llanura, de seguro que lo derrotarían. Le animaron también a que reforzase su ejército para hacerlo tan fuerte y numeroso como era el año anterior. Así lo hizo Ben-hadad y, pasado el año, volvió al ataque. Le salió Acab al encuentro, y también ahora con tropas muy inferiores en número, "como dos rebañuelos de cabras" (v. 27).

Fue entonces cuando vino de nuevo el profeta al rey de Israel y le dijo: "Así dijo Jehová: Por cuanto los sirios han dicho: Jehová es Dios de los montes, y no de los valles, yo entregaré toda esta gran multitud en tu mano, para que conozcas que yo soy Jehová" (v. 28). Siete días estuvieron ambos ejércitos acampados el uno frente al otro, y al séptimo día se libró la batalla, consiguiendo de nuevo Israel la victoria. Esta vez no pudo escapar Benhadad y tuvo que rendirse demandando paz y clemencia. Fue entonces cuando Acab le puso condiciones demasiado suaves, pues se limitó a exigirle la restitución de las ciudades que el padre de Ben-hadad le había arrebatado y a que le permitiese edificar en Damasco "un barrio de bazares", como el padre de Ben-hadad había construído en Samaria (v. 34). Estos bazares eran, probablemente, centros comerciales.

La importancia de la obra que Dios realizó por medio de este profeta es digna de notarse, pues, de no haber intervenido Dios, Israel habría carecido de toda posibilidad de alcanzar la victoria sobre un ejército mucho más numeroso. Por otra parte, Acab no era la persona más apropiada para recibir la aprobación y las bendiciones de Dios; por lo que las victorias de Israel se debieron únicamente a que Dios quería dar a Ben-hadad una lección y mostrar la superioridad del Dios de Israel sobre los dioses de los sirios; no se debieron a la perversidad de Acab, sino a pesar de ella.

2. Su persona

a. SU CONDICION ESPIRITUAL

Es de suponer que este profeta se mantuvo a un alto nivel espritiual a los ojos de Dios, como los demás profetas que hemos estudiado, pero no es tan clara la evidencia de que así fuese, por cuanto sus mensajes se caracterizaron por el aliento y la esperanza, más bien que por la reprensión, y ya hemos visto que tales mensajes no requerían el mismo grado de dedicación por parte del que los transmitía. No queremos decir con esto que se comportase mal al comunicarlos, puesto que venían de Dios, sino solamente que, siendo mensajes de ese tipo, no indicaban por sí mismos la estatura espiritual del que los transmitía. Un detalle que habla en favor de él es que recibió de Dios esas revelaciones, como se deduce evidentemente por la frase introductoria: "Así dijo Jehová". Esto indica que Dios vio en él una persona a quien podía confiar Su revelación.

El motivo por el que Dios usó a este profeta, y no a Elías, para transmitir dichos mensajes a Acab, podría ser que no eran del mismo género que los que Elías había estado comunicando al rey. Las palabras de Elías se habían caracterizado desde el principio por la reprensión, y es posible que Dios viese en estos mensajes de ánimo y aliento un contraste tan marcado, que prefiriese comunicarlos por medio de otro profeta, ya que, de no ser así, fácilmente los habría podido tomar Acab como una indicación de que Elías (y Dios mismo) habían cambiado de criterio en cuanto a la evaluación de su reinado.

b. DISPONIBILIDAD PARA EL MINISTERIO

También se ha de apuntar a favor de dicho profeta su disponibilidad para las funciones que Dios tuviese a bien encargarle. Por tres veces le llamó Dios, y en cada una obedeció y comunicó al rey de Israel mensajes de considerable importancia. La prontitud para obedecer a Dios cuando El nos llama, es siempre una actitud recomendable, aun cuando sólo se trate de transmitir mensajes de esperanza y aliento. Por tanto, hemos de pensar favorablemente de este profeta, aunque no lo situemos al mismo nivel de algunos de los profetas que hasta aquí hemos visto.

B. UN HIJO DE LOS PROFETAS

Un segundo profeta del que se tiene referencia no es designado tampoco por su nombre (1 R. 20:35-43). En una ocasión se le llama "un varón de los hijos de los profetas" (*'ish ehadh mibbene ha-nabhi'im* — 20:35); y en otra, únicamente "el profeta" (*ha-nabhi'* — 20:38). Se le menciona a raíz de las suaves condiciones que Acab había impuesto a Ben-hadad, después de derrotarle por segunda vez.

1. Su obra

La obra de esta persona consistió en reprender a Acab por su indulgente comportamiento con Ben-hadad; y lo hizo por medio de una lección-objetiva. Primero dijo a un compañero suyo que le hiriese, pero el otro no quiso. Entonces le rogó a otra persona que lo hiciese, y ésta sí le hirió. Esperó luego el joven profeta en el camino por el que iba a pasar el rey, y se disfrazó poniéndose una venda en la cara. Cuando llegó el rey, él le dio voces diciendo: "Tu siervo salió en medio de la batalla; y he aquí que se me acercó un soldado y me trajo un hombre, diciéndome: Guarda a este hombre, y si llega a huir, tu vida será por la suya, o pagarás un talento de plata" (20:39). Y añadió que, mientras él estaba ocupado, el individuo se escapó. Entonces el rey de Israel le dijo que sería castigado por haber dejado que se le escapase.

Al oír estas palabras, el profeta se quitó el disfraz, a fin de que el rey supiese que era de los profetas, y le dio el siguiente mensaje: "Así ha dicho Jehová: Por cuanto soltaste de la mano el hombre de mi anatema, tu vida será por la suya, y tu pueblo por el suyo" (20:42). El rey se percató del significado del mensaje y se disgustó mucho, pero no se nos dice si se arrepintió de su culpa o si reconoció que había obrado mal. Como ya se dijo antes, la razón de este proceder indulgente pudo haber sido la inminente batalla contra el conquistador asirio Salmanasar III. Si fue así, Acab pudo haber pensado que estaba justificada su actitud en ese caso, aunque es claro que Dios no pensaba así.

2. Su persona

Esta persona, al ser llamada un hijo de los profetas, era, con toda evidencia, uno de los profetas que se hallaban en período de entrenamiento, ya que el término *hijo de los profetas* se usaba para identificar a tales personas (V. 2 R. 2:3ss.; 4:1ss.; 6:1ss.; 9:1ss.). Es posible que fuese uno de los estudiantes de la escuela de Elías.

a. SU CONDICION ESPIRITUAL

En términos de madurez espiritual, este joven dio pruebas de un alto nivel. Una razón es que el mensaje que transmitió era de reprensión. Acab había sido demasiado indulgente con Ben-hadad, y el profeta le dijo que había pecado gravemente al obrar de ese modo. Para pronunciar tal reprensión, se necesitaba una buena dosis de obediencia y valentía. Una segunda razón es su disposición a recibir heridas a fin de poder transmitir con fuerza el mensaje por medio de una lección-objetiva, lo cual no era muy agradable que digamos, pero el joven estaba dispuesto a hacer y sufrir cuanto le ordenase Dios, sin preocuparse por el costo.

b. NO ERA NECESARIAMENTE DE CARACTER VIOLENTO

Podría pensarse que era de un carácter violento, a juzgar por las palabras que dirigió al primer individuo que no quiso herirle: "He aquí que cuando te apartes de mí, te herirá un león" (20:36). Y, en efecto, el individuo se encontró muy pronto con un león que le mató. No obstante, hemos de creer que el profeta pronunció esas palabras por orden de Dios, ya que Dios hizo que se cumplieran al pie de la letra. No cabe duda de que Dios quería enseñar con este ejemplo que, cuando Sus profetas decían algo, había que hacer lo que ellos decían y no rehusar obedecer como este individuo había hecho.

c. NO LLEVABA NINGUNA MARCA EN LA FRENTE

Como ya se dijo en el capítulo 1, hay eruditos que opinan que este episodio da pie para pensar que los profetas llevaban en su rostro una marca especial, y que fue esta marca la que este profeta descubrió para ser identificado por Acab. Sin embargo, ésta es una conclusión ilegítima, puesto que el profeta se disfrazó simplemente para referir al rey el hecho alegórico; parece ser que no quería ser reconocido por Acab mientras le refería la historia. No se nos dice cómo le reconoció el rey cuando se quitó la venda, pero es posible que fuese ya conocido del rey, de modo que, al verle, se diese cuenta de que era alguien con quien había tenido contacto en el pasado. Tampoco nos dice el texto nada con respecto a ninguna marca especial en la frente o en el rostro, e igual ocurre con los relatos concernientes a los demás profetas.

d. RESPETABILIDAD

Podríamos añadir que, aun cuando este profeta sería joven, el rey prestó atención a su mensaje; no se revolvió contra él por haberle reprendido ni restó fuerza al mensaje, sino que se fue a su casa triste y enojado, al darse cuenta del alcance de las palabras pronunciadas por el profeta.

C. MIQUEAS

El tercer profeta de los tiempos de Acab es Miqueas, al que aludimos ya en el capítulo 7, al discutir el tema de los verdaderos profetas y los falsos (1 R. 22:1–39; 2 Cr. 18:1–34). A Miqueas se le menciona en conexión con la tercera confrontación de Acab con los sirios del norte. Aunque Ben-hadad había sido seriamente derrotado por segunda vez, vino de nuevo contra Israel. El de Damasco se sintió con fuerzas suficientes para aventurarse a un tercer ataque, probablemente a causa de la suavidad con que le había tratado Acab después de la segunda derrota.

1. Su obra

Ya expusimos en el capítulo 7 el resumen de su historia. Josafat, el bondadoso rey de Judá, había venido al norte para visitar a Acab. Mientras se encontraba allí, le sugirió Acab, recordando su anterior victoria sobre Ben-hadad, que fuesen ambos juntos a lanzar una ofensiva para recuperar la ciudad que dominaban allí la situación. Josafat dijo que no tenía inconveniente, pero que deseaba conocer la voluntad de Dios al respecto. Acab convocó a sus cuatrocientos profetas para pedir su consejo, y ellos le respondieron que siguiera adelante con sus planes. Parece ser que Josafat se percató de la calaña de estos falsos profetas y preguntó si no había por allí "algún profeta de Jehová, por el cual consultemos" (1 R. 22:7). Respondió Acab que sí que lo había, a saber, un tal Miqueas, pero que no era de su agrado, porque este hombre nunca le profetizaba ninguna cosa buena. Con todo, Josafat insistió en que se le llamase.

Cuando llegó Miqueas, al principio simuló hablar de la forma que el rey deseaba, pero inmediatamente se percató Acab de su insinceridad y le intimó a que no le dijese "sino la verdad en al nombre de Jehová" (22:16). Entonces dijo Miqueas ya en serio: "Yo vi a todo Israel esparcido por los montes, como ovejas que no tienen pastor" (v. 17), dando a entender que Acab sería derrotado y muerto, si llevaba adelante sus planes. Añadió que sabía que ésta era la palabra de Dios, pues había visto a Jehová sendado en su trono y preguntando al ejército de los cielos: "¿Quién inducirá a Acab, para que suba y caiga en Ramot de Galaad?" (v. 20), y que salió un espíritu y dijo: "Yo saldré, y seré espíritu de mentira en boca de todos sus profetas". Y Dios dio a entender que aprobaba la propuesta.

En este momento, Sedequías, uno de los cuatrocientos falsos profetas, se adelantó y dio un golpe en la mejilla a Miqueas, diciendo: "¿Por dónde se fue de mí el Espíritu de Jehová para hablarte a ti?" (22:24), expresando así su enojo ante las palabras de Miqueas. También Acab se enojó y ordenó arrestar a Miqueas y echarle en la cárcel, hasta que él volviese sano y salvo de la batalla; a lo que Miqueas replicó: "Si llegas a volver en paz, Jehová no ha hablado por mí" (v. 28). Entonces Acab y Josafat marcharon a la batalla, con el resultado de que Josafat estuvo a punto de morir y Acab recibió allí una herida mortal.

Aunque ésta es la única referencia que hallamos de este Miqueas en el texto sagrado, el relato nos da suficiente evidencia de que había hablado antes con Acab, y probablemente en varias ocasiones, pues tan pronto como preguntó Josafat si había por allí algún otro profeta por quien consultar a Dios, inmediatamente se acordó Acab de Miqueas y adivinó también el tipo de mensaje que habría de recibir de él. Parece ser que el mensajero comisionado para traer a Miqueas, también le conocía, pues trató de persuadirle de antemano a que hablase favorablemente, en lugar del modo que él sabía como se expresaba Miqueas. Hemos de considerar, pues, a Miqueas como a un profeta que estaba dispuesto a comunicar a Acab la verdadera palabra de Dios, siempre que el rey se lo pidiese, y que así lo hizo en varias ocasiones.

2. Su persona

a. SU CONDICION ESPIRITUAL

No hay duda de que Miqueas era un varón de alto nivel espiritual, como lo indica el mensaje que dio al rey: un mensaje que de seguro iba a desagradar a Acab. Por fuerza había de ser un verdadero hombre de Dios el hombre que, comisionado para pronunciar tal mensaje, estuviese dispuesto a comunicarlo con toda intrepidez; y le vemos dispuesto a sufrir el encarcelamiento a causa de la palabra que Dios le había dado, pues el rey indicó claramente que, por haber hablado así, debían echar en la cárcel a Miqueas hasta que él volviese de la batalla victorioso. La única respuesta de Miqueas fue que si él volvía en paz, Dios no había hablado por su boca.

Otra evidencia la tenemos en la naturaleza de la revelación que Dios comunicó a Miqueas. Parece ser que tuvo el privilegio de contemplar en visión la escena celestial en que Dios había permitido a un espíritu salir y ser espíritu de mentira en la boca de los profetas de Acab.[7] Podemos estar seguros de que sólo a un profeta espiritualmente maduro le fue otorgado vislumbrar de esta manera el reino celestial. Este episodio hace que nos preguntemos dónde estaba Elías en este tiempo. Dado que Acab no sentía ninguna simpatía por Miqueas ni por Elías, ¿por qué pensó solamente en Miqueas y habló de él como si fuese el "único" profeta de Israel que podría satisfacer a Josafat? Lo mismo podría preguntarse en conexión con el anónimo profeta que anteriormente había dirigido a Acab palabras de aliento respecto a las dos primeras compañas contra Ben-hadad. La respuesta más probable es simplemente que ello dependía de la distancia en que cada uno de estos profetas se hallase de la ciudad de Samaria. Parece muy claro que Miqueas vivía dentro de la ciudad misma, con lo que el mensajero podía hacerle venir sin pérdida de tiempo, mientras que Elías se hallaría en el área de sus escuelas–ubicadas en Guilgal, Betel y Jericó-, y es posible que el profeta anónimo viviese fuera de la capital también.

b. SU VALENTIA

Miqueas era un hombre valiente; siempre lo había sido, y por eso se había ganado la reputación por parte de Acab de ser un profeta que no le decía cosas agradables; y en esta línea continuaba en el caso que nos presenta el texto sagrado. Aun cuando cuatrocientos profetas habían pronunciado un mensaje que le agradaba al rey, y sabía que Acab quería escuchar de su boca un mensaje similar, Miqueas pronunció las palabras desagradables que Dios le había revelado. Tuvo suficiente valentía, no sólo para comunicar el mensaje, sino para sufrir por ello la pena de encarcelamiento si llegaba el caso, como así fue.

c. SU LEALTAD AL REY

Contra lo que Acab opinaba, Miqueas le era leal como buen súbdito suyo. Acab pensaba que Miqueas estaba en contra de él, por el hecho de haber recibido anteriormente de él palabras que no le agradaban. En esta ocasión, cuando Miqueas le dijo que Israel sería esparcido como ovejas sin pastor, Acab se quejó de nuevo, en presencia de Josafat, de que nunca le decía Miqueas ninguna cosa buena. Pero allo no se debía a que el profeta fuese enemigo del rey, sino a su fidelidad en decir la verdad de lo que había visto.

[7]Parece ser que este espíritu era un demonio a quien Dios permitió llevar a cabo esta misión. Por el libro de Job sabemos que Satanás (y, con probabilidad, sus huestes) tiene acceso al cielo. No son los ángeles de Dios, sino los espíritus malignos, quienes dicen mentiras.

Comenzó su mensaje con las siguientes palabras: "Oye, pues, palabra de Jehová" (22:19). El vocablo *pues* (*lakhen*) es muy significativo, ya que con él expresaba Miqueas que, precisamente porque el rey pensaba en que el profeta estaba hablando adrede contra él (lo cual no era cierto), le iba a decir por qué tenía que hablar como lo hacía. Miqueas no tenía ninguna obligación de darle ninguna razón de ello, pero el hecho de darle la aclaración indica su deseo de que el rey se percatase de que era Dios mismo quien le había puesto las palabras en la boca, y que no decía aquello de su propia cosecha. En realidad, era mucho más leal al rey que los cuatrocientos profetas, pues le decía la pura verdad: que si se empeñaba en ir a la batalla, lo matarían. Los profetas que le animaban a ir no eran de verdad amigos suyos.

d. SUS GUSTOS LITERARIOS

Hay motivos para creer que Miqueas tenía buen gusto en materia de géneros literarios, como lo muestran tres de sus respuestas. En el v. 17, cuando dio a entender que Acab iba a morir, lo expresó por medio de una metáfora, en lugar de afirmarlo lisa y llanamente: "Yo vi a todo Israel esparcido por los montes, como ovejas que no tienen pastor". Acab entendió el significado, pero Miqueas lo había expresado en forma poética. Es posible que Miqueas tuviese en mente Nm. 27:16-17, donde, al llegar el momento de tener que nombrar a Josué como sucesor suyo, urgió Moisés a Dios que escogiese un varón que guiase a Israel de forma que "la congregación de Jehová no sea como ovejas sin pastor".

Después, en el v. 25, Miqueas respondió a Sedequías, uno de los cuatrocientos profetas falsos, con las palabras: "He aquí tú lo verás en aquel día, cuando te irás metiendo de aposento en aposento para esconderte". Podía haber respondido de un modo muy diferente a la pregunta de Sedequías: "¿Por dónde se fue de mí el Espíritu de Jehová para hablarte a ti?", pero Miqueas respondió de este modo poético, dando a entender que Sedequías conocería la verdad del asunto el día en que se hallase en un peligro tan grande, que tendría que ir en busca de un buen escondite para salvar la vida. La Escritura no nos dice cuándo sucedió esto, pero no cabe duda de que, a su debido tiempo, todos estos falsos profetas perecieron en castigo del modo con que habían dado al rey sus mensajes, como si fuesen de parte de Dios.

Más adelante, en el v. 28, Miqueas replicó a Acab de la siguiente manera: "Si llegas a volver en paz, Jehová no ha hablado por mí". Acababa el rey de dar orden de que se echase en la cárcel a Miqueas, y podía esperarse que el profeta afirmase derechamente que no iba a cambiar su mensaje por el mero hecho de que el rey hubiese ordenado su encarcelamiento; sin embargo, respondió con una expresión poética, con la que dijo cuanto era necesario saber.

D. ZACARIAS

Dejamos ahora el reino del norte para trasladarnos a Judá, en el reinado de Joás, quien sobrevivió a Acab por unos veinte años. El profeta que vamos a estudiar ahora es Zacarías, que ejerció su ministerio durante los últimos años del reinado de Joás. Hay que tener en cuenta que este Zacarías no es la misma persona que el profeta posterior al exilio, que escribió el libro de Zacarías.

1. Su obra

Se menciona a Zacarías en la ocasión en que llevó al rey Joás un mensaje de reprensión (2 Cr. 24:17-22). En este tiempo, el gran sumo sacerdote Joyadá había muerto, y Joás, sin la tutoría de aquél, se hallaba influído por malos consejeros. Este rey, que tan bien había gobernado en vida de Joyadá, se había apartado ahora de Dios para servir a falsas deidades, con el resultado de que "la ira de Dios vino sobre Judá y Jerusalén por este pecado suyo" (v. 18).

Entonces envió Dios profetas que amonestasen al rey y a sus consejeros, uno de los cuales era Zacarías, que era hijo del sumo sacerdote Joyadá y seguía, sin duda, los pasos de su padre. Se nos dice que "el Espíritu de Dios vino sobre" él, y "presentándose delante del pueblo, les dijo: Así ha dicho Dios: ¿Por qué quebrantáis los mandamientos de Jehová? No os vendrá bien por ello; porque por haber dejado a Jehová, él también os abandonará" (v. 20). La frase "presentándose delante del pueblo" (que en el hebreo expresa posición en un lugar más alto) es explicada en el v. 21, donde se dice que estaba en "el patio de la casa de Jehová". La gente a la que Zacarías se dirigía parece que estaba en el atrio exterior, que estaba más bajo, y él se hallaba en las gradas que conducían al atrio interior, que estaba más alto.

A causa de esta reprensión, el rey mandó apedrear a Zacarías, y así lo hizo el pueblo en el atrio mismo del templo. Resulta difícil creer que Joás, quien antaño había dado orden de reparar el templo, ordenase ahora esta acción tan villana; tanto más cuanto que Zacarías era hijo de Joyadá, de quien había recibido Joás protección, consejo y tutoría durante todo su reinado. ¡Cómo se muestra aquí de manera vívida el poder del pecado y el control que Satanás puede ganar sobre una persona! Por eso añade el v. 22: "Así el rey Joás no se acordó de la misericordia que Joyadá padre de Zacarías había hecho con él, sino que mató a su hijo".

Que Dios demandó seriamente esta acción de Joás y del pueblo, se nos indica por las palabras con que Jesús se refirió a esto en Mt. 23:35 (V. Lc. 11:51), hablando de "la sangre de Zacarías hijo de Baraquías, a quien matasteis entre el templo y el altar".[8] Jesús identificó específicamente el lugar de la muerte de Zacarías, al decir: "entre el templo y el altar". La idea es que tal hecho ocurrió entre el santuario propiamente dicho, donde se hallaban el Lugar Santo y el Santísimo, y el gran altar de bronce colocado justamente fuera. Esto significa que el crimen fue llevado a cabo en una zona muy sagrada del templo, por lo que no cabe duda de que añadió agravantes a tal villanía y fue el motivo principal por el que lo usó Jesús como ilustración para denunciar a los fariseos de Su tiempo. Al morir, dijo Zacarías: "Jehová lo vea y lo demande" (v. 22). De dos maneras fue demandado esto del rey Joás: Primera, con la derrota que poco después sufrió a manos de los sirios (vv. 23-24); segunda, con su propia muerte, que fue el resultado de una conspiración por parte de sus siervos (v. 25).

Hay indicios de que este Zacarías no fue un profeta de tiempo completo, pues se nos dice que el Espíritu de Dios "vino sobre" él para transmitir el mensaje. De acuerdo con lo dicho en el capítulo 6, esto indica que no disfrutaba de la continua investidura del Espíritu como era lo normal en los profetas de tiempo completo, sino que tuvo esta experiencia para esta sola ocasión. Siendo hijo de Joyadá, era sacerdote, y no hay duda de que éste era su principal ministerio. El que Dios lo usase como profeta en esta ocasión, quizá se deba a que era el hijo del gran Joyadá.

2. Su persona

a. SU NIVEL ESPIRITUAL

En Zacarías vemos claros indicios de fortaleza espiritual. En primer lugar, el mensaje que transmitió fue de represión. Los impíos consejeros de Joás habían inducido al rey a actuar de manera pecaminosa, y Zacarías se levantó para reprender a ellos y al pueblo. Esto no era tarea fácil, y es obvio que Dios no se la habría encargado a cualquiera.

Otro indicio es que el Espíritu de Dios vino sobre él en el momento mencionado, que es semejante a lo que vimos con respecto a Azarías y Jahaziel; por lo que podemos seducir la misma conclusión: Zacarías no habría sido investido del poder del Espíritu Santo, si Dios no hubiese visto en él al siervo escogido y apto para tales circunstancias, máxime teniendo a mano profetas específicos que podían comunicar ese mensaje (V. 24:19).

---

[8]Que éste era el episodio al que Jesús se refería, es evidente por la descripción del lugar en que se llevó a cabo el asesinato. El que a Zacarías se le llame allí el "hijo de Baraquías", mas bien que el hijo de Joyadá, puede explicarse de dos maneras. La una es que Joyadá tuviese más de un nombre; la otra, que este Baraquías fuese realmente el padre de Zacarías, y que Joyadá fuese su abuelo, lo cual es muy posible, dado que Joyadá tenía 130 años cuando murió.

Si Dios los pasó por alto, está claro que la persona escogida debía estar especialmente calificada como hombre de alto nivel espiritual.

b. SU VALENTIA

La tarea realizado por Zacarías nos muestra la gran dosis de valentía que tenía, pues no resultaba fácil presentarse delante de una asamblea de personas, todas las cuales estaban en contra de lo que él iba a decir, y transmitir de parte de Dios un mensaje de reprensión. Notemos asimismo que, para hablar, no se colocó en un lugar donde sólo unos pocos pudiesen verle, sino en un lugar elevado donde todo el pueblo podía contemplarle y oírle, con lo que mostró gran intrepidez y valentía.

c. SU DISPOSICION A SUFRIR

Con lo dicho tenemos bastante para ver que Zacarías estaba dispuesto a sufrir. Cuando se levantó a hablar, no sabía lo que le iba a ocurrir, pero pronto pudo verlo, cuando, a la orden del rey, fue apedreado. Por el lugar en que fue ejecutado, vemos que el pueblo avanzó desde el atrio exterior donde le estaban escuchando, hasta el interior donde le apedrearon. Esto muestra la dureza de los corazones del pueblo. Aunque muchos profetas sufrieron encarcelamiento a causa del fiel desempeño de su ministerio, Zacarías es uno de los pocos que murieron por cumplir con su deber.

E. UN PROFETA

El último profeta que vamos a considerar en este capítulo no es mencionado por su nombre, sino sólo como "varón de Dios" (*'ish ha-'elohim*) y "profeta" (*nabhi'*). Su relato se enmarca en el reinado de Amasías y dentro del episodio en que Amasías salió a la guerra contra los edomitas hacia el sur de Judá (2 Cr. 25:5–16; V. 2 R. 14:1–7). No se descarta la posibilidad de que se trate de dos personas diferentes, ya que el epíteto "varón de Dios" ocurre al comienzo del relato, y el de "profeta" hacia el final. Sin embargo, al estar ambas designaciones implicadas en un solo episodio, y siendo distintas las formas en que se designa a los profetas, es probable que se trate de un solo individuo.

1. Su obra

La tarea de este profeta consistió en dar primero ciertas instrucciones a Amasías, y después un mensaje de reprensión. Como el rey quería disponer de un ejército poderoso para marchar contra Edom, tomó a sueldo a cien mil soldados del reino del norte, pagando por ellos cien talentos de plata. El profeta se acercó entonces a él y le dijo que esto no estaba bien, que los hiciese regresar a Israel, porque Dios le garantizaba la victoria sin ellos. Al decirle el rey que perdería todo el dinero que gastó, el profeta respondió que Dios podía darle mucho más con tal que obedeciese. Siguió Amasías el consejo del profeta y despidió a los soldados de Israel. Luego entró en batalla con solas sus tropas, con las que tuvo un gran éxito, pues derrotó a los edomitas matando a diez mil y llevándose prisioneros a otros diez mil, a quienes también mató en el camino, arrojándolos desde la cumbre de un peñasco. Pero, junto a este éxito, cometió también un grave pecado llevándose consigo algunos de los ídolos de los edomitas y poniéndolos delante de sí para adorarles y quemarles incienso (2 Cr. 25:14).

Esto motivó la represión por parte del profeta, pues se encendió la ira de Dios y envió al profeta con el siguiente mensaje para Amasías: "¿Por qué has buscado los dioses de otra nación, que no libraron a su pueblo de tus manos?" (v. 15). En otras palabras, no sólo había pecado el rey al traer consigo los ídolos y adorarlos, sino que había actuado muy neciamente, pues estaba honrando a dioses que no habían podido librar a su propio país del poder del Dios de Israel. No pudiendo Amasías replicar a esto, reprendió al profeta por atreverse a dar consejos al rey. El profeta puso entonces punto final a la conversación, pero no sin antes añadir las siguientes palabras: "Yo sé que Dios ha decretado destruirte, porque has hecho esto, y no obedeciste mi consejo" (25:16).

2. Su persona

a. SU NIVEL ESPIRITUAL

También este profeta muestra claros indicios de fortaleza espiritual, pues también él transmitió un mensaje de duro reproche, al decirle al rey que había obrado mal al traer consigo dioses falsos. La situación hacía que este reproche fuese especialmente peligroso, por cuanto el rey había conseguido un completo éxito sobre Edom y estaría con el ánimo dispuesto a recibir congratulaciones, no reproches. El profeta debió de percatarse de ello, pero, sin embargo, por mandato de Dios, le lanzó directamente el reproche. Una vez más, hemos de hacer la observación de que Dios no habría puesto tal responsabilidad sobre los hombros de un profeta que no poseyese un alto nivel espiritual.

b. SU VALENTIA

También este profeta mostró gran valentía en el mensaje que comunicó. Lo evidencia primero el tipo de instrucción que dio a Amasías al comienzo del relato. El rey había alquilado cien mil soldados de Israel, pagando cien talentos de plata, lo cual suponía gran esfuerzo y cuantiosos gastos de parte de Amasías. De seguro que no estaría muy inclinado a enviar a casa tantas tropas y a perder el dinero, no obstante, el profeta no dudó en llegarse a él y transmitirle el mensaje. El mensaje requería más valentía de la que pensamos pues el profeta pudo percatarse del peligro que comportaba el hablar de esa manera, justamente cuando el rey volvía victorioso; pero ello no le detuvo. De hecho, aun frente a la amenaza del rey, el profeta dijo a Amasías con toda claridad que Dios había decretado destruirle a causa de su pecado.

c. SU RESPETABILIDAD

El hecho de que Amasías pusiese por obra las instrucciones del profeta, cuando le dijo éste que enviase a casa los cien mil soldados de Israel, muestra el respeto que el rey le dió a sus palabras; por tanto, debía de ser una persona que hablaba con autoridad, ya que no le era fácil a Amasías enviar a todos estos hombres a su casa, no sólo por el dinero que perdía, sino también por la implícita confesión de que había cometido un error al alquilarlos. A nadie le gusta admitir que ha cometido un error, y menos aún a los reyes.

También en sus palabras de reproche se mostró el respeto que el profeta imponía, pues el rey no se atrevió a responder a la penetrante pregunta que aquél le hacía, sino que se limitó únicamente a decirle que era un atrevido al hablar de ese modo al rey. Si no hubiese tomado en cuenta el sentido y la fuerza de la pregunta que el profeta le hacía, habría tratado de defenderse, aunque fuese con excusas. No lo hizo así, sino que recurrió a su autoridad regia para revolverse contra el hombre que se atrevía a hablarle de aquella manera.

d. SU DISPOSICION A SUFRIR

También este profeta mostró evidentemente que estaba dispuesto a sufrir. A pesar de que el rey le dio a entender que podía costarle caro el reproche que acababa de lanzarle, el profeta continuó hablando para decirle al rey que Dios había decretado destruírle, con lo que mostró su convicción de que era más importante transmitir la palabra de Dios que escapar del castigo. También este hombre es digno de elogio.

15

Los Reinados desde Joram hasta Josías: Eliseo

Nuestra atención se vuelve ahora al reino del norte y al profeta Eliseo, que siguió a Elías. El ministerio de Eliseo comenzó al ser arrebatado Elías, en los primeros tiempos del reinado de Joram. Este era el segundo hijo de Acab y había sucedido en el trono a su hermano Ocozías, el primogénito, quien sólo había reinado dos años. La Biblia nos presenta la vida de Eliseo en forma de dieciocho breves relatos, y todos ellos, excepto dos, están enmarcados en el reinado de Joram, quien reinó doce años (2 R. 3:1). Los dos relatos que no pertenecen al reinado de Joram conciernen al reinado de Joás. Hubo otros dos reyes en ese intervalo, Jehú y Joacaz, pero nada se nos dice de Eliseo durante el reinado de ambos. Por tanto, para presentar el trasfondo histórico del ministerio de Eliseo, nos referiremos especialmente al reinado de Joram, dejando un breve espacio para el reinado de Joás.

En el orden religioso, Joram continuó adorando a Baal como lo habían hecho sus padres. Podría pensarse de otro modo a juzgar por 2 R. 3:2, donde se nos dice que "quitó una estatua de Baal que su padre había hecho", pero otros datos nos confirman que sólo se trataba de retirar una imagen, no de la supresión del culto a Baal. En otra ocasión posterior, por ejemplo, Eliseo le dijo irónicamente que fuese a buscar la ayuda de los profetas de su padre y de su madre en tiempo de necesidad, lo cual indica que ésa era su actitud corriente (2 R. 3:13). También está el caso de su sucesor, Jehú, quien, al subir al trono, juzgó necesario matar a los profetas de Baal (2 R. 10:19-28). En efecto, podía esperarse que Joram continuase adorando a

Baal, por el hecho de que su dominante madre, Jezabel, vivió durante todo su reinado (2 R. 9:30, 33).

Un detalle histórico digno de mención del reinado de Joram es el que se refiere a una campaña militar contra Moab al este del Mar Muerto. El rey de Moab se negó a continuar pagando el tributo que anualmente daba al rey de Israel desde los tiempos de Omrí. En vista de la gran pérdida económica que esto implicaba, Joram tomó las medidas necesarias para obligar por la fuerza al rey de Moab a que continuase pagando el tributo, y buscó para ello la ayuda de Josafat, rey de Judá. Mientras los dos ejércitos aliados rodeaban el desierto al sur del Mar Muerto, tratando, al parecer, de atacar por sorpresa desde el sur, les faltó el agua, y a la intervención de Eliseo se debió el que no pereciesen allí. Los ejércitos reportaron algunos éxitos contra Moab, pero tras el dramático sacrificio que Mesá, el rey de Moab, hizo de su hijo primogénito, Joram y Josafat se vieron forzados a retirarse sin haber llevado a cabo su objetivo.[1]

También tuvo Joram numerosos encuentros con los sirios del norte. En una ocasión, los sirios llegaron con un ejército muy numeroso y sitiaron la capital del reino, Samaria. Con el asedio, la situación de la ciudad llegó a ser tan crítica, que algunas madres llegaron a comerse a sus hijos (2 R. 6:28-29). Joram le echó la culpa a Eliseo, quizás a causa de alguna previa amonestación que el profeta había hecho, pero ahora le dijo Eliseo que, al día siguiente, todos tendrían el alimento que quieran. Esto resultó cierto aquella misma noche, cuando Dios hizo que los sirios huyesen sin aparente motivo, abandonando tras sí gran cantidad de alimento y otros bienes, con lo que el pueblo dispuso del alimento que necesitaba, tal como Eliseo lo había predicho.

Un último encuentro con los sirios ocasionó la muerte de Joram. Al igual que su padre Acab, Joram libró una batalla con los sirios en Ramot de Galaad, y también como él, tuvo la ayuda del rey de Judá, que era ahora Ocozías, lo cual indica que todavía existía la alianza entre los dos reinos. Joram fue herido de consideración en la batalla y regresó a Jizreel para recuperarse. Posteriormente, Ocozías, que había regresado a Judá después de la batalla, vino a Jizreel a visitarle y, hallándose allí, se vio envuelto en la destrucción llevada a cabo por Jehú, la que acabó con la vida de ambos reyes, Joram y Ocozías.

Para entender el reinado de Joás, hay que acudir al trasfondo que nos ofrecen los reinados previos de Jehú y Joacaz. Durante el reinado de Jehú, se perdió la fuerte posición que ocupaba la dinastía de Omrí. Jehú mató gran cantidad de príncipes de esta familia hasta exterminarla, lo que significó que quedase con gente de poca monta que le ayudase a gobernar el

[1]Este episodio está demostrado en la inscripción de la Piedra de Moab; para un análisis del texto, véase *Ancient Near Eastern Texts*, ed. James B. Pritchard, p. 320; también, *Documents from Old Testament Times*, ed. D. Winton Thomas, pp. 195-199.

reino. Como consecuencia de ello, sus veintiocho años de reinado se caracterizaron por continuas revueltas y desasosiego general. El nuevo rey de Siria, Hazael, se las arregló para apropiarse de todos los territorios que Israel poseía al otro lado del Jordán, y hasta parece ser que invadió gran parte del territorio de Israel mismo, esto es, del lado occidental del río. De hecho, en el tiempo de Joacaz, los sirios habían humillado a Israel hasta tal punto, que le dictaron a Joacaz el número de caballos, de carros y de gente de a pie que le estaría permitido tener en su ejército (2 R. 13:7).[2] También durante el reinado de Jehú, sufrió Israel grandemente a causa de una invasión de los sirios.[3] Salmanasar III cruzó por decimosexta vez el Eufrates en campaña militar. Llevó con éxito su ejército hasta Damasco y produjo graves daños a la ciudad, aunque sin apoderarse de ella. Después obligó a Jehú, rey de Israel, a pagarle un gravoso impuesto. En su famoso Obelisco Negro,[4] descubierto en 1846 en Nimrud, Salmanasar da detalles del tributo y presenta en bajo relieve al rey de Israel postrándose ante él en sumisión y presentándole el pago del impuesto. Aun cuando Salmanasar no llevó la destrucción al territorio mismo de Israel, el pesado tributo que impuso fue humillante y económicamente opresivo.

Sucedió a Jehú su hijo Joacaz y reinó diecisiete años. Poco se nos dice de él, excepto algunas insinuaciones de que sufrió por algún tiempo más humillaciones ante Hazael, pero después comenzó a recuperar la fuerza que antaño poseía la nación. Esto ocurrió como resultado de una campaña militar llevada a cabo por el asirio Adad-nirari III, quien destruyó casi completamente la ciudad de Damasco el año 803 A.de C.[5] Ocupaba entonces el trono de Damasco Ben-hadad III, hijo y sucesor de Hazael. También Israel se vio forzado a pagar tributo a Asiria, pero no sufrió tantas pérdidas materiales como Damasco, sino que, por el contrario, pudo ahora recobrar parte del territorio que había perdido a manos del vecino del norte.

El hijo y sucesor de Joacaz fue Joás. Durante su reinado, Israel hizo rápidos progresos en la recuperación de su fuerza. Poco después de subir al trono, Eliseo le prometió un resurgimiento del poderío militar. Esta promesa constituirá uno de los últimos episodios que vamos a estudiar en la vida del profeta. Como resultado de dicha promesa, Joás pudo derrotar a

---

[2]Sólo le fue permitido conservar cincuenta jinetes, diez carros y 10.000 hombres de a pie, en fuerte contraste con los 2.000 carros que Acab había llevado a Qarqar.

[3]Esto sólo se sabe por los anales asirios de Salmanasar III. En cuanto a una inscripción de éste, véase *Ancient Near Eastern Texts*, pp. 276-281.

[4]Este obelisco de piedra caliza negra, de cuatro lados, tiene una altura de cerca de dos metros, con cinco filas de bajo relieves y con inscripciones explicativas en todos los lados. En la segunda fila de uno de los lados, aparece Jehú, la única representación que existe de este género, de un rey de Israel. En cuanto al texto, véase *Ancient Near Eastern Texts*, p. 280; en cuanto a las representaciones pictóricas, véase *The Ancient Near East in Pictures*, ed. James B. Pritchard, figs. 351-355.

[5]Para el examen del texto de Adad-nirari III, véase *Ancient Near Eastern Texts* pp. 281-282; también, *Documents from Old Testament Times*, pp. 50-52.

los sirios en tres ocasiones distintas y recobrar todas las ciudades que
Damasco había arrebatado anteriormente a Israel (2 R. 13:25).

A. LA OBRA DE ELISEO

La labor de Eliseo fue básicamente la misma de Elías: oponerse al culto
de Baal-Melqart. Ya se indicó más arriba que Eliseo procedía, muy probablemente, de una familia acomodada económicamente, puesto que se hallaba arando con una yunta de bueyes en el mismo campo en que araban
delante de él otras once yuntas, cuando recibió el llamamiento para el ministerio. Si es correcta esta conclusión, su posición económica contrastaba con
la de Elías, quien se había criado en el territorio pobre de Galaad, cerca del
desierto. La decisión de Eliseo de seguir a Elías fue definitiva y tajante,
pues mató los bueyes con que araba, para preparar un banquete de des-
pedida a sus parientes y amigos, y empleó como combustible los útiles que
le habían servido para su trabajo (1 R. 19:21). Queda así claro que no
pensaba en volver a usarlos de nuevo.

Aunque tenía los mismos objetivos que tuvo Elías, la manera que tenía
Eliseo de conseguirlos era algún tanto diferente. De acuerdo con su trasfondo, tan diferente del de Elías, se encontraba más a gusto en las ciudades
y se le veía con frecuencia en compañía de los reyes. En contraste con Elías,
que era un hombre de sentimientos inestables, tan pronto extremadamente
bravo como, otras veces, deprimido hasta el punto de desear la muerte,
Eliseo poseía un perfecto control de sí mismo y un temple equilibrado;
nunca protagonizó dramáticos retos ni se retiró, malhumorado, al desierto.
También es posible que Eliseo poseyese un mayor interés congénito por las
necesidades de la gente, ya que muchos de sus milagros tuvieron por objeto
ayudar y socorrer a personas que se hallaban en dificultades.

Como ya dijimos, los relatos acerca de la vida de Eliseo pertenecen casi
enteramente al reinado de Joram. No cabe duda de que episodios similares
ocurrieron durante los reinados de Jehú, Joacaz y Joás, pero los que nos
refiere el texto sagrado tienen, sin duda, la finalidad de ser representativos
o paradigmáticos. También es probable que pudiesen haber sido incluídos
muchos otros del reinado de Joram, por lo que podemos aventurar la conclusión de que los que nos refiere la Biblia constituyen una esmerada se-
lección. Sólo su enumeración indica ya una amplia gama de experiencias.

1. Dividiendo las aguas del Jordán (2 R. 2:13-14)

La actividad de Eliseo comenzó inmediatamente después del arrebatamiento de Elías.[6] Tras recibir el manto de éste, regresó al Jordán y, allí,

___
[6]Véase el capítulo 13, pp. 217-233.

como había hecho poco antes su maestro, golpeó las aguas con el manto y
ellas se dividieron a un lado y a otro. Podemos imaginarnos la profunda
emoción que sentiría al cruzar en seco el río, percatándose de que se le
había otorgado la petición que había hecho de la doble porción del Espíritu
de Elías, y de que iba ahora a continuar la labor de su maestro. Los cincuenta hijos de los profetas, que habían sido testigos de todo ello, inmediatamente reconocieron la nueva posición de Eliseo y exclamaron: "El espíritu
de Elías reposó sobre Eliseo" (v. 15).

2. Purificando las aguas de Jericó (2:19-22)

Cuando Eliseo llegó a Jericó, halló a la gente quejándose de la mala
calidad del agua de su manantial. El les dijo que le trajesen una vasija
nueva y que echasen sal en ella. Entonces arrojó él la sal en los manantiales
de las aguas y dijo: "Así ha dicho Jehová: Yo saneo estas aguas, y no habrá
más en ellas muerte ni enfermedad (lit. esterilidad)" (2:21). Como resultado,
las aguas se tornaron dulces, y las corrientes que fluyen de dicha fuente
proveen todavía a la ciudad de Jericó de excelentes aguas.

3. La maldición que lanzó contra los muchachos (2:23-24)

Cuando viajaba Eliseo de Jericó a Betel, ocurrió un incidente que ha
ocasionado muchas críticas al gran profeta. Salieron de Betel unos muchachos que se burlaron de él, diciendo: "¡Sube, calvo!; ¡sube, calvo!". Eliseo
se volvió hacia ellos y, "en el nombre de Jehová" los maldijo, con el resultado
de que "salieron dos osos del monte, y despedazaron de ellos a cuarenta y
dos muchachos".

Sin embargo, la historia se comprende fácilmente, después de ciertas
aclaraciones. Para empezar, la palabra "muchachos" (necarim = niños)
significa también "adolescentes". Aquí equivaldría probablemente a "jovenzuelos" de trece años para arriba. También es significativo que estos
muchachos fuesen de Betel, que llevaba siendo por muchos años el centro
de adoración al becerro de oro, y de donde podía esperarse amargo resentimiento contra Dios y contra cualquier profeta de Dios. Es asimismo probable que hubiese llegado ya a Betel la noticia de la subida de Elías en el
carro de fuego y, por eso, al llegar Eliseo a la ciudad ahora, salieron estos
jovenzuelos de la ciudad, repitiendo comentarios que habrían oído a sus
padres, y urgirían a Eliseo en burla a que subiese de una manera similar
a como Elías lo había hecho. Es muy probable que Eliseo fuese calvo, no
rapado; así se explica que los muchachos le llamasen así. Por consiguiente,
la maldición que Eliseo echó a los jovenzuelos equivalió en realidad a la
maldición de Dios contra la animosidad que existía contra Dios en Betel.
Toda la ciudad se enteraría pronto de lo que había ocurrido.

4. Proveyendo de agua a tres reyes (3:1-27)

Parece ser que fue poco después de este incidente, cuando Dios usó a Eliseo para proveer de agua a tres reyes con sus ejércitos al sur de Moab. Ocurrió esto durante la tercera vez que el rey Josafat de Judá se alió con la casa de Omrí en forma desagradable a Dios. Joram le pidió a Josafat que fuese con él contra los moabitas para obligar a éstos a continuar enviándole su cuantioso tributo anual (3:4). Accedió Josafat, y los dos reyes, a quienes se unió en el camino el rey de Edom, se encontraron sin agua al sur de Moab. Enterados de que Eliseo andaba por allí (sin duda, Dios le había ordenado que se presentase allí de antemano, para subvenir a tal necesidad), los tres reyes se llegaron al profeta para darle a conocer la necesidad en que se hallaban. Eliseo les escuchó, y les dijo que le trajesen un tañedor que tocase ante él, al parecer para poder estar en una actitud receptiva al mensaje de Dios.[7] Así lo hicieron, y Dios le reveló que los reyes cavasen en aquel valle muchas zanjas, las cuales se llenarían pronto de agua. Los reyes hicieron como les mandó Eliseo, y entonces descendió de las montañas tal cantidad de agua, que llenó por completo las zanjas, con lo que los ejércitos dispusieron de agua suficiente para apagar la sed.

Un detalle interesante de este episodio as que Eliseo se burló del rey de Israel por no haber ido a los profetas de Baal en busca de ayuda para esta necesidad (ya que Baal era tenido por dios de las tormentas y la lluvia), sino a Eliseo, el profeta del verdadero Dios de Israel.

5. Aceite para una viuda (4:1-7)

Después de esto, descubrió Eliseo que la viuda de uno de los estudiantes entrenados en su escuela de profetas, estaba a punto de vender como esclavos a sus dos hijos, para pagar a un acreedor. Eliseo le ordenó pedir prestadas a los vecinos muchas vasijas vacías y echar en ellas el poco aceite que le quedaba. Así lo hizo ella, hallando que el aceite continuaba fluyendo hasta que se llenaron todas las vasijas. Entonces le dijo Eliseo que vendiera todo este aceite para pagar la deuda con el dinero que obtuviera. El dinero que sacó fue bastante, no sólo para pagar la deuda, sino para vivir ella y sus hijos de allí en adelante.

6. El hijo de la sunamita (4:8-37)

Pasando por Sunem,[8] trabó Eliseo relación con una "mujer importante" (*gusdolah* = grande, más quizá por su carácter que por su posición social),

---

[7]Véase el capítulo 3, p. 39-58.
[8]Sunem estaba situada cerca de la ladera sudoeste del Monte Moré en la llanura de Esdraelón.

quien propuso a su marido construir un aposento para uso del profeta, cuando pasase por allí en sus viajes por el país. Se lo amueblaron con todas conveniencias, y Eliseo lo apreció tanto, que le prometió a la pareja, que por entonces no tenía hijos, que a la vuelta del año tendrían un hijo varón. Nació el niño, pero pocos años después, cayó gravemente enfermo y murió. La mujer se fue inmediatamente a llamar a Eliseo, que estaba en el Monte Carmelo, en busca de socorro. Primero, envió el profeta a su criado Guejazí, pero éste no pudo hacer nada por el niño. Entonces vino Eliseo, oró sobre el muchacho y se tendió sobre su cuerpo hasta que el niño volvió a la vida, con gran gozo por parte de la madre.

7. El potaje envenenado (4:38-41)

Sobrevino por entonces gran hambre en el país (V. 8:1-2) y escaseó el alimento. Al llegar a Guilgal, donde parece ser que estaba situada una de las escuelas de los profetas, mandó Eliseo que preparasen comida. Uno de los hijos de los profetas echó por equivocación en la olla una especie de calabazas venenosas. Cuando los comensales gritaron alarmados, Eliseo mandó esparcir harina en la olla, y con ello quedó el potaje en condiciones para que todos pudiesen comer.

8. Multiplicación de los panes (4:42-44)

Fue probablemente durante este tiempo cuando vino un hombre de Baal-salisa, trayendo veinte panes de cebada y un poco de trigo para alimento de los jóvenes. Eran pocos víveres para alimentar a cien hombres, por lo que el criado de Eliseo se fue a él con la pregunta: "¿Cómo pondré esto delante de cien hombres?" (v. 43). Pero, ante la orden de Eliseo, "conforme a la palabra de Jehová" (v. 44), el criado puso los panes delante de los cien hombres y, no sólo comieron todos bastante, sino que sobró. Fue un claro milagro de multiplicación de los panes, de modo similar a lo que hizo Jesús, por dos veces, en Su tiempo (Mt. 14:15-21; 15:32-38).

9. Curación de Naamán (5:1-27)

En esta ocasión, se vio Eliseo envuelto en los asuntos de un general del ejército sirio, Naamán, quien quizá había librado anteriormente batallas contra Acab. Este general era leproso (no se nos dice desde cuándo) y tenían por sirviente a una muchacha de Israel, que había sido hecha prisionera en una de las incursiones de los sirios contra Israel. La muchacha le habló a su señora de Eliseo y de los poderes que él tenía. Enterado Naamán, lo comunicó al rey. Como había paz ahora entre Damasco y Samaria, Benhadad le envió a Joram, con la petición de que sanasen a Naamán. Joram, al principio, se sintió presa del pánico, pero cuando Eliseo supo lo que pasaba, rogó que Naamán le fuese enviado. Sin preocuparse por salir a recibirle, a pesar de la alta posición del general, Eliseo le envió un mensajero que le ordenase simplemente lavarse siete veces en el Jordán para quedar curado. De momento, Naamán se enojó mucho y no quería obedecer, pero sus criados, con mucha prudencia, le hicieron ver que, con ello, no tenía nada que perder. Cuando Naamán terminó de zambullirse por séptima vez, quedó limpio e inmediatamente regresó para expresar su gratitud al profeta de Israel.

Eliseo rehusó aceptar el generoso presente que Naamán le ofrecía, pero Guejazí, el criado del profeta, corrió posteriormente hasta dar alcance al general y rogarle (fingiendo que venía de parte de Eliseo) que le diese un talento de plata y dos vestidos nuevos. Cuando el criado regresó a Eliseo, quien había sido informado por Dios sobrenaturalmente de lo que Guejazí había hecho, el profeta le reprendió y le dijo que, en castigo, la lepra de Naamán se le pegaría a él ahora. Así fue, y Guejazí quedó leproso; al parecer, por el resto de su vida.

10. Recuperación del hierro de un hacha (6:1-7)

Al resultar pequeño el edificio de una de las escuelas de profetas (con lo que parece indicarse un incremento en el número de estudiantes), éstos le pidieron permiso a Eliseo para construir otro mayor. El les concedió el permiso y les acompañó al Jordán a cortar madera para el nuevo edificio. Mientras estaban ocupados en su trabajo, se le cayó al río a uno de los estudiantes el hierro del hacha con la que cortaba un árbol. El joven le gritó a Eliseo para que le ayudase a recuperarlo. Entonces el profeta cortó un palo, lo echó en el agua, e inmediatamente hizo flotar el hierro, con lo que el joven quedó aliviado de su apuro, ya que el hacha era prestada.

11. Ayudando a Joram (6:8-12)

Fue por este tiempo cuando Ben-hadad lanzó numerosos ataques contra Israel. En cada uno de ellos, vino Eliseo en ayuda del rey Joram, diciéndole por dónde iba a atacar el enemigo. Esto puso furioso al rey de Siria, pues le hizo pensar que alguien de su propio país le estaba traicionando ante el rey de Israel. Pero uno de sus criados le hizo ver que no era uno de su propio pueblo, sino Eliseo, el profeta de Israel, quien declaraba a Joram los planes de Ben-hadad.

12. Un episodio en Dotán (6:13-23)

Ben-hadad se decidió a prender a Eliseo y envió un ejército para capturarle en Dotán, donde residía el profeta. El criado de Eliseo se atemorizó al ver todo un ejército rodeando la ciudad, pero Eliseo pidió a Dios que abriera sus ojos para que pudiese ver cuánto mayores eran las huestes protectoras de Dios que las tropas del enemigo. Eliseo oró entonces a Dios que castigara al enemigo con ceguera, y el profeta guió al ejército enemigo hasta Samaria. Cuando los soldados recobraron la vista, también a petición de Eliseo, el rey Joram le preguntó qué debía hacer con ellos, y el profeta le respondió que les diese de comer y los devolviese a su señor. Podemos imaginarnos la sorpresa de Ben-hadad al volver sus tropas y contarle la experiencia que habían tenido. Es muy significativo el modo como cierra el texto sagrado todo este episodio: "Y nunca más entraron bandas armadas de Siria en la tierra de Israel" (6:23).

13. Carestía y alimento en Samaria (6:24-7:20)

Sin embargo, andando el tiempo, ya no en oculto con "bandas armadas", sino abiertamente "con todo su ejército", Ben-hadad vino a Samaria y la sitió. El hambre se fue agravando en la capital, hasta el punto de que algunos llegaron al canibalismo. Joram echó la culpa de esto a Eliseo y se propuso darle muerte. Como respuesta, Eliseo le prometió que, al día siguiente, habría suficiente alimento para todos, de lo cual se burló uno de los asistentes del rey.

La promesa se cumplió como resultado de las tropas enemigas, que se imaginaron haber oído el estruendo de un gran ejército egipcio que se acercaba para venir en ayuda de los israelitas. Entraron cuatro leprosos en el campamento enemigo, creyendo que tan malo era para ellos quedarse donde estaban como ponerse a merced del enemigo, pero hallaron que los sirios habían huído dejando tras de sí abundante alimento y muy valioso botín. Entraron en la ciudad para llevar la buena noticia de lo que habían descubierto, y todo el pueblo se apresuró a salir por las puertas para hacerse con alimentos. Tan grande fue el apresuramiento, que el asistente del rey que se había mofado el día anterior, fue atropellado por las turbas y murió en accidente de tráfico. Así se cumplió lo que Eliseo había predicho.

14. Devolución de su propiedad a la sunamita (8:1-6)

Al comenzar la gran hambre de Samaria, Eliseo aconsejó a la sunamita que descendiese a Filistea y permaneciese allí durante los siete años que había de durar el hambre.[9] Así lo hizo ella y, pasados los siete años, regresó y pidió al rey que le fuese devuelta su propiedad. Llegó a presentarse al rey, justamente cuando Guejazí, el criado de Eliseo, estaba refiriéndole al rey el

---

[9] Filistea poseía unas tierras bajas, llanuras fértiles, que, según parece, producían cosechas de mejor calidad, durante aquellos años, que las de la montañosa tierra de Israel.

milagro de Eliseo al resucitar al hijo de la sunamita. [10] Cuando ellá llegó, Guejazí le dijo al rey que ella era la mujer de la que le estaba hablando, con lo que el rey se mostró complaciente respecto a la petición de la mujer y ordenó que le fueran devueltas todas sus posesiones.

15. Eliseo y Hazael (8:7-15; v. 1 R. 19:15)

Algún tiempo después, salió Eliseo de viaje hacia Damasco para informar a Hazael de que iba a suceder a Ben-hadad como rey de Siria, con lo que se cumplía el mensaje que, años antes, había dado Dios a Elías (1 R. 19:15). Se hallaba Ben-hadad enfermo y, al enterarse de que había llegado Eliseo a Damasco, envió a su asistente Hazael para preguntar si se recobraría de su enfermedad. Respondió Eliseo que quizá podría el rey recobrarse, pero que Dios le había dicho que seguramente moriría. Después, mirando fijamente a Hazael, comenzó a llorar. Le preguntó Hazael por qué lloraba, a lo que respondió Eliseo que sabía el mal que Hazael causaría a Israel cuando ascendiese al trono. Protestó Hazael en aquel momento, pero se comportó más tarde conforme Eliseo había predicho. Vuelto Hazael a su señor, lo asfixió para asegurarse la sucesión al trono.

16. La unción de Jehú (9:1-3; v. 1 R. 19:16)

La última actividad de Eliseo durante el reinado de Joram tiene que ver con otra de las instrucciones dadas a Elías años atrás. Se trata de la unción de Jehú como sucesor de Joram. Jehú era por entonces capitán del ejército de Joram, y los israelitas acababan de experimentar una gran derrota a manos de los sirios en Ramot de Galaad. Eliseo envió a uno de los discípulos que tenía en la escuela de profetas a Ramot de Galaad para que ungiese a Jehú por rey y le ordenase destruir toda la casa de Acab. Así lo hizo el nuevo rey con todos los sangrientos detalles que se nos refieren en 2 R. 9:14 — 10:28, llevando así a cabo la venganza que Dios había prometido muchos años antes.

17. Eliseo y Joás (13:14-19)

Pasaron muchos años (los 28 de Jehú y los 17 de Joacaz) antes de que aconteciera el último episodio de la vida de Eliseo, registrado en el texto sagrado. Ocurrió durante los primeros años del reinado de Joás, cuando Eliseo estaba enfermo y próximo a la muerte. Vino el rey a verle, y le dijo

---

[10]El hecho de que Guejazí aparezca aquí actuando como criado de Eliseo, podría ser una indicación de que el episodio de Naamán, que aparece antes en el texto sagrado, cuando Guejazí se volvió leproso, sucedió después de éste.

el profeta que tomase en su mano un arco y unas flechas; después, puso Eliseo sus manos sobre las manos del rey, y le dijo que disparase una flecha por la ventana que daba al oriente. Así lo hizo Joás, y le dijo el profeta: "Saeta de salvación de Jehová, y saeta de salvación contra Siria". Después ordenó al rey que hiriese el suelo con las flechas que le quedaban en la mano. Sólo tres veces hirió Joás el suelo, y Eliseo expresó su desilusión, diciéndole que sólo podría derrotar a Siria tres veces, mientras que si lo hubiese golpeado más veces, habría sido capaz de derrotar al enemigo hasta aniquilarlo.

18. Los huesos de Eliseo resucitan a un muerto (13:20-21)

El último episodio acerca de Eliseo ocurrió después de su muerte. Cuando un grupo de personas se hallaban dando sepultura a un cadáver, vieron venir hacia ellos una banda armada de moabitas y, llenos de pánico, arrojaron el cuerpo en el sepulcro donde estaba sepultado Eliseo y, tan pronto como el cadáver tocó los huesos de Eliseo, revivió el muerto y se levantó sobre sus pies.[11]

Al volver la vista hacia todos estos milagros, no puede menos que impresionarnos su variedad y su número. De cierto, Dios usó a este profeta de un modo notable. Pero ello suscita lógicamente la siguiente pregunta: ¿Cómo es que otorgó Dios tal poder de hacer milagros a Elías y a Eliseo, cuando otros profetas igualmente grandes no realizaron ninguno? La respuesta debe ser que la época en que vivieron Elías y Eliseo fue muy crucial en la historia de Israel. Jezabel había introducido el culto a Baal, y el país tenía pocos verdaderos creyentes y escasamente algún profeta seguidor de Dios; por eso, quería Dios que esos dos grandes profetas de su tiempo recibiesen especiales garantías, a fin de que el pueblo pudiese ver claramente que eran verdaderos mensajeros Suyos y que sus mensajes debían ser creídos. Los milagros les servían de credenciales.

B. LA PERSONA DE ELISEO

1. Su nivel espiritual

Muchos detalles muestran el alto nivel espiritual de Eliseo. Los primeros testigos de esto son sus milagros. Ya hemos dicho que el hecho de que un profeta no hiciese milagros no significa necesariamente falta de espiritualidad, pero, por otra parte, la realización de milagros era ciertamente una señal que confirmaba su condición espiritual, pues Dios no

---

[11]La tumba de Eliseo era evidentemente de tipo abierto, en la que podían ser sepultados más de un cadáver.

habría investido de tal poder a una persona que no anduviese fielmente delante de El. Además, no es sólo el número de milagros lo que es significativo con respecto a Eliseo, sino la variedad y el tipo de milagros que llevaba a cabo: división de las aguas del Jordán, purificación de un manantial, multiplicación de panes, resurrección de un niño, etc. Cuantos vieron tales milagros debieron quedar impresionados y firmemente convencidos de que la persona que los llevaba a cabo era un verdadero y excepcional profeta de Dios.

A veces, Eliseo hubo de dar represión cuando le habría sido más fácil comunicar otra clase de mensaje. Por ejemplo, cuando vinieron a él los tres reyes en el sur de Moab, en busca de su ayuda para obtener agua, podía haberse sentido halagado por el hecho de que tres reyes estuviesen dispuestos a venir a él, pero sus palabras fueron de reproche, especialmente para Joram. Incluso les dio a entender que saliesen de su presencia y que le trajesen un tañedor, para encontrarse en una atmósfera que le ayudase a ser receptivo al mensaje de Dios. En otras palabras, era como si dijese que los reyes estaban contaminando la atmósfera e impidiéndole oír propiamente la voz de Dios. También había una tremenda represión en la maldición que echó a los jovenzuelos de Betel. Como ya se dijo, estaba en realidad reprendiendo a las gentes de la ciudad por ser centro de adoración del becerro de oro. Nunca titubeó Eliseo en lanzar reproches cuando fue necesario.

Más aún, es significativo que Dios se complaciese en responder siempre que Eliseo necesitaba una revelación. Era siempre un gran honor que Dios se complaciese en dar una revelación, pero este honor era aún mayor cuando la revelación se producía en respuesta a la demanda de una persona. En el caso que acabamos de citar sobre la necesidad que los reyes tenían de agua, Eliseo esperó a que Dios le otorgase Su mensaje. Es cierto que no lo hizo con muchas palabras, pero sí con su actitud, pidiendo incluso que viniese un tañedor para purificarle la atmósfera. Dios otorgó su reconocimiento a tal actitud y dio la revelación que se le pedía.

Finalmente, es digno de notarse que Dios honró a Eliseo incluso después de su muerte, como lo indica la resurrección de aquel hombre cuyo cadáver tocó simplemente los huesos del profeta. El incidente, que tendría sin duda una gran resonancia y se divulgaría rápidamente, daba a entender el alto lugar en que Dios había situado a Eliseo durante toda su vida, y Su deseo de que la gente continuase reconociendo esto, incluso después de la muerte del profeta.

2. Respetabilidad

Aunque la Biblia no nos describe a Eliseo como una persona de la austeridad de, por ejemplo, Elías, también es cierto que hablaba con la misma autoridad y se hacía escuchar y respetar. También esto se muestra en el episodio al sur de Moab, cuando los tres reyes vinieron a él en busca de ayuda por falta de agua. Joram mismo no se revolvió contra él, cuando Eliseo le echó en cara su adoración de Baal; y los tres reyes parecen haberse marchado pacíficamente cuando él les indicó que deseaba estar a solas con el tañedor, al cual ellos mismos hicieron venir a petición de Eliseo. Joram le mostró respeto también en otra ocasión, cuando Eliseo le advirtió acerca de los ataques de Ben-hadad. En cada una de las distintas veces, Joram hizo caso del profeta y logró así frustrar los intentos de Benhadad. Es digno de notarse también que Joram estuvo dispuesto a devolver a la sunamita sus posesiones, simplemente por la relación que ella había tenido con Eliseo.

Tampoco debe pasar desapercibido el hecho importante de que, tanto Hazael como Jehú, cuando fueron ungidos por reyes, aceptaron con toda facilidad la autoridad de este hombre. Aun cuando la unción de Jehú fue en realidad llevada a cabo por un representante de Eliseo, sabiendo aquél que el mensajero venía de parte del profeta, accedió de inmediato a poner por obra las instrucciones que se le habían dado. Y, finalmente, el rey Joás prestó su reconocimiento a la autoridad del anciano profeta cuando éste le ordenó disparar la flecha por la ventana, y también después cuando aceptó las palabras de Eliseo, quien le dijera que había hecho mal en golpear el suelo con las flechas solamente tres veces.

3. Su compasión

Cuando uno lee los milagros que Eliseo llevó a cabo, enseguida le impresiona la evidencia que en ellos se percibe de la compasión que tenía hacia la gente. Aun cuando en una ocasión lanzó una maldición, no se puede concluir de ese solo hecho que no fuese un hombre compasivo, pues toda su vida estuvo llena de hechos misericordiosos: la purificación de los manantiales para que la gente dispusiese de agua potable; la provisión de recursos financieros para que una pobre viuda pudiese pagar sus deudas; la petición a Dios de que otorgase un hijo a la sunamita, cuando ésta proveyó al profeta de una habitación para su comodidad; retirar el poder tóxico a un alimento, cuando un hombre, por ignorancia, echó en la olla calabazas venenosas; la multiplicación de los panes y del grano para que los estudiantes tuviesen víveres en tiempo de carestía; la curación del comandante en jefe de un ejército extranjero, quien tenía lepra; la recuperación del hierro de un hacha del joven que la había tomado prestada; y el preservar generosamente de todo daño a un ejército entero que había venido con el propósito específico de arrestarle para quitarle la vida, cuando la tropa estaba enteramente bajo su control. Está muy claro que la compasión y el interés por el bien de los demás eran una prominente característica de este amable hombre de Dios.

4. Su desinterés por las riquezas materiales

La mayoría de las personas son afectadas por el amor a las riquezas. A causa del amor al dinero, muchos actúan de unas maneras y hacen cosas que no son plausibles. Eliseo no era así. Con toda prontitud abandonó una posición acomodada para seguir a Elías cuando éste le llamó. Irse con Elías significaba, en efecto, dejar todo aquello y someterse a la incómoda vida de profeta, con la penuria consiguiente. Es muy posible que Elías tuviese en cuenta la alternativa de permitirle regresar a su casa, cuando le dijo que le pidiera lo que quisiera antes de ser arrebatado al cielo (2 R. 2:9). Al responderle Eliseo que deseaba una porción doble del Espíritu de Elías, no sólo dio a entender que necesitaba ser investido de ese poder, sino también que no deseaba las cosas materiales de las que estaba disfrutando su familia.

Una clara ilustración de esto la tenemos en el caso de la curación de Naamán. Cuando este hombre experimentó la estupenda recuperación de la salud, instó a Eliseo a recibir una fabulosa recompensa, consistente en "diez talentos de plata, y seis mil piezas de oro, y diez mudas de vestidos" (2 R. 5:5). Un presente tan magnífico habría sido atractivo para cualquier persona, pero Eliseo respondió: "Vive Jehová, en cuya presencia estoy, que no lo aceptaré. Y le instaba a que aceptara alguna cosa, pero él no quiso" (5:16). Y cuando, posteriormente, el criado de Eliseo corrió a dar alcance a Naamán para pedirle parte del presente, el profeta reprendió a Guejazí y le dijo que la lepra de Naamán se le había de pegar a él.

5. Su valentía

Es evidente que Eliseo era un hombre valiente, aunque no sea ésta la característica más sobresaliente de su vida. Cuando vinieron a él los tres reyes al sur de Moab, no titubeó en decirles sin ambages cuál era la situación, aunque el mensaje era desagradable. En otra ocasión, cuando Samaria sufría terrible asedio a manos de los sirios, y Joram le echó la culpa a él, el profeta no mostró ningún miedo ante el rey, sino que primero rehusó recibir al mensajero, y luego le dijo a Joram lo que ocurriría al día siguiente. Tampoco se amedrentó ni empleó el halago en los casos en que hubo de habérselas con el general Naamán y con el futuro rey Hazael, ambos extranjeros, sino que se limitó a decirles a ambos la palabra de Dios como le había sido comunicada a él, sin mostrar miedo ni favor. También es digno de tenerse en cuenta el incidente en que pronunció la maldición contra unos jovenzuelos de Betel. De seguro sabía que esto se divulgaría ronto en Betel y en todas partes, y que podía granjearle resentimiento y malas voluntades contra él. Sin embargo, no titubeó en hacerlo, sabiendo que era necesario para mostrar el desagrado de Dios por el culto que en Betel se tributaba al becerro de oro.

6. Su estabilidad emocional

Eliseo respetaba profundamente a Elías, pero se echa de ver que tenía un temperamento completamente diferente del de su maestro. Elías era una persona de genio muy variable, mientras que Eliseo era muy equilibrado emocionalmente; no proponía dramáticos y complicados desafíos ni le pedía a Dios que le quitara la vida; no se alborozaba en exceso ni se sumía en la depresión, sino que sabía disfrutar de los éxitos más portentosos y aguantar las más duras dificultades sin experimentar cambio notable en su estado emocional.

7. Su energía

Otra característica de Eliseo era la energía. Estaba siempre activo, llevando a cabo muchas cosas y yendo a muchos lugares. No estaba confinado a determinada área geográfica, sino que se le podía encontrar en el reino del norte tan arriba como en el Monte Carmelo, aposentado en la casa de la sunamita, o recibiendo la visita de reyes tan abajo como en la parte sur de Moab. Algunos de sus milagros tuvieron que ver con los estudiantes de las escuelas de profetas, ya que viajaba continuamente de Guilgal a Betel, de Betel a Jericó, etc., a fin de procurar que las escuelas continuasen funcionando adecuadamente y dispusiesen de las provisiones necesarias. Adondequiera que iba, se podía estar seguro de que llevaba la palabra de Dios, urgiendo a la gente a arrepentirse y volverse a Dios. El hecho de que sus mismos huesos muertos fuesen usados por Dios para dar vida a un cadáver, es probable una representación simbólica de la labor que llevó Eliseo a cabo durante todo su ministerio: Fue un hombre que estaba continuamente impartiendo vida, salud y ayuda a todos cuantos le rodeaban, especialmente urgiéndoles a hacer la voluntad de Dios y experimentar así las bendiciones de una vida plena y verdadera que sólo Dios puede otorgar.

DIAGRAMA HISTORICO III

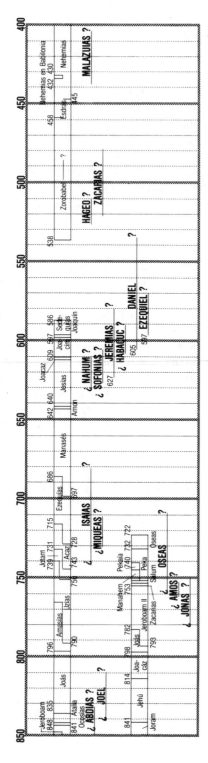

Sección Tercera

LOS PROFETAS ESCRITORES

Profetas del siglo nono	Capítulo 16 Abdías Joel
Profetas del siglo octavo	Capítulo 17 Oseas Amós Jonás
	Capítulo 18 Isaías Miqueas
Profetas del siglo séptimo	Capítulo 19 Nahum Sofonías Habacuc
	Capítulo 20 Jeremías
Profetas del exilio	Capítulo 21 Daniel Ezequiel
Profetas post-exilicos	Capítulo 22 Hageo Zacarías Malaquías

16

Profetas del Siglo Nono: Abdías y Joel

Vamos a considerar ahora los profetas más conocidos, los escritores, puesto que Dios los escogió para escribir los libros que constituyen la sección profética del Antiguo Testamento. El estudio de estos libros es de suma utilidad, pero existen muchos comentarios que se encargan de hacerlo. Nuestro interés se centra aquí en las personas que escribieron dichos libros, conforme al propósito de la presente obra.

La estructura del material concerniente a estos hombres tomará desde ahora una forma ligeramente diferente. Uno de los motivos para ello es que muy pocos de los profetas escritores aparecen en los libros históricos del Antiguo Testamento para suministrarnos información acerca de la naturaleza del trabajo que llevaron a cabo. Algunos hechos pueden deducirse de los libros que escribieron, pero éstos no nos ofrecen con frecuencia la descripción de incidentes históricos en que sus autores estuviesen implicados. A causa de esto, el carácter de estos hombres no puede ser descrito con tanto detalle como fue posible hacerlo en el caso de muchos de los profetas anteriores, y muchas veces las fechas en que desempeñaron su ministerio quedan abiertas a discusión.

Uno de los objetivos primordiales de este estudio es hacer ver al lector la secuencia cronológica de los profetas escritores. Como ya se indicó en el capítulo 8, no aparecieron espaciados simétricamente en el tiempo, sino que venían en grupos, y para que entendamos cualquiera de estos profetas, es preciso verlo en el contexto temporal en que vivió y en conexión con su grupo respectivo. Por esta razón, hemos ajustado los capítulos de esta sección a los siglos en que vivieron los profetas, y cada capítulo muestra en su primera página un gráfico que indica la secuencia cronológica implicada.

El presente capítulo tiene que ver con el siglo nono, en el que ejercieron su ministerio dos profetas: Abdías y Joel. Es cierto que ninguno de estos dos profetas da una fecha precisa acerca del comienzo ni del final de su ministerio y, por eso, los eruditos difieren entre sí sobre ésto, pero hay pruebas que al menos, evidencian una gran probabilidad de que ambos sirviesen durante el siglo IX A.de C. Como ya se indicó en el capítulo 14, hay cierta superposición o solapadura entre estos dos profetas y los últimos profetas del tiempo de la monarquía, los que ya considerados en la sección precedente. Se observará que el tiempo más probable en que Abdías y Joel sirvieron fue respectivamente durante los reinados de Joram y Joás, dos reyes de Judá. Ya se hizo notar en el capítulo 14 que los dos últimos profetas allí estudiados desempeñaron su ministerio en la última parte del reinado de Joás y en tiempos de su secesor, Amasías. Por otra parte, Eliseo, a quien estudiamos en el capítulo 15, sirvió en Israel durante el reinado del otro Joás, también después del tiempo de Abdías y Joel. Pero esto no presenta ningún problema, pues es evidente que Dios creyó conveniente hacer que dos de los profetas escritores que fueron coetáneos del último grupo de profetas no escritores, registrasen por escrito su material antes que esos otros profetas hubiesen completado su ministerio.

A. ABDIAS

1. La fecha

Algunos de los profetas escritores datan la fecha de sus ministerios conforme a los años de los reinados de los reyes durante los cuales sirvieron. No es éste el caso de Abdías y, por consiguiente, sus fechas deben determinarse a base de varias cosas que dice en su libro. Un punto importante de referencia se halla en una campaña militar que destruyó a Jerusalén poco antes de que se escribiese el libro, y que suscitó la burla de los edomitas. En realidad, el libro centra su atención en Edom, y en el vers. 11, Abdías se refiere a los edomitas de la siguiente manera: "El día que estando tú delante, saqueaban los extranjeros sus riquezas, y extraños entraban por sus puertas y echaban suertes sobre Jerusalén, tú también eras como uno de ellos".

Hubo tres ocasiones en la historia de Judá en que se dio una situación semejante. La primera ocurrió durante el reinado de Joram (853-841 A.de C.). Edom se rebeló contra Judá durante ese tiempo (2 R. 8:20-22; 2 Cr. 21:8-10), y los de Arabia y Filistea devastaron seriamente la tierra (2 Cr. 21:16-17). La segunda ocasión fue durante el reinado de Acaz (743-715 A.de C.). En este tiempo, Edom estuvo implicado en un ataque contra Judá

(2 Cr. 28:16-17) y los filisteos invadieron la tierra (2 Cr. 28:18). La tercera ocasión fue cuando Jerusalén cayó a manos de Nabucodonosor el año 586 A.de C. (2 R. 25:1-21; 2 Cr. 36:15-20). La ciudad sufrió grandísimos daños en aquella ocasión, pero no hubo ningún ataque directo por parte de Edom, aunque parece ser que los edomitas se alegraron de que Judá fuese destruída por Babilonia (cf. Sal. 137:7). De estas tres ocasiones, la más probable es la del reinado de Joram, es decir, la que se mencionó primero. El ataque de árabes y filisteos fue tremendo y se compagina bien con la descripción de Abdías 11. Se nos dice en otro lugar que el ejército enemigo, los árabes y los filisteos, "subieron contra Judá, e invadieron la tierra, y tomaron todos los bienes que hallaron en la casa del rey, y a sus hijos y a sus mujeres; y no le quedó más hijo sino solamente Joacaz, el menor de sus hijos" (2 Cr. 21:17). Con respecto a Edom, dice 2 Cr. 21:10 que "Edom se libertó del dominio de Judá".

En contra de la datación en tiempo de Acaz está el que, aunque vino Edom y produjo graves daños a Judá, se nos dice que los filisteos invadieron solamente las ciudades de la región baja y la del sur de Judá, pero no se menciona a Jerusalén, citada específicamente en Abdías 11.

En contra de la ocasión en que los babilonios vinieron contra Jerusalén, está el hecho de que Abdías no describe un cautiverio tan extremo como el que sufrieron los habitantes de la ciudad durante ese tiempo. Por ejemplo, Abdías 11 habla de que los extranjeros se llevaban "fuerzas", dando a entender sólo fuerzas militares, mientras que Nabucodonosor se llevó indistintamente a la población; y el mismo vers. habla de extraños entrando por las puertas de Jerusalén y echando suertes sobre la ciudad, más bien que causando completa destrucción como la que llevaron a cabo los babilonios.

Se arguye a veces que Abdías 20 se refiere a esta cautividad, ya que el texto pareciera que da a entender un cautiverio mayor y más general. Pero ésta no es una conclusión apodíctica, puesto que el término hebreo para "cautividad" es aquí *galut*, que, como dice Archer, puede referirse meramente a la captura de algunos individuos o de grupos limitados del pueblo.[1] Archer hace referencia a Amós 1:9, donde se usa el mismo término para designar a cierto número de gente que fueron tomados cautivos por mercaderes de esclavos de Tiro y entregados a los de Edom.

Otra fuente de información a favor de la primera alternativa nos viene de la dependencia que, al parecer, muestran profetas posteriores respecto de Abdías. Por ejemplo, Jeremías 49:7-22 parece depender de Abdías 1-6. Hay dos razones para creer que es Jeremías el que depende aquí de Abdías, y no viceversa: Primera, que Jeremías depende a menudo do otros profetas anteriores, en su libro; y segunda, que el pasaje de Abdías es más breve y de estilo abrupto, lo cual sugiere que Jeremías lo amplió y pulió.

[1]Gleason L. Archer, *A Survey of Old Testament Introduction*, p. 289.

Amós, que ejerció su ministerio en el siglo octavo, también parece haber dependido de Abdías (comp. Abd. 4 con Am. 9:2; Abd. 14 con Am. 1:6, 9; Abd. 19 con Am. 9:12; y Abd. 20 con Am. 9:14).

Una ulterior indicación en favor de la primera opción, se halla en el orden en que el libro es colocado dentro de los Profetas Menores en el Antiguo Testamento, pues se encuentra entre los seis primeros, todos los cuales datan de los siglos nono u octavo, mientras que los seis siguientas pertenecen al siglo séptimo, al exilio o al tiempo posterior al exilio. Esta colocación sería muy extraña, si Abdías hubiese sido escrito en tiempo de la cautividad.

2. Trasfondo histórico

Con lo dicho acerca de la fecha de Abdías, ya podemos situar al profeta en su contexto histórico. Eran tiempos turbulentos. El rey de Judá era el hijo de Josafat, Joram; buen rey, pero se había casado con Atalía, hija de Acab y Jezabel, probablemente como resultado de una alianza entre Judá e Israel (1 R. 22:44; 2 Cr. 18:1; 21:6; 22:3, 4, 10). Este matrimonio fue en perjuicio de Joram y del reino de Judá, tanto como el matrimonio de Acab con Jezabel le había perjudicado a él y al reino de Israel. Ya no se seguían los pasos del piadoso Josafat, sino que Joram permitió que se introdujese en el país el culto a Baal con todas sus degradaciones.

Además, mató a todos sus hermanos para salvaguardar su trono (2 Cr. 21:4), probablemente como resultado de la influencia de Atalía. Fue el único rey, tanto de Judá como de Israel, que se atreviese a tomar una medida tan drástica. Sólo tuvo un precedente en la época de los Jueces, cuando Abimelec mató a sus setenta hermanos para asegurar su propia posición de mando. Una indicación de que este asesinato se debió a incitación de Atalía es que, unos pocos años después, ella misma mató a todos sus nietos para apoderarse del trono de Judá (2 Cr. 22:10).

A causa de todos los pecados que de ahí se siguieron, Dios retiró sus bendiciones del pueblo y permitió las incursiones enemigas que ya hemos citado. Edom había sido puesto bajo el control de Judá por Josafat, pero ahora se sublevó y se declaró independiente una vez más. Luego vino la devastadora invasión de los árabes y filisteos, cuyas fuerzas combinadas llegaron a entrar en la propia casa del rey, se llevaron las riquezas que encontraron y capturaron a las mujeres y a los hijos del rey, excepto a Joacaz (Ocozías). Podemos añadir que esta captura de los príncipes les quitó toda posibilidad de heredar el trono. Cuando el único que quedaba, Ocozías, fue muerto después, durante una visita suya al rey de Israel (2 R. 9:27-29), sabiendo Atalía que los únicos posibles herederos del trono eran ahora sus nietos, los mató para hacerse ella misma con la corona.

La fecha específica, dentro del reinado de Joram, en que escribió Abdías su libro, se sitúa, con la mayor probabilidad, poco después de la destrucción llevada a cabo por los árabes y los filisteos; esto explicaría la gran importancia que Abdías concede a tan desastroso episodio. Sin embargo, es preciso tener en cuenta que su ministerio precedería y seguiría al tiempo en que escribió su profecía. Hasta es posible que ejerciese ya su ministerio en el espléndido reinado de Josafat, cuando tan obediente era el pueblo a la palabra de Dios; si fue así, las actuaciones de Joram y de Atalía, tan diferentes de las del tiempo de Josafat, tuvieron que desazonar a Abdías todavía más. También es posible que continuase su ministerio hasta el reinado de Atalía, con lo que tendría información de primera mano de la conducta de tan perversa mujer. Ciertamente que eran turbulentos los días en que usó Dios a Abdías como Su profeta.

3. La obra y la persona

Poco se sabe, tanto de la obra como de la persona de este profeta. Se ha sugerido que se trata del mismo Abdías que fue un jefe principal bajo el reinado de Acab, y que se encontró con Elías, cuando éste regresaba a Israel tras haber morado en Sarepta (1 R. 18:3-16). La fecha hace posible esta identificación, pues ambos vivieron hacia la mitad del siglo nono, pero hay dos detalles que hacen improbable tal identificación. Uno es que el Abdías del reinado de Acab vivió en el reino del norte, mientras que el que escribió el libro que lleva su nombre es lo más probable que viviese en el sur. El otro detalle es que son de carácter muy distinto. El Abdías que se encontró con Elías no deseaba ayudar a Elías ni mostró ningún interés por el ministerio del profeta, ya que lo único que le preocupaba era su propia seguridad, mientras que el Abdías que estamos estudiando fue usado por Dios para escribir uno de los libros de la Biblia. Si los dos fuesen la misma persona, tiene que haber experimentado un cambio radical después de su encuentro con Elías. Tal cambio es posible, pero no es muy probable.

Hay razones para creer que el Abdías de nuestro estudio fue un devoto seguidor de Dios, como lo muestran muchos pasajes del pequeño libro que escribió. Como se observará, el tema del libro está centrado en un futuro castigo que Dios iba a enviar a Edom, y Abdías hace ver con toda claridad que el motivo de este castigo es la violencia de Edom (Esaú) contra su hermano Jacob, el escogido de Dios. Dios iba a defender Su propio honor, al que se había hecho injuria en el ataque dirigido contra Su pueblo. Vendría destrucción sobre Edom, así como Edom había llevado la destrucción a Jerusalén (v. 15). Como contraste, escribe Abdías, habría liberación y santidad para Sión, y la casa de Jacob recuperaría todas sus posesiones (v. 17).

También podemos añadir que Abdías conocía bien el mundo de su tiempo. Conocía a Edom y lo que Edom había hecho, y estaba interesado en el castigo que Dios infligiría sobre este vecino del sur. Su mundo era

más amplio que sólo Jerusalén y Judá, y es evidente que se preocupó de
adquirir información sobre los asuntos mundiales, siempre que tuvo acceso
a tal información.

Es también interesante el que Abdías, aun viviendo en un tiempo de
perversidad en su propio país, no escribió nada sobre los pecados que se
cometían en su patria. Pudo haberlo hecho, como lo hicieron Oseas o Amós
un siglo después, pero, bajo la inspiración de Dios, se limitó a dirigir su
mensaje contra Edom. No se nos da ninguna razón de ello, y sólo podemos
decir que Dios debió de ver que había necesidad de que se escribiese tal
libro de advertencia a Edom, y escogió a Abdías para escribirlo.

No obstante, podemos estar seguros de que, siendo aquel tiempo tan
turbulento, y tan graves los pecados, Abdías estaría muy activo en formular
verbalmente su protesta. No cabe duda de que predicaría con frecuencia en
las puertas de la ciudad y se relacionaría con individuos notables para
urgirles a obedecer la voluntad de Dios. Es posible que reprendiese al mismo
Joram, a pesar del peligro que podía venirle de parte de Atalía. Sería interesante conocer detalles de su ministerio oral, pero, por alguna razón, las
Escrituras no los incluyen.

4. El libro

Ya hemos indicado el tema del libro de Abdías: Deseaba predecir la
futura destrucción de Edom (vv. 1-9), a causa de la actitud de Edom contra
Judá (vv. 10-14). El bosquejo del libro podría ser éste:
  I. Predicción de la destrucción de Edom (1-9).
  II. La causa de la caída de Edom: su maldad en contra de Israel
      (10-14).
  III. El Día de Jehová (15-21).

B. JOEL

1. La fecha

Tampoco Joel da las fechas de su ministerio; así que hay que deducirlas
una vez más de los detalles que el libro mismo nos proporciona. Al igual
que en el caso de Abdías, también hay considerable diferencia de opiniones
en relación con Joel. Los exegetas conservadores prefieren, en general, una
fecha antigua dentro del reinado de Joás de Judá (835-796 A.de C.), mientras que los liberales están a favor de una mucho más tardía; de ordinario,
después del exilio.[2] Preferimos la fecha antigua por las siguientes razones:

---

[2]Otto Eissfeldt (*The Old Testament, An Introduction*, p. 394), da como fecha el cuarto
o el tercer siglo A.de C.; y Robert Pfeiffer (*Introduction to the Old Testament*, p. 575), lo
fecha en el año 350A.de C.

Una de las evidencias más significativas es que Joel pasa lista a los enemigos de Judá, como son: Tiro y Sidón, al norte (3:4); Filistea, al oeste (3:4); Egipto, al sudeste (3:19); y Edom, al sur (3:19). Es de notar que no se mencionan Asiria, ni Babilonia ni Persia, y fueron sucesivamente y de continuo enemigos de Judá desde los primeros contactos de Asiria con el raino norteño de Israel en la segunda mitad del siglo IX. También es digno de notarse que no se menciona tampoco a los sirios de Damasco, aun cuando éstos acometieron fuertemente a Israel durante los reinados de Jehú y de Joacaz en Israel, y acabaron por forzar a Joás de Judá, en los últimos días del reinado de éste, a pagarles un gravoso impuesto (2 R. 12:17-18; 2 Cr. 24:23-24). La lista de los enemigos que Joel menciona se compagina bien con los datos de una fecha temprana. Como ya dijimos, los filisteos lanzaron un fuerte ataque contra Jerusalén en tiempo de Joram, y también en su tiempo se sublevaron los edomitas y escaparon del control de Judá. Los egipcios habían hecho conocer sus propósitos en un anterior ataque de Sisac durante el quinto año de Roboam (1 R. 14:25-26). Aunque no se nos dice que Tiro y Sidón lanzasen ningún ataque militar en este tiempo, tampoco se nos dice que lo lanzasen en ninguno de los períodos posteriores; así que su mención no dice nada ni a favor ni en contra de fecha alguna.

Un segunda evidencia es la ubicación de este libro dentro del canon sagrado. Se encuentra entre los seis primeros Profetas Menores; esto, como ya se ha hecho notar con respecto a Abdías, sugiere que todos los seis deben situarse en una fecha temprana más que en otra tardía. Si Joel hubiese sido escrito en una fecha posterior al exilio, debería esperarse que estuviese colocado en la última parte de ese grupo, más bien que en la primera.

Los eruditos conservadores hacen también referencia a la probable dependencia de posteriores profetas con respecto a Joel. Por ejemplo, Am. 1:2 parece referirse a Jl. 3:16; Am. 9:13, a Jl. 3:18. Incluso Is. 13:6 parece depender de Jl. 1:15. Es preciso admitir que tal evidencia es un poco tenue, por la dificultad que hay en demostrar que la dependencia es en la dirección indicada, y no viceversa. Sin embargo, el hecho de que tanto Amós como Isaías sean libros de comienzos del siglo VIII da a entender que, cualquiera que sea la dirección de la dependencia, Joel fue escrito en época temprana y no en tiempos posteriores al exilio.

Los exegetas liberales creen encontrar un argumento para una fecha tardía, en la falta de mención de ningún rey en todo el libro, y dicen que esto es una señal de que no había rey —lo cual se compagina con la situación posterior al exilio. Sin embargo, la falta de tal mención puede reflejar también la situación en el tiempo del rey Joás, quien accedió al trono a la edad de siete años, así que el gobernante de hecho era el piadoso sumo sacerdote Joyadá, y el libro hace referencia a los ancianos y a los sacerdotes, en consonancia con la idea de que este tipo de liderato era el prominente.

Otro argumento que los liberales creen encontrar es que no se menciona el pecado de idolatría, tan enfatizado en libros como los de Oseas y Amós del siglo VIII; y dicen que eso está en consonancia con las condiciones posteriores al exilio, cuando el pueblo había vuelto de aquel período de castigo. Sin embargo, esto también es comprensible en el contexto de los primeros años del reinado de Joás, cuando Joyadá tenía las riendas del poder. Se había dado fin al perverso reinado de Atalía y se había realizado en el país una notable reforma, haciendo que cesase el culto idolátrico.

Un tercer argumento esgrimido por los exegetas liberales es la mención de los griegos en 3:6, pues dicen que tal referencia no podría esperarse antes de las campañas militares de Alejandro Magno el año 333 A.de C. Sin embargo, esta conclusión es demasiado precipitada, por cuanto esta referencia a los griegos está en un contexto que implica que era un pueblo que se hallaba a una distancia muy grande, mientras que, después de las conquistas de Alejandro, los griegos, lejos de estar distantes, tenían el control del país, con lo que esta referencia habría sido entonces completamente inexplicable. El pueblo de Judá pudo haber sabido fácilmente de los griegos en una fecha temprana, antes del exilio, como lo atestiguan antiguas referencias a ellos en inscripciones asirias.

Un último argumento para una fecha tardía es tomado de una referencia en Jl. 3:2, lo que se cree una ser referencia a la cautividad babilónica. Como allí se habla de tal cautividad como de algo pasado, se infiere que el libro debió haber sido escrito después de ese tiempo. No obstante, es necesario entender que esa porción está en un contexto claramente escatológico, en el que se tiene ante la vista la reunión de las naciones en los últimos días. La cautividad allí mencionada es, en realidad, el tiempo en que Israel ha estado esparcido por todo el mundo, como es cierto en los tiempos actuales.

Tomadas conjuntamente todas estas consideraciones, favorecen la ubicación de Joel en el reinado de Joás, cuando el piadoso sumo sacerdote Joyadá era su consejero. Hay que conceder suficientes años para la tarea de acabar totalmente con la influencia del perverso reinado de Atalía, aun cuando tampoco puede datarse en la última parte del reinado de Joás, por cuanto fue entonces cuando llegaron los sirios. La fecha más probable es hacia 830–825 A. de C.

2. Trasfondo histórico

El trasfondo histórico de Joel sigue inmediatamente al establecido anteriormente con respecto a Abdías. Es probable que ambos se conociesen mutuamente, y sus ministerios pudieron comenzar con una diferencia de pocos años, aunque, ciertamente, Joel era el más joven de los dos y el período central de su ministerio ha de situarse unos diez o veinte años después del de Abdías. Ya hicimos notar que Atalía se hizo con el trono a la muerte de su hijo Ocozías. Joram, el marido de Atalía, había muerto mucho antes, cuando "Jehová lo hirió con una enfermedad incurable en los intestinos" (2 Cr. 21:18-19). Ocozías reinó sólo un año y halló la muerte en su visita a Israel, y fue entonces cuando Atalía se apoderó del trono en Judá, después de matar a todos sus nietos para subir al poder con todo derecho. Sin embargo, se salvó de la hecatombe uno de sus nietos, Joás, quien fue rey posteriormente (2 R. 11:1-16; 2 Cr. 22:10—23:15). Lo salvó, ocultándolo, su tía Josebá (2 R. 11:2; Josabat, en 2 Cr. 22:11), hermana de Ocozías, quien pudo esconder al niño de un año y a su ama en uno de los dormitorios. Cuando Joás había cumplido los siete años, se organizó una sublevación para hacerle rey, siendo el promotor el anciano sumo sacerdote Joyadá, marido de Josebá, la cual era mucho más joven que él. Reunió a los gobernantes y líderes en quienes podía confiar y les descubrió el plan que tenía. Dividió al grupo en tres secciones, encargando a cada una de ellas una tarea especial. Les dijo que, sobre todo, había que procurar que el joven príncipe de siete años no sufriera ningún daño durante la ceremonia de la coronación. Cuando todo estaba a punto, Joás fue presentado en el templo y coronado por rey. La asamblea prorrumpió en aplausos y gritaron: "¡Viva el rey!" (23:11).

Sólo al oír el estruendo de la gente, fue cuando Atalía se apercibió de lo que sucedía. Inmediatamente vino al templo y vio allí al rey, con los príncipes y con los trompeteros que estaban junto a él. Su reacción fue exclamar; "¡Traición! ¡Traición!". Acto seguido, ordenó Joyadá a los oficiales que la apresaran, la sacaran fuera y la mataran. La orden fue ejecutada inmediatamente, y Joás llegó a ser así el joven, pero verdadero rey, de la tierra de Judá.

Comenzó entonces Joás el que fue, en su mayor parte, un espléndido reinado, aunque muy mucho de lo bueno que se llevó a cabo hay que acreditárselo a Joyadá, especialmente durante los primeros años de Joás. Lo primero que se necesitaba, después de las innovaciones apóstatas de Atalía, era una reforma religiosa, y Joás puso manos a esta tarea. Fueron destruidos todos los materiales religiosos importados por Atalía, incluyendo el templo de Baal-Melqart, sus altares y sus imágenes, se dio muerte a Matán, el sacerdote de Baal, y fueron establecidos de nuevo el personal y los sacrificios y ofrendas prescritos por la Ley de Moisés. Comenzó de nuevo a observarse el culto al verdadero Dios, aunque algunos de los lugares altos continuaron en uso.

Algunos años después, cuando Joás llegó a una edad en que ya tenía el suficiente discernimiento para actuar por sí mismo, dio órdenes de que se reparase el templo, seriamente dañado por Atalía y sus hijos (2 Cr. 24:7).

Como los sacerdotes y levitas eran tan lentos en recoger fondos para dicho objetivo, Joás, que estaba ahora en su vigésimotercer año, sugirió un nuevo método para recoger dinero: colocar un cofre a la puerta del templo, a un lado del altar de los holocaustos, para que el pueblo echase allí dinero cuando viniesen con sus sacrificios y el pueblo daba con entusiasmo y generosidad, de modo que pronto pudieron tomar a sueldo a los artesanos necesarios para llevar a cabo las reparaciones. En todo el país predominaba un alto espíritu de sincera adoración.

Mientras continuó Joyadá como sumo sacerdote, permaneció Joás como un verdadero seguidor de Dios; pero cuando murió aquél, el rey cambió de actitud, pues comenzó a dar oídos a nuevos consejeros que estaban a favor del ya derrocado culto a Baal-Melqart (2 Cr. 24:17-18). Fue entonces cuando se llevó a cabo el apedreamiento del buen profeta Zacarías, como ya hemos visto en un capítulo anterior.

Podemos imaginarnos a Joel viviendo durante todo este turbulento período de tiempo. Seguramente conocería la monstruosa acción de Atalía al matar a sus nietos, su perverso gobierno y el culto a Baal que ella había importado, y el gran alivio experimentado cuando el jovencito Joás fue coronado rey en lugar de ella. Como ya hicimos notar, parece ser que Joel escribió su libro pocos años después que se efectuase tal cambio, cuando ya no existían las nefandas costumbres que había instituído Atalía.

3. Su obra y su persona

Aunque Joel no menciona en su libro los graves pecados del tiempo de Atalía, podemos estar seguros de que una persona como él habría estado muy atento a la situación y se habría opuesto a ella de todas las maneras posibles. Tampoco cabe duda de que, posteriormente, hizo cuanto pudo para llevar a cabo las reformas impuestas por Joás bajo los auspicios y el liderazgo de Joyadá. Es probable que todavía viviese cuando Zacarías sufrió el vergonzoso apedreamiento que le acarreó la muerte, y no hay duda de que sentiría un gran pesar, pues, de acuerdo con 2 Cr. 24:19, los profetas eran enviados en todo este tiempo a dar represión al rey y a sus consejeros, y es posible que Joel fuese uno de esos profetas.

Casi nada más se sabe de la vida de Joel. Su padre se llamaba Petuel y parece ser que era un hombre piadoso, pues le puso a su hijo un nombre que significa "Jehová es Dios". No se menciona el lugar de su nacimiento ni la forma en que fue criado, pero debió de recibir una educación esmerada, ya que su libro muestra una habilidad literaria poco común, pues está escrito en un estilo claro, brillante y vigoroso, lleno de figuras del lenguaje y de expresiones dramáticas. Parece evidente que, en edad bastante temprana, presenció una de las más terribles plagas que se conocen, una invisión de langostas,[3] pues Joel hace de ella el tema del primer capítulo y una base para ilustrar el resto de su libro. Así como había castigado Dios al país con esta terrible plaga, así traería en el futuro un castigo similar, cuando viniese del norte una nación para invadir la tierra.

A la vista de esta predicción, podemos creer que Joel se pasó mucho tiempo meditando sobre ese tema, ya que las advertencias acerca del futuro constituyen el tema general del libro. Puede verse un paralelo y, a la vez, un contraste entre Joel y Abdías a este respecto. Aunque Abdías vivió en una época turbulenta para su patria, no habló de ella en su libro, sino del Edom del sur y la destrucción que amenazaba a este país. Joel, por su parte, viviendo en tiempos casi tan turbulentos como los de Abdías, no habla de ellos, sino del futuro castigo de Israel.

El alto nivel espiritual de Joel se echa de ver en su modo de escribir. Habla de la venida del día del Juicio, porque el pueblo había ofendido a Dios con muchos y muy graves pecados. El honor de Dios demandaba una reparación, y era menester que el pueblo se entregase a la oración, al ayuno y al arrepentimiento, a fin de escapar de la ira venidera.

4. Su libro

Como ya se ha indicado, el énfasis principal del libro se centra en la venida del día del Juicio, llamado aquí "el Día de Jehová". Dios haría venir este día como castigo por los pecados de Judá, y traería después la liberación de tal castigo. Para poner de relieve lo terrible de tal acontecimiento, describe Joel la invasión de langostas (1:1-7). A continuación, aparece la gente arrepintiéndose como resultado de la devastación del país (1:8-20), y Joel describe entonces el Día de Jehová, con el lamento consiguiente por parte del pueblo (2:1-17).

Comoquiera que el lenguaje de Joel para describir ese Día es similar al de otros lugares que predicen el tiempo de la futura gran tribulación, podemos creer que el Espíritu de Dios, que inspiró al profeta al redactar este pasaje, tenía en mente dicho tiempo. En 2:1-10, se describe la reunión de un enorme ejército de naciones de la gentilidad, y éste parece ser el ejército que ha de reunir el Anticristo en los últimos días de la gran tribulación. Después, 2:11 nos habla de la destrucción de tal ejército, lo cual corresponde a la destrucción que Cristo producirá en el ejército del Anticristo en el clímax de ese período (v. Zac. 14:3-4; Ap. 19:17-21).

Es cierto que tal descripción tuvo parcial cumplimiento en el ataque que lanzaron los asirios bajo Senaquerib, lo cual sucedió poco más de un

---

[3]Esta plaga no ayuda a datar la profecía de Joel, ya que tales plagas han ocurrido en Palestina con alguna frecuencia a lo largo de los siglos; la última de ellas, en el año 1915. Véase John D. Whiting, "Jerusalem's Locust Plague", *National Geographic* XXVIII (dic. 1915): 511-550.

siglo después de los días de Joel, pero hay porciones en el pasaje, donde las expresiones se proyectan más allá de lo que ocurrió en la invasión asiria, dando así evidencia de que se vislumbra un cumplimiento futuro. Por ejemplo, 2:2 hable de este día como del más terrible que haya habido o que haya de haber jamás; es un lenguaje semejante al de Mt. 24:21, que habla claramente de la gran tribulación. También Jl. 2:10 habla del estremecimiento de los cielos y del oscurecimiento del sol, de la luna y las estrellas, cosas que no sucedieron en los días de Senaquerib.

El resto del libro (2:18 — 3:21) trata primordialmente de la intervención de Dios a favor de Su pueblo, como resultado del arrepentimiento de éste. También en esto parece ser que se incluye un doble cumplimiento: lo que Dios hace por Su pueblo, siempre que éste se arrepiente, y lo que hará por ese pueblo, después de la gran tribulación. Puesto que Pedro citó 2:28-29, al hablar del derramamiento del Espíritu, como algo cumplido, al menos en parte, en Pentecostés (Hch. 2:16-20), podemos creer que algunos de los aspectos allí descritos se cumplieron parcialmente en la primera venida de Cristo. Pero los aspectos, en su conjunto, tendrán su perfecto cumplimiento sólo en el Milenio, cuando los judíos serán llenos del Espíritu Santo como no lo fueron nunca.

El bosquejo del libro puede ser el siguiente:

I. Una plaga simbólica de langostas (1:1-20).
   A. Descripción de la plaga (1:1-7).
   B. Exhortación a orar y arrepentirse (1:8-20).
II. Se anuncia simbólicamente el Día de Jehová (2:1-32).
   A. Un gran ejército invasor (2:1-10).
   B. El ejército de Dios (2:11).
   C. El arrepentimiento consiguiente (2:12-17).
   D. La respuesta de Dios (2:18-29).
   E. Señales que precederán al Día de Jehová (2:30-32).
III. El juicio de las naciones (3:1-16).
   A. Restauración de Israel (3:1).
   B. Juicio de las naciones (3:2-3).
   C. Una anticipación del juicio sobre Fenicia y Filistea (3:4-8).
   D. Reunión y destrucción del gran ejército (3:9-16).
IV. Bendiciones del Milenio (3:17-21).

Profetas del siglo nono	Capítulo 16 Abdías Joel
Profetas del siglo octavo	Capítulo 17 Oseas Amós Jonás
	Capítulo 18 Isaías Miqueas
Profetas del siglo séptimo	Capítulo 19 Nahum Sofonías Habacuc
	Capítulo 20 Jeremías
Profetas del exilio	Capítulo 21 Daniel Ezequiel
Profetas post-exilicos	Capítulo 22 Hageo Zacarías Malaquías

17

Profetas del Siglo Octavo: Oseas, Amós y Jonás

Pasamos ahora a estudiar los profetas escritores del siglo octavo, que fueron cinco. En este capítulo, consideraremos a Oseas, Amós y Jonás; los cuales procedían de Israel o profetizaron para Israel. En el capítulo siguiente, trataremos de Isaías y de Miqueas; ambos, de Judá. Comúnmente, se habla de sólo cuatro profetas del siglo octavo, omitiendo a Jonás, debido a que la fecha de su composición es discutida, y por el hecho de que su libro tiene que ver con su comisión de predicar en Asiria, no en Israel. Sin embargo, por proceder de Israel y porque su fecha, según la opinión más probable, cae por el tiempo de Oseas y de Amós, lo estudiaremos dentro del mismo período. Debe tenerse en cuenta que habían pasado bastantes años entre los dos profetas del siglo nono, considerados en el capítulo precedente, y éstos del siglo octavo. Los dos ya estudiados fueron fechados aproximadamente dentro del tercer cuarto del siglo nono, mientras que los del presente capítulo y los del siguiente se verá que datan aproximadamente de la mitad del siglo octavo o un poco después de la mitad de dicho siglo. Esto significa que, entre los dos del siglo nono y el grupo de cinco del siglo octavo, pasaron algo más de dos tercios de un siglo.

A. OSEAS

1. La fecha

Al revés que Abdías y Joel, Oseas da sus fechas con exactitud. Ejerció su ministerio durante los reinados de Uzías, Jotam, Acaz y Ezequías, reyes de Judá, y en los días de Jeroboam II, rey de Israel (1:1). Puesto que Jeroboam II murió el año 753 A.de C., y Uzías comenzó a reinar solo el 767, la fecha en que Oseas comenzó su ministerio hubo de caer entre el 767 y el 753, probablemente hacia el 760 A.de C. Y como continuó su ministerio por lo menos hasta el tiempo en que Ezequías comenzó a reinar solo, lo que ocurrió en 715 A.de C., se sigue que tuvo un ministerio relativamente largo, entre cuarenta y cincuenta años.

Surge una pregunta interesante acerca del método empleado por Oseas para fijar sus propias fechas. Aun cuando era claramente un profeta para Israel, sus fechas se ajustan a los reinados de los reyes de Judá más bien que a los reyes de Israel, mencionando cuatro de los primeros, y uno solo de los últimos. Probablemente, tuvo dos razones para ello: Primera, Oseas (como también otros profetas) reconoció a los reyes de Judá, más bien que a los de Israel, como los verdaderos herederos legítimos de David y, por tanto, prefirió ajustar sus propias fechas a las de los reinados de aquellos; segunda, los reyes que sucedieron en Israel a Jeroboam II vivieron poco tiempo, muchos de ellos fueron asesinados, de modo que tendrían que haberse incluídos numerosos nombres; además, sus propias vidas y el contexto histórico en que se movieron eran de tal naturaleza, que ningún profeta hubiese deseado ver su nombre asociado al de ninguno de ellos.

2. Trasfondo histórico

El trasfondo histórico del comienzo del ministerio de Oseas nos lo presta el enérgico gobierno de Jeroboam II (793–753 A.de C.). Este rey era el tercer descendiente sucesivo de la dinastía de Jehú y uno de los más capacitados gobernantes de Israel. Como ya dijimos en el capítulo 15, su predecesor, Joás, había comenzado a poner remedio a la debilidad de Israel frente a los sirios de Damasco. Bajo los anteriores reinados de Jehú y de Joacaz, dicha debilidad había sido obvia, pero Joás hizo mucho para recobrar territorio que Israel había perdido a manos del vecino del norte. Jeroboam II continuó la obra de Joás, y recuperó no sólo todo lo que Israel había perdido, sino que añadió a su reino nuevos territorios, hasta llegar a constituirse de hecho en el líder de todos los reyes de la costa oriental del Mar Mediterráneo. La Biblia no incluye una descripción de las batallas que libró Jeroboam para conseguir todo eso, pero sus realizaciones finales están claras: estableció en el este y en el norte aproximadamente los mismos límites que había tenido Israel en los días del imperio de David y Salomón.

Se nos dice que Jeroboam II restauró los límites de Israel desde "la entrada de Hamat" (2 R. 14:25), la misma frase que se usa para describir la frontera del norte en tiempo de Salomón (1 R. 8:65). Se nos dice también que "restituyó al dominio de Israel a Damasco y Hamat, que habían pertenecido a Judá" (2 R. 14:28). Habiendo ganado el control de tanta parte del territorio del norte, se sigue que también debió de recobrar Transjordania, que había sido capturada por Hazael. Tras la restauración de estas antiguas fronteras, Israel se convirtió en el país más extenso e influyente de toda la costa oriental del Mar Mediterráneo. Ciertamente, el nombre de Jeroboam II fue ampliamente conocido y respetado.

Aunque a Oseas le habría gustado vivir en unos días de prosperidad y predominio como éstos, existía sin embargo un factor entristecedor. Aquellos días se caracterizaban por la opulencia y el lujo que condujeron a condiciones pecaminosas. De ordinario, no es la prosperidad la que comporta una conducta correcta, sino la incomodidad y las dificultades; cuando la situación económico-social es favorable, la gente tiende a la autosuficiencia y la confianza propia, olvidando su dependencia del Dios Omnipotente. Esta es la razón por la que tanto Oseas como Amós tienen tanto que decir respecto al pecado que veían en torno suyo. Vieron que la tierra producía copiosamente (2 Cr. 26:10) y que mucha gente vivía en la opulencia. El área de la construcción estaba floreciente (Os. 8:14), y esto condujo a un extendido sentimiento de orgullo (Is. 9:10; Am. 3:15; 5:11). Las condiciones sociales y morales iban avanzando por el camino de la perversidad y de la degradación. Al lado mismo de la opulencia, estaba creciendo la pobreza más espantosa. Por medios completamente deshonestos, los fuertes se aprovechaban de los débiles (Is. 5:8; Os. 12:7; Am. 8:5-6). Los que tenían riquezas se sentían completamente libres para oprimir a los huérfanos y a las viudas, e incluso para comprar y vender en el mercado público a los destituídos de bienes (Am. 8:4, 8). La justicia estaba a merced del soborno, y parece ser que los tribunales hacían poco para cambiar la situación.

Después del reinado de Jeroboam II, Israel sufrió otro período de debilidad, debido esta vez a un poder del exterior, Asiria, y a las intrigas internas, a medida que los asesinatos llegaban a estar a la orden del día. Zacarías gobernó seis meses y fue asesinado por su sucesor Salum. Este reinó un mes y fue asesinado por Menahem. Este reinó algo más, un total de diez años (752-742 A.de C.) y murió de muerte natural, pero su hijo Pekaía reinó sólo dos años y fue muerto por su sucesor Peka. Este reinó veinte años (los doce primeros, probablemente al mismo tiempo que sus dos antecesores, cuando gobernó solamente en la región de Transjordania), pero después fue asesinado por el último rey de Israel, Oseas, quien reinó diez años (732-722 A.de C.) y vio caer a su país en manos de los asirios.

Fue durante el reinado de Menahem cuando el terrible poder de Asiria llegó a ser conocido una vez más en Israel. Durante la primera mitad del siglo octavo, el poder asirio había sufrido un eclipse, pero el año 745, llegó al poder el gran Tiglat-pileser III, quien restauró todo lo que Asiria había perdido. Triunfó primero en el este, pero después puso su interés en el occidente, al otro lado del Eufrates. Su campaña de 743 A.de C. alcanzó hasta Israel y envolvió a Menahem.[1] No pudo anexionar a Israel como provincia de su imperio, pero le impuso un enorme tributo.[2] Mediante el pago de dicho tributo, pudo Menahem "confirmarse en el reino", pero, al hacerlo así, se convirtió en un vasallo más del rey de Asiria (2 R. 15:19, 20).

Después, en el 734, el sexto año en que Peka reinaba solo, Tiglat-pileser retornó al occidente, esta ve a petición de Acaz, rey de Judá, quien era sitiado en Jerusalem por Peka de Israel y Rezín de Damasco (2 Cr. 28:5-8; Is. 7:1ss.). Tiglat-pileser accedió a la petición de Acaz de ayudarle contra aquellos dos, y emprendió la bien conocida campaña de 734-732 A.de C.[3] Primero descendió hasta las costas del Mediterráneo, llegando a Filistea, cuyas ciudades costeras sometió, al parecer para cortar cualquier ayuda que pudiese llegar a sus enemigos procedente de Egipto. Después (probablemente en 733), marchó contra Israel, destruyendo ciudades a lo largo de toda Galilea y tomando muchos prisioneros (2 R. 15:29). Finalmente (año 732), se dirigió hacia Damasco, que probablemente era su objetivo primordial desde el principio, devastando el país, ocupando su capital y ejecutando al rey Rezín. Todo esto hizo un enorme impacto en la vida de Israel.

El conflicto que ocasionó la caída final de Israel en manos de Asiria sucedió poco después. El año 724 A.de C., Salmanasar V marchó contra Israel (2 R. 17:3-6). El rey Oseas salió a su encuentro, llevando consigo un tributo mayor que el que se le había impuesto, pero esto no satisfizo al monarca asirio. Oseas fue hecho prisionero, y Salmanasar se dirigió entonces contra la capital, Samaria. Aunque encontró aquí obstinada resistencia, a pesar de que el rey ya había caído prisionero, finalmente cayó la ciudad el año 722, y se acabaron los días de Israel como nación soberana.

3. La persona y la obra de Oseas

a. EL MATRIMONIO DE OSEAS CON GOMER

Un tema importante con respecto a la persona de Oseas, hijo de Beerí, es que Dios le mandó casarse con una mujer llamada Gómer, a quien el propio Jehová llama "una mujer fornicaria" (1:2). A causa de este mandato y debido a que Gómer demostró ser una adúltera después que Oseas se

---

[1]La fecha que con frecuencia se asigna a esta campaña es el 738 A.de C., pero E. R. Thiele (*Mysterious Numbers of the Hebrew Kings*, pp. 94-115), presenta pruebas bastante fuertes a favor del año 743 A.de C., basándose en los registros de Tiglat-pileser III. Véase también Merrill F. Unger, *Israel and the Aramaeans of Damascus*, p. 97.

[2]Tiglat-pileser registra en su lista varios otros reyes que le pagaron tributo, incluyendo a Kistaspi de Hummuh, Rezín de Damasco, Hiram de Tiro, Urikki de Kue, Pisiris de Carquemís, Tarhulara de Gurgum y Sulumal de Melid. Veáse, a este respecto, *Ancient Near Eastern Texts*, ed. James B. Pritchard, p. 283; *Documents from Old Testament Times*, ed. D. Winton Thomas, pp. 54-55.

[3]Véase la inscripción en *Ancient Near Eastern Texts*, pp. 283-284.

casó con ella, ha surgido una gran discusión entre los estudiosos acerca de la correcta interpretación de este matrimonio. Los puntos de vista pueden dividirse en cuatro grupos principales.

Un punto de vista afirma que este matrimonio nunca se llevó a cabo en la realidad, sino que el relato ha de entenderse o como una mera visión o, si no, como un símbolo de la relación entre Dios y el infiel Israel. La idea es que Dios no le habría mandado a un profeta casarse con una mujer deshonesta, especialmente estando ésto expresamente prohibido a los sacerdotes (Lv. 21:7, 14). Edward J. Young, uno de los autores de esta opinión, añade otras dos razones: primera, que el ministerio de Oseas se habría venido abajo, si se hubiese casado con una mujer impura; y segunda, que los mensajes que Dios dio respecto a los nombres de los tres hijos, conforme le fueron naciendo al matrimonio (1:4–5; 1:6–7; 1:9) habrían ocurrido demasiado separados en el tiempo como para llegar a tener algún sentido como mensajes relacionados con el ministerio del profeta.[4] Contra este punto de vista está el estilo directo y narrativo del relato, sin indicación alguna de que se intente allí un mero simbolismo. Nos hallamos evidentemente ante algo histórico que incluye numerosos detalles, los cuales no podrían esperarse en una presentación meramente simbólica.[5]

Un segundo punto de vista es que el matrimonio tuvo realmente lugar y que Gómer era ya una mujer deshonesta por entonces; posiblemente, una prostituta del templo. La idea es que éste es el modo más natural de comprender la historia, y que el tomar el relato en cualguier otro sentido es simplemente un pretexto para evadirse de la única conclusión lógica. Sin embargo, contra esta opinión está el hecho de que presenta a Dios mandando a Oseas hacer algo intrínsecamente malo. Más aún, el argumento de Young de que el ministerio del profeta habría sido entonces destrozado, tendría mucho peso.

Una tercera opinión, menos extendida, es que lo que el relato trata de exponer es la infidelidad religiosa; Gómer resultó fornicaria en el sentido de hacerse adoradora de falsos dioses, como en general los israelitas del tiempo de Oseas. El argumento principal es que este punto de vista sale al paso de la dificultad ética aludida, y que las Escrituras usan a menudo la figura de la prostitución para referirse a la infidelidad espiritual. Sin embargo, habría que preguntarse si la dificultad en ver a Dios mandando casarse con una mujer éticamente inmoral es mayor que la de verle mandando casarse con una mujer religiosamente impura. También es muy cuestionable cómo pudo Oseas haber usado eficazmente esta infidelidad religiosa

---

[4]*Introduction to the Old Testament*, pp. 245–246.
[5]Por ejemplo, a Gómer se la llama la hija de Dibláim; del tercer hijo, Lo-ammí, se nos dice que nació después de haber sido destetado el segundo; y se dice específicamente que los hijos fueron dos niños y una niña. En ninguno de estos aspectos puede hallarse intención de alegorizar ni sentido simbólico de ninguna clase.

de su mujer con el propósito de ilustrar el caso de una gente que estaba dominada por el mismo género de pecado.

Un cuarto punto de vista es que el matrimonio fue una realidad, pero Gómer era todavía casta en el tiempo de su casamiento, y sólo después se volvió adúltera. Esta opinión, llamada comúnmente proléptica, es, con mucho, la preferible. Gómer no era fornicaria cuando Oseas se casó con ella y, entonces, caen por el suelo las objeciones contra la segunda opinión. Para Oseas había de ser muy duro el considerar y, más aún, el llevar a cabo tal matrimonio, sabiendo que su esposa le sería después infiel, pero el problema ético deja de existir. Además, esta opinión se compagina bien con el hecho de que Oseas claramente amaba a Gómer, algo que se palpa a lo largo de todo el relato.

Por otra parte, las dos objeciones propuestas por Young pueden ser respondidas sin dificultad. Si Gómer era pura cuando se casó, no hay razón para que el ministerio de Oseas sufriese detrimento alguno, ya que la gente sentiría simpatía hacia una persona cuya esposa se había mostrado infiel y, precisamente por eso, estarían mejor dispuestos a escuchar con toda atención sus posteriores mensajes. El que los mensajes de Oseas habrían estado demasiado separados en el tiempo, si el relato se toma a la letra, tampoco es una objeción válida. Es cierto que Oseas recibía un nuevo mensaje cada vez que le nacía un hijo, pero no es necesario pensar que esos mensajes constituían todo el temario de la predicación de Oseas, o que su ministerio sólo se ejercía cuando ocurría el nacimiento de uno de sus hijos. Quizás el argumento más convincente en favor de la cuarta opinión es que proporciona un importante paralelo entre la vida de Oseas y la relación de Dios con Israel (V. 1:2, 6, 7, 9; 2:1–13). El mensaje del libro y los mensajes que Oseas predicaba a Israel en aquel tiempo están basados en este paralelismo. Dios había tomado a Israel cuando la condición de éste era todavía pura (Jer. 2:2–3), aun sabiendo que llegaría un tiempo en que le sería infiel. De la misma manera, Oseas tenía que tomar a Gómer por esposa, cuando todavía era casta, a sabiendas de que, andando el tiempo, vendría a ser adúltera.

Además, es de notar que la frase "mujer de fornicaciones" es exactamente paralela a la frase "hijos de fornicaciones" (1:2-hebreo). Los hijos de referencia son, lógicamente, los que se describen en los versículos siguientes: Jizreel, Lo-ruhamá y Lo-ammí. Puesto que estos hijos nacieron dentro del matrimonio, es obvio que Dios usó la frase "hijos de fornicaciones" prolépticamente. Lo lógico es, pues, tomar la frase "mujer de fornicaciones" en el mismo sentido.

b. LA PERSONA Y SU OBRA PROPIAMENTE DICHA

En vista de la obediencia de Oseas al casarse con Gómer, está claro que era un hombre inclinado a seguir la voluntad de Dios, fuese en la dirección que fuese. No hay cosa que pruebe tanto la entera dedicación de un hombre a Dios como tal obediencia, y podemos estar seguros de que Oseas ocupaba un lugar muy alto a los ojos de Dios. Era una persona verdaderamente madura en el plano espiritual. Esto lo muestra también el profeta en su profundo odio al pecado.

En unos tiempos en que el pecado abundaba, Oseas no sólo era consciente de ello, sino que habló duramente contra el pecado; estableció un paralelismo entre la infidelidad que su propia esposa había mostrado hacia él y la infidelidad de Israel hacia su Dios. Habló del culto al becerro de oro en Betel y en Dan como una continuación real del culto a Baal (2:8; 11:2; 13:1), sin duda porque muchos elementos ofensivos del culto a Baal eran aún observados en dichos centros. Por ejemplo, todavía se practicaba la prostitución sagrada, corriente en los ritos de la fertilidad del culto a Baal (4:10-18). Además, la gente edificaba aún "lugares altos" y erigía imágenes y mástiles de Aserá "en todo collado alto, y debajo de todo árbol frondoso" (2 R. 17:7-12).

A causa de las varias referencias que hace Oseas al reino de Judá, algunos eruditos han dudado de que fuese realmente un profeta para el reino del norte. Sin embargo, el hecho de que la mayoría de sus mensajes fuesen dirigidos al pueblo del norte, indica que sí lo era. Además de esto, se refiere al gobernante de Samaria como a "nuestro rey" (7:5), y usa un cierto número de arameísmos en sus escritos, que bien podrían deberse a la influencia del lenguaje arameo del país con el que lindaba por el norte, Siria. Pero el hecho de que se refiera varias veces a Judá (por ej. 4:15; 5:5, 10, 12-14; 6:4, 11, etc.) muestra su interés en el país del sur y su conocimiento de lo que allí acontecía. No era tan provinciano como para no desear lo mejor para el vecino del sur y no aprovechar la ocasión de pronunciar palabras de advertencia e instrucción.

Oseas tenía un agudo sentido, tanto de la historia como de los temas pertinentes al futuro. Lo primero se manifiesta en el paralelismo que sirve de base a su libro, esto es, el paralelismo entre el modo como Gómer se había comportado respecto a él y el modo como Israel se había portado respecto a Dios a lo largo de los siglos anteriores, poniendo en claro que el pueblo seguía actuando en su tiempo de la misma manera perversa que lo había estado haciendo antaño. Su sentido del futuro se echa de ver en las diversas referencias que hace a tiempos mejores, que en el futuro vendrían para el pueblo de Dios. Por ejemplo, ya en 1:10-11, habla de un día en que Israel será "como la arena del mar" y "en el lugar en donde les fue dicho: Vosotros no sois pueblo mío, les será dicho: Sois hijos del Dios viviente". Otros pasajes similares son 2:14-23; 11:8-11 y 14:2-9.

Debemos pensar de Oseas como de un profeta que trabajaba duramente, completamente dedicado a la voluntad de Dios, desempeñando un ministerio fiel para el pueblo pecaminoso de su tiempo, a pesar del caso tan triste de su propio matrimonio. Podemos creer que, durante el reinado de Menahem, cuando Tiglat-pileser llevó a cabo su primera campña contra el país, Oseas estuvo activo en señalar este ataque como castigo por los pecados del pueblo. No cabe duda de que clamó ansiosamente, a la vista de aquella embestida, para que el pueblo se arrepintiese. De igual manera estaría activo en su ministerio durante la segunda gran campaña del mismo conquistador asirio, así como también cuando vino Salmanasar V y acabó definitivamente con la independencia del país. No podemos saber cuántos fueron los que le escucharon y se volvieron a Dios; es probable que lo hiciesen algunos, y esto agradaría al profeta, pero evidentemente fueron pocos en número, puesto que Dios permitió que viniese sobre Israel un completo castigo. Tampoco se nos dice qué le pasó a Oseas tras el colapso del país; es posible que se fuese a Judá y pasase allí sus últimos días durante el reinado de Ezequías.

En adición a su ministerio de palabra, Oseas halló oportunidad de escribir el material que se halla en su libro. No es probable que lo escribiese de una sola vez. El relato del matrimonio de Oseas y las primeras profecías fueron puestos por escrito, probablemente, antes de la muerte de Jeroboam II, ya que, en 1:4, Oseas se refiere a la inminente venganza sobre "la casa de Jehú"; esta venganza llegó con el asesinato de Zacarías, el hijo de Jeroboam, seis meses después de haber iniciado su reinado (2 R. 15:8–12). Otros pasajes hacen referencia a asesinatos de reyes (en plural), dando a entender que estos acontecimientos habían sucedido ya (por ej., 7:7, 16; 8:4); lo cual sugiere que dichas porciones fueron escritas, por lo menos, después que tales asesinatos se llevaron a cabo, es decir, en la época más tardía de la historia de la nación. Además, hay referencias a contactos con Asiria (por ej., 5:13; 8:9; 12:1) y ello implica que las secciones correspondientes se escribieron en un tiempo no anterior a Menahem, quien negoció con Tiglat-pileser III (2 R. 15:19–20). Finalmente, en 7:11, se menciona la doblez de Israel al negociar a un tiempo con Egipto y con Asiria, lo cual indica que dicho pasaje fue escrito en los días del rey Oseas, cuando Israel trató de congraciarse con Egipto en contra del vecino oriental (2 R. 17:4). Es posible que el libro fuese redactado como un solo conjunto después de la caída del reino del norte, cuando quizás había ya descendido Oseas a Judá.

El significado primordial de Oseas como profeta es que pronunció la llamada final de Israel al arrepentimiento, antes de que las campanas doblaran a muerto por el país. Otros profetas habían advertido antes al pueblo, pero Israel no había prestado atención. El pecado seguía campando por sus respetos; Dios envió ahora a Oseas como su último emisario, al que el pueblo debería haber escuchado, si quería escapar del aplastamiento final.

4. El libro

Se pueden apreciar cinco temas básicos a lo largo del libro de Oseas. El primero y principal es el hecho de que Dios había establecido un pacto con Israel, e Israel continuaba quebrantándolo con graves pecados. Esto se muestra, por ejemplo, en 2;2-13, donde Israel es comparado a la infiel esposa de Oseas; en 4:1-2, con una enumeración de los pecados de Israel; y en 4:5-10, exponiendo los pecados de los sacerdotes.

El segundo tema es el matrimonio roto de Oseas y Gómer, con el paralelismo establecido entre él y el pacto quebrantado. Esto se ve, por ejemplo, en 1:2-9, cuando Dios manda a Oseas casarse con Gómer, y les son nacidos tres hijos, con el simbolismo que el texto sagrado les atribuye; y en 3:1-3, donde se le ordena a Oseas que vaya a donde está Gómer y vuelva a amarla de nuevo.

El tercero es el amor y la paciencia de Dios con Israel durante todo este tiempo del quebrantamiento del pacto. Esto se echa de ver, por ejemplo, en 11:1-4, donde se describe a Dios como habiendo amado a Israel desde que era un niño y atrayéndolo con cuerdas de amor; y en 14:1-9, donde, al hablar de tiempos venideros, dice Dios: "Yo sanaré su apostasía, los amaré de buen grado; porque mi ira se apartó de ellos" (v. 4).

El cuarto es una nota de solemne advertencia acerca del severo castigo que pende sobre el pueblo por quebrantar el pacto de Dios, lo cual se ve, por ejemplo, en 5:1-15, donde se exponen afirmaciones generales con respecto a este castigo; en 8:1-14, donde, a causa del culto al becerro de oro, dice Dios: "Porque sembraron viento, y segarán torbellino" (v. 7); y en 10:5-8, mediante una indicación directa de que el pueblo sería llevado cautivo a Asiria.

El quinto es la nota gloriosa de la restauración final, cuando Israel volverá a disfrutar de los beneficios generosos de las manos de Dios. Esto se ve, por ejemplo, en 1:10-11, porción a la que aludimos anteriormente; en 2:14-23, donde se promete producto abundante del suelo; en 3:4-5, donde se dice que Israel volverá, buscará al Señor su Dios, y acudirá con temor respetuoso "a Jehová y a su bondad en el fin de los días"; y en 6:1-3, donde se describe al pueblo en los últimos días, exhortándose mutuamente a volverse al Señor que los desgarró, pero que también los curará.

El esbozo del libro podría ser como sigue:

I. Paralelismo de infidelidad: Gómer e Israel (1:1 — 3:5).
   A. Matrimonio simbólico de Oseas con Gómer (1:1-9).
   B. Restauración de Israel al favor de Dios (1:10-11).
   C. Condenación de la infidelidad de Israel (2:1-13).
   D. Indicaciones de la restauración de Israel (2:14-23).
   E. Oseas toma a Gómer de nuevo (3:1-3).
   F. Una posterior indicación de la restauración de Israel (3:4-5).
II. Mensajes al infiel Israel (4:1 — 14:9).
   A. Denuncia del el pecado (4:1 — 7:16).
      1. Acusación general (4:1-19).

2. Una amonestación a los sacerdotes, al pueblo y al rey (5:1-15).
3. Palabras de arrepentimiento de Israel (6:1-3).
4. Otra acusación general (6:4-11).
5. Política ruinosa, tanto interior como exterior (7:1-16).
B. Advertencia de juicio (8:1 — 10:15).
   1. Inminente juicio de Israel (8:1-14).
   2. Se expone la cautividad en Asiria (9:1 — 10:15).
C. Pecado de Israel y restauración final (11:1 — 14:9).
   1. Amor de Dios y rebelión de Israel (11:1-7).
   2. Restauración de Israel en los últimos días (11:8-11).
   3. La locura de Israel (11:12 — 12:14).
   4. Caída de Israel en el pecado (13:1-16).
   5. Arrepentimiento de Israel y bendiciones de Dios (14:1-9).

B. AMÓS

1. La Fecha

Amós data su obra profética de una manera muy parecida a la de Oseas. Dice que ocurrió en los reinados de Jeroboam II, rey de Israel, y de Uzías, rey de Judá, dos de los reyes mencionados por Oseas. Esto sitúa el tiempo del ministerio de Amós hacia el mismo en que comenzó Oseas el suyo, en alguna fecha entre el 767 A.de C., año en que Uzías comenzó a reinar solo, y el 753, último año del reinado de Jeroboam. Por tanto, la fecha es situada en los últimos años del reinado de Jeroboam, lo cual está en conformidad con Am. 6:2, donde se implica que la región de Hamat estaba en ese tiempo bajo el control de Jeroboam. Ya se dijo, al hablar del trasfondo histórico de Oseas, que Jeroboam llevó sus conquistas hacia el norte hasta Hamat en alguna fecha durante su reinado (V. 2 R. 14:25).

También da Amós como fecha referencial para el comienzo de su ministerio "dos años antes del terremoto" (1:1), pero esto nos sirve de poco, puesto que no hay medio de saber cuándo precisamente ocurrió dicho terremoto. Sin embargo, debió de ser muy serio, ya que también es mencionado por Zacarías (14:5-7), que vivió después del exilio de Babilonia, es decir, más de dos siglos después. Hay que advertir que, puesto que Amós menciona este terremoto, debió de escribir su libro después que eso sucediera. Esto significa que su ministerio oral fue llevado a cabo al menos desde dos años antes de ser puesta por escrito la información. También ha de tenerse en cuenta que, puesto que Amós no cita otros reyes de Judá después de Uzías como lo hace Oseas, parece ser que su ministerio no duró tanto como el de su contemporáneo, sino que se limitó a los años comprendidos entre las dos fechas ya aludidas, el 767 y el 753 A.de C.

2. Trasfondo histórico

Como Oseas, también Amós desempeñó su ministerio en la nación del norte, pero, a diferencia de Oseas, su patria nativa era Judá. Como veremos a continuación, fue llamado por Dios mientras vivía en Judá y se le ordenó ir a Israel y profetizar allí en el nombre de Jehová. Por consiguiente, el trasfondo de su ministerio ha de verse en la historia de Israel, mientras que lo que concierne a su vida de hogar ha de verse dentro de la historia de Judá. En cuanto a la historia de Israel, ya la hemos considerado en nuestro estudio de Oseas. Por supuesto, en el caso de Amós, el trasfondo histórico tiene que ver solamente con el reinado de Jeroboam II, y no con los de sus sucesores. Así pues, cuando Amós ejerció su ministerio en Israel, eran días de prosperidad y opulencia, lo que condujo a una vida de licencia y de pecado.

Con respecto a la historia de Judá, eran los años de Uzías, uno de los reyes fuertes del reino del sur. Uzías, también llamado Azarías (V. 2 R. 14:21; 15:1, 6, 8) siguió una conducta aprobada por Dios, y Dios bendijo su reinado, de tal manera que Judá volvió a ganar gran ascendiente en el mundo de aquel tiempo. Este mejoramiento de la posición de Judá coincidió aproximadamente con el ensanchamiento de las fronteras de Israel bajo el hábil Jeroboam II. Entre los dos reyes, el área total sometida a su dominio llegó a competir incluso con los mejores días de David y Salomón.

En el sur, Uzías mantenía el control que su padre Amasías había ganado sobre Edom y, además, construyó medios de comunicación y transporte en Elat (2 R. 14:22; 2 Cr. 26:2, donde dice Elot) en el Golfo de Aqaba, con objetivos comerciales. Por el este, los amonitas le ofrecieron presentes, lo que indica cierto dominio sobre ellos. Por el oeste, alcanzó éxitos militares contra los filisteos y capturó varias ciudades de éstos, incluyendo a Gat. También construyó fortificaciones en Judá e instaló máquinas ingeniosas para lanzar saetas y catapultar grandes piedras desde los muros. Parece ser que reorganizó el ejército de Judá, incrementando su efectividad. Jeroboam II fue en vida, sin duda, el rey más influyente de toda la costa mediterránea, pero cuando él murió, esta posición fue ocupada por Uzías.

Todo esto significa que el tiempo del ministerio de Amós se caracterizó por el poder nacional, tanto en Israel donde él profetizó, como en Judá donde había vivido. Ambos países se hallaban en el cenit de su influencia en el mundo, y reinaba la prosperidad.

3. Su persona y su obra

Amós de más información acerca de sí mismo que muchos de los demás profetas. Para comenzar, da el nombre de su ciudad natal, Técoa (1:1), situada a unos ocho kms. al sudeste de Belén. Describe su profesión como "boyero y cultivador de sicómoros" (7:14). El término para "boyero" es *boqer*, palabra que se refiere primordialmente a una persona que cuidaba del ganado mayor, puesto que guarda relación con el vocablo *baqar* = ganado. En 1:1, Amós se llama a sí mismo "uno de los pastores" (*noqedim*, participio plural). El término *noqed* se aplica al que cuida de una variedad pequeña de ovejas llamadas *naqod*. Parece ser, pues, que estaba al cuidado, tanto de ganado vacuno como de ganado menor. Además, cultivaba sicómoros o higueras silvestres (*shiqemim*), que producían un fruto pequeño, pero dulce, muy apreciado especialmente por las clases más pobres del pueblo.[6]

Comoquiera que el término *noqed* se usa en 2 R. 3:4 (traducido "propietario de ganados") con referencia a Mesá, rey de Moab, es posible que el vocablo connotase la propiedad de ovejas y no meramente la actividad de pastorearlas. Si esto es así, es posible que Amós fuese propietario de los ganados que vigilaba y, por tanto, pudo quizás disfrutar de una posición económica muy acomodada, lo cual es confirmado por el hecho de que su trabajo tenía que ver con el cuidado de ganado mayor y menor y con el cultivo de sicómoros.

Amós se diferenciaba de Oseas y de la mayor parte de otros profetas en que no ejercía su ministerio a tiempo completo. Esto es evidente por lo que acabamos de señalar y también por una significativa afirmación hecha por él mismo a Amasías, sacerdote de Betel, cuando le dijo: "No soy profeta, ni soy hijo de profeta . . . Y Jehová me tomó de detrás del ganado, y me dijo: Ve y profetiza a mi pueblo Israel" (7:14-15). Esta afirmación aparece en el mismo contexto en que habla de sí mismo como "boyero y cultivador de sicómoros", de modo que no hay ninguna duda de que lo que intenta decir es que su ocupación profesional no es ser profeta. Por consiguiente, antes de ser llamado a ejercer dicho ministerio, había sido un individuo corriente de la comunidad de Técoa, y Dios le llamó para servirle por algún tiempo en el ministerio profético.

Las frases de Amós "no soy profeta" y "no soy hijo de profeta" se han interpretado de diferentes modos. Algunos creen que intentaba decir que no había sido entrenado en una escuela de profetas. El epíteto *hijo de los profetas* era aplicado a estudiantes de las escuelas proféticas del tiempo de Elías y Eliseo, y es posible que Amós esté usando aquí esa terminología. Sin embargo, es preciso tener en cuenta que Amós vivió varias décadas

---

[6]Una de las tareas de la gente que cultivaba estos árboles era hacer una incisión en el fruto, cuando tenía la largura aproximada de una pulgada, unos pocos días antes de la cosecha, para acelerar la maduración. Si no se cumplía este requisito, el higo no maduraba como era conveniente y, al recogerlo, se encontraban con que contenía cierta cantidad de un jugo acuoso. La estima en que se tenía esta fruta en tiempos antiguos era lo suficientemente elevada como para que el rey David nombrase un supervisor especial para su recolección (1 Cr. 27:28).

después de los días de Elías y Eliseo, y no hay modo de saber si tales escuelas existían todavía. Si existían, es posible, y quizá probable, que Amós se refiera a ellas; si no existían, estaría diciendo meramente que ni él era profeta ni era hijo de una persona que hubiese ejercido el ministerio profético, enfatizando así que su profesión no era ser profeta. En cualquiera de los dos casos, es evidente que su ocupación profesional no era el profetismo, sino que había sido llamado por Dios a dejar por algún tiempo su ocupación normal y servirle en el ministerio profético. No sabemos por cuánto tiempo ejerció Amós dicho ministerio. Dios le llamó de su casa de Técoa para que fuese al norte y amonestase al pueblo de Israel acerca de su pecado. Fue en Betel donde pronunció las frases que acabamos de mencionar, y su libro se abre con la siguiente afirmación: "Palabras de Amós . . . acerca de Israel". Es de suponer que, al ser llamado por Dios, se fue a Israel y estuvo allí el tiempo suficiente para proclamar, por lo menos, todos los mensajes registrados en su libro; esto habría tenido lugar en el tiempo designado en el mismo pasaje: "dos años antes del terremoto" (1:1). Parece evidente que, tras esto, regresó a su casa de Técoa y, algún tiempo después, pasado el terremoto, puso por escrito las palabras que aparecen en su libro. No se indica si continuó ejercitando alguna clase de ministerio profético después de regresar a Judá, pero es muy posible que Dios le permitiese volver a su primera ocupación.

Como persona corriente antes de recibir su llamamiento, Amós debió de ser una persona dedicada a Dios y espiritualmente madura. Es cierto que en aquel mismo tiempo había profetas de tiempo completo, a quienes Dios pudo haber usado para tal ministerio, pero el Señor tuvo alguna razón para pasarlos por alto y escoger a un hombre corriente, lo cual dice mucho en favor de la persona escogida; Dios vio en él un vaso de elección, que podía desempeñar su función de una manera que, al parecer, ningún otro profeta de su tiempo podía hacerlo.

Hemos de pensar que Amós era también un obrero activo y laborioso, como lo indica la ocupación misma que tenía antes de ser llamado, pues cuidaba de ganado mayor y menor y hasta cultivaba sicómoros. Es esta clase de personas precisamente las que Dios usa con mayor efectividad. Además, no hay duda de que era un hombre de considerable valentía, ya que Dios le llamó para que fuese a la entonces poderosa nación del norte, donde reinaba el gran Jeroboam II, y proclamar un mensaje que por fuerza había de ser impopular. Ya era bastante para una persona corriente como Amós ser llamado a dejar su ocupación y ponerse a predicar, pero es que era llamado a hacerlo en un país extranjero y poderoso. Amós podía haber puesto objeciones y rehusar ponerse en marcha para una misón tan difícil, pero no lo hizo. Tan pronto como Dios le llamó, fue, sin tener en cuenta si encontraría muchos obstáculos en su misión o no.

También es digno de notarse que Amós conocía bien el mundo de su tiempo. Podría pensarse que una persona que se dedicaba al pastoreo de animales en una localidad apartada como Técoa, habría de estar muy poco enterada de lo que ocurría en el mundo circundante, pero Amós, en su libro, apunta certeramente a hechos y cosas concernientes a numerosos países vecinos de Judá e Israel, como son Damasco (1:3-5), Filistea (1:6-8), Tiro (1:9-10), Edom (1:11-12), Amón (1:13-15) y Moab (2:1-3). Y, lo que es más importante, Amós estaba bien familiarizado con el Antiguo Testamento, según existía en su tiempo, como se ve por las numerosas referencias de su libro, especialmente al Pentateuco.[7]

Así que, debemos pensar que Amós era uno de los laicos más capaces y excepcionales de su tiempo. Sus duras ocupaciones no le impidieron tomarse tiempo para ampliar sus conocimientos acerca de la Palabra de Dios y acerca del mundo de aquellos días. Es evidente que aprovechó las ocasiones de encontrarse con personas que pudiesen informarle de cuanto acontecía, y esto le hizo consciente de la maldad existente, que tanto desagradaba a Dios. Sobre todo, era un hombre totalmente dedicado a Dios, y dispuesto a servirle del modo que tuviese a bien usarle. Esto le capacitó para que Dios le escogiese a ejercer el ministerio del que Israel estaba entonces necesitado.

Un punto que merece atención especial es que el llamamiento de Dios a Amós para que fuese a Israel, implica que había pocos profetas que viviesen allí. Allí estaba Oseas, por supuesto, y también Jonás, a quien estudiaremos a continuación, pero parece ser que Dios tenía para ellos otros lugares en los que ejercer su ministerio, y necesitaba a alguien que llevase Su palabra a las proximidades de Betel en el extremo sur del país, y para este cometido llamó a Amós del vecino país de Judá. Sin embargo, ha de tenerse en cuenta que la distancia a la que había de trasladarse Amós no era larga, aun cuando suponía ir a otro país, ya que de Técoa a Betel sólo hay unos cuarenta kilómetros. Pero, aun así, Israel era un país extranjero y, por tanto, Dios habría escogido sin duda a una persona de Israel para tal cometido, si se hubiese hallado allí alguien de cualidades adecuadas para llevarlo a cabo.

4. El libro

Uno de los grandes valores del libro de Amós es que provee, junto con el de Oseas, una provechosa información acerca de las condiciones que existían en el reino del norte durante el reinado de Jeroboam II. Como ya se indicó, era un tiempo de prosperidad nacional, en el que florecían los negocios y el comercio, y mucha gente nadaba en la abundancia. Pero también era un período de decadencia moral y religiosa. El soborno de altos funcionarios estaba a la orden del día, y a los pobres les resultaba difícil

---

[7]Véase Gleason L. Archer, *A Survey of Old Testament Introduction*, pp. 307-308.

que se les hiciese justicia en los tribunales del país. De ahí, la tremenda brecha, progresivamente ahondada, entre los pobres y los ricos, hasta el extremo de que los más necesitados eran vendidos como esclavos por sus amos, sin haber motivo para ello o por la menor trivialidad (2:6).

En esta situación, el mensaje de Amós era que el pueblo dejase sus caminos pecaminosos y se volviese en busca de su Dios y de Su santa voluntad; debían obedecer las normas preceptuadas en la Ley de Moisés, que les había sido dada muchos siglos antes; si no lo hacían, les vendría un día de gran castigo por parte de Dios; sería "un día de tinieblas, y no de luz" (5:18); de castigo y pesar, y no de recompensa y alegría.

El esbozo del libro puede ser como sigue:

I. Juicio contra las naciones (1:1 — 2:16).
   A. Preludio: Día de ira (1:1–2).
   B. Juicio sobre seis naciones vecinas (1:3 — 2:3).
   C. Juicio sobre Judá e Israel (2:4–16).
II. Pecado y castigo de Israel (3:1 — 6:14).
   A. Certeza del castigo de Dios (3:1–15).
   B. Los castigos pasados resultaron ineficaces (4:1–13).
   C. Lamentación por la caída de Israel (5:1–27).
   D. La destrucción y la cautividad son inminentes (6:1–14).
III. Cinco visiones del juicio venidero (7:1 — 9:10).
   A. Primera visión: La plaga de langostas (7:1–3).
   B. Segunda visión: Un fuego consumidor (7:4–6).
   C. Tercera visión: La plomada de albañil (7:7–9).
   D. Cuarta visión: El canastillo de fruta de verano (8:1–14).
   E. Quinta visión: Destrucción del templo (9:1–10).
IV. Promesa de bendiciones mesiánicas (9:11–15).

C. JONAS

1. La fecha

La fecha general de Jonás puede fijarse mediante una referencia que se hace de él en 2 R. 14:25, donde, hablando de Jeroboam II, se dice: "El restauró los límites de Israel desde la entrada de Hamat hasta el mar del Arabá, conforme a la palabra de Jehová Dios de Israel, la cual él había hablado por su siervo Jonás, hijo de Amitay, profeta que fue de Gat-héfer". Así que Jonás vivió durante el reinado de Jeroboam II y estaba desempeñando su ministerio en una fecha lo suficientemente temprana como para predecir al rey que había de conquistar ciertas áreas al norte de Israel.[8]

---

[8]Otto Eissfeldt (*The Old Testament, An Introduction*, pp. 404–405) y otros dudan de que este Jonás y el Jonás de la profecía sean el mismo. No obstante, saca esta conclusión de premisas que los exegetas conservadores no podemos aceptar, ya que Eissfeldt no admite la historicidad del libro de Jonás.

Comoquiera que Jeroboam reinó cuarenta y un años (2 R. 14:23 — 793-753 A.de C.), y no sabemos si Jonás era viejo o joven cuando hizo esta predicción, el tiempo preciso en que vivió Jonás e hizo su visita a Nínive (de la que escribe en su libro) queda abierto a una considerable variedad de fechas. No obstante, con la ayuda de la historia de Asiria, han podido ser identificadas dos fechas precisas como las más probables. Una de ellas es hacia el 800 A.de C. El emperador asirio Adad-nirari III (810-783 A.de C.) limitó su adoración, como es bien sabido, a un solo dios, Nebó, fomentando así una especie de monoteísmo.[9] Puesto que él fue el único gobernante de Asiria que lo hizo, es posible que ello se debiese a la visita de Jonás, quien proclamó el culto del único Dios, aunque, por supuesto, ése era el Dios de Israel, no Nebó, el dios de Asiria. Si se acepta esta fecha, la visita de Jonás tuvo que ocurrir en una época temprana del reinado de Adad-nirari, quizás un poco antes del año 800 A.de C.

La otra fecha probable es hacia el 760 A.de C. Por este tiempo, la situación psicológica imperante en Asiria habría sido favorable para la visita de Jonás, puesto que era una época de general desánimo en el país, e incluso caracterizada por un miedo que llegaba hasta el pánico. Para comenzar, debido a la ineptitud de algunos reyes débiles, era muy poco lo que quedaba de la prístina grandeza del imperio asirio. Después, fue invadido el país por una terrible plaga, que se llevó muchas vidas. Para colmo, un eclipse total de sol, ocurrido el 15 de junio del año 763 A.de C., sembró el pánico en toda la región. Ya que tales circunstancias habrían contribuido en una medida considerable a la efectividad del mensaje de Jonás (y por cierto que fue efectivo su ministerio), esta fecha es quizá la más probable de las dos propuestas. No cabe duda de que Jonás escribió su libro después de regresar de Nínive a Israel, cuando pudo volver su vista al pasado y registrar con toda objetividad los acontecimientos ocurridos.[10]

2. Trasfondo histórico

En cuanto al trasfondo histórico de la vida de Jonás en Israel, nada queda en realidad por decir. Ya se ha dicho que vivió en tiempos de Jeroboam II, los cuales han sido ya descritos al hablar de los profetas Oseas y Amós. Fue un tiempo en que Israel era poderoso, y el pueblo abundaba en prosperidad y en pecado. Puesto que Jonás le predijo al rey que ensancharía sus dominios, como así sucedió, es obvio que vivió en una época anterior

[9]Sus ideas han sido comparadas a las innovaciones de Amenhotep IV (o Amenofis, mejor conocido como Akenatón — 1378-1367 A.de C.) de Egipto, muchos años antes.
[10]Los eruditos liberales, en general, niegan la autoría de Jonás, pero, una vez más, sobre bases inaceptables para los exegetas conservadores. Véase, para un debate sobre este tema, Archer, *A Survey of Old Testament Introduction*, pp. 297-301; Hobart E. Freeman, *An Introduction to the Old Testament Prophets*, pp. 165-166.

a tal expansión. Así, en sus primeros años, es probable que conociese algo del período de debilidad que correspondió a los años de Joás, pero también conoció posteriormente la posición poderosa de la que Israel llegó a disfrutar. También es necesario decir algo acerca del trasfondo histórico en lo concerniente a la visita que Jonás hizo a Nínive. Es preciso tener en cuenta que, aunque Nínive era por entonces la mayor ciudad de Asiria, no era la capital. Durante la mayor parte de la historia de Asiria, la capital había sido Asur, al sur de Nínive, sobre el Tigris; y en el tiempo de la visita de Jonás, lo era Cala (Nimrud). Cala estaba mucho más cerca de Nínive que Asur, pero aun así quedaba a unos cuantos kms. al sur. Había sido hecha capital del imperio por Asur-nasir-pal II (883–859 A.de C.), es decir, como un siglo antes de la visita de Jonás. Aunque Adad-nirari III construyó un nuevo palacio, lo edificó todavía en esta misma capital. Fue Senaquerib (705–681 A.de C.) el que hizo a Nínive capital de Asiria, más de un siglo después de la visita de Jonás.

Adad-nirari III, el rey que estableció el culto al único dios Nebó, comenzó a reinar siendo aún muy joven, y su madre, la famosa Semíramis, asumió el poder durante los primeros años de su hijo. Uno de los hechos de este rey, que tiene que ver con la historia bíblica, es que atacó el año 804 al rey de Siria Hazael, lo cual alivió a Israel de la presión de Damasco (2 R. 12:17; 2 Cr. 24:23ss.), y permitió al rey Joás recuperar numerosas ciudades, perdidas previamente a manos de Hazael (2 R. 13:25). Aunque Adad-nirari reinó veintiocho años, era todavía joven cuando murió. El hecho de morir sin descendencia creó algunos problemas en cuanto a la sucesión al trono, de donde se originaron disensiones internas durante el reinado de su sucesor Salmanasar IV (783–773). La situación no mejoró, sino que se hizo aún peor, bajo su sucesor Asurdán III (773–755). Fue durante el reinado de éste, cuando sucedieron la plaga y el eclipse de sol, que contribuyeron a sembrar el pánico.

3. Su obra y su persona

Casi nada se sabe acerca del ministerio profético de Jonás en Israel. La única referencia ya citada (2 R. 14:25) indica que estaba activo y que predijo a Jeroboam la expansión de Israel. Todo lo demás que pudo haber hecho es mera conjetura, pero, puesto que era profeta y fue llamado por Dios para la importante tarea de predicar el mensaje de juicio a los ninivitas, no es aventurado suponer que fue usado por Dios de diversas maneras, y probablemente ejerció su ministerio profético en el área de Gat-héfer, tanto antes como después de su visita a Nínive.

Su ministerio con relación a Nínive se conoce con bastantes detalles, debido a que es el tema de su libro. Dios le llamó a ir allá y clamar contra la ciudad, ya que la maldad era allí muy grande. Jonás se resistió a obedecer e inmediatamente tomó un navío que iba a Tarsis, en dirección opuesta a la de Nínive. Ya en alta mar, el barco se vio azotado por una tempestad enviada por Dios, lo que sembró el pánico entre los marineros. Echaron suertes éstos (conforme a sus ideas paganas) para ver quién era el culpable de aquella tormenta, y Dios usó este medio para señalar a Jonás. Admitió éste que había pecado contra su Dios, y les dijo a aquellos hombres que le arrojasen al mar. Así lo hicieron ellos, y Dios preparó un gran pez que se tragó a Jonás, luego que él cayó al agua. Tres días después, el pez le vomitó en tierra, y Jonás, una vez aprendida la lección, se dirigió a Nínive.

Allegar a la gran ciudad. comenzó Jonás a predicar el mensaje de Dios: "De aquí a cuarenta días, Nínive será destruída" (3:4). Este mensaje produjo gran impacto en la gente y, ante el temor al juicio, se arrepintieron delante de Dios y se vistieron de saco, comenzando por el rey, quien publicó un decreto de que tanto hombres como bestias habían de vestirse de saco y clamar a Dios fuertemente. Al ver Dios tal arrepentimiento, dejó sin efecto su propósito de destruir la ciudad. Esto desagradó a Jonás, pues pensó que el cambio de planes le haría pasar a él por falso profeta, y pidió a Dios que le quitara la vida. Dios le enseñó entonces otra gran lección mediante un ricino (más bien que calabacera) que creció en una noche y fue consumido en otra: que Jonás debería estar más interesado en la preservación de tantas vidas que en cualquier molestia física que pudo haber sufrido.

Es digno de notarse que ésta es la única vez en que un profeta israelita fue enviado a predicar en un país extranjero. Por esta razón, se le ha llamado con frecuencia a Jonás el misionero del Antiguo Testamento a tierras extranjeras. Sin embargo, es preciso andar con cuidado al designarlo de esa manera, a la vista del mensaje que proclamó, ya que fue un mensaje de condenación más bien que de salvación, al decir: "De aquí a cuarenta días, Nínive será destruida". Jonás estaba interesado en la destrucción de la ciudad, no en su salvación. Sin embargo, el que Dios enviase a Jonás a Nínive, incluso con esa clase de mensaje, muestra el interés de Dios por la gran ciudad. Los ninivitas merecían la destrucción por su gran perversidad, pero Dios creyó conveniente advertirles primero, y después conservarles la vida.

Ya hemos apuntado una razón del enorme éxito que tuvo Jonás al predicar en Nínive, a saber, las condiciones psicológicas imperantes en la ciudad, debidas a los eventos históricos precedentes ya mencionados. Pero existían otras dos razones por lo menos. Una es, sin duda, la manera poderosa con que Jonás proclamaría su mensaje, pues les diría no sólo la inminente destrucción de la ciudad, sino también el poder de Dios para llevarla a cabo, demostrado en su propia vida por la reciente y estremecedora experiencia con el gran pez; quizás, su propio cuerpo mostraba aún ciertos efectos de tal experiencia. La segunda y más importante de las razones, es el poder mismo de Dios para infundir el espíritu de arrepentimiento, demostrado por los ninivitas que se enteraron del mensaje inquietante. Está claro que Dios quería que el pueblo de Nínive se arrepintiese, y usó a Jonás como instrumento para efectuar este cambio del corazón.

Se ha hecho notar que Jonás hubo de ser un verdadero hombre de Dios, para ser llamado a una misión tan importante como la de ir a Nínive. Es evidente que, en cometidos anteriores, había demostrado ofrecer suficientes garantías para ser seleccionado ahora en orden a cumplir esta misión. Sin embargo, el hecho de no obedecer a Dios de primeras, sino que, en lugar de hacerlo, huyó con dirección a Tarsis, muestra que su dedicación a Dios no era completa. No nos podemos imaginar, por ejemplo, a Oseas o Amós actuando de este modo, y es necesario investigar por qué razón obró Jonás así.

Parte de la respuesta se halla, sin duda, en la clase de país que Asiria era en ese tiempo, algo que evidentemente obsesionaba demasiado a Jonás. Asiria había sido durante mucho tiempo el mayor y más terrible invasor de otros países. El terror y el espanto se esparcían por dondequiera que pasasen las tropas asirias, tanto que los ejércitos asirios se habían hecho proverbiales por su crueldad. Jonás, por tanto, creería que un país de tal calaña no merecía consideración alguna, sino sólo un castigo severo, y simplemente se negó a ir allá.

Otra parte de la respuesta es que Jonás no estaba libre de la estrechez de miras característica de los judíos de su tiempo, quienes pensaban que los gentiles no merecían las bendiciones de Dios, ya que ellos (los judíos) eran el único pueblo escogido para recibir las atenciones de Jehová y, por consiguiente, los gentiles se hallaban fuera del círculo en que se manifestaba la gracia divina, según ellos pensaban. Este concepto y este espíritu continuaron en los comienzos del Nuevo Pacto e hicieron que Pedro dudase en ir a casa de Cornelio con el mensaje de salvación (Hch. 10:9–21). El mismo modo de pensar indujo a la iglesia de Jerusalén a llamar a Pedro para rendir cuentas de su actuación en dicho episodio (Hch. 11:1–18). Tal actitud volvía a construir una "pared intermedia de separación" entre judíos y gentiles, de la cual dijo Pablo a los efesios que había sido derribada por Cristo mediante Su muerte en cruz (Ef. 2:14–17). Jonás, pues, no quiso ir a Nínive, simplemente porque era una ciudad de gentiles, a quienes, según su parecer, no debía ser predicado el mensaje de Dios.

Una cosa que no se le puede negar a Jonás es valentía. Alguien podría pensar que fue un cobarde, por el hecho de que no quiso ir a la poderosa Nínive, pero hay otros detalles en el relato que demuestran que no lo era. Por ejemplo, cuando dijo a los marineros que lo arrojasen al mar. Quienquiera que haya estado sobre la cubierta de un navío y haya contemplado la furia de las espumantes olas, podrá imaginarse lo que eso significa. Jonás pudo rebajarse a implorar misericordia, pero no lo hizo, sino que confesó impávido su culpa y respondió a los marineros que actuasen con él sin contemplaciones. Esto requería gran valentía. También se echa de ver que Jonás era un orador dotado. Como ya hemos dicho, hubo otros factores que influyeron en el admirable arrepentimiento de los ninivitas, pero uno de ellos fue, sin duda, la poderosa predicación de este profeta. No serían nuevos en las calles de Nínive los personajes extranjeros que quizás habrían intentado hacerse oír con sus propios mensajes especiales. Pero, cuando predicó Jonás, la ciudad entera se volvió a Dios con sincero arrepentimiento. Sus modales debieron ser enérgicos; sus palabras, cargadas de sentido e impacto; toda su actitud, persuasiva. Las gentes se paraban a escuchar y prestaban atención a lo que habían oído. Si Jonás predicó en Nínive de esta manera, debió de hacerlo así también en Israel; sería interesante conocer los resultados que obtuvo en su patria, pero la Biblia no nos ha dejado ninguna indicación.

4. El libro

El libro de Jonás difiere de todos los demás libros proféticos, ya que contiene muy poca profecía, limitándose a referir los detalles de un solo episodio histórico. Casi podría esperarse que estuviese incluido entre los libros históricos del Antiguo Testamento. Ante algo tan inusitado, hemos de preguntarnos por qué quiso Dios que Jonás lo redactase para formar parte de las Sagradas Escrituras. Las razones podrían ser las siguientes, entre otras posibles:

Primera, era necesario que el pueblo y todas las naciones supiesen que Dios tenía un verdadero interés en los gentiles de aquel tiempo. El había escogido a Israel como una nación peculiar para Sí muchos siglos antes y, de esta manera, había confinado Su palabra, por algún tiempo, a un solo pueblo, pero esto no se debía al deseo de olvidarse por completo de las demás naciones del mundo. En realidad, tenía por objeto hacer posible la preparación y preservación de un mensaje de buenas nuevas que pudiese extenderse a todas las naciones en su debido tiempo. En el libro de Jonás, Dios estaba mostrando que mantenía Su interés en los gentiles, mientras actuaba especialmente con Su propio pueblo con esa misma finalidad.

Segunda, era preciso lanzar un fuerte reproche contra la estrechez de miras de los judíos de aquel tiempo. Para Jonás, su propia experiencia le habría enseñado bien la lección, pero hacía falta que fuese puesta por escrito para que el conjunto del pueblo judío recibiese la represión.

Tercera, Jonás sirvió como tipo de Cristo. Jesús mismo declaró que la estancia de Jonás por tres días y tres noches era una figura del tiempo en que El estaría "en el corazón de la tierra tres días y tres noches" (Mt. 12:39-41).

Finalmente, encontramos ahí varias lecciones que eran muy importantes también para las generaciones venideras. Una de ellas es que, cuando Dios hace un llamamiento, va de veras; inclusó proporcionó a Jonás un paseo especial en "submarino", para hacerle responder adecuadamente a Su llamamiento. Otra lección es que los siervos de Dios no deben dejarse llevar de intereses egoístas hasta el punto de rehusar o demorar su obediencia a los llamamientos de Dios. Y tercera, que las amenazas de Dios son a menudo condicionales; en el caso presente, no llevó a cabo la destrucción de la ciudad cuando los ninivitas se arrepintieron.[11]

El libro contiene simplemente la historia de este episodio y puede resumirse en el esbozo siguiente:

I. Jonás es comisionado y huye (1:1-17).
II. Notable oración de Jonás (2:1-10).
III. Dios renueva su comision a Jonás, y todo el pueblo de Nínive se arrepiente de un modo admirable (3:1-10).
IV. Disgusto de Jonás y reproche de Dios (4:1-11).

---

[11]La historicidad del libro de Jonás ha sido negada con frecuencia. Para una discusión sobre los problemas que están implicados, véase Archer, *Survey of Old Testament Introduction*, pp. 297-300; R. K. Harrison, *Introduction to the Old Testament*, pp. 905-911.

Profetas del siglo nono	Capítulo 16 Abdías Joel
Profetas del siglo octavo	Capítulo 17 Oseas Amós Jonás
	Capítulo 18 Isaías Míqueas
Profetas del siglo séptimo	Capítulo 19 Nahum Sofonías Habacuc
	Capítulo 20 Jeremías
Profetas del exilio	Capítulo 21 Daniel Ezequiel
Profetas post-exilicos	Capítulo 22 Hageo Zacarías Malaquías

18

Profetas del Siglo Octavo: Isaías y Miqueas

Nuestra atención se vuelve ahora hacia el sur, de Israel a Judá, aunque permaneciendo todavía en el mismo siglo. Los profetas que vamos a considerar ahora son Isaías y Miqueas. Ambos eran contemporáneos de Oseas; en cuanto a Amós, lo más probable es que completase su labor un poco antes de que ambos comenzasen su ministerio. Isaías fue uno de los Profetas Mayores, a diferencia de estos otros que son clasificados como Profetas Menores, y es considerado a menudo como el príncipe de los profetas. Por consiguiente, nos ocuparemos de él con alguna mayor extensión que de los demás.

A. ISAIAS

1. La fecha

También Isaías, igual que Oseas y Amós, data su ministerio con referencia a los reinados de ciertos gobernantes a quienes cita por su nombre, mencionando a los reyes de Judá Uzías, Jotam, Acaz y Ezequías (1:1). No menciona a Jeroboam II, a diferencia de Oseas, porque Isaías profetizó para el reino del sur, no para el del norte. Además, es muy probable que Jeroboam II estuviese ya muerto cuando comenzó Isaías su ministerio, pues se acepta comúnmente que lo hizo en los últimos años de Uzías, e incluso pudo ocurrir en el último año de dicho rey, en vista del llamamiento que en ese tiempo recibió de Dios Isaías, según leemos en el capítulo 6 de su profecía. Es probable que viviese todavía después del reinado de Ezequías, puesto que, en 37:38, se refiere a la muerte del emperador asirio Senaquerib, sucedida el año 681 A.de C., es decir, cinco años después de la muerte de Ezequías, acaecida en el año 686. También se nos dice en 2 Cr. 32:32 que Isaías escribió los hechos de Ezequías, lo cual no habría sido posible si Ezequías no hubiese muerto antes.

Esto significa que Isaías vivió algunos años dentro del reinado de Manasés, hijo de Ezequías, y la razón para no incluir a Manasés en su lista de 1:1 podría ser que, para entonces, ya era demasiado viejo para continuar desempeñando un ministerio efectivo. Podía aún escribir, pero su labor como predicador se habría realizado probablemente sólo durante el tiempo de los cuatro reyes anteriores. Como Uzías murió el año 739 A.de C., podemos pensar que el ministerio de Isaías se prolongó desde el 740 hasta el 680 aproximadamente, es decir, unos sesenta años. Comparando estas fechas con las de Oseas, podemos decir que Isaías comenzó su ministerio unos veinte años después que su contemporáneo, y lo continuó por unos treinta años más que él, siendo así probablemente su ministerio el más largo de todos los profetas israelitas.

2. Trasfondo histórico

El gobierno de Uzías, ya considerado en otro lugar, estaba tocando a su fin, cuando Isaías comenzó su labor. Con la bendición de Dios, había podido Uzías ensanchar las fronteras de Judá, tanto como lo había hecho Jeroboam II con las de Israel. Su hijo y sucesor Jotam (750-731 A.de C.) continuó en gran parte con el poderío de su padre, siendo el cuarto rey consecutivo de Judá acepto a Dios (Joás, Amasías, Uzías, Jotam) y, por ello, continuó experimentando las bendiciones de Dios. Venció a los amonitas en una importante confrontación militar y les sometió a tributo durante tres años. Edificó en Jerusalén una de las puertas principales del templo y edificó mucho en el muro de Ofel. En todos los lugares del país, amplió las ciudades y erigió fortalezas y torres de defensa.

Acaz (743-715 A.de C.) fue corregente con su padre por algunos años antes de la muerte de éste, del que se diferenciaba en dos importantes aspectos: el uno es que no siguió los caminos de Dios; y el otro, que siguió una política proasiria en Judá. A consecuencia de ello, sufrió un asedio a manos de Peka, rey de Israel, y de Rezín, rey de Siria (2 R. 16:5-9; 2 Cr. 28:5-21). Estos querían obligar a Acaz a que se uniese con ellos para resistir el empuje de Asiria, pero Acaz se negó a ello y, con el fin de verse libre del asedio, solicitó de Tiglat-pileser III, el gran rey de Asiria, que viniese y atacase a los dos países del norte. Envió al monarca asirio considerable cantidad de oro y plata y, en efecto, vino Tiglat-pileser; probablemente, no necesitaba de tales atractivos para venir.

En el plano religioso, Acaz fabricó imágenes de Baal, observó el holocausto de niños en el Valle de Hinom y adoró en los lugares altos. Durante una visita a Damasco, contempló con admiración un altar, y ordenó que le hiciesen en Jerusalén una reproducción exacta de él, estableciéndolo en el templo como su lugar oficial de sacrificios. Además de esto, averió deliberadamente algunos vasos sagrados y hasta cerró las puertas del templo, forzando así al pueblo a rendir adoración donde y como él quisiera. En el plano militar, una rebelión de los edomitas le hizo perder las importantes rutas comerciales del sur. Fue durante su reinado cuando los filisteos invadieron Judá una vez más, sembrando la destrucción a su paso y apoderándose de varias ciudades, cuya lista encontramos en 2 Cr. 28:18. Parece ser que tuvo también que hacer nuevos pagos a Tiglat-pileser, después que éste llegó al área para atacar a Damasco y a Israel (2 Cr. 28:20-21).

Ezequías, hijo y sucesor de Acaz (728-686 A.de C.), fue hecho por su padre corregente, del reino por unos pocos años, probablemente a causa de la presión de un creciente partido antiasirio en Jerusalén, el cual se oponía a la política proasiria de Acaz. Ezequías era decididamente antiasirio y, una vez más, también fue un rey que agradó a Dios; de hecho, fue uno de los mejores reyes de Judá a los ojos de Dios. Con él, se volvieron a abrir las puertas del templo y se dio orden a los sacerdotes y levitas de que retirasen todos los enseres del culto extranjero. Una gran solemnidad con celebración de sacrificios marcó el retorno a las genuinas ceremonias mosaicas (2 Cr. 29:20-36). El país quedó limpio de lugares altos, imgenes, mástiles de Aserá, y falsos altares, e incluso la serpiente de bronce que Moisés había levantado en el desierto (Nm. 21:5-9) fue hecha pedazos (2 R. 18:4). Era un tiempo en que se necesitaban grandes reformas que llevasen a cabo una limpieza a fondo.

Tras la caída de Israel el año 722 A.de C., Judá era ahora el objetivo militar de Asiria. Mientras estuvo en pie este vecino del norte, sirvió de muralla para Judá, pero, caída la muralla, Judá pasó a ser el próximo objetivo en los planes asirios de conquista. Ezequías evitó por algún tiempo una confrontación, debido especialmente a su negativa a unirse a una coalición que se había formado contra Asiria.[1] Sin embargo, unos pocos años después, Ezequías se unió a una nueva coalición encabezada por Tiro, y a la que el rey de Egipto Sabaka prometió su apoyo. Ahora fue Senaquerib, el nuevo monarca asirio, quien vino.[2] Ezequías se preparó concienzuda-

[1]Esta coalición estaba encabezada por la ciudad de Asdod; pero Sargón, que ahora era el rey de Asiria, vino y la destruyó el año 711 A.de C. Egipto había prometido ayuda a dicha ciudad, pero cuando atacaron los asirios, Egipto no le prestó socorro, y cuando el rey de Asdod huyó a Egipto en busca de protección, fue incluso entregado por este país en manos de los asirios. En cuanto al relato que los anales asirios ofrecen de estos hechos, véase *Ancient Near Eastern Texts*, ed. James B. Pritchard, p. 286.
[2]Ibid., p. 287.

mente para la defensa (2 Cr. 32:1-8).³ Senaquerib vino primeramente a Tiro, cuyo rey huyó a Chipre. El asirio se dirigió entonces hacia el sur, a la región de Judá (V., para los detalles, 2 R. 18:13 — 19:37; 2 Cr. 32:9-21; Is. caps. 36 y 37), y puso sitio a Laquís.

Ante esto, le envió Ezequías allá un fuerte tributo, percatado de que la causa estaba ya perdida, pero no quedó Senaquerib satisfecho con esto y emprendió una guerra psicológica contra Ezequías y el pueblo de Judá. Sus amenazas produjeron el pánico en Jerusalén, y Ezequías se vio apremiado a consultar con Isaías para recibir una palabra de consuelo de parte de Dios. Esta palabra llegó y Dios prestó ayuda a Su pueblo; primero, en forma de auxilio venido de Egipto y, después, con la destrucción de no menos de 185.000 soldados asirios en una sola noche. Senaquerib no da ninguna indicación de este desastre en sus anales de campaña, pero esto era de esperar no siéndole favorable el resultado.⁴ Lo confirmó definitivamente su inmediata retirada del país, sin intentar la conquista de Jerusalén ni de ninguna otra ciudad de Judá.

Manasés (697-642 A.de C.) sucedió a su padre Ezequías, tras haber sido corregente en vida de él, siendo así el quinto príncipe consecutivo de Judá que comenzó a reinar de esta manera. En el plano religioso, Manasés siguió los perversos caminos de su abuelo Acaz, pues restauró los objetos del falso culto que Ezequías había destruído, erigió altares a Baal a lo largo y ancho de todo el país, y prestó su reconocimiento al dios amonita Moloc. Para colmo, mató a los que protestaron contra ello, derramando así sangre inocente. Es posible que, entre los así llevados a la muerte, estuviese Isaías, conforme al testimonio de la tradición.

3. Su obra y su persona

a. SU OBRA

En cuanto a la labor de Isaías, el texto sagrado registra unos pocos episodios específicos que son dignos de atención. Uno de ellos se refiere al llamamiento que recibió en el último año del rey Uzías. Tuvo una visión en la que contempló a Dios en el templo, sentado sobre un trono alto y sublime. En torno de El estaban seis ángeles llamados serafines, con seis alas cada uno, los cuales daban voces el uno al otro, diciendo: "Santo, santo, santo

³Construyó fortificaciones, fabricó nuevas armas, reforzó su ejército y edificó el famoso acueducto de Siloé, que iba desde la fuente de Gihón hasta un lugar intramuros de la ciudad (2 R. 20:20; 2 Cr. 32:30).
⁴Senaquerib dejó un relato de la campaña en lo que se llama el Prisma de Taylor, que ahora se encuentra en el Museo Británico. En cuanto al texto, véase *Ancient Near Eastern Texts*, pp. 287-288; también, *Documents from Old Testament Times*, ed. D. Winton Thomas, pp. 64-68.

es Jehová de los ejércitos; toda la tierra está llena de Su gloria" (Is. 6:3).
Isaías entonces experimentó un fuerte sentido de culpabilidad personal, y
gritó: "¡Ay de mí, que estoy perdido!" (v. 5). Inmediatamente voló hacia él
uno de los ángeles con un carbón encendido y purificó los labios del profeta
y, acto seguido, se escuchó la voz de Dios que decía: "¿A quién enviaré, y
quién irá de nuestra parte?" (v. 8). A lo que respondió Isaías: "heme aquí,
envíame a mí". Entonces pronunció Dios un mensaje que debió de resultar
intranquilizador para Isaías: el pueblo le iba a oír, pero no le iba a entender;
iba a ver, pero no iba a comprender. En otras palabras, Isaías tenía que
responder al llamamiento de Dios, pero debía estar apercibido de antemano
del poco resultado que tendrían sus esfuerzos.

No sabemos si este episodio significó el llamamiento inicial de Isaías
para el ministerio profético, o si fue meramente para una tarea específica
dentro de tal ministerio. Si fue el llamamiento inicial, entonces el ministerio
de Isaías no comenzó hasta el último año del reinado de Uzías; pero si fue
para un cometido especial, pudo haber comenzado algunos años antes. Los
expertos aparecen divididos en cuanto a este punto, y no hay ninguna pista
que nos conduzca con seguridad a una solución.

Un segundo episodio está registrado en el capítulo 7 (v. 2 Cr. 28:1-15)
y sucedió en el reinado de Acaz, durante el asedio impuesto por Peka y
Rezín. Fue en estas circunstancias cuando Dios ordenó a Isaías presentarse
a Acaz y darle ánimos en tan difícil situación. A este fin, le dijo que pidiese
a Dios una señal de la liberación que el Señor estaba dispuesto a efectuar.
Acaz respondió: "No la pediré, y no tentaré a Jehová" (v. 12), rehusando así
hacer lo que tanto Dios como Isaías le ordenaban, a la vez que aparentaba
una falsa piedad como excusa. De todos modos, Isaías le ofreció la señal de
parte de Dios, diciendo: "He aquí que la virgen concebirá, y dará a luz un
hijo, y llamará su nombre Immanuel" (o "Emanual"), lo cual constituía una
bien conocida profecía mesiánica (v. 14; véase Mt. 1:23). Isaías añadió que,
antes que este niño pudiese distinguir entre el bien y el mal, Acaz sería
librado de los dos reyes que le asediaban.

Pero, en lugar de dar oídos a la promesa de Isaías y despender de Dios,
Acaz, en su perversidad, envió recado a Tiglat-pileser III, rey de Asiria, para
que viniese a invadir los países del norte, a fin de que Peka y Rezín tuviesen
que regresar a sus respectivos países para proteger sus propias fronteras.
Con esta actitud, mostró Acaz sus simpatías proasirias y también una falta
absoluta de visión política, al no percatarse de que su mayor enemigo era
realmente Asiria, más bien que Israel o Damasco. Isaías le hizo ver ahora
esto mismo con palabras inequívocas, pero, al parecer, sin resultado alguno.

Hay numerosas opiniones en cuanto al sentido de la señal que Isaías
le ofreció a Acaz cuando le dijo: "La virgen concebirá, y dará a luz un hijo,

y llamará su nombre Immanuel".[5] La que mejor encaja dentro del contexto es la que admite un doble cumplimiento. Es cierto que el cumplimiento pleno se realizó en Cristo, nacido muchos siglos después, ya que sólo él había de nacer de una virgen y había de ser llamado *Immanuel* ("Dios con nosotros"). Había una razón muy poderosa para que Isaías se refiriese a Cristo en este contexto, a la vista de los oscuros días por los que estaba atravesando Judá, ya que el profeta venía a decir que, en contraste con aquella oscuridad, vendría un espléndido día en que había de llegar el gran Libertador de Dios para traer al pueblo de Dios el alivio de todas sus necesidades. Pero, al mismo tiempo, Isaías hubo de tener en mente un cumplimiento preliminar, a plazo corto, a fin de que la señal tuviese algún sentido para Acaz en la difícil situación en la que se encontraba en ese momento. El rey se encontraba bajo asedio y necesitando una liberación con toda premura. Así que, el profeta tuvo que abrigar la intención de decirle también que, si en aquel momento naciese un niño, la liberación del enemigo tendría lugar antes de que dicho niño hubiese llegado al uso de la razón. No está claro en qué niño precisamente estaba pensando Isaías, pero bien pudo ser su propio hijo Maher-shalal-hash-baz (Is. 8:1–4).

El tercer episodio está registrado en Isaías 36 y 37 (v. 2 R. 18:13 – 19:37) y tiene que ver con los contactos que Isaías mantuvo con el rey Ezequías durante la invasión del asirio Senaquerib. El primer contacto se llevó a cabo después de la visita que hicieron a Jerusalén tres emisarios de Senaquerib, que sembraron el pánico en la ciudad. Entonces Ezequías envió un mensajero, a Isaías para informarle de lo que ocurría y urgirle a implorar el auxilio de Dios. Isaías le respondió con un mensaje de parte de Dios, diciéndole que no tuviese miedo, pues Dios iba a actuar de tal manera, que Senaquerib regresaría a su tierra sin hacer ningún daño a Jerusalén.

El segundo contacto sucedió cuando Ezequías recibió una carta de Senaquerib, escrita, según parece, en Laquís, al percatarse el asirio de que iba a tener una confrontación con el rey de Egipto. Ezequías oró a Dios en busca de ayuda, y el Señor le envió, por medio de Isaías, un estupendo mensaje de aliento. El punto central del largo mensaje era que el rey de Asiria no se acercaría a la ciudad de Jerusalén, sino que tendría que volverse a su país: "No entrará en esta ciudad, ni arrojará ninguna saeta en ella; no vendrá delante de ella con escudo, ni levantará contra ella baluarte. Por el camino que vino, volverá, y no entrará en esta ciudad, dice Jehová" (37:33–34).

Isaías jugó un importante papel en los días de Ezequías, amonestando al rey y a todo Judá contra la dependencia de Egipto o contra cualquier

[5]Para una enumeración de los puntos de vista, véase Hobart E. Freeman, *An Introduction to the Old Testament Prophets*, pp. 203–207.

alianza concertada con extranjeros, con miras a resistir conjuntamente un ataque lanzado por Asiria (por ej. Is. 30:1-7; 31:1-3). En este asunto, había encontrado oposición de parte de los falsos profetas (30:8-11). Ezequías hizo caso de la advertencia de Isaías con respecto a la alianza del año 711 A.de C., cuando Sargón, padre de Senaquerib, vino y destruyó Asdod. Pero parece ser que se ejerció una presión más fuerte sobre el rey con respecto a la alianza del año 701, cuando vino Senaquerib, puesto que entonces aceptó Ezequías la propuesta de coalición, como ya hemos visto.

Es obvio que los episodios que acabamos de considerar constituyen sólo una pequeña parte del ministerio de Isaías. ¿Qué podemos decir de su labor en general? En vista de su gran carácter y del notable libro que escribió, podemos estar seguros de que se mantuvo activo durante todo el tiempo de los reinados cuyos reyes él mismo designa. Comenzando por los últimos días del reinado de Uzías y continuando a lo largo de los reinados de Jotam, Acaz y Ezequías, Isaías fue el principal profeta de su tiempo, actuando dondequiera que fuese menester cumplir los cometidos que Dios le señalara. Puesto que el texto sagrado registra algunos contactos con reyes, podemos suponer que mantuvo también otros contactos que no constan en la Escritura. Es muy posible que se opusiese a la promoción de Acaz como corregente de su padre Jotam, en vista de las simpatías de Acaz por los asirios. Y probablemente tuvo algo que ver, por contraste, en la promoción de Ezequías como corregente de Acaz, al volverse la corriente de opinión en contra de la política proasiria. Y asimismo es de creer que Isaías estuvo involucrado en promover las reformas que Ezequías llevó a cabo.

Además de esto, Isaías estaría predicando a la gente en las esquinas de las calles, en las puertas de la ciudad o dondequiera que la gente se congregara. Conociendo bien el mundo de su tiempo (como lo muestra su libro), se mantendría en estrecho contacto con las actividades que se llevaban a cabo en el reino del norte. Las devastaciones producidas allí por Tiglat-pileser le proporcionarían una viva ilustración de lo que podía ocurrirle a Judá, si el pueblo persistía en sus perversos caminos. El derrumbamiento final del vecino del norte le suministraría después una oportunidad para enfatizar todavía más su seria admonición.

Es probable que la relevante importancia de Isaías haya de hallarse precisamente en esta advertencia a Judá, a la vista de la destrucción de Israel. Dios, ciertamente, quería que Judá tomase buena nota del castigo experimentado por Israel, a fin de que el reino del sur sacase provecho de ello y se volviese a Dios en arrepentimiento. Pero, para que Judá aprendiese bien la lección que la experiencia de Israel le deparaba, era menester la voz de un gran profeta como Isaías-así como la de Miqueas, a quien consideraremos a continuación-para tal efecto. Por eso, Dios había preparado para ese objetivo a un Isaías y a un Miqueas.

b. SU PERSONA

Al hablar de la persona de Isaías, vemos que él mismo se llama hijo de Amoz (no de Amós, el profeta contemporáneo suyo); que estaba casado con una "profetisa" (8:3), y que tuvo dos hijos: Shear-jashub (7:3) y Maher-shalal-hash-baz (8:1–4). En los materiales que él mismo registró en su libro, hallamos indicadas e ilustradas muchas y excelentes características de este gran hombre.

1) Príncipe de los profetas. A Isaías se le llama a menudo el príncipe de los profetas. Dos son las razones probables para tal designación: La primera es su capacidad fuera de lo corriente, como haremos ver, pues fue un hombre extraordinariamente hábil, ya que mostró un excelente entrenamiento, un amplio conocimiento del mundo y una laboriosidad a toda prueba. Pocos profetas, y aun pocos personajes del país, podían rivalizar con él. La segunda razón tiene que ver con la cantidad de profecías mesiánicas que tuvo a bien Dios revelarnos por medio de él. Se puede afirmar que Dios le reveló acerca del Mesías más que a ninguna otra persona del Antiguo Testamento, lo cual fue un gran honor y un privilegio singular.

2) Su nivel espiritual. Está fuera de toda duda que Isaías era un varón espiritualmente maduro en su caminar con Dios. Lo evidencia ya el llamamiento que recibió para un ministerio como el suyo. Cuando vio a Dios en un trono alto y sublime, su primera reacción fue pensar en su propia culpabilidad. Aun cuando su vida era recta en comparación con la de otros, se dio cuenta de que, en comparación con la santidad de Dios, era indigno por demás. Esto ya es en sí mismo una señal de alta espiritualidad. Otra señal de lo mismo fue su prontitud en responder afirmativamente al llamamiento de Dios, cuando el Señor le dijo lisa y llanamente que su ministerio había de tener muy poco efecto, lo cual constituía, para comenzar, un mensaje descorazonador, pero Isaías no titubeó, sino que siguió adelante, fiel al llamamiento que de Dios había recibido.

Otra indicación nos viene del modo como tomaba contacto Isaías con los reyes. Al rey Acaz fue con un mensaje de reprensión, aun cuando el monarca tenía el poder supremo en el país, para amonestarle por haber requerido la ayuda de Tiglat-pileser. Este acto requería un verdadero sentido de obediencia, de compromiso y de dedicación. Más tarde, fue Isaías el hombre a quien acudió primero Ezequías cuando el país se hallaba en gran peligro frente a Senaquerib. Es cierto que había otros profetas en el país, pero Ezequías recurrió a Isaías, y fue también por medio de Isaías que Dios respondió a Ezequías cuando éste recibió la carta del conquistador asirio. Está claro que el rey reconoció a Isaías como profeta principal de su tiempo, el más indicado para recibir los mensajes de Dios en una época de tan graves problemas para el país.

El libro que Isaías escribió nos da una nueva indicación de lo que venimos diciendo, pues en ese libro, el profeta exalta a Dios en los términos más sublimes, enfatizando especialmente la santidad de Dios. Su temprana visión de la gloria de Dios, alto y sublime en el templo, mientras los serafines clamaban: "Santo, santo, santo", parece haber establecido el tenor de su vida y el tono general de su libro, en el que una y otra vez recurre la frase "El Santo de Israel".

3) *La naturalidad de su porte en la corte.* Probablemente, ningún otro profeta mostró mayor naturalidad en sus visitas a los reyes que Isaías. Cuando visitó a Acaz, no se limitó a reprenderle, sino que se extendió en consideraciones sobre el peligro que le acechaba al rey de parte de Asiria. Más tarde, el propio rey Ezequías envió a llamar a Isaías en busca de socorro, cuando Senaquerib invadía el país; esto daba a entender el alto respeto que Ezequías tenía por Isaías como profeta y como amigo. Poco después, Dios envió a Isaías para que le dijese al rey, postrado entonces en cama, que Jehová Dios iba a restaurarle la salud y añadir a su vida quince años más (Is. 38:5). Aunque no se nos dice si anteriormente también hizo visitas similares al rey Jotam, podemos pensar que éstas ocurrieron, especialmente siendo Jotam también uno de los buenos reyes israelitas.

Esta naturalidad con la que Isaías se comportaba en la corte real, bien podría deberse a cierto grado de parentesco del profeta con la dinastía gobernante. La tradición judía dice que el padre de Isaías, Amoz, era hermano del rey Amasías, padre de Uzías, con lo que Isaías vendría a ser primo del rey. Pero esta naturalidad también se debería, con toda probabilidad, al talento y a la capacidad del profeta, cualidades notorias en su día. ¡Cómo les placería a los reyes disponer de personas del calibre de Isaías, a quienes acudir en momentos de apuro, y otorgarles el respeto y el honor que se merecían!

4) *Su capacidad intelectual.* Es evidente que Isaías era uno de los intelectuales de su tiempo, un hombre de amplio conocimiento sobre el contexto geográfico e histórico de su país. No menos de once capítulos de su libro (13 al 23) están dedicados a profecías del castigo que Dios iba a infligir a las naciones circundantes. Estas naciones no eran sólo las cercanas a Judá, sino que incluían a Babilonia y Asiria por el este, y a Egipto y Etiopía por el sudoeste. Los múltiples detalles que refiere nos muestran la amplitud de su información acerca de dichos países. De seguro que había leído mucho y se había preocupado también de platicar con gente que viajaba al extranjero, y con visitantes de fuera.

Por otra parte, su estilo literario posee una excelencia no igualada en todo el Antiguo Testamento, y aun con muy pocos rivales en la literatura universal. Gran parte de su material está en verso, y su poesía alcanza niveles verdaderamente soberbios. Muchas porciones son piezas de antología; fue un verdadero maestro de las figuras de dicción; personificó ciudades (47:1ss.; 51:17), la naturaleza (44:23; 49:13), los puntos cardinales (43:6), el brazo de Dios (40:10;51:9), la palabra de Dios (55:11); representó a Sión como una novia (49:18; 54:5) que era estéril (54:1), y como a una madre (49:17; 51:18-20) que estaba privada de hijos (49:21; 51:20). El uso que hace Isaías de tales figuras da vida y gran animación al libro, con una imaginería literaria llena de colorido, que llega con fuerza hasta el lector. Debió de recibir su instrucción en las mejores escuelas del país.

5) *Su valentía*. Es también preciso ver en Isaías a un profeta de sobresaliente valentía. Salta a la vista su bravura al presentarse ante Acaz con palabras de denuncia y represión. El rey podía haberse desquitado infligiéndole un severo castigo, pero esto no le importaba a Isaías, por lo que se deduce del texto sagrado. También necesitó coraje en los días de Ezequías, cuando advirtió repetidamente acerca del peligro de concertar alianzas con países extranjeros, especialmente de depender de Egipto. Este era un mensaje impopular, pues la gente estaba empeñada en seguir cualquier política que fues antiasiria. No es que Isaías estuviera a favor de Asiria, pero sabía que era una locura fiarse de Egipto y concertar alianzas regionales y, por eso, pronunció su mensaje, fuese o no popular.

4. El libro

El libro de Isaías es considerado como uno de los más importantes del Antiguo Testamento; lo indica la frecuencia con que es citado en el Nuevo; se le cita por nombre no menos de veintiuna veces, además de numerosas alusiones y referencias. El tema general es similar al significado del nombre mismo de Isaías: "Yahweh (Jehová) es salvación". Su objetivo es enseñar que la salvación de Dios para su pueblo es por pura gracia. Este tema es presentado bajo dos grandes secciones: En los caps. 1-39, el profeta describe el pecado de Judá y amonesta al pueblo del severo castigo que le amenaza si persiste en el pecado; se entremezclan igualmente advertencias a otras naciones. El tiempo que Isaías tiene ante su vista es el que el profeta mismo vivió.

En los caps. 40 al 66, Isaías pronuncia un mensaje de consuelo y de predicción mesiánica. En esta sección, el tiempo a la vista era futuro en los días del profeta, e Isaías se proyecta hacia adelante en el tiempo, y ve el castigo de Judá como si ya hubiese ocurrido; a raíz de eso, consuela al pueblo, diciéndoles que alcanzarán liberación del castigo y que, en su día, vendrá el Mesías en persona para libertarles de la causa misma del castigo, que era el pecado del pueblo. Y todavía se extiende más hacia el futuro, hasta el glorioso milenio en que Israel, como nación, gobernará sobre el mundo entero. El tema de la unidad del libro ha sido objeto de mucha discusión. Los exegetas conservadores creen que Isaías escribió el libro entero, mientras que los liberales creen que fue escrito por dos, tres o más autores.[6] Esto nos obliga a exponer, aunque sea brevemente, los principales argumentos a favor de una sola autoría.

El primero y principal es el testimonio cierto del Nuevo Testamento. Como ya hemos dicho, el libro es citado no menos de veintiuna veces en el Nuevo Testamento; estas citas proceden de todas las partes del libro, y el único autor a quien se nombra es Isaías. Por ejemplo, Is. 53:1 es citado en Jn. 12:38 con la siguiente indicación: "Para que se cumpliese la palabra del profeta Isaías".

Otro argumento es que el libro es atribuído a Isaías en 1:1, y no aparece ningún lugar en que se mencione a cualquier otro autor, indicando así que todo el libro fue escrito por este único hombre. De cierto que, si otra persona hubiera escrito, por ejemplo, los capítulos 40 al 66, tan sobresalientes por su valor literario, de seguro que habría señalado su nombre, pero no aparece ningún otro nombre como autor.

Un tercer argumento es que la creencia en que el único autor de todo el libro es Isaías, se remonta a tiempos muy anteriores al nacimiento de Cristo. Por ejemplo, Ben Sirac, que escribió el libro apócrifo Eclesiástico hacia el 180 A.de C., así lo creía, pues dice: "El (Isaías) consoló a los afligidos de Sión. Mostró el porvenir hasta el fin de los tiempos, y las cosas ocultas antes que sucedieran" (48:24-25). Es claro que se estaba refiriendo a la sección más controvertida de Isaías, los caps. 40 al 66, y los atribuía a Isaías, sin indicación de ningún otro autor. Por otra parte, la Septuaginta fue traducida hacia el tiempo en que vivió Ben Sirac, y tampoco allí hay indicación alguna de que hubiese algún otro autor para cualquier parte del libro. Además, el testimonio de los rollos del Mar Muerto es de la mayor importancia; no sólo no da indicación alguna de que algún otro autor escribiese alguna parte del libro, incluyendo los caps. 40-66, sino que muestra el capítulo 40 comenzando en la última línea de la columna que contiene Is. 38:8 — 40:2. Esto constituiría una tremenda anomalía, si el copista de aquel tiempo hubiese creído que fue otro autor el que escribió la sección final.

Más aún, el autor de Isaías, caps. 40-66 se muestra más familiarizado con Palestina que con Babilonia, lo cual sería muy extraño si el autor vivió en Babilonia, como pretenden los críticos liberales. En realidad, es muy poco lo que dice de Babilonia, en comparación con lo mucho que dice de

[6]Un análisis de las posiciones, tanto conservadoras como liberales, puede verse en R. K. Harrison, *Introduction to the Old Testament*, pp. 765-774.

Palestina. El autor habla de Jerusalén y de las montañas de Palestina, y menciona algunos de los árboles que produce aquella tierra, como, por ejemplo, cedros, cipreses, acacias, encinas, etc. (41:19; 44:14). También se habla, en 40:9, de las ciudades de Judá como todavía existiendo, y en 62:6, se describen los muros de Jerusalén todavía en pie; ninguna de ambas cosas habrían sido ciertas en tiempos de un pretendido autor posterior, que hubiese vivido después de la destrucción de Judá y Jerusalén.

Además, hay una respuesta muy adecuada al principal argumento que oponen los críticos liberales con respecto a las diferencias de estilo entre los caps. 1-39 y los caps. 40-66. Es cierto que hay diferencias de estilo, pero también hay semejanzas. Por ejemplo, la frase "El Santo de Israel", para designar a Dios, ocurre doce veces en la primera sección (caps. 1-39), y catorce en los caps. 40-66, mientras que en todo el resto del Antiguo Testamento sólo se usa cinco veces. Hay otros términos que se repiten a lo largo de todo el libro, como "camino", "remanente" y "Sión". Las diferencias de estilo pueden atribuirse a que ciertas porciones del libro fueron escritas en diferentes tiempos dentro de la vida del profeta, y también a la variedad de los temas tratados.

Y, finalmente, dos aspectos que constituyen un problema pra los críticos liberales, no presentan ninguna dificultad para el exegeta conservador. Uno es la precisión en la profecía predictiva, como, por ejemplo, la referencia, por su nombre, a Ciro en 44:28 y 45:1. Para quienes niegan la posibilidad de una predicción sobrenatural, Isaías no pudo haber escrito eso, puesto que vivió siglo y medio antes. Sin embargo, los eruditos conservadores sostienen que el nombre de Ciro fue revelado por Dios al profeta. El otro aspecto es la diferencia de énfasis en los conceptos teológicos entre las secciones primera y segunda; en la primera parte, se pone más de relieve la majestad de Dios; en la segunda, adquiere mayor prominencia la unicidad e infinitud de Dios. Pero, una vez más, el exegeta conservador no tiene ninguna dificultad al observar esta diferencia, puesto que se debe únicamente al cambio de temática. Cuando el tema primordial es el pecado del pueblo, no es extraño que el énfasis se cargue sobre la majestad de Dios, mientras que, cuando se habla especialmente del poder de Dios para efectuar la liberación de la cautividad de Babilonia y de la cautividad que el pecado ejerce sobre el ser humano, el énfasis se carga en la unicidad y en la infinitud de Dios.

El esbozo del libro puede ser el siguiente:

I. Profecías desde el punto de vista del tiempo de Isaías (1:1 — 35:10).
   A. Profecías con relación a Judá y Jerusalén (1:1 — 12:6).
      1. Condenación del pecado de Judá (1:1-31).
      2. Bendición milenial subsiguiente a la purificación (2:1 — 4:6).
      3. Castigo por el pecado de Judá (5:1-30).
      4. Visión y llamamiento de Isaías (6:1-13).

5. Predicción de Immanuel (7:1-25).
6. Predicción de la invasión asiria (8:1-22).
7. Predicción mesiánica y admonición (9:1-21).
8. Orgullo de Asiria y su castigo (10:1-34).
9. Reinado milenial de Cristo (11:1-16).
10. Culto milenial (12:1-6).
B. Profecías contra naciones (13:1 — 23:18).
   1. Babilonia (13:1 — 14:23).
   2. Asiria (14:24-27).
   3. Filistea (14:28-32).
   4. Moab (15:1 — 16:14).
   5. Damasco (17:1-14).
   6. Etiopía (18:1-7).
   7. Egipto (19:1 — 20:6).
   8. Babilonia, Edom y Arabia (21:1-17).
   9. Jerusalén (22:1-25).
   10. Tiro (23:1-18).
C. Predicción de destrucción y de liberación (24:1 — 27:13).
   1. Destrucción del país (24:1-15).
   2. La gran tribulación (24:16-23).
   3. Culto y testimonio del Israel restaurado (25:1 — 27:13).
D. Predicción de castigo por parte de Asiria (28:1 — 31:9).
   1. Predicción de la caída de Samaria (28:1-13).
   2. Advertencia a Judá (28:14-29).
   3. Ataque contra Judá (29:1-16).
   4. Promesa de liberación (29:17-24).
   5. Advertencia contra una alianza con Egipto (30:1 — 31:9).
E. Predicciones de un futuro remoto (32:1 — 35:10).
   1. Liberación futura, llevada a cabo por el Mesías (32:1 — 33:24).
   2. El Día de Jehová (34:1-17).
   3. Bendiciones mileniales (35:1-10).
II. Sección histórica (36:1 — 39:8).
A. Invasión de Senaquerib (36:1 — 37:38).
B. Enfermedad y recuperación de Ezequías (38:1-22).
C. Predicción de la cautividad de Babilonia (39:1-8).
III. Profecías desde un punto de vista futuro para Isaías (40:1 — 66:24).
A. Consuelo, a la vista de la restauración prometida (40:1 — 48:22).
   1. La majestad de Dios, el Consolador (40:1-31).
   2. Israel es librado de las naciones hostiles (41:1-29).
   3. Dos siervos de Jehová en contraste: Cristo e Israel (42:1-25).
   4. Israel será libertado, a pesar de no merecerlo (43:1 — 44:28).
   5. Dios y las naciones (45:1-25).

6. La caída de Babilonia y de sus ídolos (46:1 — 47:15).
7. Israel será libertado, a pesar de su infidelidad (48:1 – 22).
B. Salvación mediante el Siervo de Jehová, Cristo (49:1 — 54:17).
1. Cristo, el Libertador (49:1 – 26).
2. Contraste entre Israel y Cristo (50:1 – 11).
3. La redención segura de Israel (51:1 — 52:12).
4. La humillación y exaltación de Cristo (52:13 — 53:12).
5. Gozo por la restauración de Israel (54:1 – 17).
C. Invitación y advertencia de Dios (55:1 — 59:21).
1. Hay gracia para todos cuantos confían en Cristo (55:1 – 13).
2. Serán incluídos los creyentes extranjeros (56:1 – 12).
3. Denuncia del pecado de Israel (57:1 — 9-59:21).
D. La futura gloria de Israel (60:1 — 66:24).
1. La gloria de Jerusalén (60:1 – 22).
2. La Venida del Mesías (61:1 – 11).
3. La certeza de estas bendiciones (62:1 – 12).
4. Destrucción de los enemigos y gratitud de Israel (63:1 – 14).
5. Oración por la liberación (63:15 — 64:12).
6. La respuesta de Dios (65:1 – 25).
7. El reino milenial (66:1 – 24).

B. MIQUEAS

1. La fecha

Miqueas fue contemporáneo de Isaías; posiblemente, unos pocos años más joven que él. Fecha su ministerio en los reinados de Jotam, Acaz y Ezequías (1:1). Como no menciona a Uzías, mencionado por Isaías, es evidente que comenzó su ministerio un poco más tarde que Isaías, y como tampoco menciona nada que tenga que ver con la invasión de Senaquerib en los días de Ezequías, es probable que terminase su tarea antes que Isaías. Las fechas más probables de su ministerio son desde el año 735 hasta el 710 A.de C.

Algunos eruditos se han negado a aceptar estas fechas de Miqueas, pero podemos aportar nuevos argumentos para demostrar que son correctas. Que ejerció su ministerio durante el tiempo de Ezequías, lo indica directamente Jeremías: en 26:18 – 19, este profeta se refiere a Miqueas profetizando en tiempo de Ezequías y cita Miq. 3:12. Y que profetizó antes del 722, fecha de la caída de Samaria–durante el reinado de Acaz–, lo indica la predicción directa que de tal caída hace Miqueas en 1:2-6. Por otra parte, que estuvo activo en tiempo de Jotam lo demuestra su referencia a los caballos y carros de Judá en 5:10, lo cual sugería una época de prosperidad en el país, como lo fue en especial el reinado de Jotam, después de la grandeza de los años de Uzías.

2. Trasfondo histórico

En realidad, no se necesita añadir nada, en cuanto al trasfondo histórico, a lo que se ha dicho en relación con Isaías, el cual comenzó antes que Miqueas y ejerció su ministerio por más tiempo que él. Sólo debemos poner en claro que, al parecer, la invasión de Senaquerib no tuvo nada que ver con Miqueas, posiblemente porque ya había muerto para esa fecha. No obstante, habría vivido durante los agitados días de los ataques asirios contra Israel, y la caída del reino del norte en manos del enemigo oriental afectaría su ministerio como afectó al de Isaías.

3. Su obra y su persona

Miqueas aporta unas algunas pistas en su libro en cuanto a su tarea y su persona, pero, a diferencia de Isaías, no incluye ningún episodio histórico, y no es mencionado en ninguno de los libros históricos del Antiguo Testamento. Identifica su ciudad nativa como Moréset (1:1), que sin duda es la misma Moréset-gat de 1:14, ubicada en las tierras bajas del occidente de Judá, a unos treinta y dos kms. al sudoeste de Jerusalén. Como Moréset era una pequeña ciudad rural, Miqueas estableció contacto, desde el principio, con gentes de la campiña, que eran, en su mayor parte, pobres, y su libro refleja una grave preocupación por los pobres de su tiempo. La ciudad estaba ubicada también junto a la ruta internacional por la que viajaban las caravanas de norte a sur y viceversa, lo cual explicaría el que Miqueas estuviese tan familiarizado con los asuntos internacionales. Muestra un interés especial en el reino del norte, que parece conocer muy bien. Es posible que, en esto, fuese influido por Amós, quien había desempeñado su ministerio en Betel sólo unos veinticinco años antes. También pudieron influir en él los propios escritos de Amós (comp. Miq. 2:6 con Am. 2:12; 7:10-16). Es preciso tener en cuenta que Técoa, el lugar hogareño de Amós, estaba situado a unos 32 escasos kilómetros al este de Moréset, con lo que bien pudieron existir contactos entre ambos profetas.

Que Miqueas viajó de un lado a otro y no se limitó a quedarse en el área de Moréset, lo indican sus contactos con Jerusalén y la gente de la capital de Judá. Por ejemplo, conocía bien a los falsos profetas, cuyo centro era especialmente la capital, y dice que esos profetas hacían errar al pueblo de Dios (3:5-7). La mención que Jeremías hace de Miqueas (Jer. 26:18) implica que Miqueas era bien conocido. Como no es corriente el caso de que los profetas se mencionen unos a otros, especialmente habiendo vivido Jeremías un siglo más tarde que Miqueas, dicha referencia a este profeta es algo muy fuera de lo corriente. Esto implica que Miqueas causó en su tiempo una gran impresión, de lo cual se deduce que debió de ejercer su ministerio con frecuencia en Jerusalén y en sus alrededores, lugares donde habría dejado una profunda huella. Además, la forma en que Jeremías se refiere a Miqueas es muy significativa, pues muestra que el rey Ezequías, durante cuyos años sirvió Miqueas en los últimos años de su ministerio, no sólo conocía a este profeta, sino que sentía gran respeto hacia él. No hay razón suficiente para pensar que Miqueas tuvo tantos contactos con los reyes como los tuvo Isaías, pero despues de todo, pocos profetas los tuvieron. Aunque en este respecto Isaías esté en cabeza Miqueas no está en la cola, pues tuvo contacto con reyes y, en consecuencia, no debe minimizarse indebidamente su importancia, ni pensar que fue una mera sombra del gran Isaías.

En resumen, debemos pensar de Miqueas como un digno contemporáneo de Isaías y, sin duda, grandemente influido por él. Es posible que Miqueas estuviese más interesado que Isaías en la suerte de los pobres y oprimidos de su tiempo, y bien pudo Dios haberle usado en esta área específica de ministerio. Con todo, ambos cargaron el énfasis en la maldad del pecado y la seguridad del castigo, en caso de que el pueblo no mostrase un sincero arrepentimiento. También se daban ambos perfecta cuenta de lo que estaba ocurriendo en el reino del norte, donde la destrucción había hecho ya sus estragos, y usaban esto como ilustración para convencer a Judá de que la misma destrucción podía también sobrevenir al reino del sur.

4. El libro

El libro de Miqueas se divide en tres secciones, comenzando cada una con el imperativo "Oíd" (1:2; 3:1; 6:1). Algunos expositores han pensado que estas secciones son tres mensajes distintos, pero es más probable que sean compilaciones de pensamientos, expresados en diversas ocasiones durante el ministerio público de Miqueas. En esto de reunir conjuntos de ideas, con base en la experiencia de diferentes tiempos del ministerio, Miqueas se parece mucho a Isaías; también se parece a él en muchos de los conceptos que expresa, y hasta en el modo de exponerlos, incluyendo un pasaje que es casi literalmente idéntico a otro de Isaías (comp. Miq. 4:1–3 con Is. 2:2–4). Una semejanza tal ha hecho pensar en una dependencia de Isaías respecto de Miqueas, o en una dependencia de Miqueas respecto de Isaías, o en la dependencia de ambos respecto de una fuente común. Parece ser que no hay manera de establecer una conclusión definitiva sobre este detalle.

Como el libro de Miqueas trata numerosos temas, pasando rápidamente de uno a otro, muchos eruditos liberales han sostenido que el libro no forma una unidad literaria, sino que salió de la pluma de más de un autor. Sin embargo, también Isaías trata numerosos temas de la misma manera, y ya hemos visto que no hay razón suficiente para creer que fuesen varios los autores de su libro. Por consiguiente, no hay por qué pensar lo mismo en el caso de Miqueas. Los liberales se refieren también a las ideas de salvación y de futura gloria para Israel que Miqueas expone en su libro, y dicen que esto indica un autor posterior para los pasajes respectivos, puesto que estas ideas no eran corrientes en los días de Miqueas. Pero los exegetas conservadores piensan de modo diferente, y señalan que esas mismas ideas se hallan presentes en Isaías y en otros profetas anteriores.[7]

Puntos especiales dignos de notarse, dentro del contenido del libro, son los siguientes: una referencia clara a la caída de Samaria (1:5–7); una exhortación con respecto a la opresión de los pobres (2:1 − 3:4); y una predicción del Mesías, tanto en Su primera como en Su segunda Venida (4:1–8; 5:2–8; 7:7–20).

El esbozo del libro puede ser como sigue:

    I. Inminente castigo de Israel y de Judá (1:1 − 2:13).
       A. Tanto Israel como Judá han de ser castigados (1:1–16).
       B. Este castigo es resultado del pecado (2:1–13).
   II. El futuro reino mesiánico (3:1 − 5:15).
       A. Castigo previo de los líderes perversos (3:1–12).
       B. El reino glorioso (4:1–13).
       C. El Rey glorioso y Su obra (5:1–15).
  III. Castigo del pueblo y misericordia final (6:1 − 7:20).
       A. Controversia de Dios con el pueblo (6:1–16).
       B. Reproche y promesa (7:1–20).

---

[7]Un examen de las posiciones y de los argumentos puede verse en Harrison, *Introduction to the Old Testament*, pp. 922–925.

Profetas del siglo nono	Capítulo 16 Abdías Joel
Profetas del siglo octavo	Capítulo 17 Oseas Amós Jonás
	Capítulo 18 Isaías Miqueas
Profetas del siglo séptimo	Capítulo 19 Nahum Sofonías Habacuc
	Capítulo 20 Jeremías
Profetas del exilio	Capítulo 21 Daniel Ezequiel
Profetas post-exilicos	Capítulo 22 Hageo Zacarías Malaquías

19

Profetas del Siglo Séptimo: Nahúm, Sofonías y Habacuc

Pasamos ahora a considerar los profetas del siglo séptimo. También éstos, igual que los del siglo octavo, vienen en grupo. Ya dijimos que los del siglo octavo desempeñaron su ministerio entre el 760 y un poco después del 700 A.de C., tanto los que profetizaron en Israel como los que lo hicieron en Judá. Los profetas del siglo séptimo actuaron durante un período de tiempo todavía más limitado, comenzando probablemente no antes del 630 A.de C., y terminando muy poco después del comienzo del siglo siguiente. Durante los dos primeros tercios del siglo séptimo, no hubo otros profetas escritores que Isaías, quien quizá vivió durante los primeros veinte años de dicho siglo. Esto no quiere decir que no hubiese en ese tiempo profetas que ejerciesen oralmente su función, puesto que, como ya dijimos en el capítulo 8, probablemente no hubo ninguna época en la historia de Israel en la que no hubiese a mano profetas dispuestos a ofrecer su servicio. Sin embargo, durante el intervalo de años que hemos mencionado, no vivió ni pudo ejercer su ministerio ninguno de los profetas escritores, los cuales fueron sin duda los más influyentes.

Cuatro profetas escritores fueron los que ejercieron su ministerio durante la última parte del siglo séptimo: Nahúm, Sofonías, Habacuc y Jeremías. Como los tres primeros fueron Profetas Menores, es menos lo que de ellos se sabe, y todos ellos pueden ser considerados en el presente capítulo. Mucho más se sabe de Jeremías, a quien consideraremos en el capítulo siguiente.

A. NAHUM

1. La fecha

Nahúm no data su ministerio de acuerdo con el reinado de uno o más reyes, a diferencia de los profetas del siglo octavo; así que sus fechas deben ser determinadas por las evidencias internas que nos ofrezca su libro. Hay dos elementos que prestan una ayuda especial: uno es una referencia a la destrucción de la ciudad de No en Egipto. Se trata de No-Amón (Tebas), que fue destruida el 663 A.de C. por el emperador asirio Asurbanipal. Se habla del hecho como de un suceso ya ocurrido; por tanto, Nahúm debió de comenzar su ministerio profético antes que sucediera (3:8-10). La otra clave es que la caída de Nínive está indicada como todavía futura. En realidad, el tema del libro está centrado en predecir la destrucción de esta gran ciudad asiria, la cual ocurrió el 612 A.de C. y, por consiguiente, el ministerio de Nahúm se llevó a cabo entre esas dos fechas. Es imposible dar una fecha exacta, pero, puesto que Sofonías data con mayor precisión su ministerio—durante el reinado de Josías—y también él predice la caída de Nínive (2:13), es posible que Nahúm hiciese esta predicción por el mismo tiempo. La Razón por La que se dels agrupar estrechamente a los profetas del siglo séptimo (algo que discutiremos después) nos proporciona una razón adicional para creer que Nahúm apareció, poco más o menos, al mismo tiempo que Sofonías. Así, es probable que el comienzo de su ministerio pueda datarse hacia el 630 A.de C., y posiblemente continuó durante la mayor parte del reinado de Josías.

2. Trasfondo histórico

Aunque Nahúm pertenece propiamente al buen reinado de Josías, su profecía, como la de los otros profetas del siglo séptimo, no puede apreciarse ni entenderse si no se toma en cuenta el contexto de los anteriores reinados perversos de Manasés y Amón. Manasés (697-642 A.de C.) fue el hijo y sucesor del piadoso rey Ezequías. Reinó cincuenta y cinco años, más que ningún otro rey de Judá o de Israel, y no siguió las huellas de su buen padre, sino las de su malvado abuelo Acaz. Restableció los elementos del falso culto que Ezequías había destruido, erigió altares de Baal por todo el país, incluso en el templo, y reconoció al dios amonita Moloc, sacrificando sus hijos en el Valle de Hinom. Aprobó varias formas de adivinación pagana y erigió en el templo una imagen de la diosa cananea Aserá. Los que protestaron fueron condenados a muerte. De él se dice que indujo al pueblo a cometer mayores males que las naciones que Dios había destruido delante de los hijos de Israel (2 R. 21:9).

Como resultado, sufrió el castigo de ser llevado cautivo a Babilonia

(2 Cr. 33:11). Poco se sabe acerca de su cautiverio, excepto que fue llevado a cabo por el hijo de Senaquerib, Esar-Hadón (681-669 A.de C.), o por su nieto Asurbanipal (669-633), en cuyos sucesivos reinados alcanzó Asiria el cenit de su poder. Ambos reyes emprendieron campañas hasta tan al sur como Egipto, y ambos registraron referencias a la región de Palestina, en las que estaría implicado el cautiverio aludido. Pasando el tiempo, se le permitió a Manasés volver a Judá, cuando se arrepintió delante de Dios e hizo lo posible por enmendar su anterior perversidad. No se nos indica el tiempo en que continuó en el gobierno para llevar a cabo las reformas que se había propuesto.

El hijo y sucesor de Manasés fue Amón (642-640 A.de C.), el cual volvió a las prácticas perversas, sin que, al parecer, hicieran impacto en él las reformas que había llevado a cabo su padre en los últimos años de su reinado. Quizá sus mismos criados llegaron a sentir repugnancia por las acciones pecaminosas del rey, puesto que algunos de ellos conspiraron contra él y le mataron en su propia casa, después de sólo dos años de reinado. A causa de tan corto período, su influencia no fue tanta como la de su padre.

Al morir Amón tan tempranamente, su hijo y sucesor Josías (640-609 A.de C.), subió al trono a la edad de ocho años, a pesar de lo cual fue uno de los mejores reyes de toda la historia de Judá, y las tres décadas de su reinado fueron de las más dichosas en la experiencia de Judá, pues se caracterizaron por la paz, la prosperidad y las reformas. El gran enemigo de antaño, Asiria, había perdido su poder. En los últimos días de Asurbanipal, se registró poca actividad militar, y sólo le sucedieron débiles gobernantes hasta la caída de Nínive el año 612 A.de C. Babilonia, el próximo gran enemigo del Medio Oriente, no llegó a su apogeo hasta el 605 A.de C., dejando independientes a los reinos más pequeños de su área. Tampoco eran ya amenaza los sirios de Damasco, ya que habían sido sometidos anteriormente por los asirios.

Josías tuvo a su lado consejeros temerosos de Dios, los cuales neutralizaron la influencia de Amón, pues Josías siguió desde el principio por los caminos de Dios. Siendo aún un adolescente de diez y seis años, "comenzó a buscar al Dios de David su padre" (2 Cr. 34:3), y a los veinte comenzó a limpiar a Judá y Jerusalén de los objetos idolátricos que su padre y su abuelo habían introducido en el país (2 Cr. 34:3-7).

A la edad de veintiséis años (622 A.de C.), procedió Josías a centrar todavía más su interés en las reformas necesarias. Este interés especial fue motivado en parte por el descubrimiento[1] del "libro de la ley de Jehová dada

---

[1]Es posible que Manasés destruyese todas las copias de la Ley que pudo encontrar. Quizás esta copia había quedado escondida, llegando así a ser desconocida por el pueblo. También es posible que esta copia hubiese sido colocada por Salomón en la primera piedra del templo, práctica corriente en aquella época.

por medio de Moisés" (2 Cr. 34:14).[2] Josías se turbó al percatarse de que las prácticas corrientes del país no se conformaban en nada a las demandas presentadas en la Ley. Se consultó a una profetisa, Huldá, la cual advirtió que, en vista de esta desviación, el castigo era inevitable, pero dio a entender que este castigo no sobrevendría en tiempo de Josías, debido a la recomendable actitud de éste. Entonces Josías emprendió a fondo las reformas que el libro demandaba. Fueron retirados todos los objetos del culto extranjero, expulsados del país los sacerdotes idólatras, y destruidas las casas de prostitución sagrada. Fue abolido el sacrificio de niños en el Valle de Hinom, fueron retirados de la entrada del templo los caballos dedicados al sol, y sus carros fueron quemados a fuego (2 R. 23:4-14).

No contento con estas reformas llevadas a cabo en Judá, Josías las extendió también a la región del norte, antiguo reino de Israel, aprovechándose del período general de debilidad por el que atravesaba Asiria. Un lugar de singular atracción era Betel, que habia sido por largo tiempo centro del culto al becerro de oro. De acuerdo con la promesa profetizada más de trescientos años antes,[3] quemó Josías los huesos de los anteriores sacerdotes falsos sobre el altar que Jeroboam I había erigido, y luego destruyó el altar y su lugar alto (2 R. 23:15-16).

3. Su obra y su persona

Poco se sabe de la obra y de la persona de este profeta, porque no da nigún dato histórico de sí mismo en su libro, y tampoco se le menciona en ninguna otra parte del Antiguo Testamento. El único data que aporta es que era de Elcós. Se han propuesto cuatro lugares como posible ubicación de tal ciudad, aunque ninguno es seguro. Unos la sitúan en Mesopotamia, al norte de Mosul, cerca del río Tigris. Nestorio fue el primero que sugirió este lugar, y existe todavía "una tumba de Nahúm", encontrada cerca de una ciudad llamada Elqush. Contra esta opinión está la falta de cualquier razón para suponer que Nahúm viviese o muriese en un país tan alejado como Mesopotamia. No vivió en una época tan temprana como para haber sido llevado cautivo con las tribus del norte el año 722 A.de C., ni en una época tan tardía como para haber sido deportado a Babilonia después del año 605 A.de C. Un segundo lugar está ubicado en Galilea y se llama Elkesi o El Kauze. Fue Jerónimo el primero que sugirió esta ubicación, pero el

---

[2]Era probablemente una copia de los cinco libros de Moisés. El hecho de que Josías observase entonces la Pascua con tan minuciosos detalles, da a entender que este libro no contenía solamente el Deuteronomio, según muchos sostienen (Véase G. Ernest Wright, *Interpreter's Bible*, ed. George A. Buttrick y otros, II, pp. 311-330). Además, debe tenerse en cuenta que no existe en el relato bíblico ninqua indicación de que este libro hubiese sido escrito recientemente, como han venido creyendo desde hace tiempo los exegetas liberales.
[3]Véase el capítulo 11, p. 177-197.

único argumento a su favor es solamente la semejanza del nombre. Un tercer lugar, Capernaúm, también en Galilea, obtiene mayores probabilidades, pues el nombre significa "villa de Nahúm." La idea es que, esta ciudad, originalmente llamada El Kauze, recibió el nuevo nombre después de la muerte de su más celebrado ciudadano, en honor de él. Sin embargo, hay un cuarto lugar que es todavía más probable, aunque siempre nos movemos en el terreno de la inseguridad: es un sitio llamado Bir-el-kaus, cerca de Beit-jibrín, en el territorio de Judá; éste podría ser el lugar nativo de Nahúm.

Como el libro de Nahúm está centrado enteramente en la destrucción de la gran Nínive, está claro que el profeta conocía bien el mundo que le rodeaba, y en particular el Imperio Asirio, con su capital Nínive. Aunque Nahúm, igual que Miqueas, había nacido probablemente en un área rural, debió de tener también un contacto considerable con grandes ciudades, en las que era posible obtener tal información. Escribiendo como lo hizo acerca del poder extranjero, tuvo que estar familiarizado con la historia de su pasado. Por ejemplo, hubo de conocer bien la caída de Israel a manos de los asirios el año 722, y el gran peligro que esto significaba para Judá. También tuvo que estar familiarizado con la campaña de Senaquerib en los días de Ezequías, y la extensa ruina que llevó al país. Y todavía estaría más familiarizado con el poderoso reinado de Asurbanipal (669–633 A.de C.), nieto de Senaquerib, y que murió approximadamente en el tiempo en que Nahúm comenzó su ministerio. El reinado de Asurbanipal habia supuesto para Asiria un glorioso período, pues en él alcanzó el imperio su clímax de poderío, y este hecho dominaría los pensamientos de Nahúm, cuando describió la destrucción de la gran urbe.

Aunque Nahúm limitó su temario a la destrucción de Nínive, no hemos de pensar que su ministerio oral ante su propio pueblo se mantuvo en el silencio. A este respecto, se le puede comparar con Abdías, quien solamente escribió de Edom, pero seguramente estuvo activo en predicar a sus paisanos. Estando bien enterado de las cosas de Asiria, podemos asegurar que sabría del cautiverio de Manasés allí y, sin duda, usaría este hecho como una advertencia general a todo el pueblo. Conocedor también de la destrucción de Tebas en Egipto (3:8–10), advertiría contra cualquier intento de depender de Egipto, en la misma vena con que se había expresado Isaías un siglo antes. Conociendo, así, al mundo en gran escala, seguramente tendría algún contacto con el rey de su propio país, Josías, y no hay duda de que, junto con Sofonías y Jeremías, tomaría gran parte en la tarea de animar al rey a llevar a cabo sus reformas.

Surge lógicamente una pregunta al comparar el libro de Nahúm con el de Jonás. También el libro de éste se refiere a Nínive y, en particular, al arrepentimiento de la gran ciudad cuando Jonás fue allá para proclamar su destrucción, pero Dios no la destruyó por entonces, debido a su arrepentimiento; por consiguiente, surge la pregunta: ¿Por qué ordenó Dios a Nahúm hablar de nuevo de tal destrucción? La respuesta se halla en la distancia cronológica entre ambos profetas. Había pasado como un siglo y medio, y de seguro que Jonás había quedado olvidado por largo tiempo en los días de Nahúm. Abundaba otra vez el pecado y, por ello, era justo que viniese el castigo, y esto es lo que Nahúm predijo: Nínive cayó el año 612 A.de C., al ser invadida la ciudad por un ejército conjunto de babilonios, medos y, probablemente, escitas.

4. El libro

En el primer capítulo, comienza Nahúm con un salmo de triunfo, en el que alaba a Dios y anuncia el castigo de Dios sobre los malvados y el otorgamiento de beneficios a quienes confían en El. En el capítulo 2, predice escenas vivas de la destrucción de Nínive, empleando un lenguaje lleno de vigor y colorido. Por ejemplo, en 2:6, habla de "las puertas de los ríos" que se abren, una clara referencia a parte de los muros de Nínive que fueron demolidos y arrastrados por una inundación. Esto es lo que en realidad sucedió, y la abertura hecha así en los muros sirvió al ejército enemigo para entrar y tomar la ciudad el año 612. Después, en el capítulo 3, con la misma viveza de lenguaje, presenta Nahúm las razones por las que sobrevino esta destrucción. El libro presenta la forma de una unidad literaria, y no hay razón para suponer que interviniese en su composición otro autor que Nahúm mismo. Se han hecho intentos para encontrar una múltiple autoria, pero sin éxito y sin llegar a un acuerdo sobre las pretendidas evidencias, por lo que hay que rechazarlas de plano.

El bosquejo del libro puede ser el siguiente:
I. Un salmo a la majestad de Dios (1:1-15).
II. Descripción de la destrucción de Nínive (2:1-13).
III. Motivos de la destrucción de Nínive (3:1-19).

B. SOFONIAS

1. La fecha

Sofonías data con más precisión (1:1) la fecha de su ministerio: el reinado de Josías (640-609 A.de C.). Es evidente que escribió su libro antes del 621 A.de C., el tiempo en que Josías comenzaba sus reformas más importantes, puesto que menciona y condena las prácticas idólatras abolidas por el rey en ese tiempo, y en 3:1-7, habla de las serias condiciones pecaminosas que también cambiaron. El hecho de que mencione como aún futura la destrucción de Nínive (2:13), es indicio de que escribió su libro antes del 612. Es posible que siguiese en el desempeño de su ministerio por algunos años después de escribir su libro, aunque quizás no después de la muerte de Josías en el 609 A.de C. Nahúm y Sofonías fueron probablemente contemporáneos durante gran parte del ministerio de ambos.

2. Trasfondo histórico

En realidad, no se necesita añadir nada concerniente al trasfondo histórico de Sofonías, puesto que su mundo y época eran los mismos de Nahúm. Sin embargo, no estará de más hablar aquí de la razón por la que Sofonías aparece agrupado con los otros cuatro profetas del siglo séptimo, y es que todos ellos juntos tenían la tarea y la responsabilidad de hacer sonar una fuerte advertencia a Judá, como una llamada de la hora undécima. Ya hicimos notar con anterioridad que Oseas y Amós habían pronunciado una llamada similar ante Israel, antes de que el país cayese en manos de Asiria; ahora, estos cuatro: Nahúm, Sofonías, Habacuc y Jeremías, tenían que hacer lo mismo con respecto a la caída de Judá. Los perversos reinados de Manasés y Amón habían ahuyentado el efecto de las previas advertencias de Isaías y Miqueas, y ahora, un siglo después, era necesario que estos cuatro pronunciasen sus serios mensajes. Al principio, las advertencias surtieron su efecto, cuando Josías llevó a cabo importantes reformas, algo similar a lo ocurrido en los días de Isaías y Miqueas, cuando Ezequías llevó a cabo sus reformas. Pero las buenas actividades de Josías fueron neutralizadas, una vez más, por reinados perversos como los de Joyaquim y Sedequías (paralelos a los de Manasés y Amón anteriormente). Así le llegó a Judá el castigo en la forma de la deportación a Babilonia, así como antes le había ocurrido a Israel cuando fue deportado a Asiria.

3. Su obra y su persona

Sofonías se sale de lo corriente al trazar su genealogía ascendente en cuatro generaciones. Siendo el único profeta que lo hace, debe haber alguna razón, y parece ser que la razón está en la identidad del antepasado nombrado en cuarto lugar, es decir, Ezequías, que bien podría ser el rey del mismo nombre. El tiempo en que vivió Ezequías se compagina bien con esta identificación. Si la suposición es correcta, Sofonías era descendiente de la línea dinástica. La línea que el profeta presenta es: Ezequías, Amarías, Gedalías, Cusí y Sofonías. Comparándola con la de los monarcas de Judá, tendríamos lo siguiente: el rey Manasés y Amarías serían hermanos; Amón y Gedalías, primos hermanos; Josías y Cusí, primos segundos; y los tres hijos de Josías (Joacaz, Joyaquim -o Joacim- y Sedequías), todos los cuales reinaron, eran primos terceros de Sofonías. Si existió tal parentesco, Sofonías tendría un acceso a la corte real que no tendrían los otros profetas, y así pudo tener contactos con Josías y ejercer sobre él una mayor influencia que Nahúm o el mismo Jeremías.

También es digno de notarse que Sofonías era tan conocedor del mundo circundante como lo habían sido otros antes que él. En 2:4-15, habla del juicio de Dios sobre cuatro áreas que rodeaban a Judá: Filistea, por el oeste; Moab y Amón, por el este; Etiopía, por el sudoeste; y Asiria, por el nordeste. A este respecto, escribe en el mismo tono en que lo había hecho antaño Isaías, aun cuando Isaías se refirió a más países todavía.

En general, podemos pensar que Sofonías comenzó su ministerio hacia el 630 A.de C., como Nahúm, y lo continuó por la mayor y mejor parte del reinado de Josías. En los primeros años de su ministerio, aprovechando el fácil acceso que tenía a la corte real, según la probabilidad ya apuntada, no hay duda de que hizo numerosas visitas a Josías y le urgió a que llevase a cabo las reformas. En algún tiempo durante esos años, escribió su libro.

4. El libro

El libro de Sofonías presenta primero un tema de advertencia, y después otro de promesa. La advertencia tiene que ver con el venidero día de Jehová, y parece que hay en perspectiva un doble cumplimiento: el primero es el de la cautividad de Babilonia, que, en tiempo de Sofonías, estaba a pocos años de distancia, y fue verdaderamente un día de severo castigo, impuesto por la mano de Dios; el segundo es el de la gran tribulación de los últimos días, y este aspecto del cumplimiento es puesto de manifiesto, tanto por la descripción del día de Jehová como por una referencia, al final del libro, al futuro milenio que seguirá a la gran tribulación. Si un tema escatológico de este calibre es tratado en la última parte del libro, debe haber en la primera parte un tema que se corresponda con él, y tal es el tema del castigo que allí se considera, tanto con respecto a Judá como a las naciones circunvecinas.

El tema de la promesa es presentado en los dos últimos tercios del capítulo 3, y tiene que ver con el tiempo futuro de las bendiciones mileniales que Israel ha de experimentar. Será un día en que "Jehová, el Rey de Israel" estará en medio de Su pueblo y no habrá de temer ningún otro infortunio (3:15).

Aunque también se ha intentado encontrar múltiple autoría para este pequeño libro, todos los argumentos se han basado en presuposiciones contrarias a la teología conservadora; al presente, hay muy poco acuerdo entre los que sostienen tal opinión, y ni siquiera merecen nuestra atención.

El esbozo del libro puede ser el siguiente:

I. Prefiguración del día de Jehová (1:1 — 3:7).
    A. Juicio sobre Judá y Jerusalén (1:1 — 2:3).
    B. Juicio sobre las naciones circunvecinas (2:4-15).
    C. Amenaza de castigo contra Jerusalén (3:1-7).

II. Predicción del reino milenial (3:8-20).

C. HABACUC

1. La fecha

Una vez más, en el caso de Habacuc, el tiempo del ministerio del profeta tiene que determinarse en base a las evidencias internas que ofrezca el libro que escribió. Habacuc no menciona el reinado de ningún rey. La evidencia de que disponemos apunta hacia el reinado de Joyaquim (609-598 A.de C.) como al período en que redactó su libro, y quizás, precisando un poco más, hacia el tiempo en que Nabucodonosor invadió por primera vez Jerusalén el 605 A.de C. Primero, porque, en 1:6-10, se predice la invasión de los babilonios en un contexto que sugiere que dicho evento estaba relativamente próximo. (De hecho, fueron tres los ataques: en 605, 597 y 586). Segundo, porque no se hace referencia a Asiria ni como enemigo ni como objeto de destrucción presagiada, como en Nahúm y Sofonías, lo cual sugiere que Nínive había sido destruida ya, hecho que ocurrió el 612 A.de C. Tercero, 1:2-4 da a entender que existía un pecado muy grave en Judá, y el fuerte lenguaje de las expresiones no se compagina con las reformas que había instituido Josías, sino con los perversos caminos de Joyaquim. Cuarto, porque de la manera en que se hace referencia a la invasión, se sigue que la fecha más probable es el tiempo que precedió a la primera invasión por parte de Nabucodonosor. Habacuc pregunta a Dios cuánto tiempo va a pasar hasta que se imponga a Judá el castigo que merece su pecado, y Dios responde que eso va a suceder durante los días de Habacuc (1:5), y lo hará por mano de los babilonios. Esto da a entender que todavía no lo había hecho.

Algunos comentaristas, como Keil, opinan que la fecha pertenece a los últimos días del gobierno de Manasés, con base en 2 R. 21:10-16, donde se afirma que los profetas en tiempo de Manasés predijeron la forma de severa destrucción que los babilonios' habían de llevar a cabo a su debido tiempo; y se supone que Habacuc era uno de esos profetas. Como argumento adicional, se hace notar que el tiempo de Manasés se caracterizó por una gran perversidad, lo que explicaría la grave preocupación, ya aludida, de Habacuc. Sin embargo, hay mayores probabilidades a favor de los tiempos de Joyaquim, tanto por la falta absoluta de alusiones a Asiria, como por la insinuación de que la invasión babilónica estaba a las puertas.

La opinión de Duhm, Sellin y Torrey, de que la profecía de Habacuc fue dirigida contra Alejandro Magno, debe ser rechazada de plano. Para sostener tal opinión, dichos autores alteran la palabra hebrea que significa "caldeos" (kasdim) en 1:6, para leer "chipriotas" (kittim), pero tal variante no tiene base textual y, lo que es mas ímportante, no se halla en los rollos del Mar Muerto.

2. Trasfondo histórico

Ya hemos estudiado el trasfondo histórico de los profetas del siglo séptimo hasta llegar al tiempo de las reformas llevadas a cabo por el rey Josías. Es menester continuarlo ahora hasta las primeras invasiones de los babilonios.

Josías fue un rey muy capaz. Las profundas reformas que llevó a cabo no es fácil que hubiesen podido ser hechas por un gobernante de carácter mediocre. Supo imponer su autoridad, incluso en las antiguas provincias de Israel, ensanchando así la esfera de influencia de Judá. Sin embargo, cuando trató de interferir en el desarrollo de los acontecimientos mundiales, se propasó acarreándose la muerte.

El hecho ocurrió al intentar detener al Faraón Necó II de Egipto, cuando éste marchaba hacia el norte el año 609 A.de C., en un esfuerzo por impedir que Babilonia obtuviese el nuevo liderato del mundo, tras la reciente caída de Asiria. Las dos principales ciudades de Asiria, Asur y Nínive, habían sido tomadas el 614 y el 612 A.de C. respectivamente, siendo los babilonios los principales invasores. En este tiempo, los que habían quedado del ejército asirio bajo Asuruballit II, habían huido en dirección oeste hacia Harán. El año 610, Harán cayó finalmente en manos de Nabopolasar, rey de Babilonia, y con esto se les acabaron las esperanzas de sobrevivir a los asirios. Ahora, en 609, Necó, quien evidentemente quería rescatar para Egipto la hegemonía mundial, se puso en marcha hacia el norte para salir al encuentro de los babilonios. Josías, quizás para congraciarse con Babilonia, intentó parar la marcha de los egipcios junto a la posición estratégica de Meguidó, y allí encontró la muerte. Su cuerpo fue traído a Jerusalén para darle sepultura.

Al morir Josías, fue elevado al trono su segundo hijo Joacaz, siendo pasado por alto por el pueblo su hijo mayor Eliaquim. Pero Joacaz reinó solamente tres meses, pues Necó, que ejercía su autoridad sobre Judá desde la muerte de Josías, mandó que fuese sustituido por su hermano mayor, a quien le cambió el nombre de Eliaquim a Joyaquim.[4] Es posible que Necó creyese que Joacaz no iba a cooperar con él en el mismo grado en que lo haría, en su opinión, el hermano mayor. Así que se llevó prisionero a Egipto a Joacaz, donde murió éste, conforme lo había predicho Jeremías (22:11-12).

Joyaquim tenía veinticinco años -dos más que su depuesto hermano- cuando fue elevado al trono, y fue un rey perverso a los ojos de Dios, así como un gobernante incapaz. Quizás le había pasado por alto el pueblo anteriormente, por reconocer en el hermano menor mayor capacidad que en él. En una ocasión, Joyaquim despilfarró los fondos del Estado en la cons-

[4]Eliaquim significa "Dios ha establecido", y Joyaquim "Yahweh ha establecido". Puesto que el significado es básicamente el mismo, Necó, quien parece haber sido el que ordenó el cambio de nombre, debió de querer tan sólo mostrar su autoridad para obrar así.

trucción de un nuevo palacio, y por ello el gran profeta Jeremías le mostró su desdén y declaró que había de ser enterrado "como un asno" (22:13-19). En otra ocasión, el rey cometió la locura de ir cortando y quemando el libro de Jeremías, pensando, al parecer, que de este modo podría neutralizar el poder de su severa amonestación (36:23).

Fue en 605 A.de C., cuando alcanzó Babilonia una clara hegemonía en el dominio del Medio Oriente. En la famosa batalla de Carquemis, los egipcios sufrieron una completa y definitiva derrota a manos del, por entonces, príncipe heredero del trono de Babilonia, Nabucodonosor, quien así comenzó a hacer sentir el peso de su autoridad en las ciudades del Medio Oriente. En ese mismo año, realizá su primera invasión contra Jerusalén. Conforme el gran conquistador iba invadiendo las ciudades, una tras otra, parece ser que no sólo procuraba someterlas a su dominio, sino también ir haciéndose con jóvenes capacitados, a quienes colocar después en Babilonia en cargos de gobierno y administración. Sabemos que así lo hizo, al menos, en Jerusalén, reclutando entre otros, a Daniel y a sus tres amigos, Ananías, Misael y Azarías. Mientras se hallaba ocupado en estas actividades. Nabucodonosor se vio súbitamente interrumpido por la muerte de su enfermo padre, Nabopolasar, acaecida en agosto del mismo año, y regresó rápidamente a Babilonia, donde fue coronado como Nabucodonosor II.

Todo esto significa que el tiempo del ministerio de Habacuc, si es que tuvo lugar dentro del reinado de Joyaquim, como ya se indicó arriba, fue un período de angustia y aflicción. Habían pasado los días de paz, prosperidad y reformas de Josías, y eran tiempos en que la perversidad y la tensión se adueñaban del país.

3. Su obra y su persona

Habacuc no refiere ningún episodio acerca de sí mismo, ni es mencionado en ningún otro lugar de la Escritura. No obstante, a la vista del trasfondo histórico ya considerado, podemos hacer algunas conjeturas acerca de él. Estaría activo en contrarrestar, en cuanto estuviese en su mano, las perversas prácticas de Joyaquim. Las compararía con los anteriores caminos rectos de Josías, que él habría conocido y deseado que continuasen. También estaría enterado de la influencia que Nahúm y Sofonías habían ejercido sobre Josías para que efectuase las reformas que llevó a cabo, y anhelaría haber podido hacer en aquellos días cuanto estuviese en su mano para el mismo fin. Aun cuando es lo más probable que Nahúm y Sofonías estuviesen ahora muertos, aún vivía Jeremías, y es posible que Habacuc buscase su compañía para aunar sus esfuerzos a fin de mejorar las condiciones existentes.

En cuanto a su persona, es poco menos que nada lo que nos dice de sí mismo, y ni siquiera nombra a su padre. Han surgido algunas leyendas sobre él, pero parece ser que se trate de meras ficciones. Una es que Habacuc era el hijo de la sunamita, prometido primero a su madre por Eliseo, y resucitado después por el mismo profeta (2 R. 4:8–37), pero esto es imposible por la diferencia de dos siglos en las fechas. Otra leyenda hace de Habacuc el centinela colocado por Isaías para observar la caída de Babilonia (Is. 21:6). Y en un libro apócrifo, *Bel y el Dragón*, se dice que Habacuc llevó un potaje y pan a Daniel, cuando se hallaba éste en el foso de los leones, pues lo llevó allá con este fin un ángel que lo agarró de los cabellos y lo trasportó en volandas.[5]

Pero, sin dar crédito a tales fantasías, podemos conocer, a base de sus escritos, que Habacuc era un verdadero hombre de Dios. En realidad, el énfasis de su libro se carga principalmente en la necesidad de que los hombres de su tiempo reconozcan adecuadamente la santidad de Dios. Le parecía que Dios debía hacer algo más para salvaguardar Su propia santidad, en vista de la extensión que el pecado cobraba en aquel tiempo. La oración de Habacuc, registrada en el capítulo 3 de su libro, indica un corazón completamente entregado al interés y a la voluntad de Dios. Sería interesante conocer qué grado de contacto hubo entre el gran Jeremías y este piadoso hombre; podemos suponer que se vieron con frecuencia, quizás se buscaban para disfrutar de comunión fraternal y orarían juntos a menudo.

Hay un detalle digno, al menos, de notarse; y es que posiblemente, Habacuc fue un cantor levítico del templo. Esta posibilidad está basada en la última frase de su libro: "Al jefe de los cantores, sobre mis instrumentos de cuerdas" (3:19). Esto implica que era cantor y que podía tocar uno o más instrumentos de cuerda. Lo confirma la afirmación que se hace en el libro apócrifo, ya mencionado, *Bel y el Dragón*, donde leemos: "Habacuc, el hijo de Josué, de la tribu de Leví." No hay en esto nada de extraño, ni tiene importancia si era o no un cantor levita, puesto que varios profetas fueron levitas, ejerciendo sus funciones en dos áreas del ministerio.

4. El libro

El libro de Habacuc es único en su forma entre los libros proféticos. En lugar de presentar una serie de afirmaciones proféticas o de mensajes para amonestar al pueblo sobre el pecado y el castigo, Habacuc presenta sus dos primeros capítulos en forma de un diálogo entre Dios y él. Comienza mostrando su preocupación por el hecho de que parecía que a Dios no le importaba que el pecado proliferara en el país. Pasa luego a registrar la

---

[5]Para una discusión de tales leyendas, véase, R. K. Harrison, *Introduction to the Old Testament*, p. 931.

respuesta de Dios de que habrá castigo por el pecado, y que ese castigo vendrá en forma de una invasión por parte de los babilonios.

Esta respuesta hace surgir en la mente del profeta una pregunta ulterior: ¿Cómo puede usar Dios para castigar a Su pueblo a una nación más perversa que Judá? Dice a Dios: "Muy limpio eres de ojos para ver el mal, y no puedes contemplar inactivo el agravio; ¿por qué ves a los menospreciadores, y callas cuando destruye el impío al más justo que él?" (1:13). Responde Dios: "He ahí al orgulloso: su alma no es recta en él, mas el justo por su fe vivirá" (2:4). La idea es que los que son orgullosos, dando a entender los babilonios, carecen de fe y, por ello, serán finalmenta condenados en el juicio de Dios. Los que vivirán en ese tiempo son los que tienen fe y viven de esa fe. En otras palabras, el castigo que Dios efectuará por medio de lost babilonios, les dará poder sólo por algún tiempo, lo suficiente como para llevar a cabo el castigo; pero no tardará en llegar el día en que ellos mismos experimentarán el castigo que merecen, y este castigo será mucho más severo que el de Judá.

Muy diferente es el capítulo 3, donde Habacuc eleva a Dios una admirable oración, en la que muestra su firme fe en Dios y su confianza inconmovible en que todo va bien cuando Dios tiene el control.

Aunque los exegetas liberales han puesto en cuarentena la autoría de los capítulos 1 y 2, suponiendo ciertas adiciones o arreglos póstumos del material, sus principales críticas conciernen al capítulo 3, del cual sostienen que fue añadido por una mano posterior, alegando las siguientes razones: primera, este capítulo es un salmo, no un mensaje profético; segunda, dicen que los términos musicale que mencionan en los versiculos primero y último son anacrónicos; tercera, no está incluido en los rollos del Mar Muerto.[6] A esto respondemos: primero, no hay razón intrínseca que prohíba a un profeta terminar su libro con un salmo y, por cierto, algunos pensamientos de dicho salmo están lógicamente conectados con la primera parte del libro; segundo, los términos musicales no son, por sí mismos, indicio de una fecha posterior con respecto a la autoría del libro, puesto que ya estaban muy en uso en tiempos de David, en los salmos que él mismo compuso; y tercero, el hecho de que el capítulo 3 no aparezca en el comentario de Habacuc hallado en los rollos del Mar Muerto, no significa que este capítulo fuera añadido posteriormente, sino que es muy posible que dicho comentario no fuese jamás terminado y, por eso, no incluyese notas acerca de esta parte del libro. Un argumento sacado del silencio es una evidencia muy pobre. Es muy digno de notarse que la versión de los LXX (Septuaginta), que data aproximadamente de la misma fecha que el ya citado comentario de Habacuc, contiene el tercer capítulo.

---

[6]Véase Robert Pfeiffer, *Introduction to the Old Testament*, p. 598.

El esbozo del libro puede ser como sigue:
  I. Diálogo entre Dios y el profeta (1:1 – 2:20).
     A. Primera pregunta: ¿Por qué calla Dios ante el pecado de Israel? (1:1-4).
     B. Respuesta de Dios: la invasión babilónica (1:5-11).
     C. Segunda pregunta: ¿Por qué calla Dios ante la crueldad de los babilonios? (1:12 – 2:1).
     D. Respuesta de Dios: En su día, se llevará a cabo la destrucción de los babilonios (2:2-20).
 II. Oración de fe de Habacuc (3:1-19).

Profetas del siglo nono	Capítulo 16 Abdías Joel
Profetas del siglo octavo	Capítulo 17 Oseas Amós Jonás
	Capítulo 18 Isaías Miqueas
Profetas del siglo séptimo	Capítulo 19 Nahum Sofonías Habacuc
	Capítulo 20 Jeremías
Profetas del exilio	Capítulo 21 Daniel Ezequiel
Profetas post-exilicos	Capítulo 22 Hageo Zacarías Malaquías

20

Profetas del Siglo Séptimo: Jeremías

El cuarto profeta del siglo séptimo fue Jeremías. Como es uno de los Profetas Mayores, y se sabe de él más que de los otros tres, le dedicamos un capítulo entero. Jeremías se alza como un gigante en su siglo, lo mismo que Isaías en el suyo. Fue un gran profeta, poderoso para la causa de Dios, y Dios le usó de modo muy importante para dar a conocer Su palabra. Al ser contemporáneo de los tres profetas que hemos considerado en el capítulo precedente, y por haber servido los cuatro en Judá, es evidente que estos cuatro hombres constituyeron la mayor concentración de profetas escritores que hubo en todo el tiempo de la historia bíblica.

A. LA FECHA

Jeremías data su ministerio de acuerdo con los reinados de varios reyes a quienes nombra. En 1:2-3 (v. 25:3), dice: "al que vino la palabra de Jehová en los días de Josías . . . en el año decimotercero de su reinado. Le vino también en días de Joacim . . . hasta el fin del año undécimo de Sedequías", siendo este "año undécimo" el año en que fue llevado cautivo el pueblo de Jerusalén. Así que Jeremías recibió la primera revelación en el año decimotercero de Josías, es decir, en el 627 A.de C., y continuó su ministerio hasta la cautividad del pueblo en Babilonia. No se mencionan los reinados de Joacaz y Joaquín, probablemente por causa de su breve duración.

Es de observar que, en esta primera referencia cronológica, Jeremías no menciona ningún ministerio suyo durante la cautividad, pero en los caps. 40 al 44, deja bien en claro que continuó sirviendo por algún tiempo también entonces. Parte de este ministerio lo llevó a cabo en Judá, mientras vivió el gobernador Gedalías, y parte en Egipto, adonde fue llevado el profeta por judíos miedosos, que desobedecieron a Dios al marcharse a Egipto. No se nos da la fecha de la muerte de Jeremías, pero el tiempo más probable es alrededor del año 580 A.de C. Como su ministerio comenzó el año 627, esto significa que el tiempo total en que desempeñó su función profética duró aproximadamente cuarenta y siete años. Es muy probable que sólo Isaías le sobrepujara en cuanto a la longitud del servicio profético.

B. TRASFONDO HISTORICO

En el capítulo precedente, trazamos el trasfondo histórico de los profetas del siglo séptimo hasta llegar al primer ataque de Nabucodonosor contra Jerusalén el año 605 A.de C. Como el ministerio de Jeremías se extendió por mayor tiempo que los demás profetas de su tiempo, es menester ahora continuar dicha historia por el resto de la vida del profeta.

Recordemos que, después del ataque a Jerusalén el año 605, fue llamado Nabucodonosor a Babilonia para ser coronado rey en agosto del mismo año. Se quedó en Babilonia por unas pocas semanas, regresando luego al occidente para obligar a otras ciudades a que reconociesen su supremacía. Continuó con su empeño hasta que toda la región costera del Mediterráneo le reconoció, y sólo entonces se quedó satisfecho en su casa. Pero en 601, se puso de nuevo en movimiento, esta vez contra Egipto, y en la frontera egipcia le salió al encuentro el Faraón Necó. Ambos ejércitos experimentaron considerables pérdidas en la batalla, y ninguno de los dos bandos pudo cantar victoria. Por lo menos, Nabucodonosor fue repelido y tuvo que volverse a Babilonia, aunque no estuvo quieto por mucho tiempo, proque en el 597 lanzó un segundo ataque contra Judá. El motivo fue la rebelión de Joacim (o Joyaquim), quien de nuevo volvió sus ojos hacia Egipto en busca de ayuda (2 R. 24:1). Al principio, el emperador babilonio envió contra el área algunas tropas solamente, reforzadas por bandas de sirios, moabitas y amonitas (2 R. 24:2; Jer. 35:11), pero, al final, vio la necesidad de emprender una campaña de mayor envergadura y acudió él en persona. Salió de Babilonia en diciembre de 598, y en ese mismo mes, murió Joyaquim en Jerusalén.[1] La mordaz predicción de Jeremías acerca de la muerte y sepultura de Joyaquim (Jer. 22:18–19; 36:27–32) sugiere que el rey halló la muerte en una batalla con alguna de las bandas que merodeaban por allí, en condiciones que impidieron que fuese enterrado normalmente. Subió entonces al trono Joaquín (Jeconías o Conías), el hijo de Joyaquim,

---

[1]La fecha exacta consta al comparar la Crónica de Babilonia con 2 R. 24:6–8.

que tenía dieciocho años de edad, y fue él quien recibió el golpe del ataque babilónico en marzo del año siguiente, 597 A.de C. Como ocurre con frecuencia, la ayuda egipcia no llegó, y Joaquín fue llevado cautivo a Babilonia, junto con la reina madre, sus esposas, sus sirvientes y el resto del botín. También fue llevado cautivo el profeta Ezequiel, y con él diez mil judíos principales (2 R. 24:11-16).

Entonces Nabucodonosor puso por rey a Matanías, tercer hijo de Josías y tío de Joaquín. Tenía a la sazón veintiún años, quince menos que su hermano mayor Joyaquim, y el rey de Babilonia le cambió el nombre por el de Sedequías. Al parecer, nunca obtuvo en realidad la aceptación del pueblo, quizá por haber sido puesto por el rey de Babilonia; como resultado de ello, su reinado estuvo abrumado por la agitación y el dessasosiego continuos. Durante este tiempo, se fue formando en Jerusalén un fuerte partido antibabilonio y apremió al pueblo a sublevarse, urgiendo a Sedequías a que buscase de nuevo la ayuda egipcia. Se estaba formando en el área una nueva coalición, en la que tomaban parte Edom, Moab, Amón y Fenicia (Jer. 27:1-3), los cuales incitaban a Sedequías a unirse a ellos. A esto se añadió el consejo de falsos profetas en el mismo sentido, declarando que Dios había quebrantado ya el poderío de Babilonia, de tal manera que, dentro de dos años, los cautivos judíos regresarían a Jerusalén (Jer. 28:2-4).

Jeremías trató de contrarrestar los efectos de esta "profecía", declarando que era falsa y urgiendo a continuar sometidos al control de Babilonia (Jer. 27:1-22). Por algún tiempo, Sedequías dio oídos a Jeremías, pero finalmente decidió sublevarse y pidió la ayuda de Egipto. Como resultado de ello, a comienzos del año 586 A.de C., Nabucodonosor se puso en marcha, una vez más, hacia el oeste, y sus ejércitos pusieron sitio a Jerusalén.[2] El sitio fue levantado por poco tiempo, cuando los egipcios quisieron, por fin, hacer honor a su alianza por medio del envío de tropas, pero parece ser que los babilonios tuvieron pocas dificultades para salirles al encuentro y derrotarlas por completo; con lo que el ejército de Nabucodonosor pronto regresó junto a los muros de Jerusalén.

La ciudad no pudo aguantar el asedio por mucho más tiempo, y cayó en manos del invasor en julio de aquel mismo año.[3] Sedequías intentó huir, pero fue capturado cerca de Jericó y llevado al cuartel general de Nabucodonosor en Riblá. Allí degollaron a sus hijos en presencia suya y luego le sacaron los ojos a él mismo. Junto con muchos otros, fue llevado prisionero a Babilonia, mientras Jerusalén sufría tremendos daños a manos de Na-

---

[2]Estableció su cuartel general en Riblá, junto al río Orontes, al norte de Palestina. Es posible que, desde aquí, enviase algunas tropas en varias direcciones, puesto que puso sitio a la ciudad de Tiro desde el año 587 hasta el 574 A.de C., y las Cartas de Laquís indican una devastación, por ese tiempo, a lo largo y a lo ancho de toda la Judea; véase *Documents from Old Testament Times*, ed. D. Winton Thomas, pp. 212-217.

[3]El asedio babilónico comenzó en el décimo mes del año noveo de Sedequías, y continuó hasta el cuarto mes de su undécimo año (julio del 586 A.de C.); un total de dieciocho meses.

buzaradán, un oficial del ejército de Nabucondonosor. Entre los daños perpetrados en la capital, se incluyó la completa destrucción del templo erigido por Salomón, que se había mantenido en pie durante cuatro siglos.

Judá se convirtió entonces en una provincia de Babilonia y, por ello, el poder extranjero le asignó un gobernador. El primer gobernador fue Gedalías, quien estableció su capital en Mizpá, trece kms. al norte de Jerusalén.[4] Sus súbditos eran "los pobres de la tierra", es decir, los que habían sido dejados por los babilonios para que cultivasen la tierra (2 R. 25:12). No eran muchos en número; habían muerto muchos judíos en la guerra del 597, y diez mil prisioneros (2 R. 24:14) habían sido deportados en aquel entonces; además, muchos más habían perecido durante el largo asedio; después del cual, otro buen número de judíos habían sido deportados.

Llevaba Gedalías sólo dos meses de governador, cuando fue asesinado a traición por Ismael, quien había huido de Judá la primera vez que se acercaron los babilonios y había fijado su residencia en Amón. Junto con algunos más, Ismael regresó a Judá y dio muerte a Gedalías y a una pequeña guarnición que los babilonios habían dejado en Mizpá. El hecho fue perpetrado en secreto, de modo que por entonces no se supo fuera de la casa del gobernador. Sin embargo, al segundo día después del crimen, Ismael y sus hombres juzgaron necesario matar a un grupo de visitantes y, acto seguido, se apresuraron a huir hasta Amón, temiendo que ahora se filtrasen noticias de la acción que habían cometido. Tomó Ismael un cierto número de rehenes, a quienes por alguna razón no dio muerte. En este punto, Johanán, un jefe militar bajo el asesinado Gedalías, se enteró de la atrocidad y persiguió a Ismael y a sus hombres. Les dio alcance junto a Gabaón, donde pudieron liberar a los rehenes, pero Ismael y ocho de sus hombres escaparon con vida hasta Amón.

El resultado de todo ello fue que la gente comenzó a tener miedo de que volviesen los babilonios y tomasen represalias por el asesinato del gobernador que Nabucodonosor había nombrado. Jeremías, que había fijado su residencia en Mizpá, fue visitado por Johanán y sus compañeros, quienes le pidieron consejo para ver qué debían hacer, rogándole que consultase la voluntad de Dios, y prometiendo que harían cuanto Dios les ordenase. Diez días después, recibió Jeremías un mensaje de Dios, que les ordenaba quedarse en la tierra y no marcharse a Egipto, como habían pensado hacer. Jeremías les comunicó esta información, pero ellos entonces quebrantaron su promesa y, en su desobediencia, planearon marcharse a Egipto de todas maneras.

El grupo que emprendió dicho viaje era muy numeroso, compuesto como estaba por los que habían sido puestos a cargo de Gedalías, además de muchos otros que habían regresado de los países circunvecinos en los

---

[4]Se trata de la actual Tell En-Nasbeh.

que anteriormente se habían refugiado (Jer. 43:5-6). También Jeremías marchó, no por su propia voluntad, sino aceptando de mala gana acompañarles, probablemente en un supremo esfuerzo para conservar la palabra de Dios delante del pueblo, en la medida de sus posibilidades. Tras la marcha de este numeroso grupo, la tierra de Judá debió de quedar completamente despoblada. Los migrantes llegaron a Tafnes[5] en el delta oreintal de Egipto, donde parece ser que todos fijaron su residencia por algún tiempo.

C. SU OBRA Y SU PERSONA

1. Su obra

De la vida y de la obra de Jeremías, se sabe más que de la de ningún otro de los profetas escritores, puesto que Jeremías hace muchas referencias históricas que conciernen a su persona o le involucran en los episodios. Se crió de niño en la ciudad sacerdotal de Anatot,[6] y era hijo del sacerdote Hilcías. Cuando era todavía un joven de unos veinte años, fue llamado por Dios al ministerio profético, y el Señor le dijo que, desde antes de formarle en el vientre de su madre, le había designado para tal ministerio (Jer. 1:5-10). Fue esta fecha de su llamamiento la que Jeremías tenía en su mente cuando escribió más tarde que la palabra de Jehová le vino en el año decimotercero del reinado de Josías (1:2. v. 25:3). Su vida puede dividirse en tres períodos.

El primero podría caracterizarse como el período más agradable de su vida, ya que en él experimentó poca oposición y escaso sufrimiento. Era rey Josías, y la rectitud prevalecía en el país. Fue en este tiempo cuando vivieron Nahúm y Sofonías, y es lo más probable que los tres profetas influyeran sobre el rey para que éste llevara a cabo sus reformas. El libro de la Ley fue encontrado en el año decimoctavo de Josías, cinco años después del llamamiento de Jeremías, y esto contribuyó a mejorar todavía más la situación espiritual del país.

Aunque probablemente se hallaba aún en Anatot cuando recibió su llamamineto, de seguro que Jeremías había visitado Jerusalén muchas veces durante su adolescencia, y es lo más probable que, a raíz de su llamamiento, trasladase su residencia a la capital. A la vista de 11:18-23, experientó alguna oposición seria durante los primeros años, especialmente por parte de sus propios paisanos de Anatot. Es posible que algunos de ellos estuviesen celosos de la prominencia que había alcanzado el joven y, por eso, intentaron quitarle la vida (11:21). A causa de esta mala voluntad, dijo

---

[5]Identificada como Tell Defenneh, situada a 43 kms, al sudoeste de Port Said. Con las mismas consonantes (*Tphnhs*), ha sido hallado este nombre en una carta fenicia del siglo VI, procedente de Egipto (véase A. Dupont-Sommer, *Palestine Exploration Quarterly*, 81 [1949]: 52, 57).
[6]La actual Anatá, justamente al nordeste de la moderna Jerusalén.

Dios que iba a traer "el mal sobre los varones de Anatot" como castigo. A pesar de todo, podemos asegurar que los días de Jeremías se deslizaron tranquilos mientras vivió Josías. Aunque Dios le había dicho, en el tiempo de su llamamiento, quo la gente pelearía contra él (1:19), los días en que esto iba a suceder estaban, en su mayor parte, en el futuro. No cabe duda de que Jeremías mantuvo una relación estrecha con Josías y, por eso, a nadie ha de sorprender la observación del cronista de que, cuando murió el rey, "Jeremías endechó en memoria de Josías" (2 Cr. 35:25).

El segundo periodo contrasta notablemente con el primero, pues se caracterizó por una tremenda oposición y por duros sufrimientos. Fue el tiempo en que reinaron los tres últimos reyes de Judá: Joyaquim, Joaquín y Sedequías; los tres, perversos. Estos fueron los años en que Babilonia lanzó sus tres ataques contra el país, y cuando Dios ordenó a Jeremías predicar el impopular mensaje de someterse al poder extranjero. Sólo el tener que predicar tal mensaje bajo las difíciles circunstancias entonces existentes, ya era suficientemente penoso, pero a ello se añadió la creciente oposición contra él, que le acarreó graves sufrimientos.

En una ocasión, probablemente durante el reinado de Joyaquim, Pasur, "inspector jefe en la casa de Jehová" (20:1), "Hizo dar una paliza al profeta Jeremías, y lo puso en el cepo que estaba en la puerta superior de Benjamín, la cual conducía a la casa de Jehová" (v. 2). Hizo todo esto porque Jeremías había proclamado en el atrio del templo que Dios iba a traer de veras el mal sobre la ciudad, debido a los pecados del pueblo. En otra ocasión, también durante el reinado de Joyaquim, y cuando Jeremías había predicado un mensaje semejante al anterior, los sacerdotes y los falsos profetas pusieron todo su empeño en que se le diese muerte (26:11), aunque en esto no tuvieron éxito; pero otro profeta del mismo tiempo, de nombre Urías, y del que nada más sabemos, sufrió la muerte por predicar lo mismo que Jeremías (26:20–24).

En el año cuarto de Joyaquim (o Joacim), Dios ordenó a Jeremías escribir palabras que le habían sido communicades, y Jeremías lo hizo así, teniendo a Baruc de secretario (36:1–4). El libro fue leído al pueblo, y pronto tuvo noticia de ello el rey, quien ordenó que lo trajeran y se lo leyeran; y cuando así lo hicieron, comenzó él a cortar las páginas y arrojarlas al fuego, pensando quizá que, de este modo, podría dejar sin efecto, de alguna manera, el mensaje que contenían. Jeremías, impávido, dictó de nuevo a Baruc la información y todavía le añadió algo (36:27–32).

Parece ser que Jeremías tuvo poco o ningún contacto con Joaquin (o Conías), quien reinó sólo tres meses, antes de ser llevado cuativo a Babilonia, lo cual estaba predicho por Jeremías (22:24–30). Como ya dijimos, Nabucodonosor colocó entonces en el trono de Judá a Sedequías, y fue durante este tiempo cuando más sufrió Jeremías. Continuó éste predicando que el pueblo debía someterse a Babilonia, diciendo: "Someted vuestros cuellos al yugo del rey de Babilonia, y servidle a él y a su pueblo, y vivid". (27:12). Sin embargo, Sedequías no hizo caso, sino que se unió a la coalición contra el gobernante babilonio, de la que hablamos anteriormente y, a causa de ello, Nabucodonosor lanzó su tercer ataque contra Jerusalén. En el décimo año de Sedequías, cuando Jeremías se disponía a marchar de Jerusalén a Anatot para hacerse cargo de una hacienda que había comprado recientemente, fue detenido y arrestado bajo cargo de traición (32:1–15; 37:11–16). Permaneció en la cárcel por algunos días, y luego mandó por él Sedequías para preguntarle en secreto: "¿Hay palabra de Jehová?" (37:17). A lo que respondió Jeremías que sí la había, y a continuación le repitió el mensaje que había estado predicando durante todo el tiempo. Al oírlo, Sedequías dio un poco más de libertad al profeta, mandando que lo sacasen de la celda de la prisión al patio de la cárcel, pero los más encarnizados enemigos del profeta se enteraron y pidieron que se le diese muerte. Tomaron, pues, a Jeremías y le arrojaron a una cisterna, que había sido usada en otro tiempo como tal, pero ahora no era más que un calabozo embarrado, y allí "se hundió Jeremías en el cieno" (38:6). De allí fue sacado, con permiso del rey, por un tal Ebed-mélec, un etíope que tuvo compasión del profeta y quizá sentía simpatía por él (38:7–13). Fue probablemente poco después de este hecho, cuando cayó la ciudad, y Sedequías pasó por la experiencia descrita anteriormente.

El tercer período de la vida de Jeremías fue el tiempo subsiguiente a la caída de Jerusalén hasta la muerte del profeta. Al principio, las cosas debieron de ir bastante bien para Jeremías, ya que sus predicciones acerca de la ciudad habían resultado verdaderas, y los falsos profetas y los sacerdotes que anteriormente se le oponían, habían sido silenciados. Mientras vivió Gedalías, Jeremías le ayudó y es muy probable que los dos hombres disfrutasen de un agradable compañerismo. La respuesta del pueblo al no creer en el mensaje que Dios había dado a Jeremías constituiría una desdichada experiencia, y de seguro que Jeremías no disfrutaría durante el viaje a Egipto. Sin embargo, no hay indicios de que sufriese encarcelamiento durante este tiempo. A su llegada a Egipto, continuó Jeremías su ministerio y es probable que fuese respetado debidamente. Sus últimos días fueron quizá relativamente agradables, aunque pasados en un país extranjero.

La importancia del ministerio de Jeremías fue la misma que la de los demás profetas del siglo séptimo. Fue uno de los profetas, por así decir, de la undécima hora, amonestando al pueblo acerca de su pecado, y advirtiéndoles del castigo que les esperaba, a menos que sinceramente se arrepintiesen. Su importancia singular después de la caída de Jerusalén estribó en poder servir de pastor al pueblo que fue dejado en el país. Al ser su pastor, aun cuando ellos pecaron marchándose a Egipto, él continuó con ellos para cuidar de ellos allí.

2. Su persona

a. SU MADUREZ ESPIRITUAL

Que Jeremías fue una persona espiritualmente madura, está fuera de toda duda. Fue un hombre completamente dedicado y dispuesto a hacer todo cuanto Dios esperase de él. Esto se prueba por el hecho de que Dios lo usó para Su servicio por tan largo tiempo. Es cierto que también Nahúm, Sofonías y Habacuc eran hombres piadosos, pero los períodos de sus respectivos ministerios fueron muy breves en comparación con el de Jeremías. Si plugo a Dios usarle durante tantos años, debió de ser porque vio en él cualidades especiales.

Luego está el hecho de que Jeremías predicó un mensaje impopular, a sabiendas de que al pueblo no le iba a gustar. Nunca resulta fácil esto, y para ello se necesita una persona dedicada de veras. Osó llevar tal mensaje incluso al rey, aun cuando se incluía la predicción de que el rey y sus consejeros habían de sufrir mucho. Y eso, en días en que los profetas en general le estaban diciendo al rey lo que a él le gustaba oír, pero Jeremías le dijo que Jerusalén había de caer y su rey iba a ser arrestado.

Además de esto, el libro de Jeremías abunda en las más expresivas exaltaciones de Dios, a quien conocía bien, por el que sentía la más ferviente devoción, y a cuyo llamamiento estaba enteramente dedicado.

b. SU VALENTIA

Estas mismas consideraciones demuestran que Jeremías era un hombre de gran valentía. Alguien podria pensar que no fue así, a la vista de las ocasiones en que mostró depresión y desaliento (15:10; 20:14-18), pero él expresó estos sentimientos sólo como reacción ante la severa oposición que hubo de afrontar. Después de todo, era un ser humano, y cuando una persona tiene que afrontar conflictos casi de continuo, escasamente le queda otra alternativa que desfallecer ocasionalmente.

Pero, en general, Jeremías demostró una valentía notable. Se mantuvo intrépido día tras día y proclamó un mensaje que a muchos les parecía no sólo erróneo, sino traicionero, pues hablaba de capitulación cuando otros proclamaban victoria. Cierto que, por naturaleza, también él deseaba victoria, pero Dios le había revelado este mensaje contrario, y él se mantuvo dispuesto a proclamarlo, tanto delante del pueblo como del rey.

c. HOMBRE DE PROFUNDAS EMOCIONES

Jeremías dio pruebas de poseer un temperamento profundamente emotivo. Quizás pudo parecer a muchos un hombre de corazón duro, al predicar su mensaje sobre una inminente derrota a manos de los babilonios, pero en lo íntimo de su corazón, clamaba con angustia. Por ejemplo, escribe en 9:1 "¡Oh, si mi cabeza se hiciese aguas, y mis ojos fuentes de lágrimas, para que llorase día y noche los muertos de la hija de mi pueblo!" De nuevo, en 13:17 "Mas si no oís esto, en secreto llorará mi alma a causa de vuestra soberbia; y llorando amargamente se desharán mis ojos en lágrimas, porque el rebaño de Jehová fue hecho cautivo". Otra vez, en 14:17, afirma "Y les dirás esta palabra: Derramen mis ojos lágrimas noche y día, y no cesen; porque con gran quebrantamiento es quebrantada la virgen hija de mi pueblo, con azote muy doloroso". Así que no era un hombre ajeno a las lágrimas, cuando contemplaba el destino desdichado de su pueblo.

Del mismo modo, Jeremías era capaz de ascender a las cumbres de la exaltación, al expresar su gozo y confianza en el Dios que estaba con él para proveerle de todo lo necesario. Por ejemplo, escribe gozoso en 15:16 "Fueron halladas tus palabras, y yo las comí; y tus palabras fueron para mí un gozo y la alegría de mi corazón; porque tu nombre se invocó sobre mí, oh Jehová Dios de los ejércitos". De su confianza en Dios, dice en 20:11 "Mas Jehová está conmigo como poderoso guerrero; por tanto, los que me persiguen tropezarán, y no prevalecerán; serán avergonzados en gran manera, porque no prosperarán; tendrán perpetua confusión que jamás será olvidada".

Esta tendencia a experimentar emociones profundas provocó, sin duda, en el interior del profeta una tensión que, en ocasiones, se advierte en su libro. Por una parte, como ya hemos visto, hay porciones que denotan un espíritu de depresión y deseos de abandonar el ministerio de la palabra; pero, por otra, hay pasajes que muestran un sentimiento todavía más profundo de dedicación y de impulso a seguir adelante con todo lo que Dios le encomendó. Es evidente que Dios sabía que este segundo elemento de tensión necesitaba apoyo, pues vemos que le dice al profeta: "Yo pongo Mis palabras en tu boca por fuego, y a este pueblo por leña, y los consumirá" (5:14); y, en otro lugar: "¿No es Mi palabra como fuego, dice Jehová, y como martillo que hace pedazos la roca?" (23:29).

d. SU COMPASIÓN

En consonancia con su temperamento emotivo, Jeremías era un varón lleno de compasión hacia los que le rodeaban. Contemplaba el extremo al que había llegado el pecado en su día, estaba seguro del castigo inminente, y su corazón se iba hacia los desdichados pecadores. Les dice: "En cuanto a mí, no me apresuré a dejar de ser un pastor en pos de ti, ni deseé día de calamidad" (17:16, hebreo). En otra ocasión, dirigiéndose a Dios con respecto al pueblo, afirma: "Acuérdate que me puse delante de ti para hablar el bien por ellos, para apartar de ellos tu ira". (18:20). Al mismo tiempo, Jeremías podía hablar un lenguaje muy fuerte, reprendiendo al pueblo por sus pecados. Dice, por ejemplo: "Pero, oh Jehová de los ejércitos, que juzgas con justicia, que escudriñas los riñones y el corazón, vea yo tu venganza de ellos; porque ante ti he expuesto mi causa" (11:20). Y, en otro lugar: "Tú lo sabes, oh Jehová; acuérdate de mí, y visítame, y véngame de mis enemigos" (15:15). Jeremías aborrecía el pecado que se cometía, pero sentía gran amor hacia el pueblo pecador y deseaba ardientemente que cesaran de pecar, para que su castigo les fuese rebajado.

e. UN HOMBRE INTEGRO

Jeremías era una persona de la más completa integridad. Su palabra tenía la solidez de un juramento; su entrega, irreversible. Dios le llamó para un cometido muy difícil, y él lo cumplió sin titubeos. Al pueblo no le gustaba su mensaje, pero el mensaje no fue alterado. Los líderes de su tiempo le advirtieron que iba a sufrir, pero él siguió adelante. Fue expuesto a la vergüenza, y después encarcelado, pero esto no le hizo cambiar de actitud. No cambió su mensaje ni siquiera cuando fue arrojado al terrible y cenagoso calabozo en el que pasó muchas horas y quizás algunos días. Una experiencia de este tipo tuvo que ser horrible, pero Jeremías se mantuvo fiel, a pesar de todo, al compromiso que había contraído con Dios.

D. EL LIBRO

El libro escrito por Jeremías es uno de los grandes documentos proféticos del Antiguo Testamento, que por su vigor e importancia sólo lo sobrepasa Isaías. Como otros libros proféticos, está compuesto de numerosos mensajes que el profeta fue escribiendo en diferentes épocas de su vida. Parte de él se halla en poesía, y parte en prosa, mostrando en ambos estilos una gran riqueza de figuras de dicción y géneros literarios. Aunque no llega a la excelencia literaria de Isaías, exhibe un espléndido estilo que puede parangonarse con lo mejor de los demás libros proféticos. Un punto que merece especial atención es que el libro contiene gran riqueza de material histórico, y gran parte de este material es autobiografía, al presentar varios episodios y situaciones de la vida de Jeremías.

Surge naturalmente una pregunta acerca de la relación de este libro con el material que Jeremías dictó a Baruc. Ya hicimos notar que, en tiempos de Joyaquim, Dios le dijo a Jeremías que registrara en un libro todas las cosas que le había revelado, y así lo hizo el profeta (36:1-2). Posteriormente, después que el rey, en su insensatez, lo quemó, Jeremías volvió a escribirlo y aun le añadió cosas nuevas (36:27-32). Sin embargo, dicho libro no debe identificarse con el libro canónico de Jeremías, pues mucho de lo que en éste hallamos tiene que ver con episodios históricos y revelaciones posteriores al episodio registrado en el capítulo 36. Es posible que Jeremías continuase añadiendo información a lo que entonces escribió, o quizás el trabajo final fue completamente nuevo, aunque basado en el anterior en cuanto a la marcha de los acontecimientos históricos.

Hay probabilidades de que existiesen dos ediciones del libro final, puesto que la versión Septuaginta es más corta que el texto masorético. De hecho, es un octavo más corta y la disposición de los capítulos difiere en algunos lugares.[7] Gleason Archer sugiere que Jeremías mismo hizo la primera edición y, que después de su muerte, fue Baruc, su secretario, quien realizó una edición más amplia, a base de un mayor número de materiales.[8] Edward J. Young opina que los traductores de la Septuaginta, siendo judíos de Alejandría, y bajo una posible influencia de la filosofía griega, trataron de dar al material que Jeremías había dejado, una organización que ellos estimaron más lógica.[9] Con todo, no hay evidencias suficientes para dar una respuesta segura este problema.

Otra cuestón tiene que ver con la disposición de los materiales en el libro, según lo tenemos hoy. En vista de los numerosos detalles históricos que el libro contiene, habría de esperarse que el material estuvieses dispuesto por orden cronológico, pero esto no siempre ocurre. Por ejemplo, hay porciones del tiempo de Sedequías entremezcladas con otras del tiempo de Joyaquim, y viceversa. Aun cuando es difícil ser dogmático respecto a cada pasaje, en cuanto al tiempo en que fue expresado por primera vez, la siguiente disposición sugerida por Young goza de bastante probabilidad:[10]

a. Del reinado de Josías: capítulos 1-20.

b. Del reinado de Joacaz: nada.

c. Del reinado de Joyaquim (o Joacim): caps. 25-27, 35-36, 45 y, posiblemente, 46-49.

d. Del reinado de Joaquín: nada, aunque 22:24-30 menciona a este rey.

e. Del reinado de Sedequías: caps. 21-24, 28-34, 37-39.

f. Del reinado de Gedalías: caps. 40-42.

g. Del tiempo de Jeremías en Egipto: caps. 43-44, 50-51 (los caps. 50 y 51 bien podrían ser del reinado de Sedequías).

h. Apéndice histórico: capítulo 52.

La razón para esta disposición se basa en una relación lógica. Los caps. 1-25 forman una unidad y contienen profecías, tanto de advertencia como de consuelo, para el pueblo de Judá. Los caps. 26-45 tienen que ver con la vida personal de Jeremías. Los caps. 46-51 presentan profecías contra las naciones extranjeras circunvecinas de Judá y, finalmente, el cap. 52 es un apéndice histórico con el que se cierra el libro.

Como es fácil adivinar, los críticos liberales presentan un punto de vista completamente diferente. Proponen múltiple autoría, pero es significativo

---

[7]Los capítulos 46 al 51 del texto masorético están colocados en la Septuaginta detrás del 25, y están organizados de una forma ligeramente diferente. También, el texto masorético de Jer. 33:14-26 falta en la Septuaginta.
[8]*A Survey of Old Testament Introduction*, pp. 349-350.
[9]*Introduction to the Old Testament*, p. 232.
[10]Ibid., pp. 225-229.

que, a la hora de ver cómo se ha de dividir el libro, haya una variedad tan considerable de opiniones entre ellos. Desde un punto de vista conservador, no hay razón para pensar con seriedad en términos de una multiplicidad de autores.[11] El bosquejo del libro puede hacerse del modo siguiente:

I. Profecías concernientes a Judá y Jerusalén (1:1 – 25:38).
  A. Llamamiento de Jeremías (1:1-19).
  B. Pecado sin igual de Judá (2:1 – 3:5).
  C. Predicción de la invasión desde el norte (3:6 – 6:30).
  D. Advertencia sobre la cautividad babilónica (7:1 – 10:25).
  E. Quebrantamiento del pacto y la señal del cinto (11:1 – 13:27).
  F. Mensaje acerca de la sequía (14:1 – 15:21).
  G. La señal del profeta sin casar, y una advertencia sobre al día de reposo (16:1 – 17:27).
  H. La señal de la casa del alfarero (18:1 – 20:18).
  I. Castigo de Sedequías y del pueblo en Babilonia (21:1 – 25:38).
II. Episodios concernientes a Jeremías (26:1 – 45:5).
  A. Mensaje en el templo y arresto de Jeremías (26:1-24).
  B. Acto simbólico describiendo el yugo de Babilonia (27:1 – 28:17).
  C. Carta de Jeremías a los deportados (29:1-32).
  D. Mensaje de Jeremías acerca del reino mesiánico (30:1 – 31:40).
  E. Restauración de la tierra, simbolizada por el campo de Jeremías (32:1-44).
  F. Un nuevo mensaje acerca del reino mesiánico (33:1-26).
  G. Pecado de Sedequías y lealtad de los recabitas (34:1 – 35:19).
  H. El rollo de Jeremías es escrito y destruido (36:1-32).
  I. Sufrimiento de Jeremías durante el asedio (37:1 – 39:18).
  J. Jeremías y el remanente en Judá (40:1 – 42:22).
  K. Jeremías y los fugitivos en Egipto (43:1 – 44:30).
  L. Mensaje de Jeremías a Baruc (45:1-5).
III. Profecías contra las naciones (46:1 – 51:64).
  A. Contra Egipto (46:1-28).
  B. Contra Filistea (47:1-7).
  C. Contra Moab (48:1-47).
  D. Contra Amón, Edom, Damasco, Arabia, Elam (49:1-39).
  E. Contra Babilonia (50:1 – 51:64).
IV. Apéndice histórico (52:1-34).

[11]Véanse los diferentes puntos de vista en R. K. Harrison, *Introduction to the Old Testament*, pp. 809-817.

Profetas del siglo nono	Capítulo 16 Abdías Joel
Profetas del siglo octavo	Capítulo 17 Oseas Amós Jonás
	Capítulo 18 Isaías Miqueas
Profetas del siglo séptimo	Capítulo 19 Nahum Sofonías Habacuc
	Capítulo 20 Jeremías
Profetas del exilio	Capítulo 21 Daniel Ezequiel
Profetas post-exilicos	Capítulo 22 Hageo Zacarías Malaquías

21

Profetas del Exilio: Daniel y Ezequiel

Venimos ahora a los profetas del exilio, que son dos. En realidad, pasó poco tiempo entre los profetas del siglo séptimo que acabamos de estudiar, y estos profetas del exilio. De hecho, Jeremías continuó viviendo durante los primeros años de la cautividad de Daniel y de Ezequiel, e incluso es posible que Habacuc viviese todavía cuando ellos dos fueron tomados cautivos primero. La razón para considerar a estos profetas por separado de los otros, no es tanto cronológica como lógica. Todos los profetas del siglo séptimo ejercieron su ministerio en Jerusalén, advirtiendo de su pronosticada destrucción, mientras que los dos profetas del exilio fueron tomados cautivos y desempeñaron su ministerio en Babilonia.

El primer profeta del exilio fue Daniel, quien fue llevado cautivo en el primer grupo de deportados, el 605 A.de C., que sería, poco más o menos, el tiempo en que Habacuc escribió su profecía. El segundo fue Ezequiel, que fue llevado prisionero en la segunda fase del cautiverio, el 597 A.de C., cuando es posible que todavía viviese Habacuc, y mientras Jeremías continuaba en su vigoroso ministerio. De los dos, Daniel no era profeta en el sentido de dedicarse profesionalmente a este ministerio, pues su labor en Babilonia fue la de un jefe administrativo en el palacio real, más bien que la de un predicador entre el pueblo. Sin embargo, se le clasifica entre los profetas, a causa de las notables predicciones que Dios le comunicó en visiones, y del libro profético que escribió. Como contraste, Ezequiel fue enteramente un profeta y predicó entre el pueblo, sirviendo especialmente como pastor de los cautivos en el país extranjero.

A. DANIEL

1. La fecha

Daniel fija exactamente la fecha del tiempo de su servicio, pues dice que él y tres de sus amigos (1:6) fueron llevados cautivos cuando Nabucodonosor vino contra Jerusalén "en el año tercero del reinado de Joacim, rey de Judá" (1:1). Este tercer año se extendió hasta el mes de Tisri (octubre) del 605 A.de C., indicando que esta fase del cautiverio tuvo lugar algún tiempo antes de dicho mes.[1] Hay razones para creer que el cautiverio de Daniel comenzó en los seis meses anteriores al de Tisri, en el 605, puesto que Jer. 46:2 data el suceso en el cuarto año de Joacim, lo que indica que Jeremías operaba a base del llamado "cómputo de Nisán", que terminaba cada año en la primavera, en el mes de Nisán, más bien que al final del mes de Tisri (habiendo entre esos dos meses un intervalo de seis meses exactamente). El único período que puede incluirse, tanto en el tercero como en el cuarto año de Joacim, operando a base de cualquiera de los dos cómputos, serían los seis meses incluidos entre esos dos términos.

Relacionando estos hechos con la historia esbozada en el capítulo anterior, concluimos que el cautiverio de Daniel y de sus amigos fue llevado a cabo poco después de la victoria que obtuvo Nabucodonosor sobre los egipcios en la batalla de Carquemís a principios del verano del año 605. Inmediatamente después de esa victoria, marchó el gran conquistador hacia el sur, a la tierra de Palestina, y lanzó contra Jerusalén el ataque mencionado por Daniel. Sin embargo, no es probable que Daniel y los otros cautivos fuesen llevados a Babilonia aquel mismo verano, puesto que Nabucodonosor tuvo que regresar a toda prisa para ser coronado rey en Babilonia. Probablemente fueron trasladados unos meses más tarde, después que el recién coronado rey retornase al oeste para continuar las actividades que había dejado interrumpidas.

La duración de las actividades de Daniel en Babilonia puede también determinarse con bastante exactitud. En 10:1, dice Daniel que su cuarta visión le ocurrió "en el año tercero de Ciro", es decir, el tercer año después de haber Ciro capturado Babilonia, lo cual sucedió al final del año 539 A.de C. Así que Daniel vivía todavía y desempeñaba su ministerio en una fecha tan tardía como el año 536, lo que significa sesenta y nueve años, por lo menos, después de haber sido llevado cautivo. Por consiguiente, los años de su servicio se extendieron más allá de los de Isaías, aunque, como ya

---

[1]Joyaquim comenzó a reinar hacia fines del 609 A.de C. (después de los tres meses de reinado de Joacaz, inmediato sucesor de Josías, cuando éste murió a manos de Necó en Meguidó -julio del 609). Esto significa que el año de su subida al trono terminó en el mes de Tisri del 608. Su primer año de reinado terminó, pues, en el mes de Tisri del 607; y el tercer año de su reinado, en el mes de Tisri del 605 A.de C.

hemos hecho notar, su ocupación profesional no era la de profeta, como lo fue la de este gran predecesor.

2. Trasfondo histórico

El trasfondo histórico en relación al cautiverio de Daniel, ha sido ya estudiado en su mayor parte al hablar de los profetas del siglo séptimo. En la misma situación histórica se hallaron tanto Daniel como ellos. Como ya hemos dicho, después de su gran victoria en Carquemís, Nabucodonosor se vino hacia el sur, al área de Palestina, para consolidar su control sobre las ciudades de la costa oriental del Mediterráneo. Parece ser que fue Jerusalén una de las primeras con las que tomó contacto, y eran dos las cosas que el invasor codiciaba de la ciudad: Una era el botín, el cual consistía principalmente, como lo demostraron los hechos, en los valiosos objetos del templo; la otra era llevarse cautivos, especialmente jóvenes escogidos a quienes él pudiese entrenar y seleccionar, de entre ellos, los más competentes para los cargos administrativos de su imperio. Los seleccionados tenían que llenar los requisitos de las altas cualificaciones enumeradas en 1:4, pero, una vez seleccionados, parece ser que no tenían opción de rehusar. Es probable que Nabucodonosor hiciese demandas semejantes en otras ciudades a las que llegaba, de modo que la cifra total de los jóvenes escogidos y trasportados a Babilonia debió de ser considerable.

3. Su obra y su persona

a. SU OBRA

Como aproximadamente la mitad del libro de Daniel tiene que ver con acontecimientos históricos, en la mayor parte de los cuales estuvo Daniel involucrado, la información acerca de él es relativamente amplia. Puede dividirse en asuntos generales y específicos.

1) Asuntos generales. Hubo tres áreas generales de trabajo que Dios llevó a cabo por medio de Daniel, por la prominente posición que éste ocupaba en el palacio de Babilonia. Una fue servir de instrumento por el que Dios pudo mantener Su honor en un país extranjero, en el que, de otro modo, no se le habría tributado tal honor. Cuando el conquistador babilonio llevó a cabo la cautividad de Judá, a los babilonios pudo pasarles por la mente la idea de que sus dioses eran más grandes y poderosos que el Dios del pueblo que ellos habían capturado. El criterio que entonces se usaba para evaluar el poder respectivo de los dioses de los diversos países implicaba la fuerza de los ejércitos respectivos y de las victorias ganadas, así como la prosperidad respectiva de las tierras.

Pero Dios no quiso que prevaleciera esta clase de evaluaciones, y consiguió mediante Daniel que ese criterio cambiara. Así pues, le fueron dados a Nabucodonosor dos sueños que sólo Daniel pudo interpretar (caps. 2 y 4); además, los tres amigos de Daniel fueron librados del horno ardiente de Nabucodonosor (cap. 3). Más aún, el rey Belsasar se llenó de pánico y estupor al contemplar la escritura milagrosa en la pared de su palacio, y de nuevo fue Daniel el único que pudo leerla y dar su interpretación (cap. 5). Posteriormente, Daniel fue milagrosamente librado del foso de los leones, al que había sido arrojado por orden de Darío, el nuevo gobernador persa de Babilonia (cap. 6). Resulta muy significativo el que, en cada una de las tres ocasiones, el texto dice que el rey gobernante a la sazón, prestó un admirable reconocimiento a la grandeza del Dios de Israel como superior a la de los reyes de Babilonia. Por ejemplo, tras la liberación de los tres amigos de Daniel del horno ardiente, dijo Nabucodonosor: "Por lo tanto, decreto que toda persona, de cualquier pueblo, nación o lengua, que hable sin respeto del Dios de Sadrac, Mesac y Abed-nego, sea descuartizada, y su casa convertida en muladar; por cuanto no hay dios que pueda librar como éste" (3:29).

Una segunda área de trabajo tenía que ver con el bienestar de los cautivos de Judá. Como Daniel fue llevado cautivo en la primera fase del cautiverio, mientras que el grupo más numeroso de cautivos vinieron algunos años después, Daniel estuvo en Babilonia el tiempo suficiente para alcanzar un alto cargo en el reino y poder influir en mejorar lo más posible la situación de los prisioneros. En efecto, las condiciones de éstos mostraron ser notablemente buenas. El pueblo pudo conservar sus propias instituciones de profetas y sacerdotes (Jer. 29:1). También disfrutaron los cautivos de suficiente libertad en sus condiciones de vida: Ezequiel poseía casa propia (Ez. 8:1), adonde venían los ancianos a visitarle. La gente podía tener correspondencia con sus amigos y parientes que habían quedado en Judá; Jeremías se refiere a esas cartas (29:25), y él mismo escribió a los deportados en Babilonia (29:1). Además, parece ser que los judíos tuvieron buenas oportunidades de conseguir empleo, pues fueron descubiertas en Nippur muchas tablillas de negocios, las cuales contienen nombres judíos en un contexto que muestra que se hallaban activos en los negocios de aquel tiempo. Aunque las tablillas datan del siglo quinto A.de C., representando así la situación existente en un tiempo posterior, en más de un siglo, al de la estancia de los deportados en Babilonia, se deduce de ellas que, por bastante tiempo, habían existido similares condiciones. Y, finalmente, se permitió a los deportados vivir en tierra buena y fértil. Al parecer, muchos vivían cerca del río Quebar (Ez. 1:1, 3; 3:15, 23), probablemente el que es conocido como canal Kabari en algunos de los textos recientemente mencionados. La ciudad, Tel-abib, donde en una ocasión permaneció Ezequiel durante siete días con otros cautivos residentes allí (Ez. 3:15), estaba junto a este río o canal, el cual irrigaba la región, lo que indica que los judíos disfrutaban del beneficio de tierras fértiles, ya sea que trabajasen como propietarios o como renteros. Difícilmente habrían gozado de ventajas de este tipo, si no hubiese habido alguien con suficiente influencia sobre el rey. Quizá tambié tuvo mucho que ver Daniel con el permiso para que los deportados regresaran a Judá a su debido tiempo, pues no sólo vivía aáun en el tiempo de dicho retorno (538–537 A.de C.), sino que desempeñaba entonces el cargo más alto de toda su vida (6:2–3), lo cual es tanto más de admirar, cuanto que había ocurrido un completo cambio de gobierno al ser conquistada Babilonia por los persas, teniendo además Daniel más de ochenta años de edad. En todo esto se muestra con toda claridad la mano de Dios, manifestando así que aún le reservaba a Daniel alguna labor que hacer. Y esta labor bien podría haber sido influir en el rey Ciro a fin de que firmara el decreto que permitiese a los judíos regresar a su patria.

Una tercera área de trabajo fue registrar las revelaciones que Dios le dio acerca del futuro. El libro de Daniel ha sido comparado, con razón, con el libro del Apocalipsis del Nuevo Testamento, por sus estupendas predicciones respecto a los últimos días. Cualquiera podría pensar que, para recibir una información tan importante, Dios habría elegido a un profeta de tiempo completo, pero El tuvo a bien escoger al más alto funcionario de la corte de Babilonia, a Daniel. Esto habla por sí mismo del elevado rango que ocupaba Daniel a los ojos de Dios, al mismo tiempo que nos señala el trabajo adicional que Dios quería encomendarle.

2) Tareas específicas. Con relación a la vida de Daniel en Babilonia, el texto sagrado nos presenta varios episodios indicadores de ciertas tareas especificas que Dios tenía planeadas para él. Esto no quiere decir que tales episodios nos narren todo cuanto allí hizo Daniel, sino que son representativos de toda una actividad laboriosa e importante. El episodio inicial se refiere a la prueba que Daniel y sus tres amigos hubieron de confrontar tan pronto como llegaron a Babilonia. El rey había dado orden de que se les diese provisión de la comida de la mesa real, que, sin duda, sería gustosa y tentadora para el paladar. Pero era también comida que pudo haber sido antes sacrificada a los dioses babilonios y contener manjares inmundos según le Ley y, por tanto, no permitidos a un judío. A pesar de la tentación que ello suponía, los jóvenes se portaron laudablemente pidiendo un menú diferente que, por fin, les fue concedido. Esta decisión fue agradable a Dios, y el resultado fue, no sólo que los cuatro jóvenes superaron a los demás en vigor y salud física, sino que también les aventajaron en conocimiento "e inteligencia en todas las letras y ciencias" (1:15–17).

El segundo episodio guarda relación con un sueño que tuvo (sin duda, sobrenaturalmente) Nabucodonosor, y que los magos y astrólogos del rey fueron incapaces de adivinar. Dios ordenó las cosas de modo que fuese llamado Daniel a adivinar e interpretar el sueño. Su éxito en realizar esta doble labor hizo que Nabucodonosor rindiese gran honor al Dios de Daniel, y le confiriese al propio Daniel dos altos cargos en el gobierno de la nación.

El tercer episodio se refiere a los tres amigos de Daniel, quienes tuvieron que escoger entre adorar la estatua de oro que Nabucodonosor había levantado en el campo de Dura, o ser echados dentro de un horno encendido. Los jóvenes rehusaron adorar la estatua, sin importarles las consecuencias; sufrieron la humillación de ser arrojados dentro del horno de fuego, encendido siete veces más de lo acostumbrado, pero luego experimentaron el gozo de la liberación sobrenatural, con gran consternación por parte de Nabucodonosor y de sus oficiales. Una vez más, Nabucodonosor, por efecto de este portento, honró altamente al Dios de estos judíos.

El cuarto episodio tuvo que ver con un segundo sueño de Nabucodonosor, y una vez más, sólo Daniel lo pudo interpretar. Presagiaba un severo castigo que le iba a sobrevenir al rey, por efecto del cual experimentó Nabucodonosor un período de locura por siete años; al parecer, al final de su vida, y al ser restaurado a su salud mental y al trono, dio honor una vez más al Dios de los cielos.

El quinto ocurrió muchos años después, en el tiempo de la caída de Babilonia a manos de los persas. Era rey ahora Belsasar y, durante una gran fiesta que estaba dando a sus magnates, Dios hizo que apareciese sobre una pared del salón una escritura que ni el rey ni sus magos pudieron descifrar. Una vez más fue traído Daniel; quien la leyó, y dio como interpretación que el reino iba a caer pronto en manos de los persas, lo que aconteció aquella misma noche.

El sexto tuvo que ver con el nuevo reino de Persia, y especialmente con el rey Darío, a quien Ciro había nombrado gobernador de Babilonia. En esta ocasión, los demás altos funcionarios de la corte y del reino, celosos de la posición de Daniel, tramaron un complot con el que consiguieron forzar al rey a que arrojase a Daniel en un foso de leones. El rey tuvo que hacerlo contra su deseo y voluntad, y él mismo fue a la mañana siguiente, tan pronto como amaneció, a ver si Daniel estaba aún vivo en el foso. Grande fue el gozo del rey al ver a Daniel sano y salvo y, a continuación, ordenó que todos los magnates que habían tramado la muerte de Daniel, fueran arrojados al foso con sus hijos y sus mujeres, y allí fueron todos inmediatamente consumidos.

Además de estos episodios históricos, Dios otorgó a Daniel, en cuatro ocasiones, importantes revelaciones relativas al futuro e, incluso, a los últimos días. La primera revelación esta registrada en el capítulo 7; la segunda, en el 8; la tercera, en el 9; y la cuarta, en los caps. 10, 11 y 12.

Es menester percatarse de que, en el libro de Daniel, el tiempo se mueve velozmente. Daniel contaba probablemente unos dieciséis o unos dieciocho años en el primer capítulo de su libro, cuando fue llevado cautivo a Babilonia, junto con sus tres amigos. Pero, como ya hemos dicho, en el tiempo de su última visión, en el tercer año de Ciro, ya habían pasado no menos de sesenta y nueve años. Como el bien conocido episodio del foso de los leones ocurrió después de la caída de Babilonia a manos de los persas, un gran espacio de tiempo había pasado desde entonces -Daniel tendría entonces de ochenta y dos a ochenta y seis años.

b. SU PERSONA

Daniel figura como uno de los más admirables siervos de Dios. No se mencionan sus padres, pero está claro que era del linaje real o, al menos, de la nobleza (Dan. 1:3),[2] y sus padres debieron de ser personas muy piadosas, a juzgar por la admirable dedicación a Dios que su hijo siempre mostró. Pasó la mayor parte de su vida como cautivo en un país extranjero, aunque en la posición altamente honorable de un funcionario de elevado rango en el palacio de la capital.

a) Su nivel espiritual. Las señales de madurez espiritual en Daniel son probablemente tan numerosas como las de cualquier otro personaje del Antiguo Testamento. Una de estas señales es las revelaciones que Dios le otorgó mediante las cuatro visiones. Como ya hemos hecho notar, tales revelaciones eran un gran honor para cualquiera que las recibiese, y Dios escogió para ese gran honor a un funcionario de palacio, como Daniel, más bien que a un profeta de tiempo completo. Ciertamente, eso dice mucho a favor del carácter de este hombre.

Por otra parte, Daniel no se echó atrás cuando hubo que comunicar mensajes de represión, o de otra clase, de parte de Dios, incluso a reyes de la poderosa y extranjera Babilonia. El segundo sueño de Nabucodonosor comportaba un mensaje muy desagradable, como es que el rey iba a quedar loco durante siete años. Es posible que los propios magos del rey no se atreviesen a dar su propia interpretación del sueño, porque vislumbraban el presagio de algo muy desfavorable para el monarca.[3] Sin embargo, Daniel no titubeó en comunicar directamente al rey el mensaje que Dios quería revelar. Lo mismo hay que decir en relación con la escritura que vio Belsasar sobre la pared, pues también implicaba un mensaje de contenido fatal para el rey, pero Daniel no tuvo miedo de dar la interpretación. Y no sólo la dio,

---

[2]Josefo (*Antigüedades* X.10.1) dice que Daniel y sus tres amigos eran parientes del rey Sedequías.
[3]Estos magos podían dar sus propias interpretaciones de los sueños, puesto que disponían de libros y manuales que indicaban el significado de casi todo que pudiera soñarse. Tales interpretaciones no serían del todo correctas, pero un sueño como el de Nabucodonosor, concerniente al corte y caída de un gran árbol, sólo podía presagiar algún tipo de desastre que amenazaba al rey.

sino que añadió una severa advertencia al rey, para que se humillase delante de Dios y no actuase como lo había hecho su padre (abuelo) Nabucodonosor.

Otra evidencia la tenemos en el claro teocentrismo del pensamiento de Daniel, al interpretar el sueño de Nabucodonosor en el capítulo 2. En aquella ocasión, pudo haberse atribuido algún mérito, pero, lejos de eso, le dijo al rey que la interpretación no era de su propia cosecha, sino que provenía totalmente de Dios (2:27-30). Una ulterior indicación de la madurez espiritual de Daniel se halla en la admirable fe que demostró. Con respecto al primer sueño de Nabucodonosor, cuando Daniel tendría sólo unos diecisiete años,[4] tuvo una fe tan grande como para creer que Dios le revelaría el sueño del rey, aunque en aquel momento no tenía ni la menor idea en cuanto su contenido. El rey habia ordenado la muerte de que todos los magos, astrólogos, etc., es decir, "todos los sabios de Babilonia" (2:12), incluyendo a los jóvenes en período de adiestramiento, por no haber podido interpretar el sueño del rey. Daniel se enteró, por medio del encargado de ejecutar la orden, de cuál era la razón de tal medida, e inmediatamente hizo saber al rey que, si se le daba cierto plazo, él podría declarar al rey la interpretación. Cuando volvió a donde sus tres compañeros estaban y les dijo lo que había prometido hacer, éstos debieron de quedarse estupefactos. La gran fe de todos los cuatro se echa de ver en que entonces ellos buscaron el rostro de Dios en oración, para rogarle que les comunicase la información. El gozo inmenso que experimentaría Daniel al recibirla, sería difícil de expresar con palabras, porque Dios honró su fe explicándole el sueño aquella misma noche.

Todavía hay otra indicación en el alto grado de obediencia de Daniel. En el capítulo 6, cuando los demás altos dignatarios del reino conspiraron contra él, Daniel no cambió sus normas de conducta ni su género de vida a fin de escapar de la trampa que le preparaban, a pesar de que se daba perfecta cuenta de lo que estaban tramando contra él. Estos envidiosos le habían dicho al rey que, si alguien oraba a otro dios u hombre que no fuese el rey, el tal debía ser echado en el foso de los leones. Todo lo que Daniel tenía que hacer para escapar de tan terrible sentencia, era simplemente dejar de orar o, al menos, hacerlo silenciosamente en su cámara durante treinta días, y con eso no les habría dado pie para que siguiesen adelante con su malvado proyecto. Pero Daniel siguió orando tres veces al día, como era su costumbre, cabe duda de que la razón por la cual obró así, fue para que su testimonio se mantuviese fiel, y para que todos supiesen que no iba a cambiar su manera de vida, simplemente por escapar del foso de los leones. Esta fue una obediencia de primerísima clase.

---

[4]Esto era en el segundo año de Nabucodonosor; así que Daniel tendría diecisiete años, si tenía quince cuando fue llevado al cautiverio (2:1).

2) Rectitud. Intimamente relacionada con su madurez espiritual, estaba la rectitud que mostró Daniel en todo tiempo. Por ejemplo, su extraordinaria rectitud se puso ya de manifiesto en el primer episodio que de él se nos refiere. Para Daniel y sus amigos, había un atractivo realmente tentador en el menú que les brindaba la propia mesa del rey. Por una parte, no se trataba de una opción que se les ofrecía, sino de una orden del rey. Por otra, podían sufrir un severo castigo, si rehusaban obedecer dicha orden. Además, rechazar el menú regio podía comportar el abandono de toda posibilidad de seguir adelante en el programa de entrenamiento y obtener, al final, la promoción a un buen puesto. Y, finalmente, la comida que se les ofrecía era, sin duda, suculenta, mientras que la dieta de legumbres[5] y agua (1:12) no era muy atractivo que digamos. No obstante, a pesar de tales alicientes, Daniel y sus amigos pidieron que se les cambiase el menú, simplemente porque sabían que eso era lo que debían hacer.

De nuevo, en el capítulo 6, los que conspiraban contra Daniel trataron primeramente de hallar ocasión para acusarle de alguna irregularidad en el desempeño de su cargo, y podemos estar seguros de que escudriñarían a fondo el departamento a cuya cabeza estaba él con sus muchos empleados, pero no encontraron falta alguna ni en su trabajo ni en su fiedlidad. De esta manera se manifestó, sin lugar a dudas, la integridad de la conducta de Daniel.

3) Valentía. Daniel fue también una persona de considerable bravura, como se aprecia una y otra vez en los episodios concernientes a él. Por ejemplo, en el primer episodio, ya citado, en que, junto con sus amigos, se mantuvo firme en rechazar el menú prescrito por el rey. Daniel tomó esta decisión a pesar del peligro que comportaba y de los atractivos que ofrecía el obrar de un modo diferente, y recurrió al funcionario adecuado para rogarle que se les permitiese tener una dieta diferente. El mero hecho de atreverse a presentar esta petición, ya requería suficiente valentía. Daniel pudo haber pensado que un alto funcionario del país no se dignaría ni siquiera escuchar a un advenedizo que, para colmo, era un cautivo. Sin embargo, no mostró ningún titubeo, sino que solicitó una audiencia con el oficial y le presentó su petición.

En el capítulo 2, Daniel mostró su bravura por la forma en que se llegó al capitán de la guardia del rey, Arioc. Otros habrían reaccionado con pavor solicitando misericordia, pero Daniel se atrevió a preguntar al capitán de la guardia por qué se había publicado aquel edicto de parte del rey tan apresuradamente, y luego se dirigió él mismo al rey, que era nada menos que el gran Nabucodonosor. Esto supuso una valentía poco corriente de parte de un jovencito de diecisiete años, que se hallaba en el país como

[5]El vocablo hebreo viene de la raíz *zara'* =sembrar o esparcir semilla; significa, pues, alimento que consta de algo que tiene semilla (legumbres).

cautivo. Y, por si fuera poco, se atrevió a prometer al rey que había de decirle lo que éste había soñado, cuando Daniel no tenía aún la menor idea de cuál había podido ser el sueño.

En el capítulo 4, volvió Daniel a mostrar su valentía al notificar al rey el horripilante mensaje de que el gran monarca iba a volverse loco. Difícilmente puede imaginarse una noticia más desagradable que comunicar, pero Daniel se la hizo saber.

Lo mismo se hace patente, una vez más, en el capítulo 5, cuando dio al rey Belsasar la interpretación de lo escrito en la pared. También esto comportaba desagradables noticias acerca de la caída del reino, pero Daniel interpretó el escrito e, incluso, lanzó al mismo tiempo al rey una grave reprensión. Ciertamente que esto demandó de Daniel una bravura extraordinaria.

4) Capacidad. Daniel dio ya muestras evidentes de ser una persona altamente capaz en los tres años de entrenamiento que, como estudiante, pasó en el palacio de Babilonia. Daniel y sus tres amigos comenzaron este período en una situación que parecía sumamente desventajosa. Luego pidieron que se les cambiase el menú, y cuando alguien solicita un trato de excepción, lo normal es que comience a suscitar sospechas, si no es que se convierte, ya de entrada, en objeto de continuos desaires. Pero cuando se acabaron los tres años de estudios, la situación era totalmente diferente. Debido, sin duda, a la diligencia que pusieron en sus estudios (por supuesto, con la bendición de Dios), los cuatro fueron hallados "diez veces superiores" a los demás (1:20). Esto significa que eran los más aventajados de todos los que se graduaron en aquel año, y debemos tener en cuenta que todo el grupo era de primera clase.

Después de su graduación, Daniel y sus tres amigos, a causa de su buena labor, fueron promovidos a puestos de gran honor y responsabilidad (2:48-49). A Daniel, además del gobierno de toda la provincia, se le asignó el cargo adicional de jefe supremo de todos los sabios de Babilonia. Este segundo cargo era todavía más importante que el primero, pues una cosa es asumir la función, y otra muy distinta conservarla, ya que ello exige especial capacidad para desempeñarla con éxito; sobre todo, cuando el rey es una persona de gran capacidad como lo era Nabucodonosor. Parece evidente que Daniel no tuvo problemas en conservar dicha posición, por las palabras de elogio que le dirigió Nabucodonosor hacia el final de su reinado (4:9ss.). Esto significa que Daniel desempeñó con suma habilidad las funciones, tanto de sabio oficial como de administrador del reino. Al ser jefe de los magos, había de tener una función administrativa adicional que desempñar, con la consiguiente labor de hablar muchas veces en presencia del rey, y demostrar su capacidad como orador que sabe elaborar con maestría sus ideas y expresarlas con claridad.

Una indicación más de la capacidad de Daniel, se muestra en la promoción que obtuvo precisamente tras el cambio de gobierno, cuando Darío el medo se apoderó del trono de Babilonia, pues vemos en el capítulo 6 que fue nombrado uno de los tres ministros a quienes estaban subordinados los ciento veinte sátrapas o gobernadores del reino. Y no sólo eso, sino que "el rey pensó en ponerlo sobre todo el reino" (6:3). Una posición tan elevada se debió, a no dudarlo, a la gran habilidad que Daniel había demostrado en el pasado, y de la que Darío estaría perfectamente enterado.

5) *Su preocupación por el bien de los demás.* Un último punto que vamos a tener en cuenta es que Daniel pensaba en los demás. Al final del capítulo 2, después que Daniel dio la interpretación del sueño del rey, y éste le confirió dos altos cargos, Daniel pensó inmediatamente en sus tres amigos que no tenían puestos tan elevados; por eso, dice así el último versículo del capítulo: "Y Daniel influyó ante el rey para que pusiera sobre los negocios de la provincia de Babilonia a Sadrac, Mesac y Abed-nego". A veces, las personas se olvidan de sus amigos una vez que se ven promovidas a puestos de honor, pero Daniel no. Quiso que Sadrac, Mesac y Abed-nego recibiesen también honor y poder.

Más tarde, mostró la misma preocupación con respecto a Nabucodonosor. El episodio se halla en el capítulo 4, donde se nos refiere el sueño que tuvo el monarca acerca del árbol cortado y destruido. Cuando el rey le contó a Daniel el sueño, al principio Daniel no le respondió. El rey se extrañó de esta reacción, temiendo que, por alguna causa, Daniel no pudiese interpretarle el sueño esta vez, pero Daniel, tras unos momentos de asombro, contestó rápidamente a Nabucodonosor: "Señor mío, el sueño sea para tus enemigos, y su interpretación para tus adversarios" (4:19). En otras palabras, Daniel estaba disgustado de que Nabucodonosor hubiese de experimentar la forma de castigo que el sueño presagiaba. Parece ser que Daniel había llegado a sentir admiración por la habilidad que el rey mostraba en el gobierno de su reino y, aunque Nabucodonosor era un hombre orgulloso y tenía sus defectos, Daniel pensaba en él y deseaba personalmente que tal forma de castigo no le fuese infligida.

4. El libro

El libro de Daniel se divide en dos secciones de igual extensión. La primera consta de los seis primeros capítulos, que son primordialmente del género histórico. Estos capítulos refieren los acontecimientos que han sido considerados en la discusión precedente. La segunda comprende los seis últimos capítulos, que nos hablan de las cuatro visiones que Dios otorgó a Su profeta.

El capítulo 7 narra la primera visión que presenta cuatro grandes bestias que aparecieron a la vista de Daniel, representando a cuatro imperios: uno, ya existente (Babilonia); los otros tres, por venir (Medo-Persia, Grecia y Roma). La visión comporta también referencias a eventos de los últimos días. Se describe a un cuerno pequeño que surge de entre los diez cuernos de la cuarta bestia; este cuerno pequeño representa al Anticristo que será el jefe de una restaurada confederación romana en los últimos días durante el período de la gran tribulación.

El capítulo 8 introduce una segunda visión, la cual presenta otras dos bestias, que simbolizan los imperios medo-persa y griego respectivamente (vv. 20-21). Un macho cabrío, con un cuerno. va y derriba en tierra a un carnero que tenía dos cuernos, simbolizando el tiempo en que Alejandro Magno se hizo con el vasto imperio medo-persa. Esta visión presenta también a un cuerno pequeño, pero esta vez la persona simbolizada es Antíoco Epifanes, rey de Siria (174-164 A.de C.), que persiguió a los judíos atormentándoles con enormes sufrimientos. Es llamada "cuerno pequeño", como el Anticristo en el capítulo 7, por ser tipo del Anticristo en lo que hizo a fines del Antiguo Testamento.

El capítulo 9 nos da la tercera visión, bien conocida como la visión de las setenta semanas. Se trata de semanas de años, mías bien que de días, representando así, en total, 490 años. La septuagésima semana o período final de siete años, representa el futuro período de la gran tribulación.

Los capítulos 10, 11 y 12 presentan la cuarta visión. El capítulo 10 nos habla del glorioso mensajero celestial que pone la visión ante Daniel; los capítulos 11 y 12 presentan la visión misma. Tiene que ver especialmente con Antíoco Epifanes y con la persona simbolizada por él, el Anticristo. El capítulo 12, en particular, concierne al período de la gran tribulación, cuando el Anticristo será el jefe de la restaurada confederación romana.

El libro está escrito en dos idiomas: arameo, que se extiende desde 2:4 a 7:28; y hebreo, que cubre el resto del libro. El motivo del uso de estos dos idiomas se comprende mejor si se tienen en cuenta los diversos temas que se tratan en el libro. El arameo presenta asuntos que pertenecen al mundo de los gentiles, con escasas referencias al pueblo de Dios, los judíos; y, al parecer, Dios vio que el arameo, el idioma de un mundo gentil, era más apropiado para registrar tales asuntos que el hebreo, idioma específicamente judío. El hebreo, por su parte, trata de asuntos judíos. El primer capítulo del libro entra dentro de la categoria judía, puesto que narra la historia de cuatro jóvenes judíos, que son llevados en cautiverio y colocados en una situación en la que han de decidir si van a permanecer fieles a su Dios o no. El capítulo octavo está también dentro de esta categoría, ya que trata de la opresión que sufrieron los judíos a manos del rey de Siria Antíoco Epifanes, y dicha opresión es tipo de las actividades similares que llevará a cabo el Anticristo en los últimos días. El capítulo noveno pertenece a este mismo grupo, porque tiene que ver con las setenta semanas de años en la historia del pueblo judío. Y los capítulos 10, 11 y 12 entran dentro de la misma clasificación, ya que presentan las opresiones sufridas por los judíos, primero a manos de Antíoco Epifanes, y después a manos del Anticristo.

Sin embargo, los otros seis capítulos presentan en primer plano asuntos que pertenecen a la historia del mundo gentil. Los capítulos segundo y séptimo son paralelos en su contenido, presentando una panorámica de la historia del mundo pagano, subsiguiente al tiempo de Daniel. El capítulo segundo la presenta mediante el simbolismo de la estatua en el sueño de Nabucodonosor; el séptimo, mediante el simbolismo de las cuatro bestias sucesivas, ya citadas anteriormente. Entre estos dos capítulos, hay cuatro que describen el poder de los gentiles actuando, siempre dentro de los límites que les impone el Dios omnipotente.

Estos cuatro capítulos (3–6) pueden dividirse en dos parejas. El tercero y el sexto presentan el poder de los gentiles persiguiendo al pueblo de Dios -el primero, refiriéndonos la orden de Nabucodonosor a los amigos de Daniel de que se postrasen ante la estatua de oro que él mismo había erigido; el segundo, describiendo a los oficiales del rey Darío tratando de quitarle la vida a Daniel mediante subterfugios. Los capítulos cuarto y quinto nos hablan de revelaciones sobrenaturales otorgadas a reyes paganos, y cómo tuvieron que echar mano, en cada caso, de un hombre de Dios, para que les diera la interpretación. En el primer caso, se trata del segundo sueño de Nabucodonosor, sueño que para el rey era un enigma indescifrable, hasta que Daniel le descubrió su significado. En el segundo caso, de la escritura milagrosa sobre la pared del palacio del rey Belsasar, que de nuevo hubo menester de la interpretación de Daniel. El primer par de dichos capítulos ilustra el hecho de que el mundo ha perseguido constantemente al pueblo de Dios, y de que Dios ha otorgado su protección a quienes Le han permanecido fieles. El segundo par viene a decirnos que el mundo depende de Dios, y que los hijos de Dios están constreñidos a comunicar a la gente del mundo las verdades divinas.

El autor del libro fue claramente Daniel mismo, pues habla con frecuencia en primera persona, y muestra un profundo conocimiento de la historia de Babilonia y de los primeros años del imperio persa, es decir, el tiempo en que Daniel vivió. Los críticos liberales siempre han rechazado la autoría de Daniel, principalmente a causa de las predicciones que el libro contiene. Pero esto no es problema para los exegetas conservadores, quienes creen que Dios pudo revelar de modo sobrenatural dicha información, y de hecho lo hizo, a los que pusieron por escrito la Palabra de Dios.[6]

---

[6]Acerca del punto de vista liberal, y de las razones que invoca, véase R. K. Harrison, *Introduction to the Old Testament*, pp. 1110-1127; Gleason L. Archer, *A Survey of Old Testament Introduction*, pp. 367-388; o mi libro *Commentary on Daniel*, pp. 19-23.

El bosquejo del libro puede hacerse así:

I. Sección de acontecimientos históricos (1:1 – 6:28).
  A. Cautiverio y prueba de los cuatro jóvenes hebreos (1:1 – 21).
  B. Sueño de Nabucodonosor sobre la estatua, y la interpretación del mismo (2:1 – 49).
  C. Los tres amigos en el horno de fuego (3:1 – 30).
  D. Sueño de Nabucodonosor sobre su inminente locura (4:1 – 37).
  E. El rey Belsasar y la escritura en la pared (5:1 – 31).
  F. Daniel y el foso de los leones (6:1 – 28).
II. Sección de profecía predictiva (7:1 – 12:13).
  A. Visión de las cuatro bestias (7:1 – 28).
  B. Visión del carnero y del macho cabrío (8:1 – 27).
  C. Visión de las setenta semanas (9:1 – 27).
  D. El majestuoso mensajero enviado a Daniel (10:1 – 21).
  E. Antíoco Epífanes y el Anticristo (11:1 – 45).
  F. La gran tribulación (12:1 – 13).

B. EZEQUIEL

1. La fecha

Ezequiel data su ministerio con toda precisión. Fue llevado cautivo en la segunda fase de la deportación (597 A.de C.), como lo evidencia en 33:21, donde el profeta dice que su cautiverio se llevó a cabo el año duodécimo antes de la destrucción de Jerusalén, hecho ocurrido en el 586. De nuevo, en 40:1, habla de un acontecimiento sucedido en el año veinticinco de su cautiverio, "a los catorce años después que la ciudad fue tomada". La deportación del año 597 fue el tiempo en que el rey Joaquín fue llevado cautivo, junto con otros diez mil (2 R. 24:11 – 16). Ezequiel indica que su llamamiento al ministerio profético vino "en el quinto año de la deportación del rey Joaquín" (1:2), lo que nos da la fecha del 592. El profeta continuó en su ministerio, por lo menos, hasta el año veintisiete de su cautiverio (29:17), que sería el año 571 A.de C., con lo que su ministerio profético se habría extendido, al menos, por un período de veintidós años. Pudo haber continuado por más tiempo, pero ésa es la última fecha que su libro nos registra.

2. Trasfondo histórico

Una vez más, el trasfondo histórico básico al que aquí nos referimos, ha sido ya expuesto en relación con los profetas del siglo séptimo. El rey de Judá Joacim (o Joyaquim), que logró mantenerse en el trono tras el primer ataque de Nabucodonosor el año 605 A.de C., cuando Daniel fue llevado al cautiverio, se rebeló ahora contra el monarca de Babilonia, y éste se dirigió de nuevo hacia el oeste para tomar las medidas oportunas. Como ya se dijo anteriormente, Nabucodonosor se limitó, por algún tiempo, a enviar sólo algunas tropas de su ejército, reforzadas por contingentes arameos (sirios), moabitas y amonitas (2 R. 24:2), a fin de mantener la revuelta bajo control. Pero, al fin, vio la necesidad de emprender una campaña de mayor envergadura, y vino él mismo en persona. Partió de Babilonia en diciembre del 598, el mismo mes en que Joyaquim moría en Jerusalén. Esto significa que Joaquín, hijo y sucesor de Joyaquim, estaba ya en el trono cuando llegó a Jerusalén el monarca de Babilonia. Este lanzó el ataque en marzo del 597, y la ciudad fue tomada con relativa facilidad. El rey fue llevado al cautiverio, junto con le reina madre, sus esposas y sus siervos. El hecho de que Nabucodonosor se llevase también diez mil ciudadanos que eran en su mayoría artífices, sugiere que deseaba usarlos como un apoyo importante para sus propias fuerzas laborales en Babilonia. Por supuesto, esta medida tuvo el efecto adicional de privar a Jerusalén de sus ciudadanos más importantes.

3. Su obra y su persona

a. SU OBRA

Para entender la obra que llevó a cabo Ezequiel, es conveiente verlo en relación con Daniel, tanto cronológica como socialmente. Según se indicó, Daniel había marchado al cautiverio ocho años antes que Ezequiel. Así que cuando éste llegó, Daniel había terminado ya sus estudios y ya llevaba cinco años ejerciendo como jefe de los sabios.[7]

Las edades relativas de Ezequiel y Daniel pueden conjeturarse a base, especialmente, de la afirmación de Ezequiel de que fue "en el año treinta" (1:1), cuando recibió su llamamiento. No especifica de qué era "el año treinta", pero es lo más probable que el sentido sea "el año treinta" de su vida.[8] Si Ezequiel tenía ahora treinta años, y su llamamiento aconteció cinco años después de su deportación, cuando ésta ocurrió tenía veinticinco años. Daniel tenía entonces unos veintitrés, pues llevaba en el país ocho años y había llegado, como se indicó en su lugar, cuando tenía unos quince. Esto significa que Ezequiel tenía, poco más o menos, dos años más que Daniel.

En cuanto a la posición social respectiva, había entre ambos gran diferencia caundo Ezequiel entró en el país. Por entonces, Daniel llevaba cinco años de jefe supremo de todos los sabios del país, lo cual indica el lugar

---

[7]También la había sido asignado a Daniel el gobierno de la provincia de Babilonia (Dan. 2:48). Esto significaba una responsabilidad y una labor importantes, pero es probable que la tarea principal recayera sobre Sadrac, Mesac y Abed-nego, quienes, al parecer, fueron nombrados como sus asistentes (Dan. 2:49). No cabe duda de que su cargo de jefe de los sabios le ocuparía a Daniel casi todo su tiempo.

[8]Otros sentidos que algunos sugieren implican demasiadas dificultades para tomarlos en serio. Para un examen de tales puntos de vista, véase Hobart E. Freeman, *An Introduction to the Old Testament Prophets*, pp. 301–302.

prominente que ocupaba. Ezequiel, por su parte, era simplemente un cautivo recién llegado. Se puede pensar que, a su llegada, haría lo posible por enterarse de sus paisanos que ocupaban altos puestos en la corte de Babilonia. Al hacerlo así, y siendo un hombre capaz, seguramente que daría los pasos necesarios para saber todo lo relacionado con el joven Daniel, no sólo en cuanto a sus cualidades personales, sino también en cuanto a las circunstancias que habían favorecido su promoción a tan alto cargo. Es probable que no tardase en llevarse a cabo un encuentro entre ambos, y que se estableciese entre ellos una sincera y estrecha amistad, a pesar de la diferencia de lugar y posición que uno y otro ocupaban en la vida.

Ezequiel era, por herencia, sacerdote, hijo de Buzi (1:3). Es muy probable que oficiase como tal en la forma que les fuese permitido a los sacerdotes ejercer su ministerio en un país extranjero, hasta que Dios le llamó, en el quinto año de su cautiverio, al ministerio profético, dedicándose desde entonces a este nuevo servicio. Es posible que, entre los diez mil que habían sido deportados juntamente con él, hubiese algunos que eran también profetas, pero el hecho de que Dios llamase especialmente a Ezequiel para tal ministerio, nos da la certeza de que fue el principal siervo de Dios en esa área de trabajo. Podemos, pues, imaginárnoslo actuando en los diversos aspectos del oficio profético: predicar al pueblo, urgirles a que se sometiesen a la voluntad de Dios, y llevar a cabo su labor pastoral mediante el consejo y el consuelo. Residía junto al río Quebar (probablemente, el gran canal que fluía cerca de Babilonia, como ya hicimos notar). Este canal, llamado *Naru Kabari* en las inscripciones cuneiformes, salía del Eufrates, justamente al norte de Babilonia, se deslizaba a lo largo de unos cien kilómetros en dirección sudeste hasta Nippur, y volvía a confluir con el Eufrates por debajo de Ur, constituyendo una parte importante del sistema de irrigación de Babilonia. El domicilio de Ezequiel estaba ubicado en un punto cercano a la ciudad de Tel-abib, visitada por él, al menos una vez. Al igual que otros compatriotas suyos, tenía suficiente libertad de movimientos, pues recibía en su casa la visita de ancianos de su país, con fines, al parecer, de mantener comunión y debatir asuntos (8:1; 20:1). Estaba casado, pero su mujer murió el año noveno de su cautiverio (24:1, 15–18). El continuó su ministerio profético hasta el año veintisiete de su deportación, por lo menos, hasta llegar a una edad aproximada de cincuenta y dos años.

Hubo una diferencia muy notable entre los ministerios respectivos de Daniel y de Ezequiel. Daniel servía en la corte como un alto jefe administrativo, cargo que la ofrecía la importante responsabilidad de mantener en alto el honor de Dios y procurar el bienestar del pueblo judío, mientras que Ezequiel se ocupaba en ir de un lado a otro del país, predicando y desempeñando un oficio pastoral que no estaba al alcance de Daniel. Ezequiel no tenía conexión con la corte ni se ocupaba en tareas administrativas. Pero, tanto el uno como el otro, eran importantes en sus respectivos lugares, ya que las tareas de ambos eran de crucial relevancia en el programa de conjunto que Dios tenía para el período de la cautividad. Otra diferencia se halla en la longevidad de cada uno. Daniel vivió hasta el tiempo en que los persas conguistaron el reino, mientras que Ezequiel murió probablemente antes de que terminara el reinado de Nabucodonosor. No se nos dice de qué forma proveyó Dios para que continuase el ministerio profético entre los deportados, después de la muerte de Ezequiel, pero es probable que quedasen otros profetas, aun cuando sus nombres no aparezcan en el texto sagrado.

b. SU PERSONA

1) Su nivel espiritual. La madurez espiritual de Ezequiel se echa de ver en menos ocasiones que la de Daniel, pero podemos estar seguros de que su nivel espiritual era alto. Una razón es que fue escogido por Dios para el ministerio profético, siendo que era sacerdote por nacimiento. Es cosa clara que ello no entraba dentro de los planes de Ezequiel ni se había preparado especialmente para esta labor, pero Dios vio que era una persona calificada para ese ministerio. No cabe duda de que Dios se complacía en su condición de sacerdote, pero es evidente que en el oficio profético había delante de él un campo mucho más amplio, y hemos de creer que era de veras una persona temerosa de Dios, para que el Señor le llamase al desempeño de la función profética.

Además, como ya hicimos notar en el capítulo 6, Ezequiel estaba controlado de un modo extraordinario por el Espíritu Santo y era consciente de tal experiencia. Por ejemplo, no menos de siete veces refiere él mismo que el Espíritu Santo le transportó a un determinado lugar (3:12,14; 8:3; 11:1,24; 37:1; 43:5). Le transportó a Tel-abib, donde estuvo siete días (3:15) e incluso a Jerusalén, aunque parece no haber dudas de que esto sucedió en visión (8:3). Asimismo, vemos que Ezequiel habla del Espíritu Santo otras ocho veces (1:12,20,21; 10:17; 36:26,27; 37:14; 39:29). Por ejemplo, en el capítulo 1,aparece el Espíritu controlando la visión que le fue otorgada a Ezequiel. En el capítulo 10, se ve al Espíritu de Dios actuando como el director de todos los detalles implicados en otra visión de naturaleza similar. Y en el capítulo 36, Dios promete poner Su Espíritu dentro de Su pueblo en un día futuro, en que los israelitas tendrán un corazón nuevo y una nueva actitud hacia su Dios. El estar consciente del Espíritu en un grado tan elevado es una clara indicación de que Ezequiel estaba plenamente dedicado al conocimiento y la práctica de la voluntad de Dios.

2) Características sacerdotales. Ezequiel da pruebas suficientes de que, junto con el desempeño de su función profética, mantenía su interés por los temas sacerdotales. Por ejemplo, al par que en 22:25 habla de los falsos profetas y sus perversos caminos, en el vers. siguiente menciona también a los sacerdotes que habían violado la ley de Dios y profanado las cosas santas, no haciendo diferencia entre lo inmundo y lo limpio. También tenemos otra evidencia clara de sus preocupaciones sacerdotales en la explanación extensa y detallada que hace del futuro templo de Israel (caps. 40 al 48). Aunque hay diferencia de opiniones entre los comentaristas, en cuanto a la interpretación de esos capítulos,[9] la única explicación exegéticamente sana es que presentan una visión del templo milenial. El mero hecho de que Dios creyese conveniente inspirar a Ezequiel para que escribiera con tal detalle acerca de este templo, indica el reconocimiento divino de la inclinación natural que existía en la mente del profeta a este respecto. La forma en que se expresa en relación con esta materia, muestra el interés de Ezequiel y cuán familiarizado estaba con los múltiples sacrificios y ofrendas que habían sido presentados en el templo a lo largo de los años (42:13; 43:27; 44:29-31; 45:17; 46:20).

3) *Su magnanimidad.* La magnanimidad de Ezequiel se echa de ver en general por la forma abnegada en que se dedicó a su ministerio entre los cautivos de su pueblo, lo que se puede ve en una interesante proción de su libro (14:14-20), en la que menciona a Daniel. Al reconocer la importancia del pasaje, se ha de tener en cuenta la relación entre Daniel y Ezequiel. Daniel llevaba ya en Babilonia ocho años y ocupaba un alto cargo en el palacio real, cuando llegó Ezequiel como un mero deportado. Ezequiel habría investigado diligentemente qué clase de persona era Daniel, y es probable que, al principio, le asaltasen algunas sospechas acerca de él–sólo alguien que contemporizase con las costumbres de Babilonia podía haber subido tan alto en tan breve espacio de tiempo. Incluso habría entrado dentro de lo normal el que Ezequiel se sintiese algo celoso.

No obstante, en dicho pasaje muestra Ezequiel, no sólo que no abrigaba celos respecto de Daniel, sino que había llegado a sentir por él una profunda admiración. El pasaje menciona el gran pecado de Jerusalén y añade: "Aunque estuviesen en medio de él (el país de Judá) estos tres varones, Noé, Daniel y Job, ellos por su justicia librarían únicamente sus propias vidas, dice el Señor Jehová" (14:14. Véase también el v.20). Ezequiel mencionaba así a tres varones sumamente rectos y añadía que, aunque dichas personas viviesen en Jerusalén en aquel tiempo, el pecado de la ciudad era tan grave, que la rectitud de dichos varones no podría librar de la destrucción a Jerusalén. Fácilmente se explica por qué menciona a Noé y a Job, ya que Noé es escrito como "varón justo y perfecto en su conducta (lit. sus generaciones) (Gn. 6:9), y Job como "hombre perfecto y recto, temeroso de Dios y apartado del mal" (Job 1:1). Pero es sumamente interesante y notable que el tercer

---

[9]Véase, a este respecto, Archer, *A Survey of Old Testament Introduction*, pp. 361-364.

varón mencionado sea Daniel.[10] De esta manera, pasaba Ezequiel por alto
a otros que podían haber sido incluidos, como Abraham, Samuel, David,
o algún otro de los grandes profetas, y se paraba a mencionar a un coetáneo
suyo, que era incluso más joven que él. Por tanto, Ezequiel no permitió que
posibles celos o cualquier otra actitud emocional negativa obnubilase la alta
opinión que le merecía este admirable joven. Le tenía por un oficial de la
corte verdaderamente recto y estaba presto a rendirle tal honor. Esto habla
muy alto de la magnanimidad de Ezequiel.

Al hablar de esta porción, no debe pasarse por alto el testimonio que
el texto sagrado presenta de la relevante rectitud que Daniel había alcanzado. Es seguro que Ezequiel había considerado a Daniel en todos los aspectos posibles, propicios para ser blanco de una actitud crítica, habiendo
llegado a Babilonia cuando ya Daniel había escalado su elevada posición,
pero está perfectamente claro que Ezequiel no había hallado en él nada
digno de censura, sino sólo de admiración. Daniel no había comprometido
su posición ni usado malas artes para obtener el puesto que ocupaba. Resulta difícil imaginar una indicación más significativa de la vida recta de
una persona.

4) Su conocimiento del mundo.   Como varios otros profetas, Ezequiel
conocía bien el mundo en que vivía. Una de las razones por las que los
exegetas liberales han quedado impresionados por los profetas hebreos en
general, es el amplio conocimiento que tenían del mundo circundante. Lo
normal entre la gente de aquel tiempo era que se interesasen sólo en sus
asuntos particulares, y su mundo era, más o menos, del mismo tamaño que
el del lugar en que vivían. Sin embargo, algunos de los profetas, como
repetidamente se ha hecho notar, conocían bien los países limítrofes y los
mencionaban en sus escritos. De este grupo era Ezequiel, pues dedica una
porción entera de su libro a escribir acerca de Amón, Moab, Edom, Filistea,
Tiro, Sidón y Egipto; todos ellos, países colindantes con la tierra de Israel
y Judá. Nada tendría esto de extraño, si Ezequiel hubiese vivido en Israel
o en Judá, pero él vivía en el país de Babilonia. Por supuesto, algo habría
aprendido acerca de dichos países antes de ser deportado a la edad de
veinticinco años, pero también es cierto que escribió su libro muchos años
después y, sin embargo, da muestras de que su conocimiento e interés por
esas naciones no había menguado, sino probablemente crecido. De alguna
manera se las arregló para procurarse información acerca de dichos países
y hacer uso de ella.

---

[10]Algunos creen que éste es el Daniel de los textos de Ras Samra (véase Charles
Virolleaud, *La légende phénicienne de Danel*), pero es muy extraño que Ezequiel hubiese
equiparado a ese Daniel con los Noé y Job de la historia bíblica. Ciertamente, se refería a
su amigo Daniel, el jefe de los sabios. Para una discusión más amplia, véase Edward J.
Young, *The Prophecy of Daniel*, pp. 274–275.

4. El libro

El libro de Ezequiel se divide en tres partes: primero, está el anuncio de la inminente caída de Jerusalén, escrito entre la fecha del llamamiento de Ezequiel y la fecha en que se llevó a cabo propiamente la caída de la ciudad el año 586 A.de C.; en segundo lugar, están las profecías contra las naciones extranjeras que acabamos de mencionar; y la tercera parte contiene profecías sobre la futura restauración de Israel.

Los exegetas liberales han hablado a veces de Ezequiel como de una persona mentalmente desequilibrada; en particular, a causa de la manera en que se refiere con frecuencia al Espíritu Santo y de la descripción que hace del templo milenial. Sin embargo, cuando se examina serena e imparcialmente el libro de Ezequiel, no se encuentra indicación alguna de que su mente estuviera desequilibrada. En realidad, el libro está perfectamente organizado, y Ezequiel data incluso muchas de sus profecías en una secuencia exactamente cronológica. Sus fechas siempre tienen como punto de partida el año del cautiverio del rey Joaquín. Por ejemplo, en 1:2, afirma que su llamamiento al ministerio profético ocurrió "en el quinto año de la deportación del rey Joaquín"

En la primera sección del libro, escrita antes de la definitiva caída de Jerusalén el año 586 A.de C., se expresa Ezequiel con un lenguaje muy fuerte contra el pecado del pueblo, ya sea de los que se habían quedado en Judá o de los que estaban ya en el cautiverio. Los pecados que él menciona son mayormente los mismos a que se refiere Jeremías, ya que éste escribía desde Jerusalén en los mismos años en que Ezequiel estaba escribiendo desde Babilonia. Ezequiel denunciaba vigorosamente a los falsos profetas de su tiempo, que estaban conduciendo al pueblo hacia una ilusión de paz, que sólo era una falsa esperanza. Veía al pueblo de Jerusalén como viña inútil, que sólo podía servir de combustible, y a la gente entre la que vivía, como "casa rebelde", "abrojos y espinos" y "escorpiones". Todos continuaban en los caminos de sus padres, en busca del pecado y disfrutando de sus actividades perversas.

Con todo, en la última parte del libro, el profeta proclama un mensaje de esperanza y predice un futuro glorioso. El pueblo, ahora cautivo, podía mirar hacia delante, vislumbrando en lontananza el día de la liberación, cuando sus desdichas y sufrimientos serían recuerdos del pasado, y los por tanto tiempo separados reinos de Judá e Israel volverían a estar unidos. Todos los enemigos del pueblo de Dios serían derrotados, y en el país serían restaurados un nuevo y grandioso templo y una nueva manera de adoración y culto.

El libro entero es obra de Ezequiel. Esto no ha sido puesto en duda seriamente, ni siquiera por los críticos liberales, hasta una fecha relativamente reciente. De hecho, en una fecha tan tardía como el año 1924, Gustav

Hölscher aseguraba que el bisturí de la crítica había penetrado prácticamente en todos los libros proféticos, excepto Ezequiel.[11] Fue entonces cuando él mismo usó dicho bisturí, hasta llegar a atribuir a la pluma de Ezequiel sólo 170 versículos de un total de 1.273. Desde entonces, otros han seguido por la misma senda y se han sugerido numerosas teorías, tan radicales como la de Hölscher y aún más que la de él, en cuanto a una múltiple autoría, pero todas esas teorías deben ser rechazadas de plano.[12]

El bosquejo del libro puede ser como sigue:

I. Profecías contra Judá antes de la caída de Jerusalén (1:1 — 24:27).
  A. Llamamiento y comisión de Ezequiel (1:1 — 3:27).
  B. Predicción de la destrucción de Jerusalén (4:1 — 7:27).
  C. Visión del pecado de Jerusalén y del iminente castigo (8:1 — 11:25).
  D. Certeza del castigo, debido al pecado del pueblo (12:1 — 19:14).
  E. Advertencias finales antes de la caída de Jerusalén (20:1 — 24:27).
II. Profecías contra naciones extranjeras (25:1 — 32:32).
  A. Contra Amón, Moab, Edom y Filistea (25:1-17).
  B. Contra Tiro y Sidón (26:1 — 28:26).
  C. Contra Egipto (29:1 — 32:32).
III. Profecías acerca de la futura restauración de Israel (33:1 — 48:35).
  A. Eventos que han de suceder antes del milenio (33:1 — 39:29).
    1. Parábola del atalaya (33:1-33).
    2. Los falsos pastores y el pastor verdadero (34:1-31).
    3. La tierra de Israel va a ser restaurada (35:1 — 36:38).
    4. Visiones de los huesos secos y de los dos palos (37:1-28).
    5. Países sin Dios (Gog y otros) que han de ser destruidos (38:1 — 39:29).
  b. El culto en el reino milenial (40:1 — 48:35).
    1. El templo del milenio (40:1 — 43:27).
    2. El culto en el milenio (44:1 — 46:24).
    3. La tierra en el milenio (47:1 — 48:35).

---

[11]*Hesekiel, der Dichter und das Buch*, p. 1.
[12]Véase, a este respecto, Harrison, *Introduction to the Old Testament*, pp. 823-832.

Profetas del siglo nono	Capítulo 16 Abdías Joel
Profetas del siglo octavo	Capítulo 17 Oseas Amós Jonás
	Capítulo 18 Isaías Miqueas
Profetas del siglo séptimo	Capítulo 19 Nahum Sofonías Habacuc
	Capítulo 20 Jeremías
Profetas del exilio	Capítulo 21 Daniel Ezequiel
Profetas post-exilicos	Capítulo 22 Hageo Zacarías Malaquías

22

Profetas Posteriores al Exilio: Hageo, Zacarías Y Malaquías

Finalmente, llegamos al estudio de los profetas posteriores al exilio; son los que ejercieron su ministerio en Judá al regreso de la deportación; sus nombres: Hageo, Zacarías y Malaquías. Los dos primeros profetizaron en los mismos años; el tercero, unas décadas después. Cuando estos tres estaban desempeñando su función, había aún muchos judíos viviendo en Babilonia, pero estos tres vivieron y llevaron a cabo su obra en Judá.

A. HAGEO

1. La fecha

Como Ezequiel, también Hageo data con toda precisión el tiempo de su profecía. Dice que la palabra de Jehová vino a él por vez primera "en el año segundo del rey Darío, en el mes sexto, en el primer día del mes" (1:1); es decir, aproximadamente en septiembre del 520 A.de C. Igualmente da las fechas precisas de otras tres revelaciones que recibió, todas ellas en el segundo año de Darío. Todo el material que registra Hageo en su libro, le vino de parte de Dios en el espacio de cuatro meses de dicho año. Con todo, no cabe duda de que había ejercitado su ministerio profético por algún tiempo y continuó haciéndolo por algunos años después. Pero el período en que su ministerio alcanzó mayor relevancia fue probablemente el mismo que indica en su libro. Como ya vimos, Daniel continuó residiendo en Babilonia hasta la fecha aproximada del año 535 A.de C. El ministerio de

Hageo tuvo lugar unos quince años más tarde, aunque en Judá. Ya habían pasado muchos más años desde la muerte de Ezequiel, puesto que éste murió bastantes años antes que Daniel.

2. Trasfondo histórico

Así como el pueblo de Judá marchó al cautiverio en tres tiempos, se dio el curioso paralelismo de que el regreso de la cautividad se llevó a cabo también en tres tiempos. La primera etapa tuvo lugar poco después de que Babilonia cayera en manos de los persas, en 538/537 A.de C. (Esd. 1:1), la cual estuvo dirigida por Sesbasar (Esd. 1:8). La segunda etapa llegó ochenta años más tarde, en el séptimo año del rey Artajerjes Longimano, el año 458 A.de C. (Esd. 7:7), bajo la dirección del propio Esdras. Y la tercera, trece años después, en el vigésimo año del mismo rey -445 A.de C. (Neh. 2:1), la cual fue condicida por Nehemías. Es menester tener muy en cuenta estas tres etapas con respecto al correspondiente trasfondo histórico de los tres profetas que vamos a estudiar en el presente capítulo, pero sólo la primera tiene que ver propiamente con Hageo y Zacarías.

El gran conquistador Ciro, rey de Persia, dio permiso para que los judíos regresaran a su país en el primer año de su reinado que siguió a la caída de Babilonia. El edicto en que se permitía este regreso fue algo poco usual, y la Biblia lo registra dos veces: En Esd. 1:2-4 y 6:3-5.[1] Algo muy notable en el edicto era la orden para que se reconstruyera el templo de Jerusalén a expensas de la tesorería del propio Ciro. No sería de extrañar que Daniel tuviese algo que ver con esto, y hasta es posible que él mismo redactara el documento.

Las personas que regresaron esta vez están enlistadas en Esd. 2, y la cifra que allí se da es de 42.360, además de 7.337 siervos (Esd. 2: 64-65). Esta es una cifra respetable, pero no incluía a todos los judíos que vivían en el Este.; en realidad, no incluía ni aun a la mayoría, porque justamente algo más de medio siglo después, en tiempo de Ester, todavía vivían allí suficientes judíos para matar nada menos que a 75.000 enemigos vecinos en dos días de lucha (Est. 9:16). Como ya hicimos notar, los judíos habían conseguido en el Este una situación agradable y sorprendentemente acomodada, y está completamente claro que muchos no deseaban marcharse de allí, aun cuando les ofrecieran la oportunidad de hacerlo.

Los que regresaron de buen ánimo, reconocieron que había de darse prioridad a la tarea de reconstruir el templo y, en efecto, esta tarea se comenzó poco después de arrivar ellos al país. El primer acto fue erigir un

---

[1] En la primera, está escrito en hebreo, y tiene la forma de una declaración regia; en la segunda, está escrito en arameo, y tiene la forma de un *dikroma*, es decir, un memorándum de una decisión verbal regia. Véase, a este respecto, E. J. Bickerman, "The Edict of Cyrus in Ezra One", *Journal of Biblical Literature*, 65 (1946): 244-275.

altar y restablecer los sacrificios prescritos en la Ley, lo cual se llevó a cabo en el séptimo mes del primer año del regreso. En el segundo mes del año segundo, comenzó la obra del templo propiamente dicha. El primer paso fue echar los cimientos, lo cual parece haber sido llevado a cabo con suficiente rapidez.· Cuando se completó esta parte de la obra, el pueblo la celebró como algo memorable. Sin embargo, fue entonces cuando comenzaron los problemas, pues hubo oposición por parte de los samaritanos del norte (Esd. 4:1-5), y los judíos mismos que habían comenzado a trabajar en la construcción del templo, empezaron a enplear su tiempo en construir sus propias casas y cultivar sus campos (Hag. 1:3-11). Bien pronto, triste es decirlo, cesó toda obra en el templo, con el resultado de que la construcción quedó en poco más que unos cimientos hasta el segundo año de Darío; es decir, durante unos dieciséis años, y es entonces cuando Hageo pronunció su profecía. Fue precisamente la necesidad de proseguir la actividad de la reconstrucción del templo la que motivó el ministerio, para este objetivo, de Hageo y Zacarías.

3. Su obra y su persona

De acuerdo con lo que acabamos de decir, la obra de Hageo, conforme queda registrada en su libro, se centró en sus esfuerzos por conseguir el aludido objetivo. Era apremiante la necesidad de comenzar de nuevo a construir. Mientras el templo de Jerusalén no estuviese en funciones, no había en todo el mundo un solo templo en que se rindiese culto al verdadero Dios. Ya había sido cosa bastante seria tener el templo en ruinas durante todo el cautiverio, pero el cautiverio había sido algo necesario a fin de que el pueblo de Dios sufriese el castigo por sus pecados. Pero, ahora que la deportación había terminado, ya podía ser reconstruido el templo, y era seguramente el deseo de Dios que esto se llevase a cabo cuanto antes. Fue un acto plausible haber comenzado a reedificar, pero el detener la obra fue algo muy malo a los ojos de Dios.

En realidad, la situación en que se hallaba ahora el templo después que el pueblo había regresado del cautiverio, era más seria que cuando el pueblo se hallaba lejos del país. Mientras continuaba el cautiverio, los países fronterizos con Judá tenían motivos para saber por qué el templo se hallaba en ruinas. Pero, una vez que los judíos habían vuelto a su país, no había ya excusa alguna para que el templo continuase en dicha condición. Por consiguiente, cuando sólo se habían echado los cimientos del templo, y en eso había quedado la obra, los pueblos limítrofes sólo pudieron pensar que los judíos tenían a su Dios en muy poca estima. Es menester tener en cuenta que los países de aquel tiempo medían la estima en que otro país tenía a su dios por la valía del templo que le habían erigido. Así que, mientras esta situación continuaba, el testimonio de los judíos era meramente negativo.

No existía razón alguna para decirles a otros cuánto amaban a su Dios, mientras el templo permaneciese sin terminar de construir. Era, pues, vitalmente importante que el trabajo de construcción comenzase de nuevo sin dilación, y Dios llamó a Hageo, así como a Zacarías, para que urgiesen al pueblo a actuar.

El hecho de que Dios viese en Hageo la persona adecuada para dar tal mensaje, pudo deberse a que el profeta había estado ya personalmente preocupado por esta situación antes de que Dios le llamase. Dios llama con frecuencia a una obra a quienes están ya sintiendo preocupación por esa obra. Fue en el sexto mes del año 520 A.de C., cuando Dios le habló específicamente acerca de ello y le dijo que asumiese el ministerio de urgir al pueblo a que pusiesen manos a la obra. Otras tres veces, en ese mismo año, comunicó Dios al profeta nuevas revelaciones; así que Hageo comenzó a predicar, y el pueblo comenzó a reedificar. Aunque el profeta no nos da ninguna indicación de la tarea que él estaba llevando a cabo mientras se efectuaba la reconstrucción del templo, podemos creer que urgiría una y otra vez al pueblo a que continuase la obra.

Hageo no nos ha dejado ninguna información acerca de su vida personal. Incluso no menciona el nombre de su padre ni de la ciudad de donde era nativo. Es opinión común que era de más edad que Zacarías, ya que su nombre siempre aparece primero cuando se menciona a ambos. Por la pregunta que hace en 2:3 "¿Quién ha quedado entre vosotros que haya visto esta casa en su gloria primera?", han sugerido algunos que Hageo conoció el primer templo antes de que éste fuera destruído. Si esto fuese así, habría vivido antes del 586 A.de C. y ahora tendría, por lo menos, setenta años. Es posible, pero no es probable. Comoquiera que Dios le usó para este ministerio, juntamente con Zacarías, debió de ver en él una persona dedicada, que ansiaba ver reconstruído el templo y restaurado el sistema sacrificial. También debió de ver Dios en él un hombre capacitado para recibir revelaciones divinas y, con todo, permanecer humilde. Dios le equipó, sin duda, para que fuese un hábil predicador, pues era menester urgir al pueblo a actuar sin dilación. Una cosa es pronunciar un mensaje, y otra muy distinta hacerlo de tal modo que el auditorio se sienta impelido a pasar a la acción; y lo que se necesitaba en aquellas circunstancias era, no sólo que el pueblo aprendiera lo que tenía que hacer, sino que se sintiese urgido a ponerlo por obra. Debemos, pues, pensar que Hageo era una persona hábil para expresarse con claridad y fuerza persuasiva.

4. El libro

Comoquiera que el libro de Hageo tiene que ver solamente con las cuatro revelaciones comunicadas al profeta hacia el final del año 520 A.de C., es lo más probable que escribiese el libro poco después de eso, quizás hacia el tiempo en que la reconstrucción del templo seguía en marcha. Sólo Abdías le aventaja en brevedad, pues consta meramente de dos capítulos, con un total de treinta y ocho versículos. Pero, a pesar de su brevedad, contiene cuatro secciones que corresponden a los cuatro mensajes que Dios le reveló. La primera tuvo lugar el primer día del sexto mes del año 520, y contiene un mensaje de urgencia al pueblo en general, para que pongan manos a la obra de la reconstrucción del templo. En él, se le recuerda al pueblo que, desde que pararon la obra dieciséis años antes, no habían prosperado como esperaban. Habían sembrado mucho, pero no habían recogido lo suficiente para comer, y los precios iban para arriba por la escasez de víveres. La razón era que Dios les había retirado sus bendiciones, por no haber hecho ellos lo que Dios quería. La solución al problema era que fueran al monte, trajesen madera y se pusiesen de nuevo a reedificar el templo; entonces enviaría Dios lluvia del cielo, y así tendrían cosecha suficiente, y el pueblo volvería a prosperar. Cuando Hageo proclamó este mensaje, el pueblo obedeció y comenzó a trabajar, como Hageo les había exhortado a hacerlo, el día veinticuatro del mes.

El segundo mensaje llegó el día veintiuno del séptimo mes del mismo año. Su objetivo era dar ánimo a Zorobabel el líder político, a Josué el líder religioso, y al pueblo en general, para que continuasen la obra sin desmayo. El pueblo debía esforzarse y tener fe en que Dios les ayudaría a llevar a buen término lo que parecía ser una tarea muy prolija. No tenían por qué temer, ya que Dios poseía el control de todo el mundo, y de El era la plata y el oro y todos los materiales que se necesitaban para la construcción, y había prometido que había de llenar con Su gloria la casa, tan pronto como estuviese terminada.

El tercer mensaje vino el día veinticuatro del noveno mes. Tenía por objeto advertir al pueblo que Dios requería algo más que la mera construcción de un templo, e incluso más que el ofrecer sacrificios. Dios quería que Su pueblo estuviese en correcta relación con El desde el interior de sus corazones; es decir, quería, sí, que se reedificara el templo, pero deseaba, antes que nada, un pueblo obediente, dedicado a hacer la voluntad de su Dios.

El cuarto mensaje fue comunicado a Hageo el mismo día que el tercero, y se diferenciaba de los anteriores en que hablaba de un día todavía por venir, en que Dios destruiría los reinos de las naciones y establecería Su reino glorioso.

El bosquejo del libro puede hacerse de la manera siguiente:

I. El descuido del templo, causa de la depresión económica (1:1–15).
II. Mensaje de aliento (2:1–9).
III. La obediencia es más importante que el sacrificio (2:10–19).
IV. La destrucción de los reinos del mundo (2:20–23).

B. ZACARIAS

1. La fecha

Como ya hemos indicado, Zacarías fue contemporáneo de Hageo, y da las fechas de tres de las revelaciones que recibió, con la misma precisión que Hageo. La primera vino en el octavo mes del segundo año de Darío, el 520 A.de C. (1:1); la segunda, tres meses después, en el mes undécimo del mismo año (1:7); y la tercera, unos dos años después, en el noveno mes del cuarto año de Darío, el 518 A.de C. (7:1). Un cuarto mensaje comienza en 9:1, pero está sin fecha. Comúnmente se le asigna una fecha bastante posterior, incluso después del 480 A.de C., porque contiene una referencia a Grecia (9:13), y Grecia comenzó a alcanzar prominencia después de esa fecha. Como ya veremos, Zacarías era probablemente mucho más joven que Hageo y pudo haber vivido hasta después del 480, mientras que su coetáneo, algo mayor, es probable que muriera poco después de su ministerio en el año 520 A.de C. De Acuerdo con esto, el ministerio de Zacarías no comenzó mucho antes del 520; así que ambos pudieron estar desempeñando su ministerio, por algún tiempo, en las mismas fechas.

2. Trasfondo histórico

Como Zacarías y Hageo eran contemporáneos, el mismo trasfondo histórico se aplica a ambos. La obra del templo, que había cesado aproximadamente dieciséis años antes, necesitaba ser reemprendida. Dios vio en ello una necesidad lo suficientemente urgente como para usar a dos hombres, de un modo especial, a fin de urgir al pueblo a que pusiese manos a la obra. Le habló a Hageo en el sexto mes; y a Zacarías, dos meses más tarde.

Siendo probable que Zacarías viviese muchos años después del 520, está puesto en razón decir algo acerca de esa historia posterior. Como ya se dijo, el pueblo comenzó a reedificar el templo el año 520, como resultado de la predicación de estos dos profetas; y la estructura quedó terminada el año sexto de Darío, en marzo del 515 (Esd. 6:15). Darío prolongó su reinado hasta el año 486, y le sucedió Jerjes I, que reinó en Persia hasta el año 465. Fue durante el reinado de Jerjes cuando ocurrió la historia de Ester y, si todavía vivía Zacarías, es probable que estuviese familiarizado con lo que entonces aconteció. Durante aquellos años, Judá era, en lo político, parte de la extensa satrapía persa de Abarnahara, la cual incluía todo el territorio al sudoeste del Eufrates hasta la frontera con Egipto, principalmente Siria y Palestina. Dentro de esta extensa satrapía, Judá constituía una provincia que estaba normalmente bajo el mando de un gobernador o *tirshatha*, que significa "el que ha de ser temido" (Esd. 2:63; Neh. 8:9; 10:1).[2] Es posible

---

[2]Véase, a este respecto, Michael Avi-Yonah, *The Holy Land*, p. 12.

que, a veces, Judá no tuviese gobernador propio y estuviese regido directamente por el sátrapa del distrito.

Poca es la información de que disponemos acerca de la vida en Judá durante esos años, pero hay tres claves que nos prestan alguna ayuda. De la diatriba que Hageo lanza al pueblo en su primer mensaje (1:3-11), resulta claro que estaban edificando para sí espléndidas mansiones y cultivando afanosamente sus campos. Mucho más tarde (445 A.de C.), vio Nehemías la necesidad de venir de Persia para edificar los muros de la ciudad, lo cual evidencia cuán poco se había llevado a cabo en la reconstrucción de la capital, aparte de la construcción de casas particulares. Por otra parte, la confesión que Esdras hace del pecado del pueblo, en relación con los matrimonios mixtos de judíos y mujeres paganas de los alrededores (Esd. 9:1-15), pone de manifiesto que los judíos mantenían intercambio de negocios e intereses con los pueblos vecinos, lo que sin duda condujo a prácticas religiosas abominables.

3. Su obra y su persona

En gran parte, la obra de Zacarías fue similar a la de Hageo. Era menester reconstruir el templo, y ambos profetas fueron llamados con el fin de incitar al pueblo a que pusieran manos a la obra. No obstante, se observa cierta variedad en el modo como Dios deseaba que cada uno de los dos desempeñara su ministerio. El quehacer básico asignado a Hageo fue incitar a actuar: el pueblo debía poner manos a la obra y hacer lo que hacía mucho tiempo que debían haber llevado a cabo. Pero los mensajes de Zacarías estaban dirigidos más bien a la manera y a la actitud del pueblo mientras hacían su trabajo, poniendo su énfasis en que mostrasen rectitud de corazón, dependiendo verdaderamente de Dios para obtener Sus bendiciones. Con este fin le fueron otorgadas las ocho visiones registradas en los caps. 1-6, que se centran en elementos simbólicos, que indican el aludido factor de una actitud correcta, emanada de un corazón sinceramente vuelto a Dios.

Como Zacarías continuó su ministerio después que había comenzado ya la reconstrucción, se deduce que Dios tenía también otra tarea reservada para él. A base de lo que se incluye en su libro, parece ser que dicha tarea se extendía a dos áreas en especial. Primero estaba el área de dar respuesta a preguntas prácticas que surgían en la mente del pueblo; por ejemplo, si Dios quería que ayunasen o no. La respuesta de Zacarías vino a ser que a Dios le agradaba la obediencia más que los ayunos exteriores (8:19). El área segunda tenía que ver con el futuro. Es evidente que el pueblo deseaba saber qué les tenía reservado el futuro, ahora que estaban de nuevo en su país con su templo reconstruido. La respuesta de Dios, por medio del profeta, hacía referencia a un futuro remoto, prediciéndoles que les esperaba un tiempo glorioso durante el reino mesiánico.

Además de estos temas, podemos conjeturar que, siendo aún joven el profeta durante el tiempo en que el templo era reedificado, se dedicó activamente al ministerio de urgir al pueblo a observar adecuadamente el sistema sacrificial mosaico. Ahora que el templo estaba reconstruído, el pueblo debía visitarlo con regularidad y llevar a cabo allí cuanto Dios quería que se hiciese a este respecto. También es seguro que Zacarías hablaría vigorosamente contra el pecado que continuaba cometiéndose. Quizás había comenzado ya la tendencia a los matrimonios con mujeres de los pueblos colindantes, contra los que, más tarde, iba Esdras a tomar medidas tan drásticas el año 458 A.de C., y quizás tuvo Zacarías mucho que ver con impedir que esto se extendiera con mayor rapidez de la que, en realidad, tuvo lugar.

En cuanto a su persona, Zacarías declara que su padre se llamaba Berequías, y su abuelo Iddó (1:1). Aparece como sacerdote en la lista de Neh. 12:16, donde se le nombra como hijo de Iddó (V. Esd. 5:1; 6:14). Es posible que su padre Berequías muriese joven, o simplemente que Iddó fuese un antepasado mucho más prominente. En Zac. 2:4, se habla de él como un "joven" (*na'ar*), lo que se compagina bien con la opinión de que era muy joven cuando comenzó su ministerio en el año 520 A.de C.

Que Zacarías era un varón espiritualmente maduro, lo atestiguan especialmente dos hechos. El uno es que Dios lo escogió, así como a Hageo, para reavivar el deseo del pueblo de reedificar el templo. Como ya hicimos notar, esta reconstrucción era muy importante a los ojos de Dios y, por consiguiente, los varones escogidos para incitar a esta obra habían de ser selectos siervos de Dios. Podemos pensar que Hageo fue escogido para este fin al final de su vida, y Zacarías al comienzo de la suya, complementándose así mutuamente como componentes de un mismo equipo. Hageo tendría mayor influencia cerca de las personas mayores para animarles a tomar la iniciativa, y Zacarías con los jóvenes para estimularles a participar también.

El otro hecho, o factor importante, es que Dios comunicó a Zacarías ciertas revelaciones, incluyendo las ocho visiones mencionadas. Con frecuencia, un ángel le servía como de patron o guía al profeta en estas visiones, por lo que no cabe duda de que una persona a quien se otorgaban esta clase de revelaciones había de ser alguien a quien Dios tuviese en alta estima.

Como ya se indicó con respecto a Hageo, también es de suponer que Zacarías era un predicador poderoso. Dios quería un profeta que fuese capaz de incitar a la acción con la suficiente fuerza persuasiva, a fin de que se comenzase la obra en el templo y se llevase a cabo de manera conveniente y apropiada. Por otro lado, podemos pensar que Zacarías sentía una inclinación natural a reflexionar sobre el futuro. Al menos, fue por medio de él como nos dejó Dios registrada una parte importante de la información específica del Antiguo Testamento acerca de los eventos finales. Los últimos capítulos de su libro se citan con frecuencia en los sermones que hoy se predican acerca de la profecía.

4. El libro

El libro de Zacarías se divide por sí mismo en cuatro secciones, a base de consideraciones de orden tanto lógico como cronológico. La primera sección contiene un llamamiento general al pueblo a que se arrepienta delante de Dios; este llamamiento fue dado en el octavo mes del año 520 A.de C. La segunda sección refiere las ocho visiones ya mencionadas, cuyo mensaje central consta de instrucciones concernientes a la reconstrucción del templo, aunque también contiene prominentes referencias de naturaleza escatológica. La fecha de estas revelaciones es el undécimo mes del mismo año. La tercera sección (7:1 — 8:23) es un mensaje dado en el noveno mes del año 518, y en él se consideran dos temas; el uno, si Dios quería que el pueblo ayunase o no; el otro, el hecho de que Dios tenía reservado para Su pueblo un gran día de bendición en un futuro remoto. La cuarta sección (9:1 — 14:21) va sin fecha, y parece ser que fue dada mucho después; se subdivide en dos partes, cada una de las cuales comienza con la frase: *"Profecía* (lit. carga -*massa'*) *de la palabra de Jehová"* (9:1; 12:1), y ambas partes traten del mismo tema: la destrucción de los poderes mundiales, y la supremacía final de la nación de Israel; la primera parte presenta el tema de un modo más general, y pone de relieve la destrucción de los poderes; mientras que la segunda es más específica, y enfatiza la purificación final de Israel y su hegemonía como nación.

En cuanto a la autoría, aunque casi todos los exegetas están de acuerdo en que los ocho primeros capítulos fueron escritos pro Zacarías, muchos liberales creen que los capítulos 9–14 fueron redactados por otras manos. La razón que aducen es la diferencia de material. Como los ocho primeros capítulos tratan temas pertinentes, en su mayor parte, al tiempo de Zacarías, mientras que los capítulos restantes son principalmente escatológicos, concluyen que una misma persona no pudo haber escrito dos tipos tan diferentes de material.[3] Pero esto no constituye ningún problema para un exegeta conservador.

El libro puede dividirse de acuerdo con el siguiente bosquejo:

I. Mensajes durante la reconstrucción del templo (1:1 — 8:23).
  A. Primer mensaje: llamamiento a arrepentirse (1:1–6).
  B. Segundo mensaje: ocho visiones nocturnas (1:7 — 6:15).
    1. El jinete entre los mirtos (1:7–17).
    2. Los cuatro cuernos y los cuatro herreros (1:18–21).

[3]Para una discusión detallada de los distintos puntos de vista, véase R. K. Harrison, *Introduction to the Old Testament*, pp. 950-956.

3. El varón con el cordel de medir (2:1-13).
4. La purificación del sumo sacerdote Josué (3:1-10).
5. El candelero de oro (4:1-14).
6. El rollo volador del juicio divino (5:1-4).
7. La mujer en el efá (5:5-11).
8. Los cuatro carros del juicio divino (6:1-8); y la simbólica coronación de Josué después de las visiones (6:9-15).
C. Tercer mensaje: los ayunos y el futuro remoto (7:1 — 8:23).
II. Mensajes después de la reconstrucción del templo (9:1 — 14:21).
A. La primera profecía (9:1 — 11:17).
  1. Destrucción de los reinos del mundo y liberación de Israel (9:1 — 10:12).
  2. Rechazo del verdadero pastor y el gobierno del pastor falso (11:1-17).
B. La segunda profecía (12:1 — 14:21).
  1. Victoria de Israel sobre los reinos del mundo (12:1 — 13:6).
  2. Victoria finales del Mesías-Rey (13:7 — 14:21).

C. MALAQUIAS

1. La fecha

Malaquías, el último de los profetas hebreos, no da la fecha de su ministerio. Es preciso buscar en su libro las claves que nos permitan conjeturarla, y hay algunas que nos prestan una valiosa ayuda. En primer lugar, vemos que la autoridad estaba en manos de un gobernador (*pehah*) persa (1:8), lo que nos da un tiempo posterior al regreso de la deportación a Babilonia, cuando Judá estaba regido por gobernadores persas. Segundo, es evidente que las ceremonias religiosas se llevaban a cabo en el templo (1:7-10; 3:8), teniendo en cuenta que la construcción del templo quedó completada el año 515 A.de C. Tercero, los pecados del pueblo a los que Malaquías presta atención, no son los mismos que Hageo y Zacarías condenaron, quienes estaban preocupados especialmente por la flojedad y otros defectos en cuanto a la reconstrucción del templo, pero sí son similares, en cambio, a los mencionados por Esdras y Nehemías a mediados del siglo siguiente. Son especialmente evidentes las afinidades con lo que Nehemías reprende, por cuanto ambos hablan de la despreocupación de los sacerdotes en las ceremonias del templo (Mal. 1:6-14; Neh. 13:4-9), así como del olvido del pueblo en cuanto al pago de los diezmos (Mal. 3:8-10; Neh. 13:10-13), y de los casamientos con mujeres extranjeras (Mal. 2:10-12; Neh. 13:23-28). Cuarto, como ni Esdras ni Nehemías mencionan a Malaquías, no es probable que éste ejerciese su ministerio en el tiempo en que aquellos escribieron, ni aun siquiera unos pocos años antes. Nehemías, que es posterior a Esdras, escribió su libro hacia el 430 A.de C., tras su regreso a Jerusalén, después de haber vuelto a Babilonia para estar allí unos pocos años. Una de las fechas mas probables de la redacción del libro de Malaquías parece ser muy poco después del aludido regreso de Nehemías a Jerusalén. Es preciso tener en cuenta, por supuesto, que el profeta pudo haber estado ejerciendo su ministerio durante varios años antes de escribir su libro, y es probable que continuase ejerciéndolo después. Quizá debamos contentarnos con decir que Malaquías sirvió como profeta algún tiempo durante la última mitad del siglo quinto A.de C.

2. Trasfondo histórico

Como ya dijimos en otro lugar, hubo tres fases en el regreso del cautiverio de Babilonia. La primera se llevó a cabo en 538/537 A.de C., y ya hemos considerado lo concerniente a ella. La segunda se realizó ochenta años después, en el séptimo año de Artajerjes Longimano, 458 A.de C., bajo la dirección de Esdras.[4] Esdras era conocido de Artajerjes, en cuya corte había alcanzado una posición de cierto relieve; quizás ejerció como una especie de Ministro de Asuntos Judíos. Lo cierto es que, de algún modo, pudo persuadir al rey para que le permitiera viajar a Judá, con el fin de llevar a cabo las reformas necesarias.

De forma similar a lo que ocurrió en la primera fase del regreso, también Esdras obtuvo del monarca persa notables privilegios, entre los que se incluía la facultad de llevarse consigo cuantos compatriotas deseasen regresar con él, recibir ayuda financiera de la corte persa, así como de los judíos que vivían en el este, para la reconstrucción del templo, sacar dinero del tesoro de la satrapía de Abarnahara para las necesidades que pudieran surgir, eximir de impuesto al personal del templo, y nombrar líderes civiles en Judá para hacer valer las leyes del país.

El principal problema que tuvo que afrontar Esdras a su llegada a Jerusalén fue solucionar el caso de los matrimonios mixtos de muchos judíos con mujeres de los pueblos colindantes. Esdras se enteró de este grave problema poco después de su llegada, y reaccionó con extrema pesadumbre. Rasgó sus vestiduras, se arrancó pelos de la cabeza y de la barba, y se sentó angustiado hasta el anochecer del día en que se enteró de ello. Luego, elevó a Dios una larga oración de confesión, y cuando él acabó de orar, los que estaban junto a él expresaron su firme resolución de despedir a las mujeres extranjeras que habían tomado. Esdras aplaudió tal determinación y se tomaron las medidas para que esto se llevase a efecto sin demora.

---

[4]Algunos exegetas dan para Esdras la fecha del séptimo año de Artajerjes II (398 A.de C.); otros, el año treinta y siete de Artajerjes I (428 A.de C.). Ambas fechas han de ser rechazadas. Véase, a este respecto, H. H. Rowley, "The Chronological Order of Ezra and Nehemiah", *The Servant of the Lord and Other Essays on the Old Testament*, pp. 131–159.

La tercera fase del regreso se efectuó en el año vigésimo de Artajerjes, 445 A.de C., bajo la dirección de Nehemías (Neh. 1:1). Como Esdras, también Nehemías había obtenido el favor del rey persa, tanto que, cuando hubo de emprender su viaje, "capitanes del ejército y gente de a caballo" (Neh. 2:9) le fueron concedidos como escolta para el camino. El principal objetivo que Nehemías abrigaba para este viaje era la reconstrucción de los muros de Jerusalén; aunque parezca extraño, los muros de la ciudad estaban aún sin reconstruir, a pesar de que el pueblo había regresado al país hacía casi un siglo. Así que, en los tres primeros días después de su llegada a la capital de Judá, Nehemías inspeccionó diligentemente los muros para determinar la condición en que se hallaban. Tras la recogida de datos, convocó a los líderes de Jerusalén y les presentó sus planes para la reconstrucción. Es evidente que su presentación fue persuasiva en alto grado, ya que la respuesta no se hizo de esperar, y se tomó la decisión de seguir adelante con el proyecto. Se reclutaron obreros, tanto de Jerusalén como de los suburbios, y a todos se les asignó las correspondientes secciones del muro en que había de trabajar cada uno.

La obra progresaba con sorprendente rapidez, a pesar de la oposición de las gentes de fuera. Nehemías poseía autoridad completa de parte del rey para esta tarea, pero los enemigos hicieron todo lo posible por impedirla. Parece ser que las provincias limítrofes, especialmente Samaria, se habían aprovechado hasta entonces de la debilidad de Judá, y no querían perder estas ventajas. Al principio, los enemigos se limitaron a burlarse de la empresa (Neh. 2:19-20; 4:1-3), pero planearon en serio lanzar un ataque sobre Jerusalén para forzar a los judíos a parar las obras. La noticia hizo cundir el pánico entre el pueblo, pero Nehemías replicó dividiendo a los trabajadores en dos grupos: el uno, que prosiguiera las obras; el otro, armado para la defensa. De este modo, la obra pudo seguir adelante, pero más despacio. Aun así, la obra quedó totalmente terminada en el brevísimo espacio de cincuenta y dos días, con la consiguiente consternación y el amargo disgusto por parte de los enemigos.

Después que el muro quedó reedificado, Nehemías continuó como gobernador de Judá. Una de sus primeras actuaciones en calidad de tal, fue remitir las deudas de los pobres del pueblo. La provincia de Judá pasaba por un período de grave estrechez económica, como resultado de los elevados impuestos que había estado pagando a la corte persa, y por las continuas raquíticas cosechas. En tal situación, algunos entre la gente adinerada se habían aprovechado de la condición de los pobres, cargando con elevados intereses los préstamos concedidos. Nehemías les urgió a que pusiesen fin a tan abominable práctica y a que hiciesen restitución de lo que se habían apropiado indebidamente. También en esto, fue eficazmente persuasiva la exhortación de Nehemías. Otras medidas tomadas por él tenían que ver con asuntos de seguridad en favor de la ciudad (Neh. 7:1-4;

11:1-36), la lectura de la Ley (Neh. 8), y la dedicación de los muros recién construídos (Neh. 12:27-47). Nehemías vivió en Jerusalén durante dos períodos de tiempo. La vez primera, estuvo allí durante doce años, desde el año veinte hasta el treinta y dos de Artajerjes, 445-433 A.de C. (Neh. 1:1; 13:6). Volvió a la corte persa por breve tiempo, para seguir con la función que allí venía desempeñando, pero luego le fue permitido regresar a Jerusalén para continuar su trabajo. En esta segunda llegada, Nehemías se sintió apesadumbrado por la creciente laxitud en la observancia de la Ley de Dios. Lo que más le sorprendió y contristó fue el hecho de que el sumo sacerdote Eliasib hubiese permitido al antiguo enemigo de Nehemías, el amonita Tobías, habitar en uno de los aposentos del templo. Ante este desafuero, rápidamente ordenó Nehemías que se sacasen de allí todos los efectos de Tobías, se limpiase el aposento y se volviese a usar para su original destino como almacén de los diezmos del pueblo (Neh. 13:4-9).

Las reformas de Nehemías también se extendieron de nuevo al problema de los matrimonios mixtos (Neh. 13:23-28). A pesar de los anteriores esfuerzos de Esdras el año 458 A.de C., este pecado había vuelto a cometerse. Nehemías encontró niños que ni siquiera sabían hablar hebreo, por causa de que sus padres se habían casado con extranjeras, de Asdod especialmente, así como amonitas y moabitas. Nehemías exigió del pueblo la promesa formal de que tales matrimonios no volverían a llevarse a cabo.

3. Su obra y su persona

Malaquías no hace ninguna referencia ni a su vida personal ni a su obra, y no se le vuelve a mencionar en ningún otro lugar del Antiguo Testamento. Por consiguiente, la naturaleza de su obra hay que deducirla del material que escribió, el cual muestra que fue un profeta dedicado a su ministerio y usado eficientemente para advertir del pecado al pueblo y urgirle a comportarse de manera agradable a Dios. Ya han sido enumerados los principales pecados de los que tuvo que reprender a sus compatriotas: casamientos con mujeres extranjeras, incumplimiento del pago de los diezmos, y ofrecimiento de cosas inmundas y de víctimas defectuosas para los sacrificios. Probablemente, el detalle más relevante en cuanto a su persona es que Dios le otorgó el privilegio de cerrar la ilustre línea de los profetas escritores, al ser cronológicamente el último de ellos.

En cuanto a su persona, Malaquías no da información alguna, ya que ni siquiera menciona el nombre de su padre ni de la ciudad que le vio nacer. Su nombre significa "mi ángel" o "mi mensajero", habiendo quienes opinan que debe entenderse meramente como designación de su oficio, más bien que de su propio nombre, y se apoyan principalmente en la versión que la Septuaginta hace de 1:1, donde, en lugar de "por medio de Malaquías", se lee "por medio de Su mensajero" [5] Pero, como esta opinión dejaría al libro como la única profecía sin el nombre de su autor, es mejor rechazarla.

Como este hombre fue escogido para ser el principal profeta de los últimos días del Antiguo Testamento (canónico), podemos deducir que Dios vio en él a una persona espiritualmente madura. No cabe duda de que hubo otros profetas en su tiempo, pero él fue escogido para escribir el libro profético de su época. El hecho de que hablase lisa y llanamente acerca del pecado, y urgiese al pueblo a cambiar de conducta abandonando el pecado, es una indicación adicional de que era una persona que tenía conciencia de la seriedad del pecado. Si es correcta la fecha que la hemos asignado, podemos, imaginárnoslo trabajando a este respecto codo con codo con Nehemías, después que éste regresó de la capital persa. Qué edad llegó cada uno a alcanzar, o cuál de los dos sobrevivió al otro, no hay modo de saberlo. Lo que sí podemos suponer es que se conocieron bien mutuamente y que trabajaron juntos para llevar adelante la obra de Dios.

4. El libro

El libro de Malaquías consta de cuatro secciones. Primero está la afirmación del gran amor de Dios hacia Su pueblo Israel. A esto sigue una represión del pecado de los sacerdotes, en su negligencia por celebrar debidamente las ceremonias de la ley mosaica. Luego viene un reproche por los pecados del pueblo en general, entre los que se enumeran los matrimonios con extranjeros, la negligencia en pagar los diezmos, y los defectos en el ofrecimiento de los sacrificios. El libro termina con admoniciones a guardar la Ley de Dios y esperar el regreso de Cristo (incluyendo la primera venida del Mesías).

El bosquejo del libro puede ser el siguiente:

I. Amor de Dios a Israel (1:1-5).

II. Represión a los sacerdotes (1:6 — 2:9).

III. Represión al pueblo (2:10 — 4:3).

IV. Admonición a guardar la Ley y esperar la venida de Cristo (4:4-6).

---

[5]Para otras pruebas, y una discusión general al respecto, véase Hobert E. Freeman, *An Introduction to the Old Testament Prophets*, pp. 350-351.

Bibliografía

Aharoni, Yohanan, and Avi-Yonah, Michael, eds. *The Macmillan Bible Atlas*. Nueva York: Macmillan, 1968.

Albright, William F. *Archaeology and the Religion of Israel*. 3a. edic. Baltimore; Johns Hopkins Press, 1953.

_____. *From the Stone Age to Christianity*. 2a. edic. Nueva York: Doubleday Anchor Books, 1957.

_____. "The Old Testament World". En *The Interpreter's Bible*, editado George A. Buttrick y otros., vol. I, pp. 233–271. Nueva York: Abingdon Press, 1952.

_____. "Recent Progress in North Canaanite Research." *Bulletin of the American Schools of Oriental Research* 70 (1938).

"Some Important Recent Discoveries: Alphabetic Origins and the Idrimi Statue." *Bulletin of the American Schools of Oriental Research* 118 (1950): 11–20.

Alexander, Joseph A. *Commentary on the Prophecies of Isaiah*. Grand Rapids: Zondervan, 1953.

Allis, Oswald T. *Prophecy and the Church*. Filadelfia: Presbyterian and Reformed, 1945.

_____. *The Unity of Isaiah*. Filadelfia: Presbyterian and Reformed, 1950.

Ancient Near Eastern Texts. Editado por James B. Pritchard. Princeton, NJ: Princeton University Press, 1950.

Ancient Near East in Pictures, The. Editado por James B. Pritchard. Princeton, NJ: Princeton University Press, 1954.

Anderson, G. W. *The History and Religion of Israel*. Londres: Oxford University Press, 1966.

Ap-Thomas, D. R. "The Phoenicians." En *Peoples of Old Testament Times*, editado por D. J. Wiseman. Oxford: Clarendon Press, 1973.

Archer, Gleason L. *A Survey of Old Testament Introduction*. Chicago: Moody Press, 1964.

Avi-Yonah, Michael. *The Holy Land*. Grand Rapids: Baker, 1966.

Baab, Otto J. *The Theology of the Old Testament*. Nueva York: Abingdon Press, 1949.

Baillie, John. *The Idea of Revelation in Recent Thought*. Nueva York: Columbia University Press, 1945.

Baron, David. *The Visions and Prophecies of Zechariah*. Londres: Hebrew Christian Testimony, 1951.

Barton, George. *Archaeology and the Bible*. 7a. edic. Philadelphia: American Sunday School Union, 1937.

Bickerman, E. J. "The Edict of Cyrus in Ezra One." *Journal of Biblical Literature* 65 (1946): 244-275.

Blenkinsopp, Joseph. "The Prophetic Reproach." *Journal of Biblical Literature* 90 (1971): 267-278.

Bohl, Franz. "Some Notes on Israel in the Light of Babylonian Discoveries." *Journal of Biblical Literature* 53 (1934): 140-146.

Breasted, J. H. *The Dawn of Conscience*. Nueva York: Charles Scribner's Sons, 1935.

Bright, John. *A History of Israel*. Filadelfia: Westminster Press, 1959.

Bruce, F. F. *Biblical Exegesis in the Qumran Texts*. Grand Rapids: Eerdmans, 1959.

Buber, Martin. *The Prophetic Faith*. Tr. por Carlyle Witton-Davies. Nueva York: Macmillan, 1949.

Buttenwieser, Moses. *The Prophets of Israel from the Eighth to the Fifth Century* Nueva York: Macmillan, 1914.

Cook, Stanley. *The Old Testament, A Reinterpretation*. Nueva York: Macmillan, 1936.

Cross, Frank M. *The Ancient Library of Qumran and Modern Biblical Studies*. Garden City, NY: Doubleday, 1958.

Culver, Robert D. *Daniel and the Latter Days*. Chicago: Moody, 1965.

Davidson, A. B. *Old Testament Prophecy*. Edinburgh: T. & T. Clark, 1903.

————. "Prophecy and Prophets." En *Dictionary of the Bible*, editado por James Hastings y otros, vol. IV, pp. 106-127. Nueva York: Charles Scribner's Sons, 1909.

————. *Theology of the Old Testament*. Edinburgh: T. & T. Clark, 1955.

De Vaux, Roland. *Ancient Israel, Its Life and Institutions*. Tr. por J. McHugh. Nueva York: McGraw-Hill, 1961.

Dillon, H. *Assyro-Babylonian Liver Divination*. Rome, 1932.

Documents from Old Testament Times. Editado por D. Winton Thomas. Nueva York: Harper, 1961.

Driver, S. R. *An Introduction to the Literature of the Old Testament*. Edinburgh: T. T. Clark, 1950.

Eichrodt, Walther. *Theology of the Old Testament*. Tr. por J. A. Baker. Filadelfia: Westminster Press, 1961. (Hay edición en español, trad. de Daniel Romero, Madrid, Ediciones Cristiandad)

Eiselen, Frederick C. *Prophecy and the Prophets*. Nueva York: Methodist, 1919.

Eissfeldt, Otto. *The Old Testament, An Introduction*. Tr. por P. R. Ackroyd. Nueva York: Harper & Row, 1965.

————. "The Prophetic Literature." En *The Old Testament and Modern Study*, editado por H. H. Rowley, pp. 113-161. Nueva York: Charles Scribner's Sons, 1951.

Ellison, H. L. *Men Spake from God*. Grand Rapids: Eerdmans, 1958.

Engnell, Ivan. *Studies in Divine Kingship in the Ancient Near East*. Uppsala: Almquist and Wiksells Boktrycheri, 1943.

Ewald, Heinrich. *Commentary on the Prophets of the Old Testament*. Tr. por J. Frederick Smith. Londres: Williams and Norgate, 1875.

————. *History of Israel*. 8 tomos. Londres: Longmans, Green, & Co., 1869.

Finegan, Jack. *Light from the Ancient Past*. Princeton, NJ: Princeton University Press, 1954.

Fohrer, Georg. *History of Israelite Religion*. Tr. por D. E. Green. Nueva York: Abingdon Press, 1972.

Fosbroke, Hughell. "The Prophetic Literature." En *The Interpreter's Bible*, editado por George A. Buttrick y otros, vol. I, pp. 201-211. Nueva York: Abingdon Press, 1952.

Freeman, Hobart E. *An Introduction to the Old Testament Prophets*. Chicago: Moody Press, 1968.

Gaebelein, A. C. *The Prophet Joel*. Nueva York: Our Hope, 1909.

Geoff, Beatrice. "Syncretism in the Religion of Israel." *Journal of Biblical Literature* 58 (1931): 151-161.

Girdlestone, Robert B. *The Grammar of Prophecy*. Grand Rapids: Kregel, 1955.

Gottwald, Norman. *A Light to the Nations*. Nueva York: Harper & Bros., 1959.

Graham, W. C. "The Religion of the Hebrews." *Journal of Religion* 11 (1931): 242-259.

Gray, George. *Sacrifice in the Old Testament*. Oxford: Clarendon Press, 1925.

Gray, John. *I and II Kings, A Commentary*. Filadelfia: Westminster Press, 1975.

Gressman, Hugo. *Altorientalische Texte und Bilder zum Alten Testament*. Berlin: W. De Gruyter, 1926-27.

Guillaume, A. *Prophecy and Divination Among the Hebrews and Other Semites*. Londres: Hodder & Stoughton, 1938.

Haldar, Alfred. *Associations of Cult Prophets Among the Ancient Semites.* Uppsala: Almquist and Wiksells Boktrycheri, 1945.

Harrison, R. K. *Introduction to the Old Testament.* Grand Rapids: Eerdmans, 1969.

──────. *Old Testament Times.* Grand Rapids: Eerdmans, 1970.

Heschel, Abraham J. *The Prophets.* Nueva York: Harper & Row, 1962.

Hölscher, Gustav. *Hesekiel, der Dichter und das Buch.* Giessen: Alfred Topelmann, 1924.

──────*Die Propheten.* Leipzig: Hinrichs, 1914.

Hooke, S. H. *Babylonian and Assyrian Religion.* Oxford: Blackwell, 1962.

Interpreter's Bible, The. Editado por George A. Buttrick y otros. 12 tomos. Nueva York: Abingdon Press, 1952.

James, Edwin O. *The Nature and Function of Priesthood.* Nueva York: Barnes and Noble, 1959.

James, Fleming. *Personalities of the Old Testament.* Nueva York: Charles Scribner's Sons, 1954.

Jastrow, Morris. *The Religion of Babylonia and Assyria.* Boston: Ginn & Co., 1898.

──────. "Ro'-eh and Hozeh in the Old Testament." *Journal of Biblical Literature* 28 (1909): 42–56.

Johnson, Aubrey R. *The Cultic Prophet in Ancient Israel.* Cardiff: University of Wales, 1944.

Kaufmann, Yehezkel. *The Religion of Israel.* Tr. por Moshe Greenberg. Chicago: University of Chicago Press, 1960.

Keil, C. F., and Delitzsch, F. *Commentaries on the Old Testament.* 25 tomos. Grand Rapids: Eerdmans, 1952.

Kitchen, Kenneth. *Ancient Orient and Old Testament.* Chicago: Inter-Varsity Press, 1966.

Laetsch, Theodore. *The Minor Prophets.* St. Louis: Concordia, 1956.

Lambert, W. G. "The Babylonians and the Chaldaeans." En *Peoples of Old Testament Times*, editado por D. J. Wiseman. Oxford: Clarendon Press, 1973.

Lange, John P. *A Commentary on the Holy Scriptures.* Tr. por Philip Schaff. 14 tomos. Nueva York: Charles Scribner's Sons, 1915.

Leslie, Elmer A. *Isaiah.* Nueva York: Abingdon Press, 1963.

Lindblom, J. *Prophecy in Ancient Israel.* Filadelfia: Fortress, 1963.

Lods, A. "Une Tablette inédite de Mari, intéressante pour l'histoire ancienne du prophetisme Sémitique." En *Studies in Old Testament Prophecy*, editado por H. H. Rowley, pp. 103–110. Edinburgh: T. & T. Clark, 1950.

Mace, A. B. "The Influence of Egypt on Hebrew Literature." *Annals of Archaeology and Anthropology* 9 (1922): 3–26.

Mattuck, Israel, *The Though of the Prophets*. Nueva York: Collier Books, 1962.

Meek, Theophile J. *Hebrew Origins*. Nueva York: Harper, 1960.

Mendelsohn, Isaac. "Society and Economic Conditions." En *The World History of the Jewish People*, vol. III, pp. 39-51. Newark: Rutgers University Press, 1971.

Millard, A. R. "The Canaanites." En *Peoples of Old Testament Times*, edited by D. J. Wiseman. Oxford: Clarendon Press, 1973.

Montgomery, James A. *The Book of Daniel*. Nueva York: Charles Scribner's Sons, 1927.

Moscati, S. *Ancient Semitic Civilizations*. Londres: Elek Books, Ltd., 1957.

Mowinckel, Sigmund. *Psalmenstudien III*; *Kultprophetie und Prophetische Psalmen*. Kristiania, 1923.

_____. "The 'Spirit' and the 'Word' in the Pre-exilic Reforming Prophets." *Journal of Biblical Literature* 53 (1934): 199-227.

Noth, Martin. *The History of Israel*. 2a edicion. Londres: A. & C. Black, 1958.

Oehler, G. F. *Theology of the Old Testament*. Grand Rapids, Zondervan, n.d.

Oesterley, W. O. E., and Robinson, Theodore H. *Hebrew Religion: Its Origin and Development*. 2a ed., rev. Londres: Society for Promoting Christian Knowledge, 1944.

Oppenheim, A. Leo. *Ancient Mesopotamia*. Chicago: University of Chicago Press, 1964.

_____. *The Interpretation of Dreams in the Ancient Near East*. Filadelfia: American Philosophical Society, 1956.

Payne, J. Barton. *The Theology of the Older Testament*. Grand Rapids: Zondervan, 1962.

Pedersen, Johannes. *Israel: Its Life and Culture*. 2 tomos. Londres: Oxford University, 1953.

Petrie, Flinders. *Religious Life in Ancient Egypt*. Londres: Constable, 1924.

Pfeiffer, Charles. *Old Testament History*. Grand Rapids: Baker, 1973.

Pfeiffer, Robert. *Introduction to the Old Testament*. New York: Harper, 1941; ed. rev. 1948.

Porteous, N. W. "Prophecy." En *Record and Revelation*, editado por H. Wheeler Robinson, pp. 216-249. Oxford: Clarendon Press, 1938.

Pusey, E. B. *The Minor Prophets*. Grand Rapids: Baker, 1956.

Robinson, George L. *The Twelve Minor Prophets*. Nueva York: Richard R. Smith, Inc., 1930.

Robinson, H. Wheeler, "The Philosophy of Religion." En *Record and Revelation*, pp. 303-320. Oxford: Clarendon Press, 1938.

_____. *Redemption and Revelation*. Londres: Nisbet, 1942.

Robinson, Theodore H. *Prophecy and the Prophets in Ancient Israel.*
Londres: Duckworth, 1923.
Rowely, H. H. *The Faith in Israel.* Filadelfia: Westminster Press, 1956.
_____. *Prophecy and Religion in Ancient China and Israel.* Nueva York:
Harper, 1956.
_____. *The Rediscovery of the Old Testament.* Filadelfia: Westminster
Press, 1946.
_____. *The Servant of the Lord and Other Essays on the Old Testament.*
Londres: Lutterworth, 1952.
_____. *The Unity of the Bible.* Filadelfia: Westminster Press, 1953.
Sauerbrei, C. "The Holy Man in Israel: A Study in the Development of
Prophecy." *Journal of Near Eastern Studies* 6 (1947): 209-218.
Scott, R. B. Y. *The Relevance of the Prophets.* Nueva York: Macmillan,
1953.
Shanks, Herschel. "Did the Philistines Destroy the Israelite Sanctuary at
Shiloh? — The Archaeological Evidence." *The Biblical Archaeology Re-
view* 1 (June, 1975): 3-5.
Simons, J. *Handbook for the Study of Egyptian Topographical Lists Relat-
ing to Western Asia.* Leiden: E. J. Brill, 1937.
Skinner, John. *Prophecy and Religion.* Cambridge: University Press, 1922.
Smith, J. M. P. "Semitic Prophecy." *The Biblical World* 35 (1910): 223-233.
Smith, W. Robertson. *The Old Testament in the Jewish Church.* Nueva
York: D. Appleton & Co., 1881.
_____. *The Prophets of Israel.* Londres: Black, 1907.
Snaith, Norman H. *The Distinctive Ideas of the Old Testament.* Londres:
Epworth, 1962.
Thiele, E. R. *The Mysterious Numbers of the Hebrew Kings.* ed. rev. Grand
Rapids: Eerdmans, 1965.
Thompson, J. A. *The Bible and Archaeology.* ed. rev. Grand Rapids: Eerd-
mans, 1972.
Torrey, C. C. *Pseudo-Ezekiel and the Original Prophecy.* New Haven, CT:
Yale University Press, 1930.
Unger, Merrill F. *Introductory Guide to the Old Testament.* Grand Rapids:
Zondervan, 1951.
_____. *Israel and the Aramaeans of Damascus.* Londres: James Clarke
& Co., 1957.
von Rad, Gerhard. *Old Testament Theology.* Tr. por D. M.G. Stalker. Nueva
York: Harper, 1962 (Hay edición castellana, trad. de V. Martín Sánchez,
prep. por Luis A. Schökel -Salamanca, Sígueme, 1972; 2 vols)
Vos, Geerhardus. *Biblical Theology.* Grand Rapids: Eerdmans, 1948.
Walvoord, John F. *Daniel, the Key to Prophetic Revelation.* Chicago: Moody
Press, 1971.
Welch, A. C. *Prophet and Priest in Old Israel.* Oxford: Blackwell, 1953.

Whitley, Charles. *The Exilic Age*. Filadelfia: Westminster Press, 1957.
Williams. R. J. "The Egyptians." En *Peoples of Old Testament Times*, editado por by D. J. Wiseman. Oxford: Clarendon Press, 1973.
Williams, Walter G. *The Prophets, Pioneers to Christianity*. Nueva York: Abingdon Press, 1956.
Wilson, John. *The Burden of Egypt*. Chicago: University of Chicago Press, 1951.
Wolff, Hans Walter. *Amos the Prophet: The Man and His Background* Filadelfia: Fortress Press, 1973.
_____. *Hosea: A Commentary on the Book of the Prophet*. Filadelfia: Fortress Press, 1974.
Wood, Irving. "Borrowing Between Religions." *Journal of Biblical Literature* 46 (1927): 98–105.
Wood, Leon J. *A Commentary on Daniel*. Grand Rapids: Zondervan, 1973.
_____. *Distressing Days of the Judges*. Grand Rapids: Zondervan, 1975.
_____. *The Holy Spirit in the Old Testament*. Grand Rapids: Zondervan, 1976.
_____. *A Survey of Israel's History*. Grand Rapids: Zondervan, 1970.
Wright, C. H. *Zechariah and His Prophecies*. Londres: Hodder and Stoughton, 1879.
Wright, G. Ernest. *The Old Testament Against Its Environment*. Chicago: Regnery, 1950.
Young, Edward J. *The Book of Isaiah*. 3 tomos. Grand Rapids: Eerdmans, 1965.
_____. *An Introduction to the Old Testament*. Grand Rapids: Eerdmans, 1954.
_____. *My Servants the Prophets*. Grand Rapids: Eerdmans, 1952.
_____. *The Prophecy of Daniel*. Grand Rapids: Eerdmans, 1949.

Indice de Textos Biblicos

Indice De Materias

SU MANERA DE ESTUDIAR LA BIBLIA
CAMBIARÁ POR COMPLETO

UNA HERRAMIENTA COMPLETA DE ESTUDIO Y REFERENCIA

BIBLIA DE ESTUDIO
RYRIE
ampliada

Versión Reina-Valera 1960

MÁS DE 2 MILLONES DE
EJEMPLARES VENDIDOS

La Biblia de estudio Ryrie ampliada es una herramienta única y amplia que satisface todas las necesidades del estudio de la Biblia. Incluye:

- 10.000 notas explicativas concisas
- Abundantes mapas, cuadros, cronologías y diagramas
- Extensas referencias cruzadas
- Bosquejos de los libros en un formato fácil de leer
- Introducción minuciosa a cada libro
- Introducción al Antiguo y Nuevo Testamento así como a los Evangelios

- Índice de temas ampliado
- Amplia concordancia
- Breve resumen de doctrinas bíblicas
- La inspiración de la Biblia
- Cómo comprender la Biblia
- Cómo nos llegó la Biblia
- Significado de la salvación y bendiciones que comporta
- La arqueología y la Biblia
- Panorama de la historia de la iglesia

"La Biblia es el libro más grandioso de todos; estudiarla es la más noble de todas las ocupaciones; entenderla, la más elevada de todas las metas".
—Dr. Charles C. Ryrie

ISBN: 978-0-8254-1816-7 / Tapa dura
ISBN: 978-0-8254-1817-4 / Imitación piel azul
ISBN: 978-0-8254-1818-1 / Imitación piel negro

Disponible pronto en su librería cristiana favorita o en www.portavoz.com

La editorial de su confianza

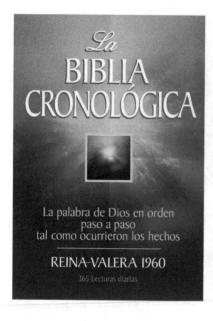

La palabra de Dios en orden
paso a paso
tal como ocurrieron los hechos

REINA-VALERA 1960

365 Lecturas diarias

La Biblia cronológica
F. LaGard Smith

UNA BIBLIA COMO NINGUNA OTRA

La Palabra de Dios en orden, tal como ocurrieron los hechos.
Esta presentación única de la Palabra de Dios en orden de acontecimientos nos ayuda a ver y entender con más claridad el plan redentor desde la creación hasta el Apocalipsis. Mediante el orden de sucesos, el creyente apreciará el plan de Dios para su vida como nunca antes. La lectura de la Biblia será más informativa y vibrante. Al ver la perspectiva global y cada parte individual en su contexto adecuado, el lector se sentirá a veces complacido, a veces sorprendido, y siempre edificado.

En *La Biblia cronológica* encontrará:
La versión Reina-Valera 1960
...la versión más utilizada de las Escrituras, una traducción respetada y fácil de entender.
Un arreglo histórico de cada libro de la Biblia
...permite comprender el plan redentor de Dios desde la creación hasta el Apocalipsis en el orden de los acontecimientos.
Comentarios devocionales
...para guiar al lector de pasaje en pasaje y preparar la escena con datos históricos y nuevas percepciones espirituales.
365 secciones de fácil lectura
...para leer toda la Palabra de Dios en un año.
Un enfoque temático de Proverbios y Eclesiastés
...para conocer aspectos concretos de la sabiduría de Dios.

ISBN: 978-0-8254-1635-4 / Tapa dura
ISBN: 978-0-8254-1609-5 / Deluxe

Disponible en su librería cristiana favorita o en www.portavoz.com
La editorial de su confianza